몽골-고려 관계 연구

몽골-고려 관계 연구

고 명 수 지음

혜안

책머리에

본서는 그동안 몽골-고려 관계사에 관해 학술지에 발표한 논문들을 수정·보완하여 단행본으로 엮은 것이다. 연구자로서 개인적인 학문적 관심과 노력이 소소한 결과물로 출간되어 감개무량함을 금할 수 없다. 양국관계사에 관한 연구는 대학 진학 이전부터 갖고 있던 한중관계사에 대한 특별한 관심에서 비롯되었다. 역사상 한반도 왕조가 항시 대륙의 거대 제국과 밀접하게 연관되었다는 점은 우리 역사의 큰 특징이다. 그러므로 우리 역사를 올바르게 조망하기 위해서는 동아시아 전체를 포괄하는 거시적인 시야를 갖추어야 한다고 생각했다. 대학에 진학할 때 전공으로 한국사학과가 아니라 동양사학과를 선택한 것도 그러한 시각을 구비하려는 의지의 표현이었다.

그런데 학부시절 동아시아사를 공부하는 과정에서 점차 북방 유목민족에 대해 관심을 갖게 되었다. 그들은 전근대 동아시아 역사에 지대한 영향을 미친 중요한 존재였음에도 불구하고 문화적 편견이나 사료의 부족으로 인해 학계의 관심을 크게 받지 못했다. 대학원 진학을 결심했을 때 북방민족사를 전공으로 선택한 것은 그러한 안타까운 현실을 바로잡아야 한다는 필요성을 강하게 느꼈기 때문이다. 지금 생각해보면 제대로 된 연구환경이 갖추어지지 않은 상태에서 좌우를 살피지 않고 내린 무모한 결정이었다. 그리고 북방민족이 유라시아 대륙 대부분을 제패했던 몽원시대 역사를 세부전공으로 선택했다. 마침 그때는 국내에 스기야마 마사아키

(杉山正明)나 김호동 교수의 책이 소개·출간되어 몽원사에 대한 학술적·대중적 관심이 서서히 높아지는 시점이었다. 그러나 당시 진학한 고려대학교 대학원에는 몽원사를 전공하는 교수나 선배가 없어 석·박사과정을 밟으면서 홀로 공부할 수밖에 없었다. 하지만 여러 선생님들의 도움과 격려 덕분에 2010년 무사히 학위를 받을 수 있었다.

박사과정 때 고려시대사를 전공하는 몇몇 선생님들과 중세 동아시아 외교사에 관한 연구모임을 정기적으로 가지면서 오랫동안 잊고 있었던 한중관계사에 대한 관심이 다시 일어나기 시작했다. 특히 몽원시대야말로 전근대 역사상 한반도 왕조와 대륙의 거대제국이 가장 밀착된 시기였다는 점이 흥미를 끌었다. 주지하듯이 그때는 정치, 경제, 사회, 문화 모든 분야에서 고려왕조가 몽원제국의 영향을 강하게 받아 큰 변화가 나타났던 시기다. 따라서 양국관계를 올바르게 규명하기 위해서는 몽원제국 전체를 포괄하는 거시적 시야를 갖추고 그 시기 동아시아 국제질서를 주도했던 몽원제국의 입장에서 양국관계사에 접근하는 자세가 필요하다. 그러나 그때까지도 몽원사 연구의 수준이 일천한 국내 학계에서 고병익, 주채혁 이후 몽원사 전공자가 양국관계사 연구에 참여하는 경우는 거의 없었다. 국내에서 양국관계사 연구는 오로지 고려사 전공자의 전유물이었고, 몽원사를 전공하는 해외 학자들도 고려관계사에는 관심을 두지 않았다.

이 같은 연구의 한계와 필요성을 느끼면서 학위취득 후 그 관심과 고민을 몇 편의 논문으로 만들어 보았다. 몽원사뿐 아니라 고려사에 관한 지식까지 부족한 상태에서 성글게 작성한 글이다 보니 여러모로 그저 부끄러울 따름이다. 논문을 모두 전문 학술지에 게재했으나 아직까지 제대로 된 검증을 받지 못한 듯하다. 본서의 출간을 계기로 필자의 글이 여러 전문가의 냉철하고 혹독한 검증을 받기 바란다. 그리고 본서가 양국관계사 연구를 진전시키는 데 조금이나마 기여할 수 있다면 다행이다.

오랜 학문적 관심이 한 권의 책으로 출간되기까지 많은 분들의 도움이 있었다. 은사인 박원호 선생님은 한중관계사 연구의 권위자로서 여러 귀중한 관점과 방법을 전수해주시고 올바른 학자의 자세가 무엇인지 가르쳐주셨다. 학부시절 은사이자 사형인 노기식 선생님은 항시 북방민족의 중요성을 일깨워주시고 외로운 길을 가는 필자를 격려해주셨다. 깊이 감사드린다. 대학원생 때부터 함께 공부했던 중세 동아시아 외교사 연구모임 구성원에 대한 고마움도 빼놓을 수 없다. 이정신, 김난옥, 이정란, 허인욱, 김보광 선생님은 여러 공동연구와 토론을 통해 필자가 몽원사에 경도되지 않고 균형 잡힌 시각을 정립하는 데 도움을 주셨다. 그 분들과의 학술적 교류가 없었다면 본서는 빛을 보지 못했을 것이다. 진심으로 감사드린다. 듬직한 학문적 동료이자 책의 원고를 교정하는 데 힘써준 권용철 박사와 변변찮은 책의 출판을 흔쾌히 승낙해주신 혜안 관계자분들께도 감사드린다. 마지막으로 불초한 자식을 평생 뒷바라지해주신 하늘에 계신 부모님과 지금 묵묵히 그 역할을 맡고 있는 아내 승연에게 무한한 고마움과 사랑을 전한다.

2019년 7월

대전 유성의 연구실에서

고 명 수

목차

2부 쿠빌라이 시기 양국관계의 정립 101

3부 몽골의 세계관과 고려의 대몽외교 165

5부 양국관계를 매개한 인물들 309

서 론

역사적으로 한반도 왕조는 漢族 또는 북방민족이 건립한 대륙의 거대제국과 밀접한 관계를 형성했다. 양자는 때로 직접적인 무력충돌을 겪기도 했으나 대체로 평화적인 우호관계를 맺으면서 공존했다. 그리고 그 외교관계는 통상 명목적으로 상하가 분명한 冊封·朝貢의 형식을 띠었다. 이는 조공국인 한반도 왕조의 군주가 책봉국인 대륙의 거대제국 황제의 형식적 우월성을 인정하는 대신 완전한 정치적 독자성을 보장받고 '황제의 은덕'이라는 명목으로 각종 경제·문화적 혜택을 받는 형태로 정착되었다. 그러한 현실에서 양자가 일정한 거리를 두고 평화적으로 정치·경제·문화적 교류를 행하는 것이 일반적인 외교관계의 모습이었다.

이와 비교할 때 13~14세기 몽골과 고려의 관계는 양자가 그 어느 때보다도 강고하게 밀착하고 몽골의 정치적 영향력이 고려에 직접 행사되었다는 점에서 한중관계의 보편적 형태와 분명하게 구별된다. 우선 양국이 유례없이 30여 년에 걸친 장기간 전쟁을 겪었을 뿐 아니라, 화친 수립 후에도 한 세기 가까이 고려가 몽골에 철저하게 복속하여 그들의 각종 지시사항을 반드시 이행해야 하는 처지에 놓였다. 또한 양국 왕실이 대대로 통혼관계를 맺어 고려국왕이 몽골황실의 駙馬가 되었고, 고려의 왕위계승자가 즉위 전 예외 없이 몽골에 質子로 파견되어 일정기간 카안의 케식(怯薛)에 복무했으며, 고려에 몽골의 지방행정 기관인 行省이 설치되고 고려국왕이 그 수장에 임명되었다. 아울러 고려가 수차례 몽골의 대내외 군사정벌 활동에 동원되었고, 공녀·환관·매를 포함한 각종 사람과 공물이 빈번하게 몽골에 진상되었다. 그런 점에서 양국관계는 조공국의 정치적 독자성이 보장되었던 일반적 한중관계와 달리 고려가 몽골에 정치·경제·군사적으로 강고하게 복속되었던 시기로 규정될 수 있다.

이 같은 '특별한' 양국관계는 통시적인 한중관계사와 공시적인 蒙元史 연구에서 공히 중요한 의미를 지닌다. 우선 통시적인 한중관계사 연구에서 양국관계가 갖는 의미를 살펴보자. 고려는 건국 후 몽골과 복속관계를 수립하기 전까지 300여 년 간 외부적으로 책봉국에 대한 조공국의 의무를 이행했으나 내부적으로는 宣旨·朕·赦·奏·太子와 같이 황제국에 준하는 격식의 용어를 사용했다. 그러나 13세기 후반 참월하다는 몽골의 힐책을 받은 후 그것을 제후국의 격식에 따라 王旨·孤·宥·呈·世子로 강등할 수밖에 없었다. 그리고 당·송 제도에 의거하여 수립한 국가 최고정무기구인 中書門下·尙書 2省을 僉議府로 통합하고 왕명출납 및 軍政 담당 기구인 樞密院도 密直司로 개칭했다. 즉 더 이상 外王內帝를 추구할 수 없을 만큼 양국 간 종속관계가 철저하게 형성되었고 그 결과 역시 國制에 여과 없이 반영되었다. 그리고 이 같은 양국관계의 제도적 형식은 이후 조선과 명·청의 외교관계로 거의 변함없이 계승되었다. 이에 따라 양국 간 실제적 복속관계 수립 후 책봉국·종주국에 대한 한반도 왕조의 인식·태도가 크게 변화되었고, 이는 조선의 대외인식과 외교방식에 상당한 영향을 미쳐 명·청에 대한 事大의 명분을 이전보다 더욱 쉽게 받아들일 수 있게 했다. 그러므로 13~14세기 양국관계는 통시적 한중관계사의 맥락에서 서로에 대한 인식과 외교관계의 형태·성격이 일변하는 계기를 마련했다는 점에서 중요한 의의가 있다.

다음 공시적인 몽원사 연구에서 양국관계가 갖는 의미를 살펴보자. 13~14세기 고려는 몽골이 주도하는 동아시아 세계를 구성하는 한 일원으로 존재했다. 그리고 몽골의 복속국일 뿐 아니라 부마의 投下領, 행성의 관할구역이라는 형태와 성격을 동시에 공유했다. 따라서 고려는 몽골의 대외관계, 분봉제도, 지방행정을 고찰할 때 중요한 사례연구 주제가 될 수 있다. 물론 고려뿐 아니라 여러 관련 사례가 있지만 대부분 사료가 희소하다는 점이 연구의 난제로 지적되었다. 반면 양국관계에 관해서는 몽골 측뿐 아니라 고려에도 풍부한 사료가 남아있다. 이를 적극적으로 활용한다면 몽골의 대외관계, 분봉제도, 지방행정 연구를 충실하게 보완할 만한 뛰어난 성과를 생산할 수 있다. 그러므로 양국관계는 거시적인 몽원사 연구에서도 중요한 의미를 지닌다.

양국관계에 관한 전문적인 연구는 20세기 초 池內宏, 內藤雋輔, 津田左右吉, 箭內亘, 丸龜金作과 같은 일본 학자들에 의해 개시되었다.[1] 그들은 13세기 초 몽골의 고려침략부터 공민왕의 反元개혁 때까지 양국관계에 관한 여러 역사적 사실을 규명하고, 그 성과가 오늘날까지도 유용하게 활용되고 있다. 그러나 그들의 연구는 대체로 한국사의 타율성, 정체성을 강조하는 植民史觀이나 滿鮮史觀에 입각해 있어 고려에 미친 몽골의 영향을 과도하게 부각했다는 점에서 일정한 한계를 지닌다.

해방 후 1960년대부터 국내학계에서 식민사관을 비판·극복하기 위해 민족주의 사관에 기반을 둔 연구가 시작되었다. 그러한 현실에서 고병익은 征東行省의 변천과정을 통해 양국관계의 형태와 성격을 조망하는 연구를 진행하여 여러 새로운 사실을 밝혀내고 식민사관 극복이라는 시대적 소명에 부응했다.[2] 그는 비록 몽골의 지방행정 기구인 행성이 고려에 설치되어 다방면으로 주권이 제한되었으나 고려왕조 자체는 부정되지 않고 면면히

1) 池內宏,『滿鮮史硏究(中世第三冊)』, 吉川弘文館, 1963；內藤雋輔,『朝鮮史硏究』, 東洋史硏究會, 1961；津田左右吉,「元代に於ける高麗西北境の混亂」,『朝鮮歷史地理』 2, 南滿洲鐵道株式會社, 1913；「元代に於ける高麗の東北境」,『朝鮮歷史地理』 2, 南滿洲鐵道株式會社, 1913；箭內亘,「蒙古の高麗經略」,『滿鮮地理歷史硏究報告』 4, 1918；丸龜金作,「元·高麗關係の一齣：瀋王に就いて」,『靑丘學叢』 18, 1934.

2) 고병익,「麗代 征東行省의 硏究」(上)·(下),『역사학보』 14·19, 1961·1962.

존속했음을 강조했다. 그의 논문은 이후 연구에 상당한 영향을 미쳐 적어도 국내학계에서 오늘날까지도 양국관계에서 고려의 정치적 독자성을 강조하는 연구에 기본 토대를 제공하고 있다. 이후 그는 논의의 범위를 확대하여 1307년 충선왕이 카이샨(武宗)을 옹립하는 데 참여한 사실과 1219년 양국이 처음 만났을 때 수립된 외교관계가 형제맹약이었다는 점을 밝혀내었다.[3]

1980년대부터 민족주의 역사학의 편향성을 비판·극복하려는 움직임이 나타나기 시작했고 그러한 추세는 냉철한 사료분석을 통해 실증을 강조하는 방법론의 도입으로 연결되었다. 그러한 분위기에서 출간된 장동익의 저서는 양국관계 연구에서 중요한 성과로 꼽힌다.[4] 그는 『元史』, 『高麗史』와 같은 기본사료 외에 중국 측 문집과 필기자료를 적극 활용하여 정동행성과 그 외 양국관계의 여러 분야에 관해 많은 사실을 규명했다. 그의 연구는 양국관계 연구에서 광범위한 사료 활용의 필요성을 본격적으로 제기했다는 점에서 큰 의의가 있다.

그 외에도 오늘날까지 양국전쟁,[5] 왕실통혼,[6] 영토문제,[7] 입성책동,[8]

3) 고병익, 「高麗忠宣王의 元武宗擁立」, 『역사학보』 17·18, 1962 ; 「蒙古·高麗 兄弟盟約의 性格」, 『백산학보』 6, 1969.

4) 장동익, 『高麗後期外交史硏究』, 일조각, 1994.

5) 윤용혁, 『高麗對蒙抗爭史硏究』, 일지사, 1991 ; 강재광, 『蒙古侵入에 대한 崔氏政權의 外交的 對應』, 경인문화사, 2011.

6) 김성준, 「麗代 元公主出身王妃의 政治的 位置에 대하여 : 특히 忠宣王妃를 중심으로」, 『한국여성문화논총』 1, 1958 ; 김혜원, 「麗元王室通婚의 成立과 特徵 : 元公主出身王妃의 家系를 중심으로」, 『이대사원』 24·25, 1989 ; 이명미, 「高麗·元 王室通婚의 政治的 의미」, 『한국사론』 49, 2003.

7) 김구진, 「麗·元의 영토분쟁과 그 귀속문제 : 元代에 있어서 고려본토와 동녕부·쌍성총관부·탐라총관부의 분리정책을 중심으로」, 『국사관논총』 7, 1989 ; 방동인, 「麗·元 관계의 재검토 : 쌍성총관부와 동녕부를 중심으로」, 『국사관논총』 17, 1990 ; 신안식, 「고려후기의 영토분쟁 : 쌍성총관부와 동녕부를 중심으로」, 『군사』 99, 2016.

8) 김혜원, 「원 간섭기 立省論과 그 성격」, 『14세기 고려의 정치와 사회』(14세기 고려사회 성격 연구반 편), 민음사, 1994 ; 이범직, 「원 간섭기 立省論과 柳淸臣」, 『역사교육』 81, 2002 ; 이정신, 「입성책동과 상인」, 『만주연구』 3, 2005 ; 「고려

반원투쟁,[9] 경제교류[10] 등 정치·경제·사회·문화 전 분야에 걸쳐 활발하게 연구가 진행되어 많은 성과물이 축적되었다. 다만 대체로 세부적 사실 고증에 치중하여 양국관계 전반을 수렴하는 구조적인 분석틀을 고안하려는 노력은 미흡했다고 볼 수 있다.

그런 점에서 양국관계를 世祖舊制라는 분석틀로 간결하고 일관되게 조망한 이익주의 연구는 주목할 만하다.[11] 이는 쿠빌라이(世祖) 치세에 몽골의 정치적 간섭을 강하게 받는 가운데 고려의 國體와 土風의 존속을 보장받는 양국관계의 틀이 합의되었고, 그것이 공민왕의 반원개혁으로 인해 고려가 몽골의 간섭에서 벗어날 때까지 한 세기 가까이 유지되었음을 주장한 것이다. 그의 연구는 그때까지 시도되지 않은 양국관계의 구조적 틀을 해명했다는 점에서 중요한 의의가 있다. 그러나 漢法 수용으로 인한 몽골의 漢化를 과도하게 강조하고 국왕親朝, 왕실통혼, 六事요구 등 보편적인 책봉·조공관계에서 보이지 않는 양국관계의 특수한 면모를 설명하기 어렵다는 점에서 한계를 보인다.

양국관계에 관한 연구는 고려뿐 아니라 몽골의 시각에서 조망하는 작업 역시 중요하다. 근래 국내 몽원사 연구가 활성화되면서 그 전공자들이 양국관계를 고찰하는 연구가 활발하게 이루어지고 있다. 일찍이 주채혁이

후기 입성론과 국왕의 역할 : 입성론의 양면성을 중심으로」, 『한국사연구』 179, 2017.

9) 민현구, 「高麗 恭愍王의 反元的 改革政治에 대한 一考察 : 背景과 發端」, 『진단학보』 68, 1989 ; 「高麗 恭愍王代 反元的 改革政治의 展開過程」, 『許善道先生停年紀念韓國史學論叢』, 일조각, 1992 ; 이강한, 「공민왕5년(1356) '反元改革'의 재검토」, 『대동문화연구』 65, 2009 ; 이익주, 「1356년 공민왕 反元政治 再論」, 『역사학보』 225, 2015.

10) 전해종, 「麗·元 貿易의 성격」, 『동양사학연구』 12·13, 1978 ; 김위현, 「麗·元間의 物貨交流考」, 『인문과학연구논총』 7, 1990 ; 위은숙, 「元干涉期 對元交易 : 老乞大를 중심으로」, 『지역과 역사』 4, 1997 ; 이강한, 『고려와 원제국의 교역의 역사』, 창비, 2013.

11) 이익주, 「高麗·元關係의 構造와 高麗後期 政治體制」, 서울대학교 박사논문, 1996.

철저하게 몽골의 시각에서 양국관계를 고찰한 논문을 발표했고,[12] 최근 이개석,[13] 김호동,[14] 윤은숙,[15] 최윤정,[16] 권용철[17] 등이 동아시아 전체를 포괄하는 거시적 안목에서 양국관계를 조망하는 연구를 진행했다. 그간 고려사 전공자 위주로 이루어지던 양국관계 연구가 보다 충실하게 객관성·균형성을 확보하기 위해서는 몽원사 전공자들의 연구 참여가 더욱 진전될 필요가 있다.

아울러 일본, 중국, 대만 등 국외학자의 연구도 꾸준하게 진행되었다. 20세기 초 일본 학자의 연구가 시작된 이래 1960년대 北村秀人이 정동행성과 입성론에 관해 치밀하고 실증적인 연구를 진행했고,[18] 1980년대 대만의

---

12) 주채혁, 「몽골-고려사 연구의 재검토 : 몽골-고려 전쟁사 연구의 시각 문제」, 『애산학보』 8, 1989 ; 「몽골-고려사 연구의 재검토 : 몽골-고려사의 성격 문제」, 『국사관논총』 8, 1989.

13) 이개석, 『고려-대원 관계 연구』, 지식산업사, 2013.

14) 김호동, 『몽골제국과 고려』, 서울대학교출판부, 2007 ; 「高麗後期 '色目人論'의 背景과 意義」, 『역사학보』 200, 2008.

15) 윤은숙, 「쿠빌라이와 고려」, 『역사비평』 90, 2010 ; 「고려의 北元칭호 사용과 동아시아 인식 : 고려의 양면외교를 중심으로」, 『중앙아시아연구』 15, 2010 ; 「여·몽 관계의 성격과 동아시아의 국제관계 : 중국 학계의 '책봉과 조공' 관계 연구의 한계와 문제점을 중심으로」, 『동북아역사논총』 35, 2012 ; 「大元使行을 통해 본 李承休의 현실인식」, 『인문과학연구』 36, 2013 ; 「元末明初 劉益의 明朝 투항과 高麗의對明 使行의 성격」, 『역사학보』 221, 2014 ; 「元 멸망 전후의 元·高麗·明 관계」, 『역사문화연구』 51, 2014.

16) 최윤정, 「몽골의 요동·고려경략 재검토(1211~1259)」, 『역사학보』 209, 2011 ; 「駙馬國王과 國王丞相 : 13-14세기 麗元관계와 고려왕조 國體 보존 문제 이해를 위한 새로운 모색」, 『대구사학』 111, 2013 ; 「14세기 초(1307~1323) 元 政局과 고려 : 1320년 충선왕 토번유배 원인 재론」, 『역사학보』 226, 2015 ; 「13세기 麗元 관계와 洪茶丘 : 東寧府 置廢(1270~1290) 배경 再論」, 『중국사연구』 105, 2016 ; 「1356년 공민왕의 '反元改革' 재론」, 『대구사학』 130, 2018.

17) 권용철, 「大元帝國 末期 政局과 고려 충혜왕의 즉위, 복위, 폐위」, 『한국사학보』 56, 2014 ; 「高麗人 宦官 高龍普와 大元帝國 徽政院使 투멘데르(禿滿迭兒)의 관계에 대한 小考」, 『사학연구』 117, 2015 ; 「李穀의 『稼亭集』에 수록된 大元帝國 역사 관련 기록 분석」, 『역사학보』 237, 2018.

18) 北村秀人, 「高麗における征東行省について」, 『朝鮮學報』 32, 1964 ; 「高麗末における立省問題」, 『北海道大學文學部紀要』 14-2, 1965.

蕭啓慶이 양국 왕실통혼의 정치적 의미를 상세하게 고찰한 논문을 발표했다.[19] 2000년 이후 중국학계에서도 喜蕾, 烏云高娃, 舒健·張建松 등이 양국관계를 다방면으로 살핀 수준 높은 연구서를 출간했고,[20] 최근 중국학계의 한중관계사에 대한 관심의 증대와 맞물려 양국관계에 관해 발표되는 논문의 수가 점차 증가하는 추세에 있다. 무엇보다 고려국왕이 몽골의 분봉대상인 부마의 지위에 있었다는 사실에 주목하여 고려가 부마의 투하령 성격을 가졌다고 파악한 森平雅彦의 연구는 거시적인 몽골 분봉제도의 관점으로 양국관계를 고찰하여 그 특징적 면모를 드러냈다는 점에서 연구의 수준을 크게 제고한 성과라고 평가될 수 있다.[21]

이처럼 양국관계에 관한 연구는 이제까지 백여 년 간 국내외에서 꾸준하고 착실하게 진행되어 질적으로 크게 성장했을 뿐 아니라 양적으로도 많은 성과물이 축적되었다. 그리고 근래 몽원사 연구의 진전에 따른 국내외 전공자의 연구 참여가 확대되어 새로운 활력을 불어넣고 있다. 그럼에도 불구하고 아직까지 양국관계 연구는 몇 가지 문제점을 안고 있다.

첫 번째는 몽원사에 관한 이해가 충분치 못하다는 점이다. 양국관계는 대체로 종주국으로 군림하던 몽골이 주도했던 만큼 이를 제대로 탐구하기 위해서는 몽원사에 관한 심도 있고 체계적인 이해가 필수적이다. 그러나 지금까지 주로 국내 고려사 전공자에 의해 진행되었던 해당 연구는 몽원사에 관한 이해가 다소 부족했던 게 사실이다. 때문에 논의를 전개하는 과정에서 여러 가지 오해와 억측이 발생했음을 지적하지 않을 수 없다. 일례로 몽골의 전통적 세계관과 대외정책 그리고 몽골 측 관련 사료를 충분히 검토하지 않고 고려 측 사료를 주로 활용하여 초기 양국의 화친관계

19) 蕭啓慶, 「元麗關係中的王室婚姻與强權政治」, 『東方文化』 20-1, 1982.

20) 喜蕾, 『元代高麗貢女制度研究』, 民族出版社, 2003 ; 烏云高娃, 『元朝與高麗關係研究』, 蘭州大學出版社, 2012 ; 舒健·張建松, 『韓國現存元史相關文獻資料的整理與研究』, 上海大學出版社, 2015.

21) 森平雅彦, 『モンゴル覇權下の高麗 : 帝國秩序と王國の對應』, 名古屋大學出版會, 2013.

를 '형제맹약'으로 규정한 연구를 들 수 있다.

또한 최근 새로운 사료의 발굴과 연구의 진전으로 인해 소위 元朝를 정통 중국왕조가 아니라 몽골제국의 연장으로 이해하는 '관점의 대전환'이 이루어지고 있으므로 이에 관한 성과도 충분히 섭렵하여 연구에 활용해야 한다. 그런 점에서 양국관계를 전통적인 한중관계 맥락에서 책봉·조공관계로 파악하는 통상적인 견해는 탈중국적 관점에서 재검토될 필요가 있다.

몽원사에 관한 지식을 체계적으로 갖추기 위해서는 그 연구를 선도하는 구미·중국·일본의 성과물과 여러 언어로 작성된 몽골 측 사료 또는 번역본을 능숙하게 활용해야 한다. 최근 국내 고려사 학계에서 이강한, 이명미, 정동훈 등 소장 연구자들이 몽원사 전공자 못지않게 해외 연구성과와 몽골 측 사료를 적극 활용하여 주목할 만한 성과를 발표하는 현상은 고무적이라고 할 수 있다. 그러나 아직까지 그러한 연구자가 소수에 국한된 만큼 몽원사에 관한 지식을 충분하게 갖추기 위한 노력이 더욱 가열하게 경주되어야 한다.

두 번째는 양국관계를 몽골의 압제·간섭에 대한 고려의 저항·극복으로 보는 단선적인 시각의 문제점이다. 이는 양국화친 후 몽골이 고려에 대한 압제·간섭을 강화하는 가운데 고려의 국왕·신료가 이에 적극적으로 저항하고 탁월한 외교력을 발휘하여 정치적 독자성을 보전할 수 있었다는 관점이다. 식민지 시대 일본 학자들이 식민사관에 입각하여 양국관계에서 고려의 타율성, 종속성을 과도하게 강조하는 연구를 진행했으므로, 해방 후 우리 학계가 그것을 극복하는 과정에서 민족주의·애국주의 역사의식에 기반을 둔 연구시각과 방법이 필요했던 게 사실이다. 그러나 몽원사와 양국관계 연구가 견실하게 성숙한 오늘날 우리는 스스로 그 틀에서 벗어나 새로운 단계로 나아가야 함에도 불구하고 이 같은 역사의식의 관성이 아직까지도 국내학계의 연구경향에 영향을 미치는 듯하다.

그러한 이분법적 구도에서 양국관계를 조망하는 관점에서는 어떠한 역사상이 무리하게 그 구도에 맞추어져 실제와 다른 의미와 모습으로 설명될 뿐 아니라 그 관점에서 벗어난 사안들이 연구대상이 되지 못하거나 다른 사안들과의 관련성 속에서 이해되지 못하고 개별 사안으로 다루어질 위험성이 있다. 그러므로 이러한 민족주의·애국주의 관점은 양국관계를 실증적·객관적으로 파악하는 데 한계를 드러낼 수밖에 없다. 그 예로 고려의 능동적인 군사·외교활동을 과도하게 강조하여 1260년 몽골이 보장한 不改土風을 고려가 끈질긴 항전을 통해 쟁취했다거나, 1278년 쿠빌라이가 6사의 일부 조항을 면제한 사건을 충렬왕이 탁월한 외교활동을 통해 이루어낸 업적으로 보는 견해를 들 수 있다. 민족주의·애국주의 역사의식은 우리 학계의 소중한 자산이지만 이제는 연구자가 그 한계를 뛰어넘어 냉철하게 역사적 진실에 접근하는 자세를 갖추어야 한다.

세 번째는 한 세기에 걸친 양국의 화친관계 전체를 포괄하는 구조를 파악하려는 노력이 미흡했다는 점이다. 물론 그러한 시도가 전무했던 것은 아니다. 일찍이 고병익은 정동행성을 핵심 키워드로 삼아 양국관계를 일관되게 조망했고, 이후 그 연구를 계승 발전시킨 이익주가 세조구제라는 인식틀을 고안하여 양국관계에 적용했다. 이후 고려를 몽골의 외연적 속국이자 내포적 속령이라는 이중성을 띤 존재로 보는 김호동의 주장이 제기되었고, 몽골의 분봉제 아래에서 고려를 부마의 투하령으로 간주하는 森平雅彦의 견해도 제출되었다.

그러한 연구성과는 모두 양국관계의 구조를 파악하려는 노력의 결과로서 해당분야의 연구수준을 크게 제고했음이 분명하다. 그러나 이 같은 뛰어난 입론에도 불구하고 관련연구에서 수차례 지적되었듯이 그것은 모두 양국관계 전체를 수렴하지 못하고 그 일부 모습이나 성격에 주목하여 그것을 포괄적인 구조의 단계로 무리하게 확대·적용했다는 점에서 한계를 안고 있다. 다시 말해 각각의 분석틀에 부합하지 않는 면모가 여전히 간취된다는 것이다.

백여 년에 이르는 양국관계의 다양한 모습을 일괄하는 구조를 포착하는 것은 결코 쉬운 작업이 아니다. 그러나 이처럼 지금까지 축적된 수많은 연구성과를 토대로 그것에 접근하려는 노력을 게을리 하지 않는다면 머지 않아 양국관계를 체계적으로 설명할 수 있는 뛰어난 인식틀이 고안될 수 있으리라 확신한다.

이 같은 종래 연구성과와 그 한계점을 염두에 두고 본서에서는 최대한 '몽골적' 시각을 견지하는 가운데 양국관계에 관한 다양한 주제를 다루어볼 것이다. 연구의 독자성과 일관성을 확보하기 위해 다음과 같은 두 가지 관점을 세워 그 바탕 위에서 논의를 전개하고자 한다.

첫 번째로 양국관계에 관한 전반적인 사안을 몽골의 전통적 세계관과 대외정책과 연계하여 설명할 것이다. 건국 초부터 몽골 지배층은 온 세상을 복속과 불복지역으로 양분하고, 초유와 정벌을 통해 불복지역을 반드시 복속시킨다는 세계관과 대외정책 방침을 갖고 있었다. 그리고 그것은 장기간에 걸쳐 일관되게 유지되었고 후계정권에 충실하게 계승되었다. 고려도 그 적용 대상에서 예외가 되지 못했음은 물론이다. 그러므로 몽골이 주도하는 동아시아 세계질서 아래 양국관계의 형태와 성격을 올바르게 이해하기 위해서는 무엇보다 그들의 세계관과 대외정책을 우선적으로 파악해야 한다. 그러나 이제까지 양국관계 연구에서는 그러한 몽골의 입장을 살피는 데 소홀했던 것 같다. 몽골의 전통적 세계관과 대외정책의 시각으로 양국관계를 조망한다면 몽골의 대외관계 전반과 비교하여 그것이 갖는 보편성과 특수성을 유효하게 포착할 수 있을 것이다.

두 번째로 탈중국적 관점에서 쿠빌라이 개인과 그 정권, 시대의 성격을 새롭게 규정하고 이에 의거하여 양국관계의 성립과정과 특징을 살필 것이다. 1260년부터 34년 간 지속되었던 쿠빌라이의 집권 기간은 한 세기에 달하는 장구한 양국 우호관계의 단초를 마련했다는 점에서 중요한 의미가 있다. 이제까지 대부분의 연구자는 쿠빌라이를 한화된 인물, 그가 수립한 왕조를 정통 중국왕조(元朝)로 간주했다. 따라서 그때 수립된 양국관계도 그가 중국적 대외정책 방식을 수용·적용하여 이루어진 책봉·조공관계로 이해한다. 그러나 오늘날 몽원사에 대한 '관점의 대전환'이 이루어진 결과 그가 한화되지 않았고, 원조가 정통 중국왕조가 아니라 몽골제국의 정체성을 계승한 국가라는 견해가 점차 설득력을 얻고 있다. 실제로 양국관계에서는 국왕친조, 왕실통혼, 질자파견, 군사협력 등 일반적인 한중 책봉·조공관계의 구도에서 설명하기 어려운 모습이 다수 발견된다. 그러므로 중국적 외교관계의 인식틀에서 벗어나 몽골의 대외관계 형성 방식을 제대로 파악해야만 이 같은 양국관계의 특수한 면모를 올바르게 이해할 수 있다.

본서는 다음과 같이 구성되었다. 1부에서는 13세기 초 몽골이 흥기하고 고려와 처음 접촉하는 과정에서 형성된 양국관계의 제양상을 살펴보았다. 1장에서 통상 양국의 최초 화친으로 알려져 있는 '형제맹약'의 성립 배경과 성격을 검토하여 그 실체를 규명하고 이에 대해 새로운 의미를 부여했다. 2장에서는 몽골이 遼東을 공략하는 과정에서 흥기한 東眞과 고려 관계의 추이를 당시 여러 세력이 착종되어 있던 요동의 정세변동과 연계하여 조망했다. 이를 통해 외교 대상으로서 동진이 고려에게 갖는 의미와 몽골-동진-고려의 역동적인 삼각관계를 재구성했다.

2부에서는 13세기 중엽 장구한 양국 우호관계의 단초를 마련한 쿠빌라이 시기 양국관계의 정립 과정을 검토하고 그 형태와 성격을 살펴보았다. 1장에서 즉위 초 쿠빌라이가 고려에 펼친 유화정책을 이전 정권의 고려정책 그리고 쿠빌라이 정부의 대외정책 전반과 비교·검토하여 그 시행 배경과 성격을 규명했다. 2장에서는 1278년 충렬왕이 쿠빌라이와 회담하여 얻은 외교적 성과가 그의 탁월한 외교활동의 결과라는 통설을 비판하고 몽골의 전통적 諸王·分封제도의 관점에서 그 성과를 분석하여 새로운 의미를 도출했다.

3부에서는 몽골의 전통적인 세계관과 대외정책의 관점에서 고려·일본에 대한 인식을 살피고 이를 바탕으로 전개되는 양국관계의 흐름을 조망했다. 1장에서 몽골이 고유한 '복속' 인식에 의거하여 고려에 대한 인식이 변화하는 과정을 짚어보고, 고려가 스스로 率先歸附 기억을 생산하여 대몽외교에서 적극적으로 활용한 모습을 살폈다. 2장에서는 일본침공 이후 몽골이 일본을 확고하게 '유일한 적국'으로 인식했음을 지적하고, 고려가 그 인식을 공유하는 가운데 지정학적 특징과 쿠빌라이로부터 부여받은 일본방어 임무를 대몽외교에서 유효하게 활용하는 모습을 조망했다.

4부에서는 몽골이 고려에 설치한 지방행정 관청인 정동행성의 성격을 규명하고 이를 통해 양국관계가 전개되는 추이를 살폈다. 1장에서 정동행성의 치폐경위와 성격변화에 관한 종래의 통설을 비판하고 관련 사료를 면밀하게 검토하여 이에 대해 새로운 의미를 부여했다. 2장에서는 정동행성의 기능이 시기에 따라 변화했음을 지적하고 이에 근거하여 한 세기 넘게 존속했던 정동행성에 대한 시기구분을 시도했다. 그리고 몽골이 행성을 통해 고려에 행사한 정치적 영향력의 정도를 가늠해 보았다.

5부에서는 양국관계를 매개했던 여러 인물들의 정치·외교 활동을 다방면으로 고찰하여 몽골의 고려정책과 이에 대한 고려의 대응 양상을 살펴보았다. 1장에서 고려 원종대 이장용의 대몽 외교활동을 검토하여 쿠빌라이 즉위 직후 양국이 해묵은 갈등을 해소하고 우호관계를 돈독히 하는 데 그가 크게 기여했음을 밝히고 그의 외교활동에 대해 새로운 평가를 시도했다. 2장에서는 몽골이 고려에 파견한 다루가치의 위상과 역할 그리고 폐지 요인을 분석하여 당시 몽골의 고려정책의 지향과 특성을 규명했다. 3장에서는 충렬왕대 고려의 정계에서 크게 활약했던 齊國大長公主 怯憐口(怯怜口)의 위상과 정치활동을 고찰하여 그들이 고려의 정치와 대몽외교에 미친 영향과 의미를 짚어보았다.

1부

몽골의 흥기와 양국관계의 형성

1장 몽골-고려 형제맹약 재검토

1. 머리말

고려 高宗5년(1218) 겨울 수만의 거란군이 평양 동쪽 江東城에 입보하여 농성을 벌였다. 이어 카친(哈眞), 자라(札剌)가 이끄는 몽골군 1만과 完顔子淵이 지휘하는 東眞軍 2만이 그들을 진압한다는 구실을 내세우면서 고려 경내로 진입했다. 그리고 고려에 사신을 파견하여 군대와 군량을 보내 토벌에 협조하라고 요구했다. 이에 고려조정은 먼저 군량 1천석을 보내고 곧바로 趙冲과 金就礪로 하여금 1만의 군대를 거느리고 가게 하여 그들의 군사활동을 지원하게 했다. 결국 4만의 몽골, 동진, 고려 연합군이 강동성을 포위·공격하여 다음해(1219) 정월 성을 함락하고 거란군의 투항을 받아냈다. 이것이 '강동성전투'로서 몽골과 고려의 첫 공식접촉을 알리는 역사적 사건이다. 그리고 전투종결 직후 양국은 '형제맹약'이라고 일컬어지는 화친관계를 맺었다. '형제맹약'은 이후 高宗12년(1225) 정월 몽골사신 著古與가 고려에서 귀환하던 중 피살되어 파기될 때까지 6년 간 양국관계를 규정하는 기본 틀로 작용했다.

'형제맹약'은 몽골과 고려가 처음 만나서 체결한 외교형식으로 양국관계에서 차지하는 상징적 의미가 크기 때문에 일찍부터 많은 학자들의 탐구대상이 되어 왔다. 그 중 처음으로 이에 천착하여 專論을 발표한 연구자는 고병익이다. 그는 양국은 물론 동아시아 전체를 포괄하는 거시적 관점에서 형제맹약 성립의 배경, 목적, 과정, 성격을 상세하게 분석하여 그 실제상을 이해하는 데 도움이 되는 중요한 시각과 지식을 제공했다. 때문에 오늘날까지 그의 선구적 업적이 대부분의 후학들에게 별다른 이견 없이 수용되고 있다. 형제맹약에 관한 그의 견해를 간략하게 정리하면 다음과 같다. 첫째, 형제맹약은 몽골과 고려 사이에 처음 체결된 국가 간 외교관계이고, 둘째, 몽골이 정복, 복속을 통해 상대국을 철저하게 제압하는 방식과 구별되는 비교적 평등한 관계로서 몽골의 대외정책에서 매우 예외적인 경우에 속하며, 셋째, 몽골이 고려를 특별하게 대우하여 형제맹약을 체결한 까닭은 주 공략대상인 금나라 정벌에 앞서 후방을 확보하여 그들을 양측에서 압박하려는 전략에 있다는 것이다.[1)]

이 같은 그의 견해가 지금까지 통설로 인정되고 있지만 이에 대한 비판과 보완이 전무했던 것은 아니다. 주채혁은 강동성전투 시기 몽골군의 고려진입이 거란군 토벌을 빙자한 고려침공이고 형제맹약은 고려국왕이 몽골에 투항하여 성립된 불평등조약이었다고 보았다. 그리고 당시 몽골군 부원수 자라를 高宗18년(1231) 고려를 침공한 원수 撒禮塔(사르타이)과 동일인물로 파악하여 강동성전투를 사르타이의 1차 고려침공이라고 규정했다.[2)] 윤용혁 역시 몽골군의 고려진입이 사실상 고려에 대한 침공이라고 하여 그와 동일한 입장을 내보였다.[3)] 중국학자 朴文一도 강동성전투 직후 체결된 양국의 외교관계가 사서에 '通交'라고 표기되어 있지만 실제로는 고려에 대한 몽골의 군사적 압박의 결과로서 약탈을 행하는 것이었다고 보았다.[4)]

---

1) 고병익, 「蒙古·高麗 兄弟盟約의 性格」, 『백산학보』 6, 1969 : 『東亞交涉史의 硏究』, 서울대학교출판부, 1970.
2) 주채혁, 「撒禮塔의 1·2·3차 고려침공기의 몽골·고려전쟁考 : 고려정복전쟁의 '高麗化'와 '江華遷都'의 응전」, 『몽·려전쟁기의 살리타이와 홍복원』, 혜안, 2009.
3) 윤용혁, 『高麗對蒙抗爭史硏究』, 일지사, 1991, 28~34쪽.
4) 朴文一, 「論1231-1260年間蒙麗戰爭與外交之爭」, 『延邊大學社會科學學報』 1, 1997, 47~48쪽.

한편 근자에 이개석은 다양한 자료를 활용해 형제맹약의 성립과정과 내용을 새롭게 검토하여 몽골이 고려에 진입하기 전 이미 맹약조건을 제시했고 그것이 여타 정복지, 복속국에게 요구하는 사항과 크게 다르지 않았음을 지적했다.[5] 아울러 윤은숙은 형제맹약이 몽골의 전통적 의형제(안다) 관계에 바탕을 두고 성립되어 평등성을 띠었지만 高宗8년(1221)을 기점으로 몽골이 고려에 과다한 공물을 요구하는 형태로 변질되었다고 하였다.[6]

이와 같이 형제맹약에 관한 고병익의 학설에 대해 일정한 수정, 보완이 이루어졌지만 그 논문이 발표된 지 반세기가 지난 오늘날까지 전면적인 재검토는 시도되지 않은 듯하다. 필자는 양국의 형제맹약이 체결된 13세기 초 동아시아의 국제정세와 몽골지배층의 세계관, 외교정책 속에서 맹약의 내용과 성격을 면밀하게 분석하고 이에 대한 후대인의 기억을 담은 자료를 적극 활용한다면 그의 견해와 다른 새로운 역사상을 그려볼 수 있다고 생각한다. 이러한 고찰을 통해 형제맹약에 관한 종래의 통설을 설득력 있게 비판하고 13세기 초 양국 외교관계의 실제상을 올바르게 복원하는 데 일조하고자 한다.

2. 13세기 초 양국 외교관계의 성격

몽골-고려 관계를 탐구하는 대부분의 학자들은 형제맹약을 두 나라 사이에 체결된 외교관계로 이해한다. 실제로 여러 사서에서 그러한 내용을 담은 기록이 발견된다. 李齊賢이 저술한 「忠憲王世家」에 高宗5년(1218) 고려

---

5) 이개석, 「麗蒙兄弟盟約과 초기 麗蒙關係의 성격 : 사료의 再檢討를 중심으로」, 『대구사학』 101, 2010 : 『고려-대원 관계 연구』, 지식산업사, 2013.

6) 윤은숙, 「여·몽 관계의 성격과 동아시아의 국제관계 : 중국 학계의 '책봉과 조공' 관계 연구의 한계와 문제점을 중심으로」, 『동북아역사논총』 35, 2012.

에 진입한 몽골군 원수 카친이 보낸 글에서 "함께 거란을 토벌하고 형제의 나라가 되기를 원한다"라고 하였고[7] 『高麗史』「趙冲傳」에 고려조정이 몽골군의 지원요청을 수용하여 군사 1천과 군량 1천석을 이송케 하여 보낸 金良鏡에게 카친이 "양국이 형제를 맺는 일은 마땅히 국왕께 고하여 문첩을 받아오면 우리도 돌아가서 황제께 아뢰겠다"라고 말했다고 한다.[8] 또한 이제현이 저술한 「金公行軍記」에 거란군 토벌 후 카친, 자라가 조충, 김취려와 함께 맹세하여 "두 나라가 영원히 형제가 되어 만세 자손에 이르기까지 오늘을 잊지 말자"라고 성언했다는 기록이 있는데[9] 이는 『高麗史』「金就礪傳」과 『高麗史節要』에도 동일하게 수록되어 있다.[10] 아울러 忠肅王10년(1323) 고려신료 閔漬가 티베트로 유배된 충선왕의 환국을 요청하기 위해 몽골에 올린 표문에서 누대에 걸친 양국의 우호관계를 강조하면서 "두 원수와 조충 등이 맹세하여 말하기를 '지금 우리 두 나라가 형제가 되기로 약속했으니 오래도록 자손에 이르기까지 서로 잊지 말자'라고 했습니다"라고 하였고[11] 이제현도 자신이 찬술한 「櫟翁稗說」에서 과거 강동성에서 양국의 군사가 거란족을 토벌한 사실을 언급하고 "이때 양국이 형제의 맹약을 맺었다"라고 하였다.[12] 때문에 오늘날 거의 모든 연구자들이 이 기록들에 근거하여 형제맹약을 국가 간 '외교관계'로 이해하는 것도 무리가 아니다.

그러나 전근대 동아시아 세계에서 외교관계는 곧 해당국 군주 간에 체결된 私的 관계와 일치한다는 특징이 있다. 전통적으로 여러 나라들 사이에서 각자 보유한 정치·군사적 실력 또는 문화적 수준의 차이에 따라

---

7) 『益齋亂藁』 卷9 「有元贈敦信明義保節貞亮濟美翊順功臣太師開府儀同三司尙書右丞相上柱國忠憲王世家」(이하 「忠憲王世家」로 약칭) "欲與共滅丹賊, 結爲兄弟之國."

8) 『高麗史』 卷103 趙冲 "兩國結爲兄弟, 當白國王受文牒來, 則我且還奏皇帝."

9) 『益齋亂藁』 卷6 「門下侍郎平章事判吏部事贈謚威烈公金公行軍記」(이하 「金公行軍記」로 약칭) "兩國永爲兄弟, 萬世子孫, 無忘今日."

10) 『高麗史』 卷103 金就礪 ; 『高麗史節要』 高宗6년 春正月.

11) 『高麗史』 卷107 閔漬 "兩元帥與冲等盟曰, 今我二國, 約爲兄弟, 世世子孫, 無相忘也."

12) 「櫟翁稗說」 前集1 "於時, 兩國爲兄弟之盟."

군신, 부자, 백질, 숙질, 형제 등 다양한 형태의 외교관계가 수립되었는데 이는 실상 모두 양국의 군주 사이에 맺어진 사적 관계였다. 그러나 군주가 곧 그 나라의 소유자, 대표자였기 때문에 모순 없이 국가 간 외교관계와 동일시되었다. 본 장의 주제가 형제맹약이므로 동시기 존재했던 외교적 형제관계 사례를 들어 몽골-고려 형제맹약과 비교해보려 한다.

가장 먼저 떠올릴 수 있는 대표적인 외교적 형제관계는 1004년 송과 거란 사이에 체결된 澶淵의 盟이다. 이는 송의 입장에서 거란의 강력한 군사력에 굴복하여 그들의 요구사항을 전면 수용하는 조건으로 맺은 굴욕적인 조약이지만 당시 거란의 군사력이 송을 완전히 제압할 만큼 압도적으로 우세하지 않았기 때문에 외면상 평등한 형제관계의 형식을 갖추었다고 이해된다. 그런데 이는 궁극적으로 맹약 체결 후 거란 聖宗이 먼저 송 眞宗을 형으로 모시겠다고 제안하고 진종이 거란 태후를 숙모로 대하겠다고 화답하면서 성사된 양국 군주의 사적 관계였다. 그 후 양자가 국서를 교환할 때 서로를 兄大宋皇帝, 弟大契丹皇帝라고 지칭하여 사적인 형제관계를 확인하고 한편으로 상대방의 황제지위를 인정하여 서로 대등한 위치에 있음을 분명히 했다.

또한 13세기 전반 금나라가 점차 거세지는 몽골의 압박에 효과적으로 저항하기 위해 10여 년 간 단절되었던 西夏와의 동맹을 시도하여 1225년 그들과 형제관계를 맺었다. 이후 금 황제가 서하에 보낸 국서에서도 자신을 兄大金皇帝, 서하군주를 弟夏皇帝라고 하여 양국의 외교관계가 군주들 간의 사적 관계임을 명백히 했다.[13] 아울러 12세기 초 금을 건국한 阿骨打가 1117년 고려에 형제관계 수립을 요구하면서 보낸 서한에서도 자신을 兄大女眞金國皇帝, 고려 睿宗을 弟高麗國王이라고 칭했다.[14] 이러한 사례들은 당시대 동아시아에서 시도·성립된 외교적 형제관계가 사실상 양국 군주의

13) 『金史』 卷62 交聘表 下, 1487~1488쪽.

14) 『高麗史』 卷14 睿宗12년 3월 癸丑.

사적 관계였음을 분명하게 보여준다.

그러나 이와 달리 몽골과 고려가 형제맹약을 체결한 후 양국의 군주가 서로를 형, 동생이라 지칭하거나 형제라고 인식했음을 입증하는 사료적 근거는 전혀 없다. 오히려 관련 기록들은 양자가 철저하게 군신관계에 놓여 있었음을 보여준다. 『高麗史』, 『高麗史節要』, 『元史』, 『元高麗紀事』와 같은 기본사서에는 '형제맹약 시기(1219~1225)' 양국 군주가 주고받은 서한의 내용이 실려 있지 않다. 그러나 『東國李相國集』과 『東文選』에 강동성 전투 직후 고려 고종의 명의로 몽골 칭기스칸에게 보내기 위해 李奎報가 작성한 두 통의 서한(「謝蒙古皇帝表」, 「蒙古國使齎廻上皇帝表」)과 李仁老가 작성한 한 통의 서한(「謝表」)이 수록되어 있어 그 시기 양국관계의 실제모습을 파악하는 데 유용한 정보를 제공한다. 우선 「謝蒙古皇帝表」는 거란유종 토벌을 사례하기 위해 작성된 표문으로 비록 전달되지 않았으나 몽골군주를 대하는 고려국왕의 입장을 고스란히 반영한다. 여기에서 고종은 칭기스칸을 皇帝陛下, 자신을 臣이라고 지칭하여 양자의 군신관계를 스스로 인정했다.[15] 이러한 그의 태도는 동일한 목적으로 발송한 「謝表」와 몽골이 요구하는 國王親朝의 곤란함을 호소하기 위해 보낸 「蒙古國使齎廻上皇帝表」에서도 여전히 되풀이되었다.[16]

양자의 군신관계는 강동성전투 시기 몽골 측에서 일방적으로 요구하고 열세를 절감한 고려가 부득이하게 수용하여 성립되었다고 여겨진다.[17] 그리고 군신관계에 대한 양자의 인식도 완연하게 달랐다. 몽골은 고유한

15) 『東國李相國集』 卷28 「謝蒙古皇帝表」.

16) 『東文選』 卷36 「謝表」; 『東國李相國集』 卷28 「蒙古國使齎廻上皇帝表」.

17) 高宗19년(1232) 몽골의 2차 침입 후 고려가 東眞에 보낸 서신 내용 중 "대체로 이른바 몽골은 시기심과 잔인함이 매우 심하여 비록 화친을 맺어도 믿을 만하지 못하다. 우리나라가 그들과 화친을 맺은 것은 반드시 본의에서 나온 것이 아니다. 그러나 이전에 보낸 서한에서 알려준 바와 같이 지난 己卯年(1219) 江東城에서 형세에 따라 부득이하게 화친을 맺게 된 것이다"라는 구절에 그러한 고려의 입장이 잘 드러난다(『東國李相國集』 卷28 「答東眞別紙」).

세계관과 대외정책 방식에 근거하여 고려와의 화친을 그들의 완전한 복속으로 보았다. 반면 고려는 책봉국의 형식적 우월성을 인정하고 조공국의 정치적 독자성을 보장받는 전통적인 책봉·조공 관념에 따라 이를 과거 宋, 遼, 金과 맺은 事大관계 정도로 인식했다.[18] 때문에 그 후 몽골이 여타 정복지역과 마찬가지로 고려에 감당하기 어려울 만큼 많은 공물을 요구한 데 반해 고려는 그것을 누차 거부하면서 "단지 獻芹을 바치는 마음으로 해마다 보잘 것 없는 물품을 갖추어 보내어 정성과 예의를 닦았을 뿐입니다" 라고 변명한 바와 같이 사대의 도리만을 강조했다.[19] 이처럼 군신관계에 대한 양국의 인식차이로 인해 공물납부를 둘러싼 외교갈등이 끊이지 않았지만 고려가 비록 형식적이더라도 몽골군주의 황제 지위를 인정한 것은 엄연한 사실이다.

몽골의 고유한 세계관, 대외정책 방침이나 동아시아 국제관계 전통에 비춰봤을 때 양자의 군신관계와 형제관계는 양립하기 어려웠다. 그 시기 몽골이 외국과 외교적 형제관계를 맺었거나 전근대 동아시아 국제관계에서 군신·형제관계가 양립했던 사례는 찾아볼 수 없다. 對金공략이 한창이던 1215년 칭기스칸은 金 宣宗에게 사신을 보내 帝號를 버리고 河南王의 칭호를 받으라고 요구했다.[20] 이에 금 선종은 1221년 칭기스칸에게 사신을 보내 그를 兄으로 부르겠다고 요청했으나 거절당했다.[21] 다음해(1222) 칭기스칸은 재차 금 선종에게 사신을 보내 河南王의 지위를 수용하라고 거듭 요구했다.[22] 이처럼 군주의 호칭 문제를 둘러싼 양자의 외교적 공방은 당시

18) 이개석, 「여몽관계사 연구의 새로운 시점 : 제1차 여몽화약(麗蒙和約)과 지배층의 통혼관계를 중심으로」, 『13~14세기 고려-몽골관계 탐구』(동북아역사재단·경북대학교 한중교류연구원 엮음), 동북아역사재단, 2011, 23~24쪽.

19) 『東國李相國集』 卷28 「蒙古國使齎廻上皇帝表」.

20) 『元史』 卷1 太祖, 18쪽 "[秋七月] 遣乙職里往諭金主以河北·山東未下諸城來獻, 及去帝號爲河南王, 當爲罷兵. 不從."

21) 『元史』 卷1 太祖, 21쪽 "夏四月, 駐蹕鐵門關, 金主遣烏古孫仲端奉國書請和, 稱帝爲兄. 不允."

칭기스칸이 금 황제와 철저하게 형제관계가 아닌 군신관계를 맺으려 의도했음을 보여준다. 이 같은 현실에서 동시기 그가 금의 조공국이자 금보다 훨씬 약소국인 고려의 군주와 대등한 형제관계를 수립했다는 견해는 상식적으로 납득하기 어렵다.

비록 4세기의 시간적 격차가 있지만 17세기 초 後金과 조선의 외교관계도 그러한 상황을 이해하는 데 도움이 될 만하다. 당시 요동에서 흥기한 후금은 명 공략에 앞서 후방을 확보하기 위해 1627년 조선을 침공하여 굴복시키고(丁卯胡亂) 형제맹약을 맺었다.[23] 이는 13세기 초 흥기한 몽골이 금 공략을 앞두고 배후를 안정시키기 위해 고려에 진입하여 체결한 '형제맹약'과 얼핏 유사해 보인다. 그러나 앞서 제시한 사례와 같이 맹약 후 후금의 군주 홍타이지가 조선에 보내는 국서에서 자신을 兄, 조선 仁祖를 弟라고 명기하여 그것이 양국 군주의 사적 관계임을 공식화했다는 점에서 양자는 분명하게 구별된다.

1636년 홍타이지는 황제에 즉위한 후 조선에 사신을 보내 기존의 형제관계를 군신관계로 개정하자고 요구했다. 조선이 그것을 거부하고 형제관계를 유지하려는 입장을 고수하자 그는 이를 구실로 삼아 재차 조선을 침공했다(丙子胡亂). 자신이 황제에 즉위하여 향후 조선과의 외교관계를 새롭게 군신관계로 설정한 이상 과거의 형제관계는 마땅히 폐기되어야 했기 때문이다. 즉 양국의 외교관계에서 군신·형제관계는 결코 양립할 수 없었다. 이 사례에 비춰볼 때 13세기 초 몽골, 고려의 군주가 각자 임금, 신하의 지위를 수용하기로 합의하여 수립된 양국의 외교관계는 응당 형제관계가 아닌 군신관계로 이해되어야 한다.

---

22) 『元史』 卷1 太祖, 22쪽 "秋, 金復遣烏古孫仲端來請和, 見帝于回鶻國. 帝謂曰 : '我向欲汝主授我河朔地, 令汝主爲河南王, 彼此罷兵, 汝主不從. 今木華黎已盡取之, 乃始來請耶 ?' 仲端乞哀, 帝曰 : '念汝遠來, 河朔旣爲我有, 關西數城未下者, 其割付我. 令汝主爲河南王, 勿復違也.' 仲端乃歸."

23) 『仁祖實錄』 卷15 5년 2월 2일 ; 3월 3일.

그 시기 두 나라의 외교관계가 형식적, 실제적으로 군신관계였음을 뒷받침하는 기록은 다수 존재한다. 강동성전투 직후 화친을 맺기 위해 고려조정에 파견된 몽골사신 蒲里俗完이 오만무례한 정복자의 태도로 고려 국왕을 대하고 화친성립 후 몽골이 고려에게 줄곧 고압적인 자세로 과도하게 많은 공물을 요구한 사실이 그러한 사정을 여실히 보여준다.[24] 또한 高宗18년(1231) 사르타이가 이끄는 몽골군이 침입하여 고려조정에 보낸 서한에서 "쥐해(1216) 黑契丹이 너희 고려국을 침략했을 때 너희들은 막아내지 못했다. 우리가 보낸 札剌와 阿稱 두 사람이 군사를 이끌고 와서 흑거란을 모두 토벌했다. 너희가 토벌하지 못했고 우리가 했다. 만약 우리가 흑거란을 토벌하지 않았다면 너희는 일찍 끝장나지 않았겠느냐? [너희가] 사신 禾利一女(禾利歹 ; 蒲里俗完)에게[25] 투배하지 않았느냐? [너희가] 투배하여 [우리가] 사신 瓜古與(著古與)를 너희에게 보내지 않았느냐?"라고 하여 강동성전투 직후 고려가 몽골에 투배(복속)했음을 상기시켰다.[26] 그때

---

24) 이에 관해 고병익은 강동성 함락 직후 몽골사신 포리대완 등이 고려조정에 와서 화친을 요구할 때 모습을 완연한 정복자의 태도라고 하였고(고병익, 앞의 논문, 164쪽) 朴文一도 고려에 파견된 몽골사신의 오만한 태도를 지적하면서 그 시기 양국관계를 불평등한 군신관계라고 하였다(朴文一, 앞의 논문, 48쪽). 陳得芝도 몽골 통치자가 고려와의 우호관계를 臣屬관계로 보고 그때부터 부단히 고려에 使者를 파견해 공물을 요구하며 誅求가 끝이 없었다고 하였다(陳得芝, 「忽必烈的高麗政策與元麗關係的轉折點」, 『蒙元史與中華多元文化論集』, 上海古籍出版社, 2013, 267쪽).

25) 禾利一女를 일반적으로 '(몽골사신이) 데리고 간 여자' 또는 사신의 이름으로 해석하는데 亦鄰眞은 禾利歹로 읽고 그를 『元史』에 등장하는 蒲利帶也(蒲里俗也) 즉 蒲里俗完과 동일인물로 보았다(亦鄰眞, 「元代硬譯公牘文體」, 『元史論叢』 1, 1982, 178쪽 각주1). 歹가 一女로 와전되었을 개연성이 충분하고, 禾利歹와 蒲里俗가 발음상 유사하며, 강동성전투 직후 고려에 파견된 사신이 蒲里俗完이었던 사실에 비춰볼 때 그의 견해가 매우 타당하다고 여겨진다. 그 이름이 『高麗史』에 蒲里俗完, 『元高麗紀事』와 『元史』 「高麗傳」에 蒲里俗也라고 표기되어 말미의 完이나 也가 탈락한 점에 대해 의문을 제기할 수 있으나 『高麗史』 卷22 高宗8년 8월 甲子條에 고려에 온 몽골사신 著古與가 "원수 札剌와 蒲黑帶의 편지를 내놓았다"라는 기록에서 명백하게 蒲里俗完을 지칭하는 蒲黑帶라는 인명에서도 그 글자가 탈락되어 있다.

고려도 몽골에 철군과 화친을 청하기 위해 보낸 서한에서 “그 投拜에 관한 일은, 이전에 河稱과 札剌가 왔을 때 이미 일찍이 投拜했습니다”라고 하고[27] 강화천도 직후 재침한 몽골군의 철수를 청하기 위해 보낸 서한에서도 “己卯年(1219)에 이르러 우리 대국에서 장수 河稱과 札臘이 지휘하는 군사를 보내 그 무리(거란)를 소탕했습니다. 소국이 입은 은혜가 헤아릴 수 없어 投拜의 예를 행하고 마침내 하늘에 맹세하면서 영원히 和好할 것을 약속했습니다”라고 하여 누차 강동성전투 직후 이미 복속했음을 스스로 인정했다.[28]

그 시기 몽골지배층의 세계관, 대외인식 속에서 형제맹약과 같은 평등한 외교관계 개념은 존재하지 않았다. 1206년 칭기스칸이 몽골제국을 건립했을 때 그들은 이미 그가 천명을 받아 세상을 지배하는 유일한 군주라는 인식을 갖고 있었다. 이에 의거하여 온 세상을 복속(평화)과 전쟁의 대상으로 양분하고 복속하지 않은 지역·사람을 향후 무력을 동원해서 반드시 굴복시켜야 할 존재로 규정했다. 즉 몽골지배층의 인식 속에 동등한 나라와 백성이란 존재하지 않고 오직 이미 실제 지배하는 지역·사람과 전쟁을 통해 반드시 복속시켜야 할 적대세력만 있을 뿐이었다.[29]

그들은 이 같은 세계관에 입각하여 군주의 親朝를 가장 확실한 복속의

---

26) 『高麗史』 卷23 高宗18년 12월 壬子朔 “鼠兒年, 黑契丹你每高麗國裏討虜時節, 你每選當不得了去也. 阿每差得札剌·何稱兩介引得軍來, 把黑契丹都殺了. 你每不殺了, 阿每來. 若阿每不將黑契丹了, 你每不早了, 那是麼? 使臣禾利一女根底不拜來, 那是麼? 投了呵, 差使臣瓜古與, 你每根底不行打來, 那什麼?” 漢文, 白話文, 蒙文의 요소가 혼재되어 있는 이 서한의 문장은 해석이 매우 난해하여 일찍부터 국내외 학계에서 많은 주목을 받았다. 위 인용문을 번역하는 데 최근 출간된 세 편의 논문을 참조했다(이개석, 앞의 논문 ; 송기중, 「『高麗史』에 수록된 두 편의 蒙古軍 牒文」, 『진단학보』 118, 2013 ; 박영록, 「『高麗史』 蒙古 直譯體白話 牒文 二篇的 解釋的 硏究」, 『중국언어연구』 44, 2013).

27) 『高麗史』 卷23 高宗18년 12월 庚辰.

28) 『高麗史』 卷23 高宗19년 11월.

29) 고명수, 「쿠빌라이 정부의 南海정책과 해외무역의 번영 : 몽골의 전통적 세계관과 관련하여」, 『사총』 72, 2011, 237~243쪽.

표시로 간주하고 일찍부터 주변국과 접촉할 때 그것을 강하게 요구했다. 1209년 당시 카라키타이에 복속해 있던 위구르 군주 바르축 아르테긴이 몽골에 사신을 보내 복속 의사를 표명하자 칭기스칸은 "만일 이디쿠트가 진실로 힘을 다 바칠 마음을 갖고 있다면 그가 창고 안에 가지고 있는 것을 자신이 직접 갖고 오도록 하라"라고 하면서 그에게 친조를 명했다.[30) 1211년 칭기스칸이 쿠빌라이 노얀으로 하여금 카를룩을 정벌케 하여 그 군주 아르슬란 칸이 투항하고 직접 몽골궁정에 입조했을 때 쿠빌라이 노얀이 아르슬란 칸을 데려왔다는 기록도 그가 자신의 의지가 아닌 칭기스칸의 명에 따라 친조했음을 짐작케 한다.[31) 또한 13세기 초 요동에서 금나라에 대항하여 흥기한 거란인 耶律留哥도 몽골에 복속한 후 1215년 아들 薛闍와 함께 칭기스칸을 알현했고[32) 1226년 멸망 위기에 놓인 서하의 군주도 많은 선물을 갖고 와서 칭기스칸에게 친조했다.[33) 이와 같이 제국성립 시기부터 몽골지배층은 고유한 세계관에 의거하여 세상의 모든 국가와 민족을 복속·정복의 대상으로 규정하고 확실한 복속의 표시로서 군주의 친조를 요구하여 관철했다.

몽골의 전통적 세계관과 대외정책 방침 안에서 고려도 예외가 될 수 없었다. 몽골은 강동성전투 시기 고려와 화친을 맺은 후 고려국왕에게도 친조를 요구했다. 앞서 제시한 이규보의 「蒙古國使齎廻上皇帝表」에서 "삼가 생각하건대 신이 일찍부터 皇靈을 받들어 정성스럽게 신하의 직분을 닦았는데 다시 천자께서 내리신 가르침을 받으니 천자를 숭모하는 정성이 갑절이나 깊어집니다. 다만 천리나 떨어진 바다 끝에 살고 있고 또한 하루도 번국을 지키는 소임을 놓기 어려우며 만약 封境을 떠나 먼 산천을

30) 라시드 앗 딘, 김호동 역주, 『칭기스칸기』, 사계절, 2003, 251쪽.
31) 라시드 앗 딘, 김호동 역주, 『부족지』, 사계절, 2002, 247~248쪽 ; 유원수 역주, 『몽골비사』, 사계절, 2004, 235쪽.
32) 『元史』 卷149 耶律留可, 3512쪽.
33) 『몽골비사』, 282쪽.

지나다가 혹시라도 변고가 생긴다면 [천자께] 심려를 끼칠까 걱정됩니다" 라고 답변하는 내용과 서한 말미에 부가된 "몽골이 거란을 토벌하러 입경했을 때 지은 것"이라는 글귀를 통해 몽골이 강동성전투 시기 이미 고려국왕에게 친조를 요구했음을 알 수 있다.[34]

또한 그 후 고려가 東眞의 浦鮮萬奴에게 보낸 「回東夏國書」에서 "高麗國王 아무개는 삼가 東夏國王 殿下께 답서를 보냅니다. 보내온 편지를 받아보니 [그 편지에] 이르기를, '成吉思皇帝의 聖旨로 東夏國王에게 말하다. 준비해서 친히 알현하러 오라. 고려국은 지난번에 한 번 화친을 맺을 때 역시 함께 오기로 하였으니 준비해 [고려에] 가서 올 것인지 오지 않을 것인지 물어보라'라고 하시었습니다"라는 내용도 이를 증언한다.[35]

물론 그 시기 몽골이 접촉하는 모든 나라에게 곧바로 군주의 친조를 요구한 것은 아니다. 1214년 칭기스칸이 지휘하는 몽골군이 금을 침공하여 수도 中都 인근까지 육박했을 때 금 선종이 황실의 여인과 많은 선물을 보내면서 화친을 청하자 이를 수용하고 북방으로 철군했다. 그때 몽골이 금 황제에게 친조를 요구한 흔적은 발견되지 않는다.[36] 또한 1219년 칭기스칸이 중앙아시아 호레즘의 술탄 무함마드에게 보낸 서한에서 그를 '귀한 자식'이라 호명하여 자신의 우위를 내보이면서도 한편으로 그의 강대한 세력과 권위를 인정하여 친조를 요구하지 않고 평화로운 통상관계 수립을 권유했다.[37] 이처럼 몽골이 앞서 제시한 사례들과 달리 금과 호레즘의 군주에게 친조를 요구하지 않은 것은 당시 두 나라가 몽골에 대적할 만한 막강한 군사력을 갖추었다고 판단했기 때문이다. 몽골은 건국 후 한창

---

34) 『東國李相國集』 卷28 「蒙古國使齎廻上皇帝表」.

35) 『東文選』 卷61 「回東夏國書」. 이 문서의 번역은 정동훈, 「高麗時代 外交文書 硏究」, 서울대학교 박사논문, 2016, 300~301쪽을 참조했다.

36) 『金史』 卷14 宣宗 上, 303~304쪽 ; 『元史』 卷1 太祖, 17쪽 ; 『칭기스칸기』, 283~284쪽.

37) 『칭기스칸기』, 310~311쪽.

주변으로 세력을 확대하는 과정에서 그러한 형세를 감안하지 않을 수 없었다. 그러므로 두 나라는 강성한 군사력에 힘입어 몽골로부터 예외적으로 특별대우를 받은 셈이다.

고병익은 몽골-고려 형제맹약이 비교적 평등한 관계로서 몽골이 주변국과 맺은 외교관계에서 예외적인 경우에 속한다고 하였다. 그리고 1260년 쿠빌라이가 고려태자 王倎에게 "고려는 만 리 밖의 나라로서 唐太宗이 친히 정벌해도 복속시키지 못했는데 지금 그 세자가 스스로 와서 나에게 귀부하니 이는 하늘의 뜻이다"라고 말했다는 기록을 들어 40여 년 간 접촉과 침략으로 고려의 내부사정이 잘 알려져 있을 때의 그의 관념이 이러한데 건국한 지 10여 년밖에 안 된 시점에서 이전에 전혀 접촉이 없었던 고려에 대해 칭기스칸이 오히려 실제 이상의 대국으로 인식했을 가능성이 많다고 하였다.[38] 그러나 쿠빌라이의 위 발언은 장기간 한인 지식인과 교류하면서 습득한 중국역사에 대한 이해와 당나라를 격퇴한 고구려와 마찬가지로 30여 년 간 몽골의 침입에 거세게 저항했던 고려의 군사력을 실감한 자신의 체험에서 우러나온 것이다.

반면 강동성전투 이전 몽골은 고려의 군사력을 겪어보지 못했고 그때 몽골군 수장 카친이 고려 원수부에 "황제께서 거란군이 너희 나라로 도주한 지 3년이 되었는데 [너희가] 능히 소탕하지 못하니 군사를 보내 토벌하게 하셨다"라고 통보했듯이 고려가 토벌하지 못한 거란족을 대신 진압해준다는 명분을 내세우며 입경한 터였다.[39] 이 같은 현실에서 그들이 고려를 강대국으로 인식했을 리 만무하다. 당시 몽골군 원수 카친이 고려군 부원수 김취려에게 먼저 칭기스칸에게 절하고 다음으로 동진 군주 포선만노에게 절하라고 요구한 기록도 그가 고려를 기껏해야 복속국 동진과 동등한 위상의 나라로 보았음을 짐작케 한다.[40] 그러므로 자신들이 강대국으로

38) 고병익, 앞의 논문, 177~178쪽.

39) 『高麗史』 卷103 趙冲.

인식한 금, 호레즘과 달리 고려에게 군주의 친조를 통한 완전한 복속을 요구하고 줄곧 종주국의 입장에서 오만하고 고압적인 태도를 견지했던 것이다.

또한 고병익은 몽골이 대부분의 정복지역에 부과한 六事가 형제맹약 시기 고려에 '하나도' 적용되지 않았다고 하여 그 시기 양국관계가 정복, 피정복 관계와 구별되는 동일평면상의 횡적인 관계라고 주장했다.[41] 그러나 실제로 몽골은 전통적으로 정복지, 복속국에 육사를 부과했지만 그 조항이 건국 초창기부터 확고하게 정립되었거나 정복·복속지역에 전면으로 적용되었던 것은 아니다. 고려는 이미 강동성전투 직후 육사에서 가장 중요한 국왕친조를 요구받았고 동시기 몽골에 복속한 위구르, 카를룩, 서하, 야율유가, 포선만노도 그 일부 조항만 이행했을 뿐이다. 따라서 고려가 이를 전부 면제받은 것도 아니고, 전면으로 적용되지 않았다고 해서 그것이 고려에 대한 몽골의 특별대우나 양국의 평등관계를 입증하는 근거도 되지 못한다.

육사요구와 관련하여 우리는 '형제맹약 시기(1219~1225)'가 칭기스칸의 호레즘 원정 기간(1219~1225)과 거의 일치한다는 사실을 기억해둘 필요가 있다. 己卯年(1219) 정월 양국이 화친을 체결하고 그해 6월 칭기스칸은 몽골의 사신단을 살해한 호레즘을 응징하기 위해 출정하여 약 6년간 중앙아시아 정복전쟁에 주력했다. 출정 직전 그는 막내동생 테무게 옷치긴을 監國에 임명하여 몽골본토와 요동, 고려에 관한 사무를 주관케

40) 『益齋亂藁』 卷6 「金公行軍記」.

41) 고병익, 앞의 논문, 182쪽. 六事는 몽골이 정복지역, 복속국에 부과하는 고유한 요구사항으로 통상 6가지라고 알려져 있지만 시기와 대상에 따라 항목에 약간의 차이를 보인다. 쿠빌라이 시기 고려와 안남에 부과한 요구사항을 열거하면 ① 군주친조(君長親朝) ② 자제입질(子弟入質) ③ 군사지원(助軍) ④ 세량납부(輸糧) ⑤ 역참설치(設驛) ⑥ 호구조사(供戶數籍) ⑦ 다루가치설치(置達魯花赤) 도합 7가지다. 육사의 내용, 성격에 관해 김호동, 『몽골제국과 고려』, 서울대학교출판부, 2007, 93~96쪽 참조.

했다. 그러므로 그 후 고려의 주된 외교상대는 칭기스칸이 아니라 옷치긴의 감국정권이었다.

몽골이 복속국에 육사를 요구한 사실을 명확하게 나타내는 기록은 충분치 않다. 쿠빌라이가 至元5년(1268) 고려에 그리고 至元4년(1267)과 至元12년(1275) 安南에 요구한 3건의 기사가 확인될 뿐이다. 그런데 이 기사들을 보면 모두 카안의 詔書 형식으로 육사가 요구되었음을 알 수 있다.[42] 이는 복속국에 대한 육사 요구가 카안의 고유 권한이었음을 짐작케 한다. 그렇다면 형제맹약 시기 몽골이 고려에 육사를 요구하지 않은 까닭은 공교롭게도 그 기간 중 칭기스칸이 몽골본토에 부재하여 고려에 관한 사무를 주관하지 않은 점에서 찾을 수 있다. 이 같은 특수한 배경 아래 감국 옷치긴이 육사요구 권한을 독자적으로 행사하지 못했으므로 고려가 그 부담에서 비교적 자유로울 수 있었던 것이다.

그리고 고려에 육사가 상당부분 적용되지 않았다고 해서 그 시기 고려에게 부과된 몽골의 요구가 결코 가볍다고 할 수 없다. 옷치긴은 매년 여러 차례 사신을 보내 고려에 많은 공물은 물론 처녀, 중국어 능통자, 기술자까지 요구했다.[43] 또한 옷치긴 뿐 아니라 카친, 자라, 포리대완 심지어 東北諸王 알치다이까지 별도로 서한을 보내거나 사신을 파견하여 공물을 요구했다.[44] 이에 고려는 몽골에 보내는 답서에서 "매번 균지를 보내 한없이

42) 『高麗史』 卷26 元宗9년 3월 壬申 ; 『元史』 卷209 安南, 4635쪽 ; 『元史』 卷8 世祖5, 160쪽.

43) 『東國李相國集』 卷28 「蒙古國使齎廻上皇太弟書」.

44) 『高麗史節要』 卷15 高宗8년 9월조에 몽골의 安只女大王이 사신 這可를 보내 공물을 요구했다는 기사가 있다. 大王이라는 칭호가 몽골의 황족들에게만 부여되고 당시 칭기스칸 동생의 일족들이 만주지역에서 활동했던 점을 감안할 때 安只女大王은 東北諸王의 하나인 알치다이(安只歹)로 추정된다. 이와 관련하여 그를 옷치긴과 동일인물로 보는 견해가 있으나(강재광, 『蒙古侵入에 대한 崔氏政權의 外交的 對應』, 경인문화사, 2011, 40~44쪽) 동의하기 어렵다. 高宗8년(1221) 10월 兪升旦이 작성하여 옷치긴에게 보낸 서한에서 "두 나라가 서로 교류하는 예의에는 반드시 정한 수가 있어 일 년에 한 번 사신이 오는 것이 이미 사전에 규정되었습니

요구하니 우리나라가 어떻게 그것을 감당하겠습니까."[45] "만약 일정한 기준이 없으면 사신이 오는 것이 해마다 잦아질 것이니 이와 같으면 보내고 맞이하는 것을 갖추기에 백성이 피폐해지고 재물이 고갈되어 점차로 지탱하지 못할까 두렵습니다"라고 하여[46] 과도한 납공요구 이행의 곤란함을 호소했다. 이러한 현실에서 고려에 대한 몽골의 특별대우나 양국의 평등관계는 기대하기 어려웠을 것이다.

아울러 고병익은 13세기 초 몽골이 주 공략대상인 금을 완전히 멸하지 못한 상황에서 후방에 자신에게 순종하는 동맹국을 만들어 금을 양 측에서 압박하는 효과를 얻기 위해 고려와 형제맹약을 맺었다고 하였다. 즉 고려 자체가 정복대상이 아니었으므로 일반적인 征討방식을 따르지 않고 비교적 평등한 동맹관계를 수립했다는 것이다.[47] 그러나 몽골은 전통적으로 강력한 상대를 공략하기에 앞서 배후를 확고히 안정시키기 위해 후방국을 철저하게 정복하거나 복속시키는 전략을 구사해왔다. 칭기스칸이 금 정벌 이전 서하를 복속시키고, 뭉케가 남송 공략 이전 동생 쿠빌라이로 하여금 大理를 정벌케 한 군사작전은 모두 이러한 전략에 기반을 둔 것이다. 그러므로 몽골이 금 정벌에 대비하여 고려를 동방의 배후세력으로 확보하려

다. 그런데 지금 한 번 오는 사신이 두 차례로 나뉘어 연달아 오고 있습니다. 아울러 대왕전하가 보내는 것 외에 별도로 오는 사신이 있어 이번 한 해가 지나면서 이미 세 차례 사신이 왔습니다"라는 내용이 있는데(『東文選』 卷61 「同前書」) 『高麗史』 「世家」의 동년 기사를 통해 그들이 각각 8월, 9월, 10월에 고려에 파견된 著古與, 這可, 喜速不花였음을 알 수 있다. 위 서한의 서두에서 著古與(掉胡與)와 喜速不花(奚都不合)가 옷치긴의 균지를 전해온 사실이 확인되므로 그의 遣使와 무관하게 고려에 온 사신은 安只女大王이 보낸 這可가 분명하다. 따라서 옷치긴과 安只女大王은 동일인이 될 수 없다.

45) 『東國李相國集』 卷28 「蒙古國使齎廻上皇太弟書」.

46) 『東文選』 卷61 「同前書」.

47) 고병익, 앞의 논문, 161~170쪽. 그는 몽골이 정복지역에서 匠人들을 징발하여 전리품으로 삼는 전통방식이 고려에 적용된 흔적이 전혀 없다고 하였으나 高宗8년(1221) 고려가 옷치긴에게 보낸 서한에서 일전에 名手匠人을 보내라는 요구를 받은 사실이 확인된다(『東國李相國集』 卷28 「蒙古國使齎廻上皇太弟書」).

기도했다면 형제맹약과 같은 비교적 평등한 동맹을 맺기보다 고유한 전략에 따라 완전히 정복하거나 철저하게 복속시키는 방법을 택하는 편이 더욱 자연스럽다. 때문에 강동성전투 시기 성립된 양국의 화친을 고려의 복속으로 간주하고 그 징표로서 국왕의 친조를 요구했던 것이다.

이상의 논의내용을 종합하여 13세기 초 성립된 양국 외교관계의 성격을 정리하면 다음과 같다. 우선 형제맹약은 양국을 대표하는 군주 사이에 맺어진 관계가 아니므로 외교관계라고 보기 어렵다. 고려국왕이 몽골의 군주를 皇帝陛下, 자신을 臣이라고 지칭한 기록을 볼 때 그 시기 양국관계는 적어도 형식적으로 평등한 형제관계가 아니라 상하가 명확한 군신관계였다. 더욱이 화친성립 후 몽골이 철저하게 상국의 위치에서 정복자의 자세로 고려에게 국왕친조와 많은 공물을 요구한 사실은 그들이 명백하게 불평등한 외교관계를 지향했음을 나타낸다. 그러므로 고려가 동시기 몽골에 복속한 여타 나라, 민족과 달리 그들로부터 특별한 후대를 받았다고 보기 어렵다. 게다가 몽골이 고려에 육사를 적용하지 않은 점과 금 정벌에 대비한 배후세력으로서 고려가 갖는 전략적 가치도 양국의 형제관계를 입증할 만한 근거로서 충분치 않다. 따라서 형제맹약을 몽골이 고려와 예외적으로 맺은 비교적 평등한 외교관계로 보는 견해는 수정되어야 한다.

3. 형제맹약의 실체

그렇다면 여러 사서에 엄연하게 등장하는 형제맹약의 실체는 과연 무엇인가. 필자는 앞장 서두에서 형제맹약을 국가 간 외교관계로 묘사한 몇몇 기록들을 제시했다. 그러나 다른 기록에서는 그것이 강동성전투 시기 양국 군대를 지휘했던 장군들 사이에 맺어진 사적 관계로 표현되어 있다. 忠肅王10년(1323) 柳淸臣과 吳潛이 입성책동을 일으켰을 때 이제현이 몽골의

中書省에 올린 반대서한에 누대에 걸친 고려왕실의 공훈을 열거하면서 "[몽골의] 두 원수는 조충 등과 형제의 의를 맺고 영원히 잊지 말 것을 맹세했습니다"라고 하였고[48] 동시기 티베트로 귀양 간 충선왕의 사면과 환국을 요청하면서 올린 글에서도 "두 나라 장수가 서로 형제가 되어 만세토록 잊지 않기로 맹세했습니다"라고 하였다.[49] 또한 忠惠王즉위년(1330) 將伯祥이 입성책동을 일으켰을 때 충혜왕이 보낸 반대서한에서 "[몽골의] 두 원수가 조정에 아뢰어 조충 등과 더불어 형제가 되기로 맹세하고 대대손손 오늘을 잊지 않기로 했습니다"라고 하였고[50] 恭愍王12년(1363) 李公遂가 德興君 옹립운동을 저지하기 위해 大都에 가서 奇皇后를 만나 양국의 오랜 우호관계를 강조하면서 "우리 고려와 大朝의 관계를 말하자면 처음에 戎臣(무신)이 형제관계를 맺었고 후에 천자께서 사위장인의 관계를 정했습니다"라고 하였다.[51] 아울러 高宗18년(1231) 몽골군이 고려를 침공했을 때 당시 咸新鎭을 방어하던 趙叔昌이 항복하고 "나는 원수 조충의 아들이다. 내 아버지가 일찍이 귀국의 원수와 형제를 맺었다"라고 한 발언도 잘 알려져 있다.[52] 이 기록들은 형제맹약의 주체가 국가(군주)가 아니라 양국 군대의 지휘관 즉 카친, 자라와 조충, 김취려였음을 분명하게 나타낸다.

「金公行軍記」에 강동성전투 시기 두 나라 장군들이 형제맹약을 맺는 과정이 상세하게 묘사되어 있다. 이에 따르면 먼저 몽골군 원수 카친이 지원병력을 이끌고 온 고려군 부원수 김취려에게 나이를 묻고 자신이

---

48) 『益齋亂藁』 卷6 「在大都上中書都堂書」 "兩元帥與趙冲等, 誓爲兄弟, 萬世無忘."

49) 『益齋亂藁』 卷6 「同崔松坡贈元郎中書」 "兩國之帥, 相與約爲兄弟, 誓萬世無相忘."

50) 『高麗史』 卷36 忠惠王즉위년 윤7월 庚寅 "兩元帥聞奏朝廷, 與冲等結兄弟之盟, 世世子孫, 無忘今日."

51) 『牧隱文藁』 卷18 「李公遂墓誌銘」 "我高麗之於大朝也. 戎臣結爲兄弟於初, 天子定爲甥舅於後."

52) 『高麗史』 卷130 趙叔昌 "我趙元帥冲之子. 吾父曾與貴國元帥, 約爲兄弟."

연소하니 그를 형으로 대하고 자신이 아우가 되겠다고 하였다. 이후 군영에 도착한 고려군 원수 조충이 김취려보다 나이가 위라는 말을 듣고 조충 역시 형으로 대했다고 한다.[53] 즉 이 글은 양자의 형제맹약이 고려군 지휘관 조충, 김취려가 형이 되고, 몽골군 지휘관 카친, 자라가 동생이 되는 관계였음을 알려준다. 이 사실 만으로도 형제맹약이 국가 간 외교관계가 아니었음을 짐작해볼 수 있다. 고려의 장군들이 우위에 있는 형제관계가 몽골이 명백하게 우세한 양국관계의 실제모습과 일치하지 않기 때문이다.

이와 관련하여 고병익은 형제맹약을 외교관계로 규정하고 "형제맹약에서 어느 쪽이 兄이 되고 弟가 되는가는 처음부터 자명했던 것 같다. 成吉思汗이 이미 출병 전부터 이를 지시하였고 또 공성전에 이미 몽고측은 고려장군으로 하여금 몽고황제에 대한 요배를 요구하였던 것이다"라고 하여 양국의 형제관계가 몽골이 형, 고려가 동생이 되는 관계였다고 보았다. 그리고 카친이 조충, 김취려를 형으로 대한 사실은 연령차에 따른 개인적인 존대에 지나지 않은 것이라고 치부했다.[54] 즉 형제맹약은 몽골이 우위에 있는 국가 간 외교관계로서 長幼에 따른 양국 장군들의 개인적 관계와 구별된다는 것이다. 박용운도 이 견해를 받아들여 그 시기 양국관계에 대해 "몽고가 형이 되고 고려가 동생이 되는 이른바 형제의 맹약이 맺어진 것이다"라고 하였다.[55]

그러나 두 나라가 외교적 형제관계를 맺고 몽골이 형, 고려가 동생의 지위를 수용했다는 사실을 증언하는 사료적 근거는 찾아볼 수 없다. 앞장에서 지적했듯이 강동성전투 시기 체결된 양국의 외교관계는 몽골이 임금, 고려가 신하의 지위를 받아들이기로 합의된 명백한 군신관계였다. 따라서 형제맹약의 실제모습은 국가 간 외교관계가 아니라 양국 장군들 사이에

---

53) 『益齋亂藁』 卷6 「金公行軍記」.

54) 고병익, 앞의 논문, 161쪽.

55) 박용운, 『高麗時代史』, 일지사, 1987, 479쪽.

체결된 사적 관계였을 가능성이 농후하다. 본 장 서두에서 제시한 인용문에서 고려가 형제맹약의 주체를 양국의 장군들로 명시한 사실 역시 이를 뒷받침하기에 충분하다. 만약 강동성전투 시기 양국이 합의하여 정식으로 외교적 형제관계를 맺었다면 이후 고려가 몽골과 교섭할 때 굳이 국가(군주)가 아닌 장군을 맹약의 주체로 내세울 필요가 없기 때문이다.

형제맹약의 실체를 올바르게 규명하기 위해서는 고려 측 자료 뿐 아니라 몽골의 입장에서 작성된 자료도 면밀하게 검토해야 한다. 그런데 앞서 제시한 바와 같이 고려 측 자료에는 형제맹약에 관한 기록이 다수 등장하지만 몽골 측 자료에서는 거의 발견되지 않는다. 이는 정작 몽골이 형제맹약을 양국의 최초 외교관계를 상징하는 사건으로서 중요하게 여기지 않았음을 시사한다. 『元高麗紀事』에 단 한 건의 기사가 전해지는데 이를 통해 형제맹약에 대한 그들의 인식을 가늠해볼 수 있다.

> 箚剌과 趙冲이 맹약을 맺고 형제가 되어 대대로 우호를 약속하였다. [고려가] 매년 貢賦 바치기를 청하니 箚剌이 말하기를 "너희 나라가 길이 멀어 왕래하기 어려우니 매년 사신 10인을 보내고 [조공품을] 가져와 특별히 올리도록 하라"라고 하였다.[56]

위 기사에도 앞서 제시한 고려 측 기록과 마찬가지로 형제맹약의 주체가 양국의 장군인 자라와 조충으로 명시되어 있다. 그리고 이후 몽골이 매년 공물을 바치겠다는 고려의 요청을 수용하여 양국이 정식으로 조공관계를 수립한 사실을 전한다. 즉 이 기사는 형제맹약이 두 나라 장군들 사이에 맺어진 사적 관계에 불과하고 그 직후 정식으로 성립된 양국의 조공관계와 분명하게 구별되었음을 알려준다.

---

56) 『元高麗紀事』 太祖13년 "箚剌與冲, 約爲兄弟, 以結世好. 請歲輸貢賦, 箚剌曰, 爾國道遠, 難于往來, 每年可遣使十人, 賫特赴上."

이와 관련하여『高麗史』「世家」에 강동성전투 종결 후 카친이 고려조정에 사신 포리대완을 보내 칭기스칸의 조서를 전달하면서 정식으로 화친을 청하고, 고려가 그것을 수용했다는 기록이 있다.[57] 양국의 공식 외교관계는 바로 그때 수립되었다고 보는 편이 옳을 것이다. 확인할 수 없으나 고려에 전달된 조서에는 몽골의 고유한 대외정책 방침에 따라 형제관계가 아닌 실제적 종속관계를 요구하는 내용이 담겨있었으리라 추정된다. 高宗18년(1231) 몽골의 1차 침입 때 고려조정에 보낸 서한에서 "[너희가] 사신 禾利一女(禾利歹, 蒲里佮完)에게 투배하지 않았느냐?"라는 구절도 이를 뒷받침한다.

忠烈王21년(1295) 고려신료 金之淑이 聖節을 하례하기 위해 몽골에 파견되어 테무르(成宗)를 만난 자리에서 개진한 발언도 눈여겨볼 만하다. 그곳에 참석한 交趾(안남)의 사신이 먼저 예식을 행하자 그는 "우리나라가 비록 작지만 태조께서 나라를 세우실 때 가장 먼저 臣服하였고, 형제의 맹약을 맺었으며, 장인과 사위의 친분이 있으니 [저희가] 먼저 폐백을 펼쳐놓고 축하의 말을 올리도록 해 주십시오"라고 하여 허락을 받았다.[58] 이때 그는 고려가 먼저 의례를 행해야하는 이유로서 臣服과 형제맹약을 함께 제시했다. 여기에서 臣服은 강동성전투 직후 포리대완의 파견을 통해 성립된 양국의 군신관계를 의미한다. 그리고 상술했듯이 전통시대 국가(군주)간 군신관계와 형제관계가 양립하기 어려웠음을 감안한다면 그가 언급한

57) 『高麗史』 卷22 高宗6년 정월 庚寅.

58) 『高麗史』 卷108 金之淑 "我國雖小, 自太祖奮義之初, 首先臣服, 兄弟有盟, 甥舅有親, 願先設幣陳賀." 이 기사에는 위 사건의 시기가 명시되어 있지 않지만 『高麗史』 「世家」 忠烈王21년(1295) 추7월 己亥條에 "判三司事 金之淑을 元에 보내 성절을 하례하게 했다"라는 기록을 통해 그것을 알 수 있다. 그리고 『高麗史節要』의 해당기사에는 그가 테무르 카안에게 "본국이 率先歸附하여 甥舊의 친분을 맺은 것이 다른 나라와 비할 바가 아닙니다"(本國率先歸附, 結爲甥舊之親, 非他國比)라고 진언했다고 되어 있는데 여기에 형제맹약에 관한 언급이 누락되어 위 인용문과 차이를 보인다.

형제맹약은 양국의 공식 외교관계와 구별되는 장군들 간의 사적 관계를 가리킨다고 볼 수 있다.

쿠빌라이 시기 몽골과 안남 사이에서도 별개의 형제·군신관계가 차례로 수립된 사례가 있어 몽골-고려 형제맹약과 견주어볼 만하다.

> 交趾가 항시 이반하고 복속하기를 반복하여 湖廣省이 군대를 내어 여러 번 정벌했으나 승리하지 못했다. 賽典赤이 [교지의 왕에게] 사람을 보내 반역하면 화를 입고 순종하면 복을 받을 것이라 깨우치고 형제가 되기로 약속했다. 交趾의 왕이 크게 기뻐하여 몸소 雲南으로 왔다. 賽典赤이 성문 밖에서 그를 맞이하여 예를 갖춰 대접하니 마침내 그가 영원히 藩臣이 될 것을 청했다.[59]

위 글은 안남이 몽골에 완전히 복속되지 않은 상황에서 당시 운남지역을 다스리던 쿠빌라이의 측근 사이드아잘(賽典赤)이 사신을 보내 안남국왕과 형제관계를 맺고 몸소 찾아온 그를 후하게 대우하여 그의 자발적 복속을 받은 사실을 전한다. 쿠빌라이 시기 몽골지배층은 여전히 고유한 세계관과 대외정책 방침을 견지하고 있었으므로 몽골카안이 형제관계의 주체가 되었을 가능성은 희박하다. 그렇다면 안남국왕과 형제관계를 맺은 장본인은 초유를 시도한 사이드아잘이거나 그가 보낸 사신이었다고 추정된다. 이후 사이드아잘이 몸소 찾아온 안남국왕을 정성스레 대접하자 그가 몽골의 藩臣이 되겠다고 자청하여 양국 군주 사이에 적어도 형식적인 군신관계가 성립되었다. 이와 같이 안남국왕과 사이드아잘 혹은 그의 사신이 맺은 형제관계와 그와 쿠빌라이가 맺은 군신관계는 분명하게 구별된다. 이

---

59) 『元史』 卷125 賽典赤贍思丁, 3065~3066쪽 "交趾叛服不常, 湖廣省發兵屢征不利, 賽典赤遣人諭以逆順禍福, 且約爲兄弟. 交趾王大喜, 親至雲南, 賽典赤郊迎, 待以賓禮, 遂乞永爲藩臣."

사례에 비춰볼 때 강동성전투 시기 장군들 간에 맺어진 형제맹약도 그 직후 수립된 양국의 외교적 군신관계와 별개로 이해하는 편이 온당하다.

그렇다면 후대에 고려가 몽골과 교섭할 때 양국의 오랜 우호관계를 강조하면서 종종 형제맹약을 내세운 까닭은 무엇인가. 형제맹약이 그저 양국 장군들 간의 개인적 관계에 불과했다면 외교교섭 때 굳이 그것을 언급할 필요가 없을 것이다. 그러나 형제맹약이 비록 정식 외교관계는 아니지만 초창기 양국의 우호관계와 전혀 무관하다고 볼 수 없다. 이는 그것이 양국 군대의 지휘관들 사이에서 수립된 만큼 '군사동맹'이라는 상징성을 지녔기 때문이다. 그런 점에서 형제맹약은 전통적으로 몽골 유목민 사이에서 군사동맹을 위해 빈번하게 체결된 안다(Anda, 의형제) 관계와 유사한 측면이 있다.

몽골제국 등장 이전 몽골초원은 여러 유목부족들이 분립하여 독자적으로 활동하면서 생존과 번영을 위해 주변부족과 치열하게 투쟁하는 혼란한 상황에 놓여 있었다. 때문에 상대적으로 세력이 약한 부족은 전투에서 패배하고 분산되어 그 구성원들이 강대부족에게 종속되는 운명을 맞았다. 이처럼 부족이 구성원들에 대한 방어, 보호 기능을 제대로 수행하지 못하게 되자 유목사회에는 혹독한 자연, 사회 환경에서 자신을 보호하는 수단으로써 새로운 인간관계가 요구되었는데 이에 부응하여 출현한 것이 안다였다. 안다는 혈연적으로 무관한 쌍방이 개인적 신뢰를 바탕으로 동맹하여 외부의 위협에 대한 보호망을 만드는 인간관계로 주로 동년배 간에 형성되는 대등한 관계였고 생존과 약탈을 위해 군사력을 확충하는 군사동맹의 성격을 지닌다.[60)]

실제로 몽골제국 건립 이전 몇몇 초원의 유력자들이 부족민을 보호하고 자신의 세력을 확대하기 위해 안다관계를 맺고 그것을 효과적으로 활용했

---

60) 김호동, 「蒙古帝國의 形成과 展開」, 『講座中國史Ⅲ』(서울대학교동양사학연구실 편), 지식산업사, 1989, 253쪽.

다. 칭기스칸의 부친 이수게이가 부족의 내부투쟁에서 패배하여 쫓기던 케레이트 부족의 수장 토오릴(옹칸)을 도와 그의 지위와 세력을 회복시켜주고 안다관계를 맺은 사례가 있고 테무진(칭기스칸)도 몽골통일 전쟁을 수행하는 과정에서 자다란 씨족의 수장 자무카, 망구트 부족의 쿠일다르와 안다관계를 맺어 그들의 군사협력을 얻었다.

그런데 안다에 의제적 혈연관계인 '의형제' 의미가 내포되어 있는지에 관해 오늘날까지도 의견이 분분하다. 많은 학자들이 안다를 의형제로 이해하지만 일부 다른 학자들은 盟友로 보기도 한다.[61] 실제로 안다에 의형제 의미가 있다고 명기된 사료적 근거는 발견되지 않는다. 『元史』에 이에 관한 해석이 두 차례 등장하는데 각각 交物之友와 定交不易이라고 풀이되어 있을 뿐이다.[62] 때문에 한 학자는 몽골에서 전통적으로 대등한 인간관계인 안다와 상하가 분명한 형제를 철저하게 구분하고, 족외혼 전통이 엄격한 몽골사회에서 종종 사돈을 안다라고 불렀으며, 안다관계를 맺을 때 의제적 혈연관계를 상징하는 의식을 행한 기록이 발견되지 않은 점을 들어 그것이 의형제를 의미하지 않는다고 주장했다.[63]

그러나 관련 자료를 면밀하게 살펴보면 비록 충분치 않지만 안다에 의형제 의미가 있음을 암시하는 기록을 찾을 수 있다. 『몽골비사』에서 테무진의 안다였던 자무카가 훗날 옹칸에게 테무진이 나이만 부족과 공모하여 배신했다고 무고하자 오브칙 부족의 구린 바아투르가 그 말을 듣고 "왜 간사하게 그렇게 올곧은 형제(aqa deü)를 모함하며 헐뜯어 얘기하는가"라고 힐난하면서 테무진을 자무카의 '형제'라고 지칭했다.[64] 또한 『집사』

61) 안다의 의미에 대한 여러 학자들의 견해에 관해 磯野富士子, 「アンダ考」, 『東洋學報』 67-1, 1986, 57~60쪽 참조.

62) 『元史』 卷1 太祖, 6쪽 "按答, 華言交物之友也." ; 『元史』 卷121 畏答兒, 2987쪽 "按達者, 定交不易之謂也."

63) 磯野富士子, 앞의 논문, 61~65쪽.

64) 『몽골비사』, 126쪽.

에서 자무카가 옹칸의 아들 셍군에게 "나의 형 칭기스칸은 당신의 적인 타양칸과 의기투합하여 그에게 계속 사신을 보내고 있다"라고 모함하면서 그를 '형'이라고 부른 기사도 존재한다.[65] 아울러 테무진이 옹칸과 동맹할 때 그가 아버지의 안다였다는 이유로 그를 '아버지'라고 부르고 그 역시 테무진을 '아들'이라 부르면서 자신의 아들인 셍군의 형으로 삼으려 했다는 기록도 안다에 의형제 의미가 내재되어 있음을 시사한다.[66] 따라서 이 기록들에 근거하여 안다를 의형제로 간주해도 무방하다고 판단된다.

전술했듯이 안다관계의 중요한 특징 중 하나는 군사동맹이다. 몽골-고려 형제맹약도 거란족 협공에 앞서 양국 장군들 간에 체결되었다는 점에서 군사동맹의 성격을 갖는다. 이에 관해 「金就礪墓誌銘」에 기재된 형제맹약 관련 기사가 주목된다. 高宗21년(1234) 작성된 이 명문은 형제맹약(1219) 사건이 기록된 자료들 중 가장 오래된 것이다. 따라서 그 시기 현장의 실제모습과 이에 대한 당대인의 인식을 생생하게 전달해준다는 점에서 중요한 사료적 가치를 지닌다. 명문 작성자는 형제맹약에 관해 "몽골이 기뻐하며 우리 軍과 형제가 되기로 [약속하고] 돌아갔다"라고 하여 그 주체를 양국의 軍으로 명기했다.[67] 이는 형제맹약이 두 나라 군대 또는 장군 사이에 체결된 동맹의 성격을 가졌음을 강하게 시사한다. 더욱이 이 문장은 형제맹약이 국가(군주) 간 외교관계가 아니었음을 입증하는 또 하나의 근거가 된다. 양국이 외교적 형제관계를 맺었다면 굳이 軍을 그 주역으로 내세울 필요가 없기 때문이다.

형제맹약은 강동성전투 시기 몽골군 원수 카친이 먼저 고려군 지휘관 조충과 김취려에게 제안하여 체결되었다. 그것이 결국 군사동맹 성격을

65) 『칭기스칸기』, 203쪽 ; Thackston W.M. tr. *Jami'u't-tawarikh : Compendium of Chronicles,* vol.1, Harvard University, 1998, p.184.

66) 『몽골비사』, 128쪽.

67) 김용선 편저, 『高麗墓誌銘集成』(제5판), 한림대학교출판부, 2012, 363쪽 "蒙古喜與我軍□(約)爲兄弟及其還也."

갖는 의형제 관계였다는 점에서 그가 몽골의 전통에 따라 고려장군과 안다관계를 수립하려 시도했다고 볼 수 있다. 그가 실제적인 양국의 세력격차와 무관하게 연령에 따라 기꺼이 동생의 지위를 수용한 것도 안다가 동년배들끼리의 대등성을 갖기 때문이다. 그러므로 형제맹약은 초원 유목사회의 군사동맹 전통인 안다관계가 13세기 초 몽골·고려군이 거란족을 협공할 때 양국 장군들 사이에서 구현된 것으로 이해된다. 이와 같이 형제맹약이 양국의 최초 접촉 및 군사동맹이라는 역사적 상징성을 지녔기 때문에 비록 정식 외교관계가 아니었음에도 불구하고 후대에 고려가 몽골과 교섭할 때 두 나라의 오랜 우호관계를 강조하면서 그것을 적극 내세웠던 것이다.[68]

4. 형제맹약에 관한 기억의 변용

지금까지 강동성전투 직후 수립된 양국의 외교관계가 철저하게 군신관계 형태를 띠었고 형제맹약은 실제로 양국 장군들 사이에 맺어진 사적 관계였다는 점을 확인해 보았다. 본 절에서는 형제맹약을 국가 간 외교관계로 묘사한 기록이 과연 언제, 어떠한 연유로 등장하게 되었는지 살펴보려 한다.

1장 서두에서 제시했듯이 형제맹약을 외교관계로 표현한 자료는 『高麗史』「趙冲傳」, 「金就礪傳」, 「閔漬傳」, 『高麗史節要』 그리고 이제현이 찬술한 「金公行軍記」, 「忠憲王世家」, 「櫟翁稗說」이다. 그런데 『高麗史』와 『高麗史節要』는 형제맹약 시기로부터 약 2세기 후에 편찬되었고 이제현의 작품 역시

68) 양국의 형제맹약이 평등성을 특징으로 하는 안다관계에 바탕을 두고 있다는 점은 윤은숙이 이미 지적한 바 있다(윤은숙, 앞의 논문, 127~130쪽). 그러나 그것을 두 나라의 외교관계에 확대 적용하여 그 시기 양국이 평등관계를 수립했다는 견해에는 동의하기 어렵다. 장군들 사이에 체결된 평등한 안다관계와 양국의 수직적 군신관계는 마땅히 구분되어야 한다.

약 1세기 후에 저술되었으므로 모두 해당시기 역사상을 고스란히 반영하기에 일정한 한계를 지닌다. 그러므로 형제맹약의 실제모습과 성격을 올바르게 이해하기 위해서는 큰 시간적 격차를 두지 않고 작성된 '당대자료'를 적극 활용할 필요가 있다.

대표적인 당대자료로서 '형제맹약 시기(1219~1225)' 양국이 주고받은 외교문서를 들 수 있다. 몽골이 고려에 보낸 문건은 남아있지 않지만 고려가 몽골에 보낸 문서 6건과 동진에 보낸 1건이 전해진다. 이규보가 작성하여 『東國李相國集』 권28에 수록된 「蒙古兵馬元帥幕送酒果書」, 「蒙古國使齎廻上皇太弟書」, 「謝蒙古皇帝表」, 「蒙古國使齎廻上皇帝表」, 이인로가 작성하여 『東文選』 권36에 수록된 「謝表」, 兪升旦이 작성하여 같은 책 권61에 수록된 「回東夏國書」, 「同前書」가 그것이다. 이 7건의 외교문서는 발송 시기와 목적이 모두 다르고, 수신자도 칭기스칸(「謝蒙古皇帝表」, 「蒙古國使齎廻上皇帝表」, 「謝表」), 카친(「蒙古兵馬元帥幕送酒果書」), 옷치긴(「蒙古國使齎廻上皇太弟書」, 「同前書」), 포선만노(「回東夏國書」) 등 제각각이지만 모두 형제맹약 시기에 작성되어 당시 양국관계의 실제모습을 온전하게 반영한다는 점에서 중요한 가치가 있다. 또한 형제맹약의 주역이었던 조충과 김취려의 묘지명도 유용한 자료로 활용될 만하다. 현재 高宗7년(1220) 제작된 조충묘지명과 高宗21년(1234) 제작된 김취려묘지명이 전해진다.

이 자료들을 검토했을 때 형제맹약이 양국의 외교관계였음을 입증하는 흔적은 찾아볼 수 없다. 오히려 「蒙古國使齎廻上皇太弟書」에서 '小國勤事大邦,' 「謝蒙古皇帝表」에서 '述臣職而嚮內罔有二三,' 「蒙古國使齎廻上皇帝表」에서 '臣夙戴皇靈恪供臣職'이라 하여 신하국 고려가 황제국 몽골을 정성껏 섬기고 있음을 강조한다. 또한 「趙冲墓誌銘」에서 그저 강동성전투 시기 고려가 몽골과 和好하여 함께 거란을 토벌했다고 하고 상술했듯이 「金就礪墓誌銘」에서는 양국의 軍이 형제관계를 맺었다고 진술할 뿐이다. 아울러 高宗18년(1231) 1차 전쟁 때 몽골이 고려에 보낸 첩문에서 강동성전투 직후 고려가 몽골에 투배했음을 명기하고 고려 역시 철군과 화친을 요청하기 위해 수차례 몽골에 보낸 서한에서 스스로 투배했음을 인정했다. 게다가 1260년 쿠빌라이의 집권을 계기로 양국이 오랜 전쟁을 끝내고 평화로운 종속관계를 수립한 후에도 13세기 초 두 나라가 형제맹약을 맺었다고 서술된 기록은 발견되지 않는다. 따라서 이러한 사료검토를 통해 형제맹약을 국가 간 외교관계로 보는 인식이 13세기에 존재하지 않았다는 해석을 도출할 수 있다.

그렇다면 양국이 외교적 형제맹약을 맺었다는 기록은 언제부터 등장했을까. 형제맹약 체결 과정에 관해 가장 풍부한 정보를 담고 있는 『高麗史』 「金就礪傳」의 해당 내용이 「金公行軍記」와 거의 일치한다는 사실에 비춰볼 때 15세기 초 『高麗史』 편찬자가 「金就礪傳」의 형제맹약 관련 부분을 서술하면서 14세기 전반 저술된 「金公行軍記」를 적극 활용했다는 추측이 가능하다.[69] 그리고 「趙冲傳」과 『高麗史節要』의 관련 내용도 동일한 경향과 방침에 의거하여 서술되었으리라고 짐작된다.[70]

한편 이제현의 詩文제작 시기에 관한 연구결과에 따르면 「金公行軍記」는 대략 忠肅王10년(1323)~忠肅王13년(1326), 「忠憲王世家」는 忠肅王12년(1325)~忠惠王후5년(1344), 「櫟翁稗說」은 忠惠王후3년(1342) 경에 작성되었으리라고 추정된다.[71] 그러므로 이 세 작품은 대체로 「金公行軍記」-「忠憲王世家」-「櫟翁稗說」 순서로 제작되었을 것이다.[72] 따라서 형제맹약이 양국

69) 이에 관해 박종기는 두 자료의 내용일치가 오늘날 전해지지 않는 동일한 역사서나 사료를 참고하여 편찬되었기 때문이라고 보았다(박종기, 「원 간섭기 金就礪象의 형성과 當代史 연구」, 『한국사상사학』 41, 2012, 148~152쪽).

70) 윤용혁도 「金公行軍記」가 『高麗史』를 비롯한 후대 사서 관련기록의 중심자료가 되었다고 보았다(윤용혁, 「김취려 장군에 대한 인물사적 평가」, 『13세기 고려와 김취려의 활약』(한국중세사학회 편), 혜안, 2011, 182쪽).

71) 이정호, 「『益齋集』의 사료적 가치와 詩文 제작시기 : 李齊賢의 정치활동과의 비교 검토」, 『한국사학보』 52, 2013, 180~189쪽.

72) 박종기는 「金公行軍記」의 제작 시기를 忠肅王12년(1325) 경, 「忠憲王世家」의 제작

의 외교관계로 묘사된 역사기록은 14세기 전반 편찬된 「金公行軍記」에서 처음 등장했다고 볼 수 있다.

여기에서 형제맹약 체결 백여 년 후 이에 관한 고려 지식층의 인식변화가 나타난 연유를 당시 양국관계의 실상과 관련지어 살펴볼 필요가 있다. 마침 근래에 14세기 전반기 양국관계가 점차 긴밀해짐에 따라 고려의 지식층 사회에서 두 나라의 오랜 우호관계를 강조하는 역사서술 경향이 등장하고 이에 조응하여 형제맹약의 주역이었던 김취려의 업적을 높이 평가하는 인식이 형성되었음을 조명한 논문이 발표되어 주목된다. 그 논지에 따르면 13세기 초 강동성전투를 계기로 양국이 화친을 맺었음에도 불구하고 1231년부터 30여 년 간 치열하게 전쟁을 벌여 적대관계에 놓였으나 1260년 쿠빌라이 집권 후 긴밀하게 결속하여 무신정권타도－개경환도－삼별초진압－왕실통혼－일본정벌의 과정을 함께 겪으면서 안정적인 종속관계를 수립했다. 이처럼 양국관계를 규정하는 새로운 질서가 정착되자 14세기 초에 비로소 두 나라의 오랜 우호관계를 강조하는 '當代史연구' 경향이 등장했다. 이에 따라 백여 년 전 양국의 최초 만남과 화친을 상징하는 형제맹약의 의의와 그 주역이었던 김취려의 업적이 재평가되고 그 배경 아래 「金公行軍記」가 찬술되었다는 것이다.[73] 14세기 초 대다수의 고려 지식인들이 몽골이 주도하는 국제질서의 존재와 그들의 상국 지위를 인정하고 심지어 양국을 모두 本朝라고 지칭하는 이중 국가관념을 가졌다는 사실에 비춰볼 때[74] 이 견해는 매우 타당하다고 판단된다.

14세기 전반 고려 지식층 사회에서 양국의 오랜 우호관계를 강조하는 역사서술 경향이 등장한 배경은 당시 고려가 처한 특수한 상황과도 밀접하

시기를 忠惠王후3년(1342) 경으로 보았다(박종기, 「원 간섭기 역사학의 새경향－당대사 연구」, 『한국중세사연구』 31, 2011, 378쪽 ; 392~393쪽).

73) 박종기, 앞의 논문, 2011 ; 2012.

74) 정구복, 「李齊賢의 歷史意識」, 『진단학보』 51, 1981, 291쪽.

게 관련 있다고 여겨진다. 실제로 그 시기 고려는 대몽 외교관계에서 상당한 어려움을 겪고 있었다. 일찍이 忠烈王25년(1299) 10월 몽골에서 闊里吉思와 耶律希逸을 파견하여 征東行省 증치를 단행함으로써 고려의 정치적 독자성을 훼손하려 했고, 양국의 反고려 세력이 잇달아 입성책동을 일으켜 고려왕조를 절멸시키려 기도했다. 또한 忠肅王7년(1320) 12월 상왕 충선왕이 티베트로 유배되고 다음해 충숙왕마저 大都에 억류되자 고려에서 瀋王옹립운동이 일어나 정국에 혼란을 가져왔다. 아울러 실제적인 임면권을 가진 몽골카안에 의해 고려국왕이 수차례 폐위, 교체, 유배되기도 했다. 이 같은 외교적 위기에 봉착할 때마다 고려는 두 나라의 오랜 우호관계와 몽골에 대한 고려왕실의 공적을 적극 내세우는 방식으로 난관을 타개하려 노력했다. 때문에 고려는 과거 양국의 첨예했던 적대관계를 의도적으로 은폐하고 오랜 우호관계를 부각하는 새로운 역사상을 만들어낼 필요가 있었다. 이는 쿠빌라이 사후 고려가 칭기스칸 시기 率先歸附했다는 기억을 생산하여 몽골과 교섭할 때 자신의 주장을 뒷받침하는 수단으로 유효하게 활용한 사실과도 맥락을 같이한다.[75]

14세기 전반 고려의 대표적 문인, 관료였던 이제현 역시 지식인에게 부여된 이러한 시대적 요청을 외면할 수 없었을 것이다. 13세기 초 양국의 첫 접촉에 관한 「櫟翁稗說」의 서술에서 두 나라의 오랜 우호관계와 몽골에 대한 고려의 공적을 강조하려는 그의 의지가 선명하게 드러난다. 그는 『經世大典』의 "태조황제13년(1218) 天兵이 거란의 반역무리를 토벌하기 위해 고려에 이르렀을 때 그 나라 사람 洪大宣이 항복하고 향도가 되어 함께 그 나라(고려)를 공격하여 그 군주가 항복했다"라는 기록에 대해 강동성전투 시기 고려가 군사를 보내 몽골을 도와 함께 거란의 반당을 토벌하고 형제의 나라가 되었음에도 불구하고 편찬자 虞集이 몽골군과

75) 고명수, 「몽골의 '복속'인식과 蒙麗관계」, 『한국사학보』 55, 2014, 65~74쪽.

홍대선이 고려를 공격하여 항복시켰다고 기술하여 고려의 공적과 양국의 화친 사실을 누락했다고 비판했다.

또한 "태종3년(1231) 撒塔(사르타이) 등을 보내 고려를 토벌하여 그 국왕이 항복하니 京, 府, 縣에 다루가치 72인을 두고 회군했다. 4년(1232) [고려가] 다루가치를 모두 죽이고 배반하여 海島로 들어가 지켰다"라는 기록에 대해서도 다루가치를 모두 죽였다는 기술은 사실과 다르고 몽골의 고려침입도 사르타이와 홍대선이 고려의 공적을 은폐하고 오히려 무고하여 발생했는데 우집이 이를 자세히 살피지 못했다고 지적했다.[76] 이와 같이 이제현은 『經世大典』의 양국관계 관련 기록이 몽골이 주도하는 세계질서 아래 고려가 생존과 안정을 도모하고 양국의 우호관계를 유지하는 데 장애가 될 것이라 진단하여 그 내용의 허구성을 폭로하는 방식으로 이에 대한 안타까운 심정을 피력했다.

13세기 초 양국이 외교적 형제맹약을 맺었다는 새로운 역사인식도 이러한 고려 지식층의 분위기 안에서 형성되었다고 생각된다. 즉 이제현이 자신의 작품에서 양국의 오랜 우호관계를 강조하기 위해 의도적으로 실제 두 나라 장군들 사이에 맺어진 사적 관계의 의미를 확대·과장하여 외교관계로 표현했을 여지가 있다. 형제맹약에 관한 후대 기록이 시대상황의 영향을 받아 윤색되었을 개연성은 일찍부터 지적되었다. 고병익은 몽골이 우월한 무력을 배경으로 고려를 위협해 형제맹약을 맺었다고 하면서 "후일의 고려 측의 기록에서 흔히 이것이 우호적인 맹약으로 묘사되고 특히 조충, 김취려와 哈眞, 札剌과의 화기애애한 듯한 교환이 과장선전되고 있는 것은

76) 「櫟翁稗說」 前集1. 고병익은 이러한 서술을 몽골지배 아래에 있던 당시 지식층의 일반적인 사대사상에 따른 윤색이라고 보았다(고병익, 앞의 논문, 171쪽). 주채혁도 이를 이제현이 그 시대 고려의 이해와 자신의 사명 수행을 전제로 아전인수격으로 창작한 것으로 보고 일고의 가치도 없다고 혹평했다(주채혁, 「撒禮塔 2~3차 침공기의 高麗 內地 達魯花赤 置廢 문제」, 『몽·려전쟁기의 살리타이와 홍복원』, 혜안, 2009, 51~55쪽).

그것이 원에 보내는 문서이기 때문이거나 또는 더 후일에 원에 신복한 이후의 문헌이기 때문에 윤색된 것이다"라고 하였고,[77] 윤용혁도 「金公行軍記」에서 고려의 장군이 사전에 국왕(고종)의 허가를 받아 몽골과 형제맹약을 맺었다는 서술에 의문을 제기하면서 "이 자료는 '원 간섭기'에 해당하는 시기에 이제현이 작성한 것으로 원과의 우호관계를 전제한 내용상의 왜곡이 개재되어 있다"라고 하였다.[78] 이처럼 형제맹약에 관한 후대 기록이 몽골과의 오랜 우호관계를 강조해야 하는 특수한 시대적 상황 아래 다소 과장·윤색되었음을 인정한다면 형제맹약을 양국의 외교관계로 보는 인식 역시 그 시기에 '만들어졌을' 가능성을 배제할 수 없다.

그러나 이제현이 「金公行軍記」 말미에 부기한 논찬에서 강동성전투 시기 체결된 양국의 외교관계를 천자와 제후의 맹약을 의미하는 '宗盟'으로 표기한 사실을 보면, 그가 자신의 작품에서 형제맹약을 외교관계로 표현한 취지를 두 나라의 명백한 종속관계를 부정하거나 양국관계의 대등성을 과시하는 데 두지는 않은 것 같다.[79] 그는 몽골이 주도하는 세계질서의 존재와 그들의 상국 지위를 인정하면서도 형제맹약에 관한 새로운 '기억만들기'를 통해 13세기 초 성립된 양국의 우호관계가 단순한 군신관계가 아니라 거기에 몽골과 여타 나라들의 외교관계와 구분되는 특별한 의미를 부여하려 했던 것으로 보인다. 그가 자신의 문학작품에서 고려를 몽골의 오랜 '동맹국'이라 지칭한 구절과[80] 忠惠王後4년(1343) 11월 몽골로 압송된 충혜왕의 사면과 환국을 요청하기 위해 정동행성에 올린 글에서 강동성전투 직후 "두 나라가 동맹을 맺어 만세 자손에 이르기까지 오늘을 잊지

---

77) 고병익, 앞의 논문, 170~171쪽.

78) 윤용혁, 「대몽항쟁기(1219~1270) 여몽관계의 추이와 성격」, 『13~14세기 고려-몽골관계 탐구』(동북아역사재단·경북대학교 한중교류연구원 엮음), 동북아역사재단, 2011, 101쪽.

79) 『益齋亂藁』 卷6 「金公行軍記」 "定宗盟於經綸之始."

80) 『益齋亂藁』 卷2 「題長安逆旅」 "河山萬世同盟國, 雨露三朝異姓王."

말자고 했습니다", "조정에서 小邦을 보는 것이 마땅히 여러 蕃國과 같아서는 안 될 것입니다"라고 한 문장에서도 양국의 특별한 동맹관계를 강조하려는 의지가 엿보인다.[81)]

2장 서두에서 제시했듯이 「金公行軍記」가 편찬된 1320년대부터 고려가 몽골에 보내는 표문에 형제맹약을 언급하기 시작한 것도 그 시기 고려 지식층 사회에서 양국의 오랜 우호관계를 강조해야 하는 시대적 요청에 따라 한 세기 전 두 나라의 최초 만남과 화친을 상징하는 형제맹약에 주목하고 그 의의를 새롭게 평가하는 분위기가 형성되었음을 반영한다. 그러나 그때 나라(군주)가 아닌 장군을 맹약의 주체로 명시한 사실을 통해 고려가 스스로 생산한 외교적 형제맹약 인식을 몽골에게 직접 드러내는 단계까지 나아가지 못했음을 알 수 있다. 양국이 실제로 그러한 형태의 외교관계를 맺지 않았으므로 몽골지배층이 그에 관한 기억을 갖고 있지 않았을 뿐 아니라 교섭 때 그 인식을 내보이는 것은 고유한 세계관에 의거하여 대등한 외교관계를 인정하지 않는 그들의 심기를 자극할 수 있기 때문이다. 그러므로 14세기 전반 출현한 새로운 형제맹약 인식은 오로지 고려의 지식층 안에서만 통용되었다고 볼 수 있다.

이와 관련하여 忠肅王10년(1323) 고려 신료 閔漬가 티베트로 유배된 충선왕의 환국을 요청하기 위해 몽골에 올린 표문에 외교적 형제맹약 인식이 반영된 문장이 있어 주목된다. 그는 양국의 오랜 우호관계를 진술하면서 강동성전투 직후 양국 장군들이 "지금 우리 두 나라가 형제가 되기로 약속했으니 오래도록 자손에 이르기까지 서로 잊지 말자"라고 맹세했다고 하였다.[82)] 이 인용문은 「金公行軍記」에 기재된 그들의 "두 나라가 영원히 형제가 되어 만세 자손에 이르기까지 오늘을 잊지 말자"라는 발언과 매우

---

81) 『益齋亂藁』 拾遺 「上征東省書」 "於是兩國同盟, 萬世子孫, 無忘今日." ; "朝廷之視小邦, 不應與諸蕃同焉."

82) 『高麗史』 卷107 閔漬 "今我二國, 約爲兄弟, 世世子孫, 無相忘也."

유사하다.[83] 표문작성 시점이 「金公行軍記」 편찬 시기와 적어도 비슷하거나 이르다는 점을 감안할 때 두 문헌의 상호 관련성은 희박하다고 판단된다. 따라서 두 문헌에 모두 기재된 양국 장군들의 유사한 발언은 실재했을 가능성이 크다. 그러나 이는 그들이 사적 형제맹약을 계기로 성립된 양국의 동맹관계를 현창하기 위해 구사한 일종의 수사였을 뿐 양국관계의 실제모습을 표현한 것은 아니다. 민지가 이 같은 발언을 그대로 인용한 시도 역시 외교적 형제맹약을 상기시키려 의도했다기보다 두 나라의 오랜 우호관계와 몽골에 대한 고려왕실의 공적을 강조하는 과정에서 양국 장군들의 다소 과장된 발언을 그대로 인용했을 뿐이므로 별다른 문제제기 없이 몽골 측에 수용되었을 것이다.

민지도 이제현과 마찬가지로 몽골이 주도하는 세계질서의 존재와 그들의 상국 지위를 인정하는 대외인식을 갖고 있었다. 이는 忠烈王16년(1290) 그가 鄭可臣과 함께 세자를 수종하여 몽골에 갔을 때 쿠빌라이가 그들에게 안남정벌에 관한 의견을 구하자 "交趾는 먼 곳의 오랑캐이니 군사를 수고롭게 하여 토벌하는 것보다 사신을 보내 불러오는 것이 낫습니다. 만약 그들이 미혹함을 고집하여 복속하지 않을 경우 그 죄를 성토하고 그들을 정벌하면 단번에 모든 일을 완성할 수 있을 것입니다"라고 답변했다는 기록에 잘 드러난다.[84] 여기에서 그는 안남을 비롯한 주변의 모든 나라들이 마땅히 몽골에 복속해야 하고 그렇지 않을 경우 무력을 동원해 굴복시켜도 무방하다는 인식을 내보이고 있다. 이처럼 민지가 이제현과 유사한 세계관을 지녔다는 점을 인정한다면 그가 표문에서 양국 장군들의 과장된 형제맹약 관련 언사를 인용한 사실도 이제현이 자신의 작품에서 형제맹약의 의의를 확대해석한 행위와 동일한 맥락으로 이해할 수 있다.

이상 논의한 바와 같이 13세기 초 성립된 형제맹약을 양국의 외교관계로

83) 『益齋亂藁』 卷6 「金公行軍記」 "兩國永爲兄弟, 萬世子孫, 無忘今日."
84) 『高麗史』 卷105 鄭可臣.

보는 인식은 14세기 전반 몽골의 패권이 확고하게 정착된 세계질서 아래 두 나라의 긴밀한 우호관계를 강조해야 하는 역사서술 경향에 따라 고려의 지식인들이 의도적으로 '만들어낸' 기억이었다. 이는 당대 고려가 몽골의 우위를 인정함으로써 존립과 안정을 도모하고 한편으로 양국의 특별한 동맹관계를 강조하여 고려인들에게 자국의 남다른 위상을 각인하는 효과가 있었다. 또한 몽골과 교섭할 때 두 나라 장군들 사이에 체결된 사적 형제맹약을 내세우는 시도 역시 양국의 오랜 우호관계를 상기시켜 외교 갈등을 해소하는 데 유효하게 작용했다. 그러나 외교적 형제맹약 인식은 어디까지나 특수한 시대환경의 영향을 강하게 받아 형성되었으므로 한 세기 전 두 나라의 첫 만남과 외교관계 수립의 실제모습을 온전하게 반영하지 못한다. 따라서 오늘날 그러한 인식에 바탕을 두고 서술된 문헌에 근거하여 13세기 초 수립된 양국의 최초 외교관계를 '형제맹약'이라 지칭하거나 그 용어에 과도하게 큰 의미를 부여하는 경향은 개선될 필요가 있다.[85)]

5. 맺음말

강동성전투 시기 양국 사이에 체결된 형제맹약은 국가(군주) 간 외교관계로 보기 어렵다. 맹약 후 두 나라 군주가 서로를 형, 동생이라 지칭하거나 형제라고 인식했음을 입증하는 기록이 전혀 없고 오히려 고려 고종이 칭기스칸을 '황제', 자신을 '신하'라고 부르면서 군신관계를 스스로 인정한 기록만 남아있다. 전통시대 동아시아 국제관계에서 형제·군신관계는 양립

85) 최근 본 논문에 대해 전면적인 반론이 제기되었다(이익주, 「1219년(高宗 6) 고려-몽골 '兄弟盟約' 再論」, 『동방학지』 175, 2016). 이에 대한 필자의 답변에 관해 後考를 기약하며 앞으로 '형제맹약'에 관한 연구와 논쟁이 더욱 활발하게 이루어지기를 기대한다.

할 수 없으므로 그때 성립된 양국관계는 군신관계가 분명하다. 몽골이 동등한 외교관계를 용납하지 않는 전통적 세계관에 입각하여 줄곧 고압적이고 오만한 자세로 고려에 국왕친조와 과중한 공물을 요구한 사실도 이를 뒷받침한다. 또한 몽골이 고려에 육사를 요구하지 않은 점과 금 정벌에 대비한 배후세력으로서 고려가 갖는 전략적 가치도 양국의 평등관계를 입증할 만한 근거로서 충분치 않다.

형제맹약은 강동성전투 시기 거란족을 함께 토벌한 양국 군대의 지휘관들 사이에 맺어진 사적 관계이고 전투종결 직후 몽골이 고려에 사신을 파견하여 수립된 외교적 군신관계와 엄연하게 구별된다. 그럼에도 불구하고 후대에 고려가 몽골과 교섭할 때 양국의 오랜 우호관계를 강조하면서 종종 형제맹약을 언급했던 것은 그것이 두 나라의 최초 만남 및 군사동맹이라는 역사적 상징성을 지녔기 때문이다. 그런 점에서 형제맹약은 전통 유목사회 구성원들 간에 군사동맹을 목적으로 빈번하게 수립된 안다(Anda) 관계와 매우 유사하다. 즉 이는 강동성전투 시기 양국 군대가 거란족을 협공할 때 몽골군 지휘관이 고려장군에게 제안하여 체결된 의형제 관계로 볼 수 있다.

13세기 초 양국이 외교적 형제맹약을 맺었다는 인식, 기록은 14세기 전반에 처음 등장했다. 이는 실제로 그 시기 몽골이 주도하는 세계질서와 양국의 종속관계가 확고하게 정착된 현실 아래 두 나라의 오랜 우호관계와 몽골에 대한 고려왕실의 공적을 강조해야 하는 역사서술 경향 안에서 고려의 지식인들이 장군들 간에 맺어진 사적 관계의 의미를 확대·과장하여 '만들어낸' 기억이었다. 그것은 그들이 고려의 존립과 안정을 유지하고 남다른 위상을 자각하는 데 유효하게 작용했다고 판단되지만 어디까지나 특수한 시대적 분위기 안에서 의도적으로 형성된 인식이므로 양국의 첫 만남과 화친의 실제모습을 올바르게 반영하지 못한다. 따라서 13세기 초 성립된 양국의 최초 외교관계를 '형제맹약'이라 지칭하거나 그 용어에 과도하게 큰 의미를 부여하는 경향은 개선되어야 한다.

2장 몽골의 遼東경략과 高麗-東眞 관계

1. 머리말

1206년 몽골을 건립한 칭기스칸은 1211년 대대적인 金 정벌에 착수했다. 이에 따라 한 세기 가까이 금이 주도하던 동아시아 국제질서가 크게 동요하기 시작했다. 금이 몽골의 막강한 공세에 고전을 면치 못하자 요동에 대한 그들의 통제력 역시 현저히 약화되었다. 그리고 1214년 몽골의 위협을 피해 中都(北京)에서 汴京(開封)으로 천도한 후 그 추세는 더욱 가속화되었다. 이를 기회로 장기간 금의 압제에 시달리던 여러 토착집단이 일제히 거병하고 각자 세력을 확대하는 과정에서 격렬하게 충돌했다. 여기에 반란진압 임무를 띠고 파견된 금의 병력이 가세함으로써 요동은 걷잡을 수 없이 혼란 속으로 빠져들었다.

이 같은 형세는 필연적으로 요동에 인접한 고려에 큰 영향을 미쳤다. 이에 고려는 요동의 정세변동을 예의주시하면서 그 여파를 차단하고 피해를 최소화하기 위해 다양한 형태로 대외정책을 구사했다. 역사상 韓民族왕조는 항시 中原왕조나 유목국가와 같은 대륙의 거대제국과 화친, 갈등을 반복하면서 밀접하게 관계를 맺어왔다. 그런 점에서 13세기 초는 고려가 장기간 친선을 유지했던 금과 소원해지고 새롭게 흥기하는 몽골과 외교관계를 형성하는 시대적 전환기로 규정될 수 있다. 따라서 지금까지 그 시기 고려의 대외관계에 관한 연구가 주로 대금·대몽관계 내지 삼각관계

구도에서 진행되어 그 사이에 놓인 요동의 사정이 충분하게 반영되지 못한 측면이 있다. 그러나 당시 요동의 혼란이 고려에 직접적인 영향을 미쳤던 만큼 고려가 대외정책을 결정할 때 항시 요동의 형세를 우선적으로 헤아렸음은 물론이다. 그러므로 13세기 초 격동하는 동아시아 국제정세 속에서 고려 대외정책의 지향, 성격, 성과를 제대로 파악하기 위해서는 요동과의 연관성을 면밀하게 살펴볼 필요가 있다.

여기에서 고려의 중요한 외교대상으로 주목되는 존재가 東眞이다. 거란 반군 토벌에 실패한 金將 蒲鮮萬奴가 1215년 잔병과 일부 여진족을 규합하여 건립한 동진은 요동 동부 曷懶路 지역에서 상당한 세력권을 형성하고 1233년 포선만노가 몽골군에게 사로잡힐 때까지 18년 간 존속하면서 요동을 둘러싼 국제정세의 향배를 좌우하는 중요한 변수로 작용했다.[1] 특히 그들은 고려의 동북면과 국경을 접하고 1219년 江東城전투에서 처음 고려와 조우한 후 멸망 때까지 줄곧 화친, 갈등을 반복하면서 긴밀한 관계를 형성했다. 따라서 고려는 중대한 대외정책을 결정할 때마다 응당 동진의 존재, 동향을 중요하게 감안했다. 그러므로 고려의 대외정책과 요동 제 세력 간 역학관계의 실상을 규명하기 위해서는 양국관계에 관한 치밀하고 체계적인 고찰이 필수적이다.

그럼에도 불구하고 오늘날 전해지는 관련 성과물은 많지 않다. 고려의 대외관계 관점으로 양국관계를 조망한 석사논문이 한 편 발표되었고[2] 대부분의 경우 금-고려, 몽골-고려 혹은 요동의 국제정세 전반을 살피는 글에서 일부분으로 다루어졌을 뿐이다.[3] 이는 그 시기 요동을 둘러싼

1) 20세기 초부터 일본, 중국에서 동진의 國號, 年號, 疆域, 出土官印, 都城에 관해 많은 연구가 진행되었다. 그 성과에 관해 薛磊, 「百年來元代東北史研究綜述」, 『中國史研究動態』 2010-8, 17~18쪽 ; 劉浦江 編, 『二十世紀遼金史論著目錄』, 上海古籍出版社, 2003, 201~203쪽 참조.

2) 이재선, 「高麗 高宗代 對東眞關係의 추이와 성격」, 고려대학교 석사논문, 2008.

3) 郝時遠, 「金元之際的蒙古與高麗」, 『中國民族史研究』, 中國社會科學出版社, 1987 ; 魏

국제관계나 고려의 대외관계에 관한 연구의 초점이 주로 양대 세력인 금, 몽골에 고정되어 상대적으로 미약했던 동진이 그다지 주목받지 못했기 때문이다.

이에 본 장에서 13세기 초 긴박하게 전개되었던 고려-동진 관계를 요동 제 세력 간 역학관계의 변화와 연계하여 총체적으로 살펴보려 한다. 이를 통해 그 시기 복잡다기한 요동의 국제관계와 고려의 대외정책을 심도 있게 이해하고자 한다.

2. 동진의 흥기와 금-고려 연계 교섭

13세기 초 몽골의 등장과 요동공략은 종래 금이 주도했던 요동의 역학질서를 일변시키는 계기로 작용했다. 칭기스칸은 1206년 건국 후 1211년 금 정벌을 개시하고 그 일환으로 제베(哲別)로 하여금 요동을 공략케 했다. 1212년 금이 몽골의 침공에 고전한다는 소식을 접한 千戶 耶律留哥는 요동에서 거란부중을 결집하여 反金自立하고 곧바로 몽골에 복속했다. 이후 몽골의 지원을 받은 거란반군이 수차례 금군을 격파하고 요동 곳곳을 점령하자 1214년 금은 遼東宣撫使 浦鮮萬奴로 하여금 40만 군대를 이끌고 반란세력을 토벌케 했다. 그러나 오히려 크게 패배한 그는 즉각 東京(遼陽)으로 퇴거하고 이듬해(1215) 10월 反金自立하여 스스로 天王이라 칭하고 국호를 大眞, 연호를 天泰라고 선포했다.[4] 그리고 다음해(1216) 10월 무칼리(木華黎)의 몽골군

志江, 「論金末蒙古·東夏與高麗的關係」, 『韓國學論文集』 8, 2000 ; 최윤정, 「몽골의 요동·고려경략 재검토(1211~1259)」, 『역사학보』 209, 2011.

4) 『金史』 卷14 宣宗 上, 314쪽 ; 『元史』 卷1 太祖, 19쪽. 한편 『金史』 「紇石烈桓端傳」에 그해(1215) 초 이미 포선만노가 요동 곳곳을 공략하면서 反金활동을 개시했다고 기록되어 있다. “貞祐三年, 蒲鮮萬奴取咸平·東京·瀋·澄諸州, 及猛安謀克人亦多從之者. 三月, 萬奴步騎九千侵婆速近境, 桓端遣都統溫迪罕怕哥輩擊却之. 四月, 復掠上京城,

에게 투항하고 무칼리가 네르게(捏兒哥)를 行省遼東으로 남기고 철수한 직후 그를 제거하고 反蒙自立했다. 이후 大夫營, 上京을 잇달아 침공했는데 성과를 거두지 못하자 동쪽 曷懶路 지역으로 이주하여 국호를 東夏로 개칭했다.[5] 고려에서는 통상 그들을 東眞이라 불렀다.

12세기 초 건국 후 금은 고려와 책봉·조공관계를 맺고 한 세기 가까이 친선을 유지했다. 그러나 몽골의 금 정벌을 계기로 촉발된 요동의 혼란은 평온했던 양국관계에 큰 변화를 가져왔다. 우선 요동을 관통하는 사행로가 수시로 단절되어 양국 간 교류, 소통이 불편해졌다. 고려 熙宗7년(1211) 5월 금에서 사신을 보내 국왕의 생일을 축하하자 고려도 金良器를 보내 사의를 표하게 했는데 사신단이 通州에서 몽골군이 쏜 화살을 맞아 살해되는 사건이 발생했다.[6] 이후 고려는 9월, 11월에도 사신을 보냈으나 모두

遣都統兀顏鉢轄拒戰. 萬奴別遣五千人攻望雲驛, 都統奧屯馬和尚擊之. 都統夾谷合打破其衆數千于三叉里. 五月, 都統溫迪罕福壽攻萬奴之衆于大寧鎭, 拔其壘, 其衆殲焉. 九月, 萬奴衆九千人出宜風及湯池, 桓端率兵與戰, 其衆潰去, 因招唵吉斡·都麻渾·賓哥·出臺·荅愛·顏哥·不灰·活拙·按出·孛德·烈隣十一猛安復來附, 擇其丁男補軍, 攻城邑之未下者"(『金史』 卷103 紇石烈桓端, 2278~2279쪽). 王慎榮·趙鳴岐는 『金史』 「紇石烈桓端傳」과 『元史』, 『金史』 「本紀」 기록이 각각 포선만노의 反金自立과 稱王建國을 가리킨다고 보았다(王愼榮·趙鳴岐, 『東夏史』, 天津古籍出版社, 1990, 53~56쪽). 반면 薛磊는 1215년 초 포선만노가 야율유가, 몽골 연합군에게 패배하여 東京을 상실한 상황에서 이 같은 군사적 성공을 거두기 어렵다고 진단하고 『金史』 「紇石烈桓端傳」 기록이 과장되었다고 보았다(薛磊, 『元代東北統治研究』, 社會科學文獻出版社, 2012, 24~25쪽).

5) 朴眞奭은 포선만노가 東遷하기 전 이미 동진의 강역이 牧丹江, 圖們江 유역의 東土를 포괄했다고 보았다(朴眞奭, 『東夏史研究』, 延邊大學出版社, 1995, 5~7쪽). 『元史』 「木華黎傳」에도 그가 乙亥年(1215)부터 東土를 점유하기 시작했다고 기록되어 있다(『元史』 卷119 木華黎, 2938쪽 "萬奴自乙亥歲率衆保東海"). 그러나 『金史』 「梁持勝傳」에는 그가 興定원년(1217) 비로소 曷懶路로 이동하려 의도했다고 기록되어 있다(『金史』 卷122 梁持勝, 2666쪽 "興定初, 宣撫使蒲鮮萬奴有異志, 欲棄咸平徙曷懶路"). 『金史』(中華書局 標點校勘本) 校勘記에서 이 기사의 興定初가 貞祐初의 오기라고 밝히고 있으나 근거가 박약하다. 일부 군대, 백성이 먼저 이동했음을 인정하더라도 그가 스스로 동천한 시기는 1217년 大夫營, 上京 공략에 실패한 이후다. 한편 薛磊는 그가 1215년 초 反金 직후 동쪽으로 이동하여 갈라로에서 稱王建國했다고 주장하는데 동의하기 어렵다(薛磊, 앞의 책, 26~29쪽).

길이 막혀 되돌아왔다. 그러나 高宗즉위년(1213) 9월에는 금이 사신을 보내 宣宗의 즉위를 알리고 고려도 즉각 사신을 보내 희종의 부음을 전한 『高麗史』「世家」 기사에서 사행로가 재개되었음이 확인된다. 이는 2년 전 요동에 진입한 제베의 몽골군이 그 즈음 스스로 퇴각한 후 금이 점령지 대부분을 회복한 사정에 기인한다.

1215년 무칼리의 요동공략이 단행되고, 포선만노가 반금자립하며, 야율유가의 投蒙에 반대하는 거란반군 일부가 독자활동을 개시함으로써 요동은 다시 혼란 속으로 빠져들었다. 금은 전해(1214) 汴京으로 천도한 후 요동에 대한 통제력을 크게 상실했고 종종 대군을 파견해 반란세력을 진압하려 했지만 별다른 성과를 거두지 못했다. 이에 요동에 인접한 조공국 고려와 연계하여 반란세력을 협공·토벌하려 시도했다. 高宗3년(1216) 윤7월 고려의 北界兵馬使가 금의 東京總管府에서 포선만노와 거란반군의 침입 가능성을 알리고 방비, 토벌을 당부하면서 군량, 군마 지원을 요청했다고 보고했다. 9월에도 금 來遠城에서 고려 寧德城에 공문을 보내 거란반군에 대한 협공을 약속하고 군마와 마초, 군량을 요구했다.

그러나 "앞서 금에서 재차 공문을 보내 곡식의 판매를 요청했으나 조정에서 변방 관리로 하여금 거절하고 받아들이지 않게 했다"라는 기록에서 보이듯이 고려는 군량, 군마 지원은 물론 곡식의 판매 요청까지 일체 거절했다. 이에 금의 한 邊將이 "어찌하여 옛 우호관계를 버리고 곡식을 팔지 않겠다고 하는가?"라고 비난하고 10여 명을 사로잡아가면서 고려의

---

6) 通州는 金 中都 동쪽 인근 행정구역(현 北京市 通州區)을 가리킨다. 한편 郝時遠은 그곳을 遼代 通州가 위치했던 오늘날 吉林省 四平市로 비정했다(郝時遠, 앞의 논문, 178쪽). 경청할 만한 주장이지만 遼代 通州가 金初 韓州에 귀속되었고 東京(遼陽)에서 곧장 서쪽으로 中都에 이르는 고려의 對金 사행로가 中都 부근 通州는 반드시 통과하지만 東京에서 동북쪽 200㎞ 지점의 韓州는 지나지 않으므로 위 사건의 발생지를 中都 인근 지역으로 보는 편이 타당하다(고려의 對金 사행로에 관해 박윤미, 「金에 파견된 高麗使臣의 사행로와 사행여정」, 『한국중세사연구』 33, 2012 참조).

'배신행위'에 대한 불만을 노골적으로 드러냈다.[7] 이러한 고려의 비협조적 태도는 당시 요동의 정세를 온전하게 파악하지 못하고 금의 반란토벌 능력을 신뢰하지 않는 상황에서 일단 관망의 자세를 취하고 한편으로 식량 유출을 단속하여 내부 방어역량을 확충하기 위한 조처로 여겨진다.

그럼에도 금은 변함없이 고려에 요동의 사정을 알리고 협조, 지원을 요청했다. 高宗4년(1217) 정월 내원성에서 동진의 침입 가능성을 경고하고 협공을 요청했다. 이에 영덕성에서 처음으로 협조를 약속하는 답서를 보냈다. 당시 고려는 전년(1216) 8월 입경한 거란반군의 침구행위를 제대로 진압하지 못해 큰 어려움을 겪고 있었다. 그때 설상가상으로 동진까지 침범한다면 그 피해는 한층 가중될 수밖에 없었다. 더욱이 그해(1216) 9월 금은 고려에 인접한 大夫營을 침공했다가 실패한 몽골의 잔병이 고려에 진입할 수 있다고 경고하기도 했다. 이처럼 극도로 혼란한 요동에서 거란, 동진, 몽골군의 침입 가능성은 분명 고려에게 큰 위협으로 다가왔을 것이다. 그 위기감이 고려가 비로소 내원성의 동진 협공 요청을 승낙한 주요인으로 작용했다고 판단된다.[8]

---

7) 『高麗史』 卷22 高宗3년 윤7월.

8) 『金史』「完顔阿里不孫傳」에 興定원년(1217) "蒲鮮萬奴가 遼東에 웅거하면서 婆速지역을 침략했다. 고려가 그 강성함을 두려워하여 식량 8만석을 원조했다"라는 기사가 있다(『金史』 卷103 完顔阿里不孫, 2281쪽). 오늘날 丹東 부근에 위치했던 파속로 治所에 금의 군사기지 대부영이 인접했으므로 『高麗史』「世家」 高宗4년(1217) 4월 "금 萬奴의 군대가 와서 大夫營을 격파했다"라는 기사가 이 사건을 가리킨다(『高麗史』 卷22 高宗4년 4월 己未). 그러나 『高麗史』를 위시한 고려 측 사서에서 고려가 외부세력에게 식량 8만석을 원조했다는 내용은 발견되지 않는다. 통상 위 기사에서 고려가 식량을 원조한 대상은 동진으로 이해된다(王愼榮·趙鳴岐, 앞의 책, 238쪽 ; 李治亭 主編, 『東北通史』, 中州古籍出版社, 2003, 281쪽). 하지만 대부영이 고려의 국경 밖에 위치했을 뿐 아니라 고려가 동진의 침입을 경계하여 금과 협공까지 약정한 상황에서 너무나 쉽게 그들에게 굴복하여 대량의 식량을 공출했다는 해석은 납득하기 어렵다. 한편 고려가 그때까지 줄곧 금의 군량지원 요청을 거절한 사실과 다음해(1218) 4월 上京行省 蒲察五斤이 금 조정에 遼東行省 完顔阿里不孫이 고려에 군량지원을 요청했으나 응하지 않아 변경을 약탈했다고 보고한 기록은 금에 군량을 지원하지 않는 고려의 방침이

1211년, 1215년 제베와 무칼리가 한 차례씩 요동을 공략했으나 東京 점령 후 곧바로 철수했으므로 그 침공은 일시적 약탈행위에 지나지 않았다. 따라서 그 시기 요동에 대한 몽골의 영향력은 상당히 제한적이었다. 그러므로 당시 연계를 모색하던 금과 고려의 주적은 거란반군과 동진으로 볼 수 있다. 금이 군사지원을 요청하기 위해 고려에 보내온 대부분의 공문에서 토벌대상이 거란, 동진으로 명기된 사실이 이를 뒷받침한다.

이처럼 거란, 동진을 협공하기 위해 금과 연계를 모색하던 시기 黃旗子軍과 亐哥下의 군대가 입경하고[9] 급기야 高宗5년(1218) 12월 거란반군을 토벌한다는 명목으로 몽골, 동진 연합군이 진입하자 고려의 위기감은 더욱 고조되었다. 『金史』「交聘表」에 興定3년(1219) 정월 초하루 "遼東行省이 고려가 표를 받들어 조공하겠다는 뜻을 전했다고 보고했다"라는 기사가 있다.[10] 그 시기로 미루어 고려의 사신 파견 시점은 전년(1218) 12월 즈음으로 추정된다. 그달 초하루 몽골, 동진 연합군이 고려에 진입했으므로 위협을 느낀 고려가 즉각 금에 사신을 보내 연계를 강화하려 기도한 것으로 해석된다.[11]

일관되게 유지되었음을 나타낸다(『金史』 卷15 宣宗 中, 335쪽 "壬寅朔, 蒲察五斤表, 遼東便宜阿里不孫貸糧, 高麗不應, 輒以兵掠其境"). 그러므로 고려가 금에 식량을 원조했을 가능성도 크지 않다. 따라서 아직까지는 위 기사의 진위여부와 식량 원조 대상이 누구였는지 파악하기 어렵다.

9) 『高麗史』「世家」에 高宗4년(1217) 9월 黃旗子軍이 婆速府에서 압록강을 건너 義州로 진입했다고 기록되어 있다. 이와 관련하여 『金史』「完顔阿里不孫傳」에 伯德胡土가 婆速府에서 고려를 침공한 직후 遼東行省 完顔阿里不孫을 살해했다는 기사가 있는데(『金史』 卷103 完顔阿里不孫, 2281쪽 "既而胡土率衆伐高麗, 乃以兵戕殺阿里不孫") 『金史』「本紀」에 호토가 아리불손을 살해한 시기가 황기자군의 고려 입경 시기와 동일한 興定원년(1217) 9월이라고 기재되어 있으므로 池內宏은 황기자군의 정체가 호토의 叛軍이라고 주장했다(池內宏, 「金末の滿洲」, 『滿鮮史研究(中世第1冊)』, 吉川弘文館, 1943, 588~592쪽). 반면 王愼榮·趙鳴岐는 그들을 동진군으로 추정했다(王愼榮·趙鳴岐, 앞의 책, 249쪽).

10) 『金史』 卷62 交聘表 下, 1486쪽.

11) 고병익, 「蒙古·高麗 兄弟盟約의 性格」, 『백산학보』 6, 1969 : 『동아교섭사의 연구』, 서울대학교출판부, 1970, 159쪽.

전술했듯이 13세기 초 요동의 혼란이 지속되자 금은 고려와 연계하여 반란세력을 토벌하려 했다. 그리고 고려가 실리적 판단에 의거하여 각종 군량·물자지원 요청에 미온적으로 반응해도 시종 우호관계를 유지하려 노력했다. 興定2년(1218) 4월 上京行省 蒲察五斤이 표를 올려 遼東行省 完顏阿里不孫이 고려에 군량지원을 요청했으나 응하지 않아 곧장 군대를 일으켜 변경을 약탈했다고 보고하자 금 선종이 오근으로 하여금 고려에 사신을 보내 그것이 상국의 뜻이 아님을 일깨우게 했다는 기록에서 양국의 화친을 유지하려는 그의 의지가 엿보인다.[12] 동시기 侍御史 完顏素蘭이 동진의 사정을 관찰하는 임무를 띠고 요동으로 파견될 때 선종에게 올린 다음 상언도 고려에 대한 그들의 인식을 잘 보여준다.

> 臣이 근래 互市를 다시 개설하도록 고려를 宣諭할 것을 청했는데 行省 必蘭에게 조서를 내려 보내게 했다고 들었습니다. 만약 행성이 사신을 보내면 변경의 수령이 조서를 받고 중간에 소통되지 않아 聖恩이 고려에 전달되지 않고 고려 역시 조정의 本意를 알지 못하게 될까 우려됩니다. 하물며 그들은 세대를 거듭한 藩輔로서 일찍부터 신하의 예를 거른 적이 없으니 만약 정식으로 사신을 보내 恩詔를 전달한다면 貸糧과 開市 두 사안이 반드시 일거에 성취될 것입니다. 만약 모두 따르지 않으면 그들에게 잘못이 있으니 연후에 별도로 상의하는 편이 좋습니다.[13]

이처럼 금은 고려를 누대에 걸친 충직한 번국으로 인식하고 군사·경제적 연계에 대한 기대를 놓지 않았다. 興定3년(1219) 정월 고려가 변경에서 조공 의사를 표명하자, 3월 금이 위무하는 사신을 보내고 요동행성에게

12) 『金史』 卷15 宣宗 中, 335쪽 "壬寅朔, 蒲察五斤表, 遼東便宜阿里不孫貸糧, 高麗不應, 輒以兵掠其境. 上命五斤遣人以詔往諭高麗, 使知興兵非上國意."

13) 『金史』 卷109 完顏素蘭, 2401쪽.

잠시 羈縻하면서 우호관계를 끊지 말라고 명을 내린 사실도 같은 맥락으로 이해된다.[14]

이상 논의한 바와 같이 금이 연계를 요구한 당초 고려는 이에 적극 응하지 않고 요동과 북계의 형세를 관망하는 자세를 취했다. 하지만 거란반군, 황기자군, 우가하 군대가 잇달아 침입하고 동진이 국경 문턱에서 침략의 기회를 엿보자 사태의 심각성을 깨닫고 비로소 금의 연계 요청을 수용하는 태도를 보였다. 그러나 요동을 통과하는 사행로가 장기간 단절되고 급작스러운 몽골·동진군의 입경과 화친 수립으로 인해 반란세력을 협공하기 위한 금-고려 연계는 끝내 성사되지 못했다.

3. 몽골-동진-고려 화친 수립

高宗5년(1218) 12월 카친(哈眞), 자라(札剌)의 몽골군 1만과 完顔子淵의 동진군 2만이 거란반적을 토벌한다는 명목으로 고려에 진입했다.[15] 다음해(1219) 정월 그들은 趙冲, 金就礪의 고려군과 연합하여 거란군이 웅거해 있던 江東城을 함락하고 그들의 투항을 받았다. 그때 몽골과 동진의 군대가 함께 군사작전을 펼친 사실은 사전에 이미 양국 간 동맹이 수립되었음을 의미한다. 상술했듯이 동진은 丙子年(1216) 10월 무칼리의 몽골군에 투항하

---

14) 『金史』 卷15 宣宗 中, 343쪽 "甲戌, 高麗先請朝貢, 因遣使撫諭之, 使還, 表言道路不通, 俟平定後議通款. 命行省姑示羈縻, 勿絶其好."

15) 『元史』 「耶律留哥傳」에 강동성전투에 참여한 동진군 원수가 胡土라고 기재되어 있다(『元史』 卷149 耶律留哥, 3513쪽 "留哥引蒙古·契丹軍及東夏國元帥胡土兵十萬, 圍喊舍"). 최윤정은 그를 전년(1217) 婆速府에서 完顔阿里不孫을 살해한 伯德胡土와 동일인으로 간주하고 그가 아리불손 살해 후 어느 시점에 동진군에 가담하여 完顔子淵이라는 이름으로 고려에 출정했다고 보았다(최윤정, 앞의 논문, 118쪽 각주31). 그러나 『金史』 「完顔阿里不孫傳」에 호토가 아리불손 살해 직후 權左都監 納坦裕가 보낸 자객에게 피살되었다고 기록되어 있으므로 수긍하기 어렵다(『金史』 卷103 完顔阿里不孫, 2281쪽 "裕以謀告二人, 二人許諾, 遂召胡土至帳中殺之").

고 그가 요동에서 철수한 직후 反蒙自立했다. 무칼리가 요동에서 철수한 시기를 정확하게 파악하기는 쉽지 않다. 다만『元史』「太祖本紀」, 「木華黎傳」에 丁丑年(1217) 8월 칭기스칸이 그에게 太師·國王 칭호를 내리고 금 정벌을 명했다고 기재되어 있는데 그때 모든 준비가 완료된 상태에서 본격적으로 南征이 단행되었다고 가정한다면 요동에서의 철수는 수개월 전 시작되었을 것이다. 그 해(1217) 초 동진이 大夫營, 上京에 대한 공략을 일제히 개시한 점에 비추어 그 직전 몽골군의 요동 철수가 이루어졌다고 추정해볼 수 있다.

그런데 다음해(1218) 12월 몽골, 동진 군대가 함께 고려에 진입했으므로 그 사이 양국은 화친을 재개했음이 분명하다. 본래 몽골지배층의 의식 속에 동등한 외교관계 개념이 존재하지 않았으므로 그 화친은 응당 예전대로 동진이 몽골에 복속하는 형태로 성사되었을 것이다. 다음 제시하는 사례들도 양국의 종속관계를 입증하기에 충분하다. 우선 강동성전투 직후 고려가 동진에 보낸 국서에서 칭기스칸이 고종과 더불어 포선만노에게도 친조를 명했음이 확인된다.[16] 몽골지배층이 군주의 친조를 가장 확실한 복속의 징표로 간주했으므로 그 요구는 그들이 동진을 복속국으로 인식했음을 명확하게 보여준다. 또한 高宗6년(1219) 2월 몽골군이 회군할 때 카친이 동진의 관인과 시종 41인을 義州에 배치하고 그들에게 고려 말을 익히면서 자신이 다시 올 때까지 기다리라고 명하기도 했다.[17] 아울러 辛巳年(1221) 10월 長春眞人 丘處機가 칭기스칸을 만나기 위해 탈라스 지역을 지날 때 서역에서 돌아오는 동진의 사신과 조우한 사실은 그때 동진이 중앙아시아로 출정한 칭기스칸에게까지 사신을 보내 朝覲의 예를 표했음을 알려준다.[18] 그러므로 동진군의 고려 출병도 동등한 위치에서의 군사동맹

16)『東文選』卷61「回東夏國書」.

17)『高麗史』卷22 高宗6년 2월 己未.

18)『長春眞人西遊記』卷上 "七日度西南一山, 逢東夏使迴, 禮師於帳前."

이 아니라 몽골의 병력지원 요구를 수용한 결과라고 짐작된다.[19)]

무칼리군 철수 후 요동에 대한 몽골의 영향력은 크게 위축되었다. 그들의 실질적인 세력범위는 요서에 국한되었고 요동은 여전히 금, 동진, 거란반군이 각축을 벌이는 혼란한 상태에 놓여 있었다. 따라서 몽골은 요동에서 스스로 동진을 제압할 만한 위력을 행사하지 못했다. 그러므로 그 무렵 재개된 양국의 화친은 동진이 자발적으로 몽골에 복속한 결과라고 이해된다. 강동성 전투 시기 카친이 고려 지휘관 김취려에게 먼저 蒙古皇帝에게 절하고 다음 萬奴皇帝에게 절하라고 요구한 사실은 그때 몽골이 포선만노의 군주 지위를 인정했음을 의미한다.[20)] 만약 그들이 강제로 동진을 굴복시켰다면 과거에 자신을 배반했던 그를 결코 용서하지 않았을 것이다.

그렇다면 동진이 반몽자립 후 2년도 안되어 다시 몽골에 복속한 까닭은 무엇일까. 이는 당시 그들이 처한 대외적 상황을 통해 살필 수 있다. 무칼리군 철수 직후 동진은 금이 관할하는 대부영과 상경에 대한 공략을 개시하여 婆速路와 會寧府 일대를 장악하려 시도했다. 그러나 그 군사행동은 그다지 성공적이지 못했다. 高宗4년(1217) 4월 동진은 대부영을 격파했으나 이후 그곳을 실제 점령하지 못했다. 사건 직후 금 조정은 完顔阿里不孫을 遼東行省으로 임명하여 파속로에 파견하고, 9월 그가 叛賊 伯德胡土에게 살해당하자, 12월 上京行省 蒲察五斤으로 하여금 그 직책을 겸하게 했으며, 다음해(1218) 4월 새롭게 夾谷必蘭을 요동행성으로 임명했다.[21)] 본디 요동행성의 치소가 파속로에 두어졌으므로 이는 그 관할구역에 대한 금의 영향력이 1218년까지 줄곧 유지되었음을 의미한다.[22)] 다시 말해 동진은 대부영을 습격하여 일시적 성공을 거두었으나 차후에 밀어닥친 금의 공세를 감당하지 못해

19) 이개석, 『고려-대원 관계 연구』, 지식산업사, 2013, 79~80쪽.

20) 『高麗史』 卷103 金就礪.

21) 『金史』 卷15 宣宗 中, 329~336쪽.

22) 金末 요동행성의 치소, 설치연혁, 기능에 관해 楊淸華, 「金末東北地區行省設置考」, 『東北史地』 2007-1 참조.

파속지역에서 물러난 것으로 보인다.

동진은 대부영 침공과 동시에 상경에 대한 공략도 단행했다. 일찍이 동진과 밀통한 上京行省 太平은 元帥 承充을 사로잡고 그들의 상경 침공에 호응했으나 승윤의 딸 阿魯眞이 남장을 하고 필사적으로 항전함으로써 동진군을 성공적으로 격퇴했다.[23] 동시기 遼東路轉運使 紇石烈德도 部將 劉子元과 함께 금군을 지원하여 상경을 수호하는 데 공헌했다.[24] 그 직후 금은 蒲察五斤을 새롭게 행성에 임명하여 1218년까지 줄곧 상경에 주둔시켰다. 흘석렬덕이 상경에서 동진군을 격파한 후 東京留守로 자리를 옮긴 점에 비추어 東京도 무칼리군 철수 후 금군에 의해 회복되었다고 짐작된다.[25] 興定원년(1217) 4월 동진의 반란군이 완전히 토멸되지 못했다고 하여 요동의 諸將에게 조서를 내려 주둔지 방어와 반적 토벌을 명하고, 6월 요동에서 僞官을 받은 자들의 가솔을 모두 잡아들여 도륙한 조처는 동진 세력을 일소하고 요동의 지배권을 회복하려는 금 조정의 의지를 보여준다.[26]

이처럼 요동의 주요 거점에 대한 공략이 모두 실패하자 동진의 기세는 현저히 약화되었다. 더욱이 그 무렵 시작된 금-고려 연계 교섭도 동진의 활동범위와 입지를 더욱 축소했을 것이다. 때문에 그들은 결국 요동 중심부를 포기하고 東海에 인접한 曷懶路 지역으로 이동할 수밖에 없었다. 동진이 다시금 자발적으로 몽골에 복속한 것은 이 같은 열악한 대외사정에 기인하

---

23) 『金史』 卷130 阿魯眞, 2800쪽 "興定元年, 承充爲上京元帥, 上京行省太平執承充應蒲鮮萬奴. 阿魯眞治廢壘, 修器械, 積芻糧以自守. 萬奴遣人招之, 不從. 乃射承充書入城, 阿魯眞得而碎之, 日, '此詐也.' 萬奴兵急攻之, 阿魯眞衣男子服, 與其子蒲帶督衆力戰, 殺數百人, 生擒十餘人, 萬奴兵乃解去. 後復遣將擊萬奴兵, 獲其將一人."

24) 『金史』 卷128 紇石烈德, 2773쪽 "蒲鮮萬奴逼上京, 德與部將劉子元戰却之."

25) 『金史』 卷128 紇石烈德, 2773쪽 "蒲鮮萬奴逼上京, 德與部將劉子元戰却之, 遷東京留守."

26) 『金史』 卷15 宣宗 中, 329쪽 "以萬奴叛逆未殄, 詔諭遼東諸將" ; 230쪽 "詔捕治遼東受僞署官家屬, 得按察使高禮妻子, 皆戮之."

는 바 크다. 그들이 요동 대부분을 회복한 금을 자력으로 상대하기는 역부족이었다. 이에 군사강국 몽골과 연합하여 재차 요동 진입을 도모했던 것으로 보인다. 즉 몽골의 요동 공략에 협조하고 그 대가로 요동지배에 대한 일정 지분을 획득하려 의도했다고 생각된다. 무칼리군 철수 후 요동에 대한 몽골의 영향력 역시 크게 위축되었으므로 동일한 처지에 놓인 양자의 결탁은 순조롭게 성사되었을 것이다.

일찍이 고려는 김양기 사신단 살해 사건과 금이 전달한 대부영 침공 소식을 통해 몽골의 존재를 인지하고 "夷狄 중 가장 흉악하고 사납다"라는 부정적 인식을 갖고 있었다.[27] 그러나 강동성 함락 후 즉각 그들에게 稱臣上表하고 조공관계를 맺었다. 아마도 '대적할 수 없는 군사강국'이라는 지배층의 인식이 크게 작용했기 때문으로 여겨진다. 高宗8년(1221) 9월 몽골사신의 입국을 거부하려는 국왕에게 "저들은 군사가 많고 우리는 적으니 만약 받아들이지 않으면 저들이 반드시 침략해올 것입니다. 어찌 적은 수로 많은 수를 대적하며 약자로서 강자를 대적하겠습니까"라고 한 신료들의 上言이 그러한 인식을 여실히 보여준다.[28]

강동성 함락 직후 몽골은 고려에게 복속의 조건으로 國王親朝와 歲貢納付를 요구했다. 고려는 형편상 국왕이 나라를 비우기 어렵고 전례도 없다는 이유를 들어 친조를 거부했으나 최소한의 책무인 세공납부까지 거절할 수는 없었다. 화친 5개월 후 칭기스칸이 중앙아시아로 출정할 때 末弟 옷치긴을 監國으로 임명함으로써 양국 간 교류는 옷치긴이 고려에 사신을 보내 공물을 수취하는 형태로 이루어졌다. 사신단은 매번 東北界를 통과하여 입경했는데 고려의 서북계가 파속로, 동북계가 갈라로에 접해 있었으므로 금이 장악한 파속로를 피해 동진의 강역인 갈라로를 거쳐 고려로 진입한 것이다. 그리고 高宗8년(1221) 10월 몽골에 보낸 국서에서 "귀국에서 이끌고

---

27) 『高麗史』 卷103 趙冲.

28) 『高麗史』 卷22 高宗8년 9월 丁亥.

온 東眞의 防卒을 東眞의 경내에 머무르게 하여 한 발자국도 우리 경계에 들어오지 못하게 해 주십시오"라고 요청하는 문장은 몽골사신이 고려를 왕래할 때 동진군의 호위를 받았음을 알려준다.[29] 당시 몽골이 동진을 철저하게 복속시킨 상태였으므로 그 영토, 병력을 활용하여 고려에서 용이하게 공물을 수취하려 의도한 것으로 보인다.

화친 이전 고려는 동진의 침입을 우려하여 그들을 주적으로 설정하고 금과 연계하려 시도한 바 있다. 그러므로 느닷없이 몽골과 함께 등장한 동진이 그리 달갑지 않았을 것이다. 그러나 현실적으로 몽골의 동맹국이자 강동성의 거란군 섬멸에 협조한 그들과 화친을 맺지 않을 수 없었다. 그때 고려는 몽골에 신속하게 稱臣事大했던 바와 달리 동진에게는 대등한 지위를 확보하려 노력했다. 몽골은 전통적으로 외교관계를 설정할 때 복속의 순서를 중요시하여 먼저 복속한 나라, 민족의 군주를 늦게 귀부한 군주보다 더욱 후대하고 우월한 지위를 보장했다.[30] 그렇다면 3국의 화친 교섭 때 몽골이 보다 일찍 복속한 동진을 고려의 우위에 두려고 의도했을 가능성이 있다. 카친이 김취려에게 칭기스칸에게 절한 다음 포선만노에게 절하라고 요구한 일례가 이와 무관치 않다고 여겨진다.[31] 그러나 김취려는 "하늘에 두 해가 없고 백성에게 두 왕이 없는데 천하에 어찌 두 황제가 있겠는가?"라고 하면서 포선만노에 대한 遙拜를 거절하여 그 시도를 무산시켰다.[32] 이후 몽골이 양국 간 상하위계를 정하려 도모한 흔적이 발견되지 않으므로 양국은 몽골의 묵인 아래 시종 대등관계를 유지했다고 생각된다.[33]

---

29) 『東文選』 卷61 「同前書」.

30) 고명수, 「몽골의 '복속' 인식과 蒙麗관계」, 『한국사학보』 55, 2014, 50~51쪽.

31) 이재선, 앞의 논문, 2008, 22~24쪽 ; 허인욱, 「13세기 초 몽골의 '位階' 지배 시도와 麗蒙 관계의 시작」, 『한국사학보』 61, 2015, 221쪽.

32) 『高麗史』 卷103 金就礪.

33) 정동훈은 그 시기 몽골이 고려에 관한 정보를 획득하고 외교관습과 언어의

화친 후 공물 수취를 위해 파견된 몽골사신은 항시 동진사신을 대동하여 고려에 왔다. 여기에서 고려가 몽골뿐 아니라 동진에게도 일정량의 물자를 제공했다는 추측이 가능하다. 강동성전투에서 동진은 가장 많은 2만 군사를 파견했다. 당시 몽골, 고려의 병력이 각각 1만 안팎이었던 점을 감안한다면 거란반군 토벌에서 동진의 공이 가장 크다고 볼 수 있다. 몽골이 이 같은 공로를 외면하기 어려웠으므로 고려에 납공을 명할 때 동진에게도 일정량의 물자를 제공하도록 요구하고 고려가 부득이하게 이를 수용했다고 이해된다. 이처럼 고려는 격동하는 국제정세 속에서 대외안정을 확보하기 위해 몽골, 동진과 화친을 맺는 외교정책을 채택했다.

4. 고려-동진 斷交와 著古與 피살 사건

화친 수립 후 고려와 몽골, 동진 관계는 공물납부를 둘러싸고 일부 갈등이 존재했으나 대체로 큰 충돌 없이 유지되었다. 그런데 高宗11년(1224) 정월 동진이 돌연 고려에 사신을 보내 "몽골의 成吉思는 군대를 이끌고 먼 곳으로 간지 오래되어 그 존재를 알 수 없고 訛赤忻은 탐욕스럽고 포악해 인덕이 없으므로 이미 옛 우호관계를 끊었다." "본국은 青州, 귀국은 定州에 각각 榷場을 설치하여 이전처럼 買賣하자"라는 내용의 서한을 전달하여 스스로 몽골과 단교했음을 알리고 교역을 요구했다.[34] 그 시기 동진과 몽골의 단교는 화친 후 고려에 대한 양국의 사신파견 사례를 정리한 다음 <표>를 통해 한눈에 알 수 있다.

차이를 메우는 데 동진을 적극 활용했다는 점에서 동진이 고려와 몽골 사이의 매개자, 완충자 역할을 담당했다고 보았다(정동훈, 「高麗時代 外交文書 硏究」, 서울대학교 박사논문, 2016, 299~307쪽).

34) 『高麗史』 卷22 高宗11년 정월 戊申.

<표> 몽골, 동진의 고려 使行

시기 (高宗)	몽골, 동진 사신 동행	몽골 단독 사행	동진 단독 사행	典據
6년(1219) 9월	몽골 11명, 동진 9명			高麗史 世家
7년(1220) 9월	몽골 堪古若, 著古歟 동진 2명			元高麗紀事
8년(1221) 7월	몽골 山木斛, 동진 4명			元高麗紀事
8년(1221) 8월	몽골 著古與 등 13명 동진 8명 여자 1명			高麗史 世家
8년(1221) 9월		這可 등 23명 여자 1명		高麗史 世家
8년(1221) 10월		喜速不花 등 7명		高麗史 世家
8년(1221) 12월	몽골 3명, 동진 17명			高麗史 世家
9년(1222) 8월		사신 31명		高麗史 世家
9년(1222) 10월		著古與 등 12명		元高麗紀事
10년(1223) 5월			佋信, 阿典, 渾坦 등 8명	高麗史 世家
10년(1223) 8월	몽골 山木斛, 동진 12명			元高麗紀事
11년(1224) 정월		札古也(著古與) 등 10명	사신	高麗史 世家
11년(1224) 3월			사신	高麗史 世家
11년(1224) 11월		著古與 등 10명		高麗史 世家

강동성전투 후 몽골, 동진은 주로 함께 고려에 사신을 파견했다. 그런데 위 <표>는 高宗10년(1223) 8월 마지막으로 동행하고 이후 각자 단독으로 遣使했음을 보여준다. 다음해(1224) 정월 양국의 단교를 알리는 서한이 고려에 전달되었으므로 그 사이 동진이 反蒙을 단행했다고 추측된다. 그들의 반몽 사유는 서한에 명시되었듯이 옷치긴의 탐욕과 관련이 있다. "옷치노얀은 몽골인들 중에서 건물 짓는 것을 매우 좋아하여 가는 곳마다 궁전과 전각과 정원을 건설했다"라는 기록에서 보이듯이 그는 과도하게 사치, 향락을 즐기는 성품의 소유자였던 것 같다.[35] 이에 따라 화친 후 과중한 공물을 수취하여 고려의 불만을 유발한 사실은 잘 알려져 있다. 동진 역시 몽골의 복속국이었으므로 옷치긴으로부터 막대한 공물을 요구받았을 것이다. 이에 대한 반감이 증폭되어 단교를 결행한 것으로 보인다.

35) 라시드 앗 딘, 김호동 역주, 『칭기스칸기』, 사계절, 2003, 91쪽.

당시 칭기스칸은 중앙아시아 출정 후 5년이 지나도록 귀환하지 않았고 무칼리군 철수 후 몽골의 요동공략도 장기간 답보상태에 놓여 있었다. 더욱이 그해(1223) 3월 화북·요동정벌의 총사 무칼리가 진중에서 사망하여 몽골의 군세가 일시적으로 크게 위축되었다. 이 같은 대외정세가 동진이 몽골과 단교하고 다시금 세력 확대를 도모하는 주요 배경이 되었다.

서한 내용에 비추어 동진은 사신파견 때 고려에 반몽연대를 제안했으리라고 추측된다. 동진사신 도착 직전 몽골사신 札古也(著古與) 일행이 먼저 고려에 와 있었다. <표>에서 보이듯이 그간 양국 사신이 동행하거나 각각 다른 때 파견된 경우는 있지만 이처럼 동시에 별도로 온 사례는 없다. 그러므로 이 상황은 고려에게 상당한 당혹감을 안겨주었을 것이다. 후술하겠으나 그때 이미 저고여 일행은 동북계를 통과하는 종전의 사행과 달리 동진의 강역을 피해 서북계로 입경했다. 이를 목도한 고려는 분명 양국 단교에 대한 확신을 가졌을 것이다. 따라서 반목하는 몽골과 동진 사이에서 하나를 화친대상으로 선택해야 하는 입장에 처했다. 양국 사신 도착 직후 "宰樞가 崔瑀의 집에 모여 몽골, 동진 양국 사신을 접대하는 禮를 의논했다"라는 기사는 당시 고려 지배층이 그 상황을 매우 심각하게 인식하여 긴급하게 대응방안을 논의했음을 짐작케 한다.[36]

결국 고려는 동진의 연대 제안을 거절하고 몽골과 화친을 유지하기로 결정한 듯하다. 여전히 저고여 일행에게 공물을 지급하고, 그들을 西京까지 호송하는 정성을 보였으며, 그해 말 다시 온 그들에게 변함없이 공물을 지급한 사실이 이를 뒷받침한다. 동진은 그해(1224) 3월 다시 사신을 보내고 이후 더 이상 고려와 교류하지 않았다. 아마도 그때 그들이 재차 반몽연대를 촉구하고 고려가 분명하게 거절의사를 밝혔으리라고 추측된다. 그 결과 양국 외교관계는 마침내 단절되었다.

---

36) 『高麗史』 卷22 高宗11년 정월 癸丑.

고려가 동진과의 단교를 감내하면서 몽골과 화친을 유지하는 결정을 내린 까닭은 무엇일까. 우선 강대국 몽골에 대한 고려 지배층의 변함없는 두려움을 꼽을 수 있다. 위 서한에서 동진은 고려의 반몽을 유도하기 위해 칭기스칸의 부재와 옷치긴의 폭정을 거론했다. 그러나 앞서 인용했던 "저들은 군사가 많고 우리는 적으니 만약 받아들이지 않으면 저들이 반드시 침략해올 것입니다. 어찌 적은 수로 많은 수를 대적하며 약자로서 강자를 대적하겠습니까"라는 고려신료의 발언 역시 옷치긴 감국 시기에 나온 점을 상기한다면[37] 그때에도 이 같은 인식이 유지되었다고 볼 수 있다.

또한 그 결정에는 동진에 대한 불신, 의구심도 주요하게 작용했을 것이다. 고려는 몽골, 동진과 화친을 맺은 후에도 그들에 대한 경계심을 놓지 않았다. 高宗6년(1219) 7월 "戶部侍郎 崔正芬 등 8인을 北界 興化道의 각 성으로 나누어 보내 무기와 군수품 비치 상태를 검열케 하고 작은 성의 [백성을] 큰 성으로 대피시켰다. 그때 첩자가 몽골이 가을에 다시 온다고 말했으므로 이에 대비한 것이다"라는 기사는 화친 수립 6개월 후에도 여전히 몽골의 침입을 경계했음을 알려준다.[38] 또한 『高麗史』 「韓恂·多智傳」에 高宗9년(1222) 韓恂, 多智 반란군이 동진군 1만과 함께 靜州, 義州를 침공했다는 기사가 있다. 고려가 그들을 조기에 격퇴하여 외교 문제로까지 확대되지 않았으나 이는 화친 후에도 양국이 이해관계에 따라 언제든 반목·충돌할 수 있음을 상징적으로 보여준다. 그러한 현실에서 고려가 느닷없이 몽골과의 단교를 알리고 연대를 제안한 동진을 신뢰하기는 어려웠을 것이다.

高宗12년(1225) 정월 공물을 수취해 귀국하던 몽골사신 著古與 일행이 압록강 변에서 살해되고 그들을 찾아 나선 몽골사신마저 누군가에게 저격당하는 사건이 발생했다. 몽골이 그 주범으로 고려를 지목하고 이를 구실로

37) 『高麗史』 卷22 高宗8년 9월 丁亥.

38) 『高麗史』 卷22 高宗6년 7월.

침공함으로써 이 사건은 양국 간 화친을 종식시키고 장기간 전쟁을 촉발하는 결정적 계기를 제공했다. 개전 초기 몽골이 사건에 대해 추궁하자 고려는 1년 간격으로 두 차례 서한을 보내 자신과 무관하다고 해명했다. 그러나 두 서한에서 고려가 대신 주범으로 지목한 존재가 일치하지 않는다. 高宗18년(1231) 12월 발송한 서한에서 저고여 살해 주범이 이웃 도적(隣寇)이라 하고 몽골사신 저격 사건에 대해서는 당시 哥不愛가 몽골복색으로 여러 번 국경을 침범하여 그들을 쫓아버리려 했다고 진술함으로써 몽골사신을 가불애 일당으로 오인한 자신의 혐의 가능성을 인정했다. 그러나 다음해(1232) 11월 발송한 서한에서는 두 사건이 각각 우가하와 포선만노의 소행이라고 주장했다.[39]

일찍이 箭內亘은 이 같은 진술의 불일치를 고려가 사건의 주범임을 입증하는 근거로 제시했다.[40] 그러나 고려가 실제 계획적으로 사건을 일으켰다면 응당 변명의 논리와 함께 책임을 전가할 대상도 미리 마련해 두었을 것이다. 즉 주범을 지목하는 데 이처럼 우왕좌왕했을 리 없다. 이는 첫 번째 서한 발송 시기 고려가 사건을 제대로 인지하지 못하다가 차후에 나름 전말을 파악하고 두 번째 서한을 보냈다고 이해하면 무리가 없을 것이다. 그러나 두 번째 해명도 고려가 동진에서 귀부한 王好非라는 인물의 진술에 전적으로 의거했다고 스스로 밝힌 점에 비춰볼 때 의심스럽기는 마찬가지다. 더욱이 그 다음해(1233) 4월 우구데이가 보낸 조서에서 "너희는 또한 著古歟 살해를 모의하고 萬奴의 民戶가 죽였다고 변명하는데 처음 고발한 자를 잡는다면 이 일이 밝혀질 것이다"라는 문장은 고려가 동진을 저고여 살해 주범으로 지목했음을 알려준다.[41] 이는 그가 고려의 해명을 잘못 이해했거나 고려가 저고여 피살 사건이 동진의 소행이라고

---

39) 『高麗史』 卷23 高宗18년 12월 ; 19년 11월.

40) 箭內亘, 「蒙古の高麗經略」, 『蒙古史硏究』, 刀江書院, 1930, 501쪽.

41) 『元高麗紀事』 太宗5년 4월 24일.

진술을 번복한 서한을 새롭게 보냈을 가능성도 제기한다.

이처럼 사건의 배후에 관한 기록이 일치하지 않으므로 당시 요동 주변 각 세력의 대내외 사정을 검토하여 이 문제를 궁구해볼 필요가 있다. 우선 저고여가 피살되고 곧바로 그를 찾아 나선 몽골사신까지 저격당한 점에 비추어 그 일련의 사건은 인근 도적의 일시적, 우발적 행위가 아니라 사전에 치밀하게 계획된 동일세력의 소행으로 여겨진다. 그 사건이 몽골-고려 전쟁을 촉발하는 것은 충분히 예견되었으므로 그 주범은 분명 이를 통해 가장 크게 이득을 얻는 세력이 될 것이다.

먼저 요동행성을 통해 사건 장소인 파속지역을 실제 관할하던 금을 떠올릴 수 있다. 그러나 여건상 그들이 의도적으로 저고여를 살해하여 양국 전쟁을 유발했다고 보기 어렵다. 『金史』「本紀」 正大3년(1226) 6월조에 "高麗와 遼東行省 葛不靄에게 조서를 내려 反賊 萬奴를 토벌하고 脅從者를 사면하라고 명했다"라는 기사가 있다.[42] 사행로 차단으로 인해 조서가 실제 고려에 전달되지 않았지만 이는 당시 금이 여전히 고려를 동진토벌을 위한 군사동맹국으로 인식했음을 보여준다. 이처럼 병력지원을 절실하게 필요로 했던 그들이 고려에게 혐의를 씌워 그 군사력을 소진시키는 전쟁을 일으키려 의도했을 가능성은 희박하다.

압록강 일대에 횡행하면서 고려로부터 주범으로 지목된 우가하도 사건의 배후로 보기에는 무리가 있다. 당시 그는 고려와 여러 번 화친, 충돌을 반복했다. 高宗5년(1218) 6월 고려 北界分道將軍 丁公壽가 우가하의 적대세력이었던 황기자군의 賈裕를 사로잡자 직접 그에게 와서 사례하고 화친을 맺었다. 이후 잠시 한순, 다지의 반란에 가담했으나 곧바로 고려의 회유, 설득에 감화되어 高宗7년(1220) 2월 그들을 유인해 주살하고 그 목을 開京으로 보냈다. 이에 고려는 그에게 많은 선물을 보내 공로에 보답했다. 이후

---

42) 『金史』 卷17 哀宗 上, 377쪽.

高宗10년(1223) 5월 義州, 靜州, 麟州를 침범했다가, 다음해(1224) 3월 그때 사로잡은 靜州 백성 2백여 명을 송환하고, 그 다음해(1225) 정월 다시 義州, 靜州를 침략했다. 이처럼 그가 사건 장소인 압록강 일대에서 여러 번 소요를 일으켰으므로 저고여 살해 혐의를 받는 것도 충분히 이해된다.

그러나 당시 그가 처한 현실을 살펴보면 몽골사신을 살해하여 양국 전쟁을 유발할 만한 목적이나 필요성을 찾기 어렵다. 몇 차례 화친 시도에서 알 수 있듯이 그는 고려에게 특별한 원한, 반감이 없었고 서북변경에 대한 침구도 어디까지나 경제위기를 타개하기 위한 일시적 약탈행위에 불과했다. 군사강국 몽골의 사신 살해는 자멸을 감수해야 하는 중차대한 일이었다. 자신의 소행이 밝혀질 경우 몽골의 보복에 따른 절멸을 피할 수 없고 그들이 주범을 오해하여 고려를 침공하더라도 얻을 수 있는 실리는 크지 않다. 오히려 전쟁이 발발하면 필연적으로 전장에 인접한 자신에게 화가 미칠 텐데 미약한 군소세력으로서 스스로 명운을 재촉하는 악수를 두었을 리 만무하다.

箭內亘은 몽골에 대한 고려의 반감, 고려 측 진술의 모순, 고려에 접근하려는 동진이 양국 전쟁을 도모할 이유가 없다는 점을 들어 그 사건이 고려의 소행이라고 주장했다.[43] 이에 대해 윤용혁은 그가 관련 기록을 잘못 이해하고, 몽골에 대한 두려움과 전쟁에 대한 우려로 인해 고려의 불만이 노정되기 어려웠으며, 사전에 치밀하게 계획했다고 보기에는 사건에 대한 고려의 이해와 사후조처가 너무나 부실했다는 점을 들어 그 주장을 설득력 있게 논박했다.[44]

그런데 근래 최윤정은 동진이 몽골을 배반한 상황에서 고려가 홀로 가혹한 수탈을 감내할 필요가 없으므로 부담에서 벗어나기 위해 몽골사신을 살해했다고 주장했다. 그리고 高宗11년(1224) 정월 고려가 몽골과의

---

43) 箭內亘, 앞의 논문, 491~502쪽.

44) 윤용혁, 『高麗對蒙抗爭史研究』, 일지사, 1991, 35~40쪽.

단교를 알리는 동진의 서한을 받은 후 그 진위를 알지 못하다가, 11월 저고여 일행이 처음 파속로를 통해 입경했음을 목도하고 비로소 동진의 반몽을 확인한 후 곧바로 몽골사신을 살해했다고 하여 파속로를 경유한 몽골의 최초 사행과 사건발생 시점의 연속성을 유력한 근거로 제시했다.[45) 양국의 최초 화친 때 몽골군 원수 카친이 "사행로는 반드시 萬奴의 땅을 지날 것이니 너희는 그것을 증거로 삼으라"라고 했으므로[46) 파속지역을 통한 사신왕래는 몽골-동진 단교를 의미하기에 충분한 것이었다. 高宗19년(1232) 11월 고려가 무혐의를 소명하기 위해 몽골에 보낸 표문에서 "유독 甲申年(1224)에 사신 著古與가 萬奴의 땅을 통하지 않고 婆速路를 따라 왔습니다. 그러나 [우리는] 예전처럼 깍듯이 대접하고 또 그 편에 공물도 부쳤습니다. 그 뒤 갑자기 사신이 오지 않아 小國이 그 까닭을 괴이하게 여겼는데 한참 후에 于加下가 길을 막고 그 사건의 사신을 살해했기 때문이라는 소식을 들었습니다"라는 내용도 피살 직전 저고여의 파견이 서북면을 경유한 최초 사행이며 그때까지 고려가 양국의 단교를 감지하지 못했다는 인상을 준다.[47)

그러나 저고여는 그해(1224) 정월 반몽연대를 요청하기 위해 파견된 동진의 사신과 동시에 고려에 도착한 바 있다. 그때 고려는 얼마든지 그에게 동진의 반몽 여부를 문의·확인할 수 있었을 것이다. 또한 이미 양국이 단교한 상태였으므로 그는 서북계를 통해 입경하는 편이 자연스럽다. 즉 파속로를 지나는 몽골의 최초 사행 시점이 11월이 아니라 정월이었을 개연성이 존재하는데, 그의 귀환에 관한 다음 기록을 통해 입증된다.

몽골사신이 나라에서 보내는 예물을 갖고 돌아가자 왕이 直門下省 馬希援

---

45) 최윤정, 앞의 논문, 129~132쪽.

46) 『高麗史』 卷23 高宗19년 11월.

47) 『高麗史』 卷23 高宗19년 11월.

으로 하여금 西京까지 전송하게 했다. 사신이 압록강에 이르자 紬布 등의 물품을 버리고 단지 수달피만 갖고 갔다.[48]

위 글은 저고여 일행이 서경을 거쳐 압록강을 건너 귀환했음을 증언한다. 사신의 내왕 노선이 동일하다고 간주한다면 그들은 서북계를 통해 입경했음이 분명하다. 그리고 이는 당시 동진이 몽골을 이반한 정황과도 부합한다. 그때 고려는 그들의 사행로, 동진사신과 동시에 별도로 온 상황 그리고 동진의 서한 내용을 통해 양국의 단교를 분명하게 인지했을 것이다. 그럼에도 그들에게 공물을 지급하고 호송해 돌려보내고, 11월 다시 온 그들을 여전히 후대한 사실은 고려가 줄곧 반몽 의지를 품지 않았음을 강하게 시사한다. 고려가 반몽을 기도했다면 몽골-동진 단교가 확인된 마당에 굳이 1년을 기다렸다가 사건을 일으킬 까닭이 없기 때문이다. 그러므로 저고여 피살과 몽골사신 저격 사건이 고려의 소행이었을 가능성은 크지 않다.

그 시기 요동 주변 제 세력 간 역학관계를 고려할 때 사건의 배후에 동진이 존재했을 개연성이 농후하다. 동진의 반몽은 강동성전투 후 5년간 유지되었던 3국 간 화친에서 스스로 이탈했음을 의미한다. 몽골-고려 간 유대가 지속될 경우 동진은 외교적으로 고립될 수밖에 없고 심지어 동진에 대한 양국의 협공 가능성도 배제할 수 없다. 단교 후 몽골이 동진의 강역을 통과하지 않고 고려와 직접 교섭하기 시작했다는 사실 자체가 동진에게 큰 위협으로 다가왔을 것이다. 그러므로 동진은 조속히 고려의 반몽을 유도하여 연대를 결성할 필요가 있었다. 그러나 고려가 그 제안을 거부하고 몽골과 화친을 유지하기로 결정함으로써 양국관계 역시 단절되었다. 애당초 자신을 叛賊으로 규정한 금과의 연계도 불가능한 상황에서

48) 『高麗史』 卷22 高宗11년 정월 癸丑.

동진은 그들이 우려했던 최악의 대외현실에 직면한 것이다.

몽골-고려 간 전쟁은 동진이 그 난국을 타개할 수 있는 유효한 방책이 될 수 있었다. 箭內亘은 당시 동진이 고려에 접근하려 기도했으므로 굳이 양국 전쟁을 유발할 이유가 없다고 단언했으나[49] 사건발생 시기가 이미 고려와 단교하여 연대시도를 단념한 후였다는 점을 유념할 필요가 있다. 이처럼 몽골, 고려와 화친 재개가 불가능한 상황에서 취할 수 있는 방책은 양국 간 전쟁을 일으켜 군사력을 소진시키고 그 틈에서 반사이익을 노리거나 외교적 돌파구를 모색하는 편이 최선이다. 또한 갈라로에 위치한 동진의 근거지가 실제 전투가 벌어지는 파속로, 고려 서북계와 다소 떨어져 戰禍가 직접 미치기 어렵다는 지리적 이점도 있다. 그런 점에서 동진은 요동 주변 제 세력 중 양국 전쟁의 최대 수혜자가 될 수 있었다. 따라서 저고여 피살과 몽골사신 저격 사건은 동진이 양국 전쟁을 촉발하여 대외위기를 모면하기 위해 자행했을 가능성이 크다.

5. 몽골의 동방진출과 고려-동진 동맹 시도

高宗11년(1224) 3월 사행을 마지막으로 고려와 단교한 동진은 저고여 피살 사건 후 빈번하게 변경을 침략하고 고려도 이에 적극 대항함으로써 양국관계가 급속히 악화되었다. 그런데 高宗16년(1229) 2월 東北面兵馬使가 고려조정에 동진인이 咸州에 와서 화친을 청한다고 보고했다. 그들의 급작스러운 화친 요청은 이미 추진되고 있던 몽골의 동방진출과 무관치 않다. 일반적으로 즉위 직후 우구데이가 사르타이(撒禮塔)에게 요동, 고려 정벌을 명했다고 알려져 있다.[50] 『元史』「吾也而傳」“太宗원년(1229), [吾也而가]

49) 箭內亘, 앞의 논문, 500~501쪽.

50) 池內宏, 앞의 논문, 624~629쪽 ; 魏志江, 앞의 논문, 57~58쪽.

入覲했다. [황제가] 撒里答火兒赤과 함께 遼東을 정벌하라고 명하여 그곳을 점령했다."[51] 「耶律留哥傳」 "庚寅年(1230), 황제가 [耶律薛闍에게] 撒兒台와 함께 동방을 정벌하라 명했다"[52]라는 기사는 비록 1년의 시차가 있지만 모두 즉위 직후 우구데이가 사르타이에게 동방경략을 명했음을 증언한다. 『집사』에도 그가 즉위 직후 "키타이, 티베트, 솔랑카, 주르체 방면과 그쪽 변경으로는 대노얀들의 무리를 군대와 함께 선봉으로 출정시켰다"라고 기록되어 있다.[53]

우구데이 즉위 시기는 己丑年(1229) 8월이고 동진이 고려에 화친을 요청한 시점은 6개월 전인 2월이다. 따라서 우구데이 즉위 직후 사르타이의 동방경략이 착수되었다는 점을 인정한다면 그것이 동진의 화친 요청 배경이라고 보기 어려운 측면이 있다. 하지만 『元史』 「王珣傳」에 甲申年(1224) 정월 都元帥 王珣이 사망하고 장자 王榮祖가 그 자리를 계승한 후 撒里台와 함께 요동, 동진을 토벌하라는 황제의 명을 받아 蓋州, 宣城, 石城을 잇달아 함락하고, 금의 平章政事 葛不哥를 주살했으며, 己丑年(1229) 北京等路征行萬戶를 제수 받은 후 고려정벌에 나섰다고 기록되어 있다.[54] 여기에서 황제는 칭기스칸, 葛不哥는 당시 파속로를 관할하던 요동행성 葛不靄(哥不愛)를 가리킨다. 이 기사를 긍정한다면 우구데이 즉위 전 이미 사르타이, 왕영조가 칭기스칸의 명을 받아 파속지역 대부분을 점령했다고 볼 수 있다.[55] 『元史』

---

51) 『元史』 卷120 吾也而, 2968쪽.

52) 『元史』 卷149 耶律留哥, 3514쪽.

53) 라시드 앗 딘, 김호동 역주, 『칸의 후예들』, 사계절, 2005, 53~54쪽.

54) 『元史』 卷149 王珣, 3536쪽 "珣卒, 襲榮祿大夫·崇義軍節度使·義州管內觀察使. 從嗣國王孛魯入朝, 帝聞其勇, 選力士三人迭與之搏, 皆應手而倒. 欲留置宿衛, 會金平章政事葛不哥行省於遼東, 咸平路宣撫使蒲鮮萬奴僭號於開元, 遂命榮祖還, 副撒里台進討之, 拔蓋州·宣城等十餘城, 葛不哥走死. 金帥郭琛·完顔曳魯馬·趙遵·李高奴等猶據石城, 復攻拔之, 曳魯馬戰死, 遵與高奴出降. [……] 己丑, 授北京等路征行萬戶, 換金虎符. 伐高麗, 圍其王京, 高麗王力屈, 遣其兄淮安公奉表納貢."

55) 松田孝一은 1228년부터 몽골제국 변경 각지에 探馬赤軍이 파견되었으므로 사르타이의 요동 경략도 그 무렵 개시되었다고 추정했다(松田孝一, 「モンゴル帝國東部

「吾也而傳」, 「耶律留哥傳」과 『집사』의 기사는 몇몇 무장들이 우구데이의 명을 받아 뒤늦게 요동정벌에 합류했다고 이해하면 무리가 없을 것이다. 이 같은 요동의 정세가 동진이 긴급하게 고려에 화친을 요청하는 배경이 되었다고 여겨진다.

고려는 즉시 式目錄事 盧演을 보내 화친조건을 살피게 하고 그가 책무를 완수하지 못하고 돌아오자 다시 長平鎭將 陳龍甲을 보내 화친을 체결하게 했다. 당시 동진의 침략에 따른 피해가 극심하여 조속히 전란을 종식시키기 위해 그 화친 요청을 수용하는 외교방침을 채택한 것으로 보인다. 그러나 東北面兵馬使 崔宗梓가 別將 銳爵 등 3명을 동진으로 파견했는데 "예작이 동진에게 '우리나라가 [귀국과] 화친을 맺고자 한다'라고 말했다. 동진 역시 그 말을 믿고 예작 일행 중 한 명을 돌려보내고 회답을 기다렸다. 나라에서 주저하면서 회답하지 않자 동진이 예작이 사기를 쳤다고 하여 그를 참형에 처했다"라는 기록과 같이 양국의 화친교섭은 끝내 결렬되었고 그 즉시 고려 대신들은 최우의 집에서 동진의 침공을 방어하는 전략을 논의했다.[56] 이 같은 고려의 태도변화는 동진이 稱臣上表, 세공납부, 병력지원 등 도저히 수용할 수 없는 조건을 제시했기 때문으로 짐작된다.

高宗18년(1231) 8월 사르타이의 몽골군이 고려를 침공했다. 사전에 이미 파속지역을 점령했으므로 다음 고려를 복속시키고 마지막으로 동진을 정벌하여 요동과 한반도 전체를 장악하려는 정벌계획의 일환이었다. 개전 직후 사르타이가 보낸 공문에서 "너희 나라가 항복하지 않으면 우리는 끝까지 돌아가지 않을 것이고 항복하면 마땅히 東眞을 향해 갈 것이다"라는 문장이 그러한 진격노선을 나타낸다.[57] 고려는 그들의 막강한 공세를 감당하지 못해 조기에 투항했다. 그 직후 몽골은 요동으로 철군했으나

國境の探馬赤軍團」, 『內陸アジア史研究』 7·8, 1992, 94~96쪽).

56) 『高麗史』 卷22 高宗16년 6월.

57) 『高麗史』 卷23 高宗18년 10월 癸丑朔.

開京, 北界에 다루가치를 다수 배치하고 막대한 공물과 왕족, 고관의 자녀를 인질로 요구하여 고려를 철저하게 예속시키려 기도했다.

『高麗史』「世家」 高宗19년(1232) 3월조에 "西京都領 鄭應卿과 前靜州副使 朴得芬으로 하여금 押船 30척과 水手 3천명을 데리고 龍州浦를 출발하여 몽골에 가게 했는데 [몽골의] 요청을 따른 것이다"라는 기사가 있는데 『東國李相國集』에 수록된 「送某官狀」에서 "근자에 淮安公이 節下를 伴送했는데 과분한 대접을 받고 돌아와 당신의 명을 전했습니다. 거기에서 함선과 군인을 금년 3월 3일까지 宣城山에 집결시키라고 요구한 사안에 대해 말씀드리겠습니다"라는 문장과 상통한다.[58] 그해 정월 淮安公 王侹이 몽골군을 전송하고, 다음 달 귀환했을 때 병력지원 지시가 전달된 것으로 보인다. 결국 고려가 宣城山으로 함선, 수군을 파견했는데 이는 통상 동진정벌을 위한 병력지원으로 이해된다.[59] 그런데 최근 이정란은 차후 양국이 주고받은 서신에 고려가 동진토벌에 끝내 협조하지 않은 사실이 명시된 점과 庚子年(1240) 5월 우구데이가 보낸 서한 중 "于加下의 죄를 벌할 때 [너희가] 즉시 다소의 軍馬를 내어 도왔다"[60]라는 문장을 근거로 그때 토벌대상이 우가하라고 주장했다.[61]

탁견이라고 사료되며 선성산과 동진 근거지의 위치에 대한 고찰을 통해 한층 보강될 수 있다. 함선, 수군의 행선지인 宣城山은 오늘날 丹東市에서 해안을 따라 서남쪽 20㎞ 거리에 위치한 東港市 부근의 지명으로 지금까지 그 명칭이 전해진다.[62] 압록강이 바다와 만나는 지점에 인접하여 출항지인

---

58) 『高麗史』 卷23 高宗19년 3월 ; 『東國李相國集』 卷28 「送某官狀」.

59) 윤용혁, 앞의 책, 54쪽 ; 강재광, 『蒙古侵入에 대한 崔氏政權의 外交的 對應』, 경인문화사, 2011, 89~90쪽.

60) 『元高麗紀事』 太宗12년 5월.

61) 이정란, 「여·몽전쟁기 변경민의 몽골 '체험'과 고려 조정의 대응」, 『한국사학보』 61, 2015, 254~257쪽.

62) 중국의 검색 사이트 바이두(http://www.baidu.com)가 제공하는 지도에서 오늘날 宣城山의 위치를 확인할 수 있다.

龍州浦(현 평안북도 龍川)에서 河路, 海路를 통해 도달하기에 용이하다. 몽골이 그곳에 병력을 집결시켰다면 토벌대상은 인근에서 활동하던 세력이었을 것이다. 그곳이 본래 우가하의 활동무대였다는 점은 잘 알려져 있고 『高麗史節要』 高宗10년(1223) 5월 "금의 원수 亐哥下가 馬山에 군사를 주둔시키고 몰래 義州, 靜州, 麟州를 침구했다. 義州分道將軍 金希磾가 가서 그들을 격퇴할 것을 청했으나 허락받지 못하자 이내 임의대로 군사 1백을 보내 마산에서 우가하를 엄습하여 3명을 생포하고, 압록강에 빠져 죽은 자도 매우 많았으며, 수송선 22척을 빼앗아 돌아왔다"라는 기사도 당시 우가하가 압록강에서 함선을 거느리고 활동했음을 증언한다.[63)]

반면, 癸巳年(1233) 몽골군이 遼東의 南京에서 포선만노를 정벌했다는 기록은 그곳이 동진의 근거지였음을 알려주는데 대체로 오늘날 吉林省 延吉市 동쪽 인근 城子山城으로 비정된다.[64)] 상식적으로 그곳은 압록강 하구에 인접한 선성산에서 수로를 통해 도저히 접근할 수 없다. 그러므로 몽골이 동진을 토벌하려 의도했다면 불필요한 함선, 수군보다 육상전투에 능한 기병, 보병을 요청하는 편이 더욱 자연스럽다. 따라서 고려가 파견한 수군의 정벌대상은 압록강 하구 水上에서 활동하던 우가하였을 가능성이 농후하다. 이후 사서에서 그의 활동이 더 이상 보이지 않으므로 그때 몽골, 고려 연합군에 의해 완전히 토벌되었다고 추측된다.

그 후 몽골은 정벌계획 수순에 의거하여 수차례 고려에 동진을 토벌하라고 명했다. 그러나 고려는 대규모 전란으로 인한 피해를 이유로 몽골이 스스로 포선만노를 생포할 때까지 끝내 그 명을 따르지 않았다. 己酉年(1249) 8월 고려에 보낸 조서에서 "壬辰年(1232) [너희에게] 撒兒塔을 따라 萬奴를

63) 『高麗史節要』 卷15 高宗10년 5월.

64) 『元史』 卷150 石抹也先, 3543쪽. "癸巳, 從國王塔思, 征金帥宣撫萬奴於遼東之南京. 先登, 衆軍乘之而進, 遂克之." 南京의 위치에 관해 朴眞奭, 「關于東夏國首都及其位置的考證」, 『延邊大學學報』 1981-1·2 참조.

정벌하라고 명했는데 너희는 즉시 도리어 배반하고 海島로 옮겨 들어갔다" 라는 문장과 같이 몽골은 훗날에도 이를 고려를 힐난하는 구실로 삼았다.65) 고려가 동진토벌 요구에 불응한 까닭은 우선 큰 전란으로 인한 피해와 이미 우가하 정벌에 대규모 함선, 수군을 보내 군사지원 여력이 소진된 점을 들 수 있고, 한편으로 동진을 반몽 동맹세력으로 간주하여 의도적으로 파병을 회피했을 가능성도 있다.

종전 후 몽골이 고려에 과중한 공물과 병력지원을 요구하고 개경에 배치된 다루가치 都旦이 오만무례한 태도로 갖은 횡포를 자행하자 양국관계는 급속히 냉각되었다. 마침 그해(1232) 6월 사신단의 일원으로 몽골에 파견된 宋得昌(宋立章)이 도망쳐와 장차 그들이 내침할 것이라 보고하자 고려는 즉시 강화도로 천도하고 각지에 배치된 다루가치를 모두 살해하여 단호하게 항전의지를 천명했다. 결국 8월 몽골군이 재침했다. 그러나 12월 處仁城에서 僧將 金允侯와 부곡민이 사르타이를 사살하여 그들을 성공적으로 격퇴했다. 동방경략 총사의 급작스러운 사망으로 인해 몽골군이 황급히 철수하고 요동경략은 이내 중단되었다.

그 직후 고려는 돌연 동진에게 서한을 보내 몽골에 복속한 연유, 전쟁 경위, 사르타이 사살의 전말을 알렸는데 후반부 내용을 轉載하면 다음과 같다.

> 금년 12월 16일, 水州의 속읍인 處仁部曲의 작은 성에서 전투하던 중 괴수 撒禮塔을 사살하고 많은 적군을 사로잡자 나머지가 모두 흩어졌습니다. 이때부터 [그들은] 기세가 꺾이고 안정을 얻지 못해 이미 철수해 간 듯한데 단번에 집결해 돌아가지 않고 앞서거니 뒤서거니 하면서 동쪽 혹은 북쪽으로 갔습니다. 때문에 퇴각 시기와 행선지를 알 수 없습니다.

65) 『元高麗紀事』 己酉年 8월 15일.

청컨대 귀국이 비밀리에 정탐하도록 명하는 편이 좋을 것입니다.[66]

이 서한은 『高麗史』에 「答東眞書」, 『東國李相國集』에 「答東眞別紙」라고 표기되어 있으므로 일전에 동진이 보낸 서한에 대한 답장이 분명하다. 동진의 서한은 전해지지 않지만 위 답서 내용을 통해 그 발송 시기, 목적, 내용을 짐작해볼 수 있다. 동진이 高宗16년(1229) 6월 반몽연대 교섭이 결렬된 후 한동안 고려에 접근하지 않다가 그때 먼저 서한을 보냈다는 것은 내부에서 화친 재개 필요성이 제기되었음을 의미한다. 고려-몽골 전쟁은 동진의 명운과 직결된 문제였으므로 그들은 분명 그 진행과정과 형세를 주시했을 것이다. 개전 초기 몽골의 승리가 예상되는 가운데 동진이 고전하는 고려에게 먼저 접근하기는 어려웠다고 생각된다. 고려가 사르타이를 사살하여 일거에 전세를 역전하고 마침내 몽골군의 퇴각을 이끌어낸 사건이 그들에게 큰 충격과 함께 연계의 필요성을 환기했던 것으로 보인다. 그러므로 동진의 서한은 사르타이 사살 직후 발송되었고 위 답서내용에 비추어 그의 사살 여부와 몽골군의 퇴각 시기, 행방을 묻는 내용이었으리라고 추측된다.

위 인용문에서 사르타이 사살 시기를 가리키는 '금년 12월 16일'은 고려의 답서가 그달 안에 발송되었음을 알려준다. 동진의 서한이 사르타이 사살 후 전달되었으므로 약 보름 사이에 양국의 국서가 교환된 것이다. 이는 그때 몽골군의 향방과 사후대처에 관해 양국 간 교섭이 긴박하게 진행되었음을 의미한다. 이처럼 예상치 못한 고려의 승전으로 인해 다시금 양국 간 반몽연대 분위기가 조성되었다. 그 무렵 고려 和州에서 鎭州로 보낸 다음 첩장도 양국 간 교섭의 흔적을 나타낸다.

---

66) 『高麗史』 卷23 高宗19년 12월.

보내준 공문에서 “근래 도주한 사람이 경계를 넘어간 일 때문에 사람을 보내 뒤쫓던 자가 해안가에 이르러 도중에 행인을 만나 의복과 장물을 빼앗아 돌아온 일이 있습니다. 사유를 갖추어 상급기관에 보고하니 본인의 죄를 다스려 처벌한 것 외에 빼앗은 의복과 가치를 매긴 장물을 사람을 시켜 보냈습니다”라고 한 사안에 대해 말씀드리겠습니다. 즉시 이를 조정에 알리니 다음과 같은 지시를 받았습니다. “‘귀국의 恩義에 감사드립니다. 우리나라 사람이 빼앗긴 의복은 마땅히 본인을 찾아 돌려줄 것이니 흡족한 일입니다. 그러나 보내준 가치를 매긴 장물은 본인의 의복 외에 남는 물건이니 받는다면 도리가 아닙니다. 도리가 아니면 하나라도 받을 수 없습니다. 혹여 그것을 받으면 양국이 來往·和親하는 도리에 어긋날까 염려되어 보내드립니다’라는 답장과 함께 마땅히 차질 없이 보내고 지체하지 말라.” 조정의 지시가 이와 같아 지금 사람을 시켜 보내니 잘 살펴 받기 바랍니다.[67]

위 첩장이 수록된 『東國李相國集』 卷28에는 書, 狀, 表가 대체로 작성 시기 순으로 배열되어 있으므로 高宗19년(1232) 12월 작성된 「答東眞別紙」와 다음해(1233) 3월 작성된 「上大金皇帝表」 사이에 위치한 위 첩장의 작성 시기도 그 즈음으로 추정된다. 화주는 오늘날 함경남도 金野 지역이고 진주의 위치는 알 수 없다. 그러나 「和州答對境鎭州牒」이라는 명칭과 화주가 고려 동북계의 군사요충지라는 점을 고려할 때 진주는 고려 동북면과 국경을 접하는 동진의 한 관할구역으로 보인다. 실제로 『高麗史』에서 과거 동진이 화주를 수차례 침범한 기사가 확인된다.[68] 그런데 그들이 별안간 태도를 바꿔 고려인에게 옷을 강탈해온 사람을 처벌한 후 빼앗은 옷, 장물을 돌려보내고, 이에 대해 고려가 ‘귀국의 恩義에 감사드립니다’라고

---

67) 『東國李相國集』 卷28 「和州答對境鎭州牒」.

68) 『高麗史』 卷22 高宗5년 12월 ; 高宗16년 5월 戊寅 ; 卷23 高宗18년 10월 辛巳.

하면서 공손히 사례하고 '혹여 그것을 받으면 양국이 來往·和親하는 도리에 어긋날까 염려됩니다'라고 하면서 피해자의 소유가 아닌 장물을 반환했다는 첩장의 내용은 사르타이 사살 직후 양국이 매우 적극적으로 화친을 도모했음을 시사한다.

또한 고려는 高宗20년(1233) 3월 금에도 표문을 보내 연계를 시도했다. 거기에서 금을 변함없이 상국으로 섬기겠다는 정성을 피력하고 몽골을 獷俗, 寇兵이라 칭하면서 노골적으로 적개심을 드러냈다.[69] 여전히 사행로가 통하지 않아 그 표문이 금에 전달되지 못했지만 이 같은 일련의 행보는 고려가 사르타이 사살 직후 동진, 금과 연계하여 몽골에 대항하는 외교정책을 채택했음을 보여준다.

그러나 곧바로 동진, 금에 대한 몽골의 정복활동이 성공적으로 이루어짐에 따라 이 같은 고려의 외교전략은 성취되지 못했다. 그해(1233) 2월 몽골군이 동진으로 진격하여 9월 포선만노를 사로잡았다. 『元史』「地理志」 "金末, 장수 蒲鮮萬奴가 遼東에 웅거했다. 元初 癸巳年(1233) 군대를 일으켜 그들을 정벌하여 萬奴를 사로잡고 군대가 開元, 恤品에 이르니 東土가 모두 평정되었다"라는 기록은 그의 생포가 몽골의 요동정벌 완성을 알리는 상징적 사건이었음을 나타낸다.[70] 다음해(1234) 정월 몽골은 금까지 멸망시켜 화북 전체를 장악했다.

포선만노 생포 후 몽골 측 사서에는 더 이상 동진에 관한 기록이 발견되지 않는다. 그러나 『高麗史』에는 여전히 동진군이 빈번하게 고려 변경을 침략한 기사가 등장한다.[71] 또한 동진의 강역이었던 오늘날 黑龍江省, 吉林省

---

69) 『東國李相國集』 卷28, 「上大金皇帝表」.

70) 『元史』 卷59, 地理2 1400쪽.

71) 『元史』「本紀」 中統3년(1262) 6월 乙未條에 "禁女直侵軼高麗國民"이라는 기사가 있다. 孫玉良·趙鳴岐는 이 조처로 인해 동진과 고려의 충돌이 현저히 감소했다고 보았다(孫玉良·趙鳴岐, 『中國東北史(第二卷)』(佟冬 主編), 吉林文史出版社, 1998, 759~760쪽). 실제로 『高麗史』「世家」 元宗11년(1270) 4월 辛卯條 "東界安集使가

동부에서 大同이라는 글자가 새겨진 銅印이 도합 17개 발견되었다. 그 중 康熙25년(1686) 黑龍江省 海林縣에서 발견된 合重渾謀克印은 그 명칭이 金代 女眞의 특징을 반영한다. 동진의 연호가 天泰였으므로 일부 연구자는 大同을 후대 사용된 별개의 연호로 파악하고 이를 근거로 포선만노 생포 후에도 동진이 멸망하지 않고 국가체제를 유지했다고 주장한다.[72] 실제로 『高麗史』 곳곳에 그들이 東眞國이라 표기되어 있고,[73] 高宗34년(1247) 3월 동진의 千戶와 고려가 주고받은 문서에도 동진이 각각 我國, 貴國이라 호칭되었다.[74]

그러나 國體보전 여부를 막론하고 그들이 몽골에 철저히 귀속되어 독자성을 상실했음은 분명하다. 高宗21년(1234) 2월 북변에서 전달된 "몽골병 100여기를 東眞에 남겨두고 나머지는 모두 귀환했습니다"라는 보고, 다음 해(1235) 9월 "몽골군이 동진군을 이끌고 와서 龍津鎭을 공격해 함락했다"라는 기사, 高宗40년(1253) 4월 몽골에 사로잡혔다가 돌아온 사람이 "몽골황제가 皇弟 松柱에게 명하여 군사 1만을 이끌고 東眞國을 거쳐 東界로 진입하게 했습니다"라고 한 보고는 그 시기 몽골이 임의대로 동진에 군사를 배치하고, 병력을 동원하며, 강역을 통과했음을 증언한다.[75] 따라서 비록 몽골의 승인 아래 국가체제가 존속했을지라도 그 상태가 오래 지속되지는 못했을 것이다. 요동에 대한 몽골의 행정체계가 완비되고, 至元24년(1287) 10월

東女眞이 변경을 침구하여 90여 명을 노획해갔다고 보고했다"라는 기사를 제외하고 원종·충렬왕대 동진이 고려를 침범한 기록은 발견되지 않는다.

72) 王愼榮·趙鳴岐, 앞의 책, 92~100쪽. 또한 현재까지 발견된 동진 인장의 연호 중 天泰가 9년까지 사용되고 大同이 10년까지 사용되었는데 두 기간을 합친 19년이 동진의 존속기간과 일치하므로 동진이 天泰9년(1223) 직후 大同으로 改元하여 포선만노 생포 전까지 사용했다는 주장도 제기되었다(李治亭 主編, 앞의 책, 292쪽).

73) 『高麗史』 卷23 高宗34년 3월 ; 卷24 高宗45년 12월 ; 卷130 趙暉.

74) 『高麗史』 卷23 高宗34년 3월.

75) 『高麗史』 卷23 高宗21년 2월 ; 高宗22년 9월 ; 卷24 高宗40년 4월 甲寅.

遼陽行省이 최종 설치됨으로써 동진은 완전히 소멸했다고 추정된다. 『高麗史』에 동진에 관한 기사가 행성 설치 1개월 전인 忠烈王13년(1287) 9월까지 등장하고 더 이상 보이지 않는 사실도 이를 뒷받침한다.[76]

몽골이 포선만노를 생포하고 요동 전체를 장악함으로써 고려와 동진의 반몽연대는 끝내 성사되지 못했다. 동맹대상을 상실한 고려는 몽골과 온전하게 국경을 접하고 그들의 침공에 홀로 맞서야 하는 처지에 놓였다. 만일 고려가 사르타이의 1차 침입 이전이나 그의 사살 직후에 동진과 신속하게 교섭하여 군사동맹을 결성했다면 향후 단행되는 몽골의 침공에 보다 효과적으로 대처할 수 있었을지 모른다. 그러나 몽골의 동진토벌로 인해 잠재적 동맹세력이었던 동진의 병력은 오롯이 몽골의 지휘 아래 편제되어 번번이 고려 침공에 동원되었다. 결국 고려는 어떠한 국제적 공조 없이 몽골의 침공에 힘겹게 저항하다가 元宗원년(1260) 결국 그들에게 복속했다. 그런 점에서 몽골의 동진토벌은 향후 고려의 항전 부담을 가중시키고 장기적으로 복속 시기를 앞당기는 데 일정한 영향을 미쳤다고 볼 수 있다.[77]

---

76) 『高麗史』 卷30 忠烈王13년 9월 庚子 "東眞骨嵬國萬戶帖木兒, 領蠻軍一千人, 罷戍還元, 來謁公主." 王愼榮·趙鳴岐는 이 기사의 東眞이 骨嵬國의 위치를 나타내는 관형어로서 후대에 첨가되었고 동진은 1270년대에 완전히 소멸했다고 보았다(王愼榮·趙鳴岐, 앞의 책, 97~98쪽). 반면 『元史』「世祖本紀」 至元3년(1266) 2월 "立東京·廣寧·懿州·開元·恤品·合懶·婆娑等路宣撫司" 기사가 요동에 대한 몽골의 통치체제 확립을 의미하므로 동진이 그 이전에 소멸했다는 견해도 제기되었다(李治亭 主編, 앞의 책, 300쪽).

77) 몽골의 동진토벌 후에도 고려는 요동에서 동맹세력을 구하는 노력을 포기하지 않았다. 『東國李相國集』에 그 무렵 李奎報가 요동에서 몽골에게 핍박받는 女眞人, 漢人의 귀화를 유도하기 위해 작성한 문서가 실려 있다. "우리나라가 너희 나라와 通好한지 거의 100년이 되었는데 조금도 싫어서 틈이 벌어진 적이 없었다"라는 문장은 그 대상이 금의 유민이었음을 나타낸다(『東國李相國集』 卷28 「密告女眞漢兒文」). 그 문첩이 실제로 그들에게 전달되었는지 알 수 없지만 이는 동진의 쇠락 후에도 고려가 집요하게 요동의 반몽세력과 접촉·연계하려 시도했음을 보여준다. 高宗23년(1236) 8월 "東女眞의 원병 100기가 耀德, 靜邊에서 永興倉으로 갔다"라는 기사는 몽골의 3차 침입 때 일부 여진족이 고려에 기병을 지원했음을

6. 맺음말

13세기 초 몽골의 금 정벌로 인해 촉발된 요동의 혼란은 장기간 유지되었던 고려-금 우호관계에 큰 악영향을 미쳤다. 새롭게 흥기한 거란, 동진 및 금, 몽골 세력이 치열하게 투쟁함으로써 요동을 관통하는 사행로가 단절되어 양국관계가 급속히 소원해졌다. 요동을 둘러싼 각축에서 열세에 놓인 금은 '충직한' 조공국 고려에 반란세력을 협공하기 위한 군사동맹을 제안했다. 이에 고려는 당초 금의 요청을 거절하고 요동의 형세를 관망하는 현실적 자세를 취했다. 그러나 거란, 여진 반군이 침입하고 동진, 몽골의 군대마저 변경을 위협하자 결국 금의 요청을 수용하는 태도를 보였다. 하지만 여전히 사행로가 재개되지 못하고 몽골, 동진 연합군이 돌연 고려에 입경함으로써 양국 간 군사동맹은 끝내 성사되지 못했다.

몽골, 동진 연합군의 고려 진입은 사전에 양국 간 동맹이 수립되었음을 의미한다. 본래 동진은 무칼리의 요동 공략 때 몽골에 투항하고 그들의 철군 직후 반몽자립하여 대부영, 상경에 대한 공략을 단행했다. 그러나 그 군사활동이 성과를 거두지 못하자 동쪽 갈라로 지역으로 이동한 후 재차 몽골에 복속하고 그들의 요청에 따라 고려로 출병했다. 강동성 함락 후 몽골, 동진은 고려와 화친을 맺었다. 고려는 신속하게 몽골에 칭신사대한 반면 동진과는 시종 대등관계를 유지했다. 다만 몽골사신이 공물을 수취하러 왔을 때 동행한 동진사신에게도 일정량의 물자를 제공하기로 합의했다. 이처럼 고려는 격동하는 국제정세 속에서 대외안정을 확보하기 위해 부득이하게 몽골, 동진과 화친을 맺는 외교정책을 채택했다.

갑신년(1224) 정월 동진이 고려에 몽골과의 단교를 알리고 반몽연대를 요청했다. 그러나 고려는 실리적 판단에 따라 그 제안을 거절하고 몽골과

알려주기도 한다(『高麗史』 卷23 高宗23년 8월 戊子). 그러나 몽골이 요동을 완전히 장악한 현실에서 이 같은 시도의 효과는 미미할 수밖에 없었다.

화친을 유지하기로 결정했다. 얼마 후 몽골사신 저고여 일행이 압록강 변에서 살해되는 사건이 발생했다. 이에 관해 몇몇 연구자들은 사건의 배후로 고려를 지목했다. 그러나 고려는 사전에 이미 몽골사신이 동진의 강역을 피해 파속지역을 지나온 사실을 통해 양국의 단교를 분명하게 인지했다. 그럼에도 변함없이 그들을 후대했으므로 굳이 1년을 기다렸다가 사건을 일으킬 까닭이 없다고 판단된다. 이는 고려와 반몽연대를 결성하는 데 실패한 동진이 양국 간 전쟁을 촉발시켜 외교적 고립을 모면하고 세력을 확대하기 위해 자행했을 가능성이 크다.

신미년(1231) 8월 사르타이의 몽골군이 저고여 피살 사건을 구실로 고려를 침공했다. 고려는 몽골의 막강한 공세를 감당하지 못해 조기에 투항했다. 이후 몽골은 고려에 우가하, 동진 토벌에 병력지원을 요구했다. 고려는 우가하 토벌에 군대를 보냈으나 동진 정벌에는 파병하지 않았다. 이 같은 비협조적 태도와 공물, 다루가치를 둘러싼 갈등으로 인해 이듬해 몽골군이 고려를 재침했다. 그때 고려군이 사르타이를 사살함으로써 몽골군을 성공적으로 격퇴했다. 그 직후 고려는 동진과 반몽연대를 결성하려 시도했다. 그러나 곧바로 몽골이 그들을 멸망시킴으로써 그 전략은 성취되지 못했다. 결과적으로 몽골의 동진 토벌은 향후 고려의 대몽항전 부담을 가중시키고 복속 시기를 앞당기는 요인으로 작용했다.

〈지도〉 13세기초 요동과 고려

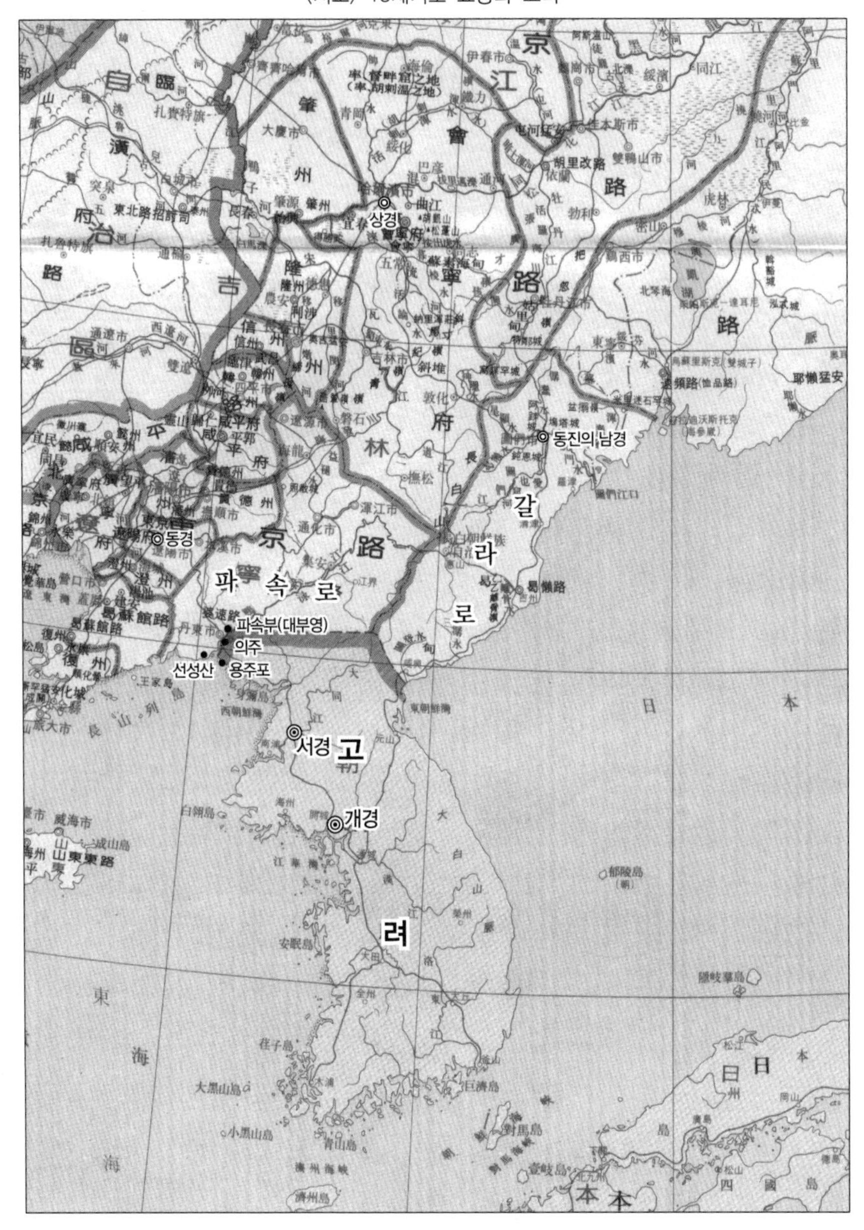

2부

쿠빌라이 시기 양국관계의 정립

1장 즉위 초 쿠빌라이의 고려정책

1. 머리말

13세기 초 흥기한 몽골은 화북, 요동으로 진출하는 과정에서 필연적으로 고려와 접촉하고, 1219년 거란족 협공을 위한 군사동맹 성립을 계기로 화친을 맺었다. 그 후 고려에 대한 몽골의 과중한 요구사항을 둘러싸고 갈등이 심화되어 1231년 마침내 양국은 30여 년에 달하는 치열한 전쟁에 돌입했다. 그리고 1260년 쿠빌라이 즉위 시기 양국은 오랜 전쟁을 끝내고 재차 화친을 수립한 후 별다른 무력충돌 없이 한 세기 가까이 친선을 유지했다. 따라서 그때 양국의 화친 체결은 장구한 우호관계의 단초를 마련했다는 점에서 중요한 역사적 의의가 있다.

대다수 연구자들은 그 화친을 쿠빌라이 즉위 즈음 몽골의 고려정책이 획기적으로 변한 결과로 이해한다. 즉 종래 병력을 동원해 고려를 강제로 굴복시키고 직접지배를 추구했던 몽골의 대외정책이 쿠빌라이 즉위를 계기로 가급적 무력충돌을 피하고 고려를 회유·우대하는 방향으로 전환되었다는 것이다. 그리고 그가 고려정책을 개변한 주요인이 선대 통치자와 달리 漢法을 적극 수용하는 과정에서 몽골의 고유한 대외정책을 포기하고 중국적 외교방식을 채택하여 양국 간 책봉·조공관계를 구현하려 의도한 데 있다고 보았다.

대표적으로 이익주는 “원종과 쿠빌라이의 만남은 몽고의 대외정책이 획기적으로 변화하는 계기가 되었다는 점에서도 매우 중요한 의미를 가지고 있었다. 몽고에서는 세조의 즉위와 함께 漢地派가 중심이 되어 漢法을 적극 채용하고 있었고 그에 따라 정복지역에 대한 지배방식도 '以漢法治漢地'의 원칙으로 바뀌었는데 그 계기가 바로 이때 고려와의 강화에서 마련되었던 것이다"라고 하였고[1] 이개석도 일부 불완전한 측면을 인정했지만 "쿠빌라이 카안의 고려국왕 책봉은 몽골제국이 이때까지 피정복국가와 맺었던 일방적 종속관계 설정과는 다르다는 것이다. 潛邸 이래의 한족 출신 신하들의 영향으로 중화적 천하의 책봉개념이 여몽관계 설정에 영향을 미친 것으로 볼 수 있다. 쿠빌라이가 고안한 몽골제국의 새로운 형식의 屬邦關係가 여몽관계의 기본골격으로 그 뒤 차근차근 마련되는 바탕이 되었다"라고 하였다.[2] 중국학자 陳得芝도 쿠빌라이 즉위 후 몽골의 고려정책이 크게 변했음을 인정하고 그가 고려에 대해 우대·유화정책을 취한 첫 번째 원인이 대몽골국이 초원 유목제국에서 中原皇朝로 바뀌어 그가 중국의 전통적 萬國來朝 사상을 실현하려 기도한 데 있다고 하였다.[3]

이 같은 견해는 잠저시기부터 漢文化에 경도된 쿠빌라이가 카안 즉위 후 한법을 적극 수용하여 국가체제를 근본적으로 혁신함으로써 동아시아에 한정된 그의 직할령이 전통 중국왕조(元朝)로 변모했다는 이른바 '몽골의 漢化(元朝의 건립)' 인식에 기반을 두고 있다. 하지만 오늘날 몽골제국사에 관한 여러 非漢語 사료가 발굴·번역·활용되고 다양한 연구시각·방법이 개발됨으로써 종래의 漢化論이 많은 비판을 받고 있는 것이 사실이다. 그리고 새로운 시각에서 쿠빌라이와 그의 왕조를 몽골의 정체성을 보전한 계승국가로 조망하는 연구가 활발하게 진행되고 있다.[4] 이러한 연구경향

---

1) 이익주, 「高麗·元關係의 構造에 대한 硏究 : 소위 '世祖舊制'의 분석을 중심으로」, 『한국사론』 36, 1996, 10~11쪽.

2) 이개석, 『고려-대원 관계 연구』, 지식산업사, 2013, 210쪽.

3) 陳得芝, 「忽必烈的高麗政策與元麗關係的轉折點」, 『蒙元史與中華多元文化論集』, 上海古籍出版社, 2013, 277쪽.

의 타당성을 인정한다면 그가 한법을 수용하여 중국적 외교방식을 채택함으로써 고려와 책봉·조공관계를 수립했다는 주장 역시 재검토될 필요가 있다.

탈중국적 관점에서 쿠빌라이의 고려정책과 양국 화친의 형태, 성격을 규명하려는 시도가 전무했던 것은 아니다. 김호동은 즉위 초 그가 몽골의 전통방식에 의거하여 고려에 六事를 요구하고 不改土風을 허용했음을 지적하고 "고려는 어떤 국가가 자발적으로 복속하고 몽골의 종주권을 인정할 때 그 국가와 군주의 존속을 허용하던 칭기스칸 이래의 관례에 따라 제국의 외연적 속국으로서 국가적 독자성을 유지할 수 있게 되었던 것이다"라고 하면서 양국관계를 몽골의 고유한 대외정책에 바탕을 두고 성립된 속국관계라고 보았다.[5] 森平雅彦도 쿠빌라이 즉위 후 수립된 양국관계에서 世祖舊制나 不改土風이 제대로 준수되지 않았음을 강조하고 "양국 간의 종속관계는 그 이전 고려가 경험했던 책봉관계와 크게 다르고 원 지배의 실질성이 돋보인다"라고 하여 그것을 중국적 책봉·조공관계로 파악하는 견해를 비판했다.[6]

이 같은 연구결과는 몽골의 전통적 대외정책의 관점으로 쿠빌라이의 고려정책과 양국관계의 형태, 특징을 면밀하게 살폈다는 점에서 의의가

---

4) 근래 국내외 蒙元史 연구동향에 관해 토마스 알슨, 「몽골제국사 회고와 전망」, 『외국학계의 정복왕조 연구 시각과 최근 동향』(윤영인 외), 동북아역사재단, 2010 ; 미할 비란, 「중동학 및 중앙아시아학의 관점에서 본 몽골제국에 관한 연구(1989~2009)」, 『외국학계의 정복왕조 연구 시각과 최근 동향』(윤영인 외), 동북아역사재단, 2010 ; 김호동, 「변방사의 한계를 넘어 : 근30년 한국 중앙아시아사 및 요·금·원사 연구의 발전」, 『동양사학연구』 133, 2015 ; 김호동, 「'변방사'로 세계사 읽기 : 중앙유라시아사를 위한 변명」, 『역사학보』 228, 2015 ; 김호동, 「最近 30년(1986-2017) 몽골帝國史 研究 : 省察과 提言」, 『중앙아시아연구』 22-2, 2017 참조.

5) 김호동, 『몽골제국과 고려』, 서울대학교출판부, 2007, 101쪽.

6) 森平雅彦, 「事元期高麗における在來王朝體制の保全問題」, 『北東アジア研究』 別冊1, 2008, 161쪽.

크다. 그러나 한법적 요소를 강조하는 종래의 견해를 충실하게 검토하지 못하고, 선대정권의 고려정책과 비교하여 그 정책의 '지속과 단절' 문제에까지 관심이 미치지 못했다는 점에서 논의가 필요한 영역은 여전히 존재한다. 과연 그의 고려정책은 한법의 영향을 받은 몽골 고유방식의 획기적 '전환'인가? 아니면 몽골의 전통적 대외정책의 충실한 '계승'인가? 이 문제에 관한 해명은 향후 백여 년에 걸쳐 전개되는 양국관계의 형태, 성격을 밝히는 데 중요한 단서를 제공할 수 있다.

이에 본 장에서는 탈중국적 관점에서 즉위 초 쿠빌라이의 고려정책을 다방면으로 고찰해보려 한다. 특히 선대정권의 고려정책 그리고 쿠빌라이의 대외정책 전반과 비교하는 작업을 통해 그것이 갖는 보편성과 특수성을 유효하게 포착할 수 있을 것이다. 이를 통해 즉위 초 쿠빌라이 고려정책의 지향과 성격을 제대로 규명하고 초기 양국 화친관계의 수립과정과 형태를 올바르게 복원하는 데 일조하고자 한다.

2. 쿠빌라이 즉위 전 몽골의 고려정책

1206년 건국 때부터 몽골지배층은 세상 모든 지역, 사람들을 철저하게 복속시키고 불복하는 상대를 무력을 동원해 반드시 정복·지배하는 적극적인 대외정책을 수립·추진했다. 이에 따라 건국 직후 정복전쟁을 수행하는 과정에서 접촉하는 여러 나라, 민족에게 실제적 복속을 명하고 이를 담보하는 몇 가지 조건을 요구했는데 그 구체적 내용은 다음과 같다.

첫째, 군주의 親朝다. 몽골지배층은 이를 상대국의 복속을 보증하는 가장 중요한 행위로 간주하고 일찍부터 주변국에 그것을 강하게 요구했다. 1211년 高昌 위구르의 군주 바르축 아르테긴과 카를룩의 군주 아르슬란이 칭기스칸을 알현하고, 요동에서 흥기한 거란족 수령 耶律留哥도 1215년 몽골에 입조했으며, 1226년 멸망 위기에 놓인 西夏의 군주가 많은 선물을 갖고 와서 칭기스칸을 알현했다는 기사도 존재한다.[7] 사서에 명확히 기재된 위구르의 사례를 제외하고[8] 이 같은 행위가 모두 칭기스칸의 명에 따른 것인지 알 수 없으나 몽골이 향후 주변국에게 줄곧 복속의 제일 조건으로 군주의 친조를 요구한 점에 비춰볼 때 위 사례들 역시 그러한 요구를 이행한 결과로 추측된다.

둘째, 공물의 진헌(納貢)이다. 이는 몽골뿐 아니라 전통적으로 역대 유목제국이 군사력이 열세한 중국왕조에 대해 요구했던 사항이다. 몽골도 건국 직후 국가체제를 정비하고 대외정벌을 원활하게 수행하기 위해 복속국에서 산출되는 물자, 식량을 절실하게 필요로 했다. 따라서 금과 서하를 공략할 때 수차례 세폐납부를 요구했다. 동일한 정책에 의거하여 여타 복속국에게도 분명 납공의 책무를 부과했을 것이다.

셋째, 質子의 파송(納質)이다. 몽골은 건국 초기부터 대부분의 복속국에게 군주의 자제를 인질로 파견하라고 요구했다. 그 목적은 그들의 저항의지를 억제하고, 핵심 지배층 인사를 카안의 케식에 복무시켜 양자 간 강고한 주종관계를 형성함으로써 향후 그 나라를 용이하게 지배하도록 만드는 데 있다고 생각된다. 1215년 야율유가가 친조할 때 아들 斜闍(薛闍)를 入侍시키고, 다음해(1216) 포선만노도 아들 帖哥를 입시케 했는데 모두 몽골의 요구를 수용한 결과였을 것이다.[9] 또한 1226년 정월 칭기스칸이 서하에 납질을 요구했는데 응하지 않자 이를 정벌의 구실로 삼기도 했다.[10]

넷째, 군사지원(助軍)이다. 일찍부터 몽골은 대외정벌을 수행할 때 복속

---

7) 유원수 역주, 『몽골비사』, 사계절, 2004, 282쪽.

8) "칭기스칸은 은사를 내려 '만일 이디쿠트가 진실로 힘을 다 바칠 마음을 갖고 있다면 그가 창고 안에 가지고 있는 것을 자신이 직접 갖고 오도록 하라!'는 칙령을 내렸다"(라시드 앗 딘, 김호동 역주, 『칭기스칸기』, 사계절, 2003, 257쪽).

9) 『元史』 卷1 太祖, 19쪽.

10) 『元史』 卷1 太祖, 23쪽.

국으로부터 병력지원을 받아 군사력을 보강하는 책략을 구사했다. 1219년 칭기스칸이 호레즘을 정벌할 때 위구르와 카를룩의 군주로 하여금 직접 군대를 통솔하여 출정케 하고[11] 동시기 야율유가의 아들 薛闍도 병력을 이끌고 호레즘 정벌에 참여했다.[12] 또한 그때 서하에게도 군사지원을 명했으나 응하지 않아 멸망시켰다는 기록도 전해진다.[13] 아울러 1218년 江東城의 거란족을 토벌하기 위해 몽골군과 함께 고려에 입경한 東眞의 군대도 그들의 명에 따라 동원되었다고 추정된다.

이처럼 건국 초기부터 몽골은 온 세상을 지배, 복속 대상으로 인식하는 전통적 세계관에 의거하여 주변국에게 '완전한 복속'을 담보하는 요건으로서 군주친조, 납공, 납질, 조군을 요구하는 대외정책을 시행했다. 물론 내부사정이나 주변국 간 세력격차에 따라 위 조항이 모든 복속국에 일괄적으로 부과된 것은 아니지만 앞서 살폈듯이 그들의 기본적 외교정책은 대체로 그 범위에서 크게 벗어나지 않았다.

몽골과 고려는 高宗5년(1218) 12월 강동성에 웅거한 거란족을 협공할 때 처음 회합하고, 다음해(1219) 정월 거란족 투항 후 양국 군주가 국서를 교환하는 방식으로 화친을 맺었다. 몽골은 응당 이를 고려의 '복속'으로 간주하고 전통적 외교방침에 따라 고려에 국왕친조와 정기적 납공을 요구했다. 그러나 고려는 비록 납공은 수용했지만 국왕친조에 대해서는 "천리나 떨어진 바다 끝에 살고 있고 또한 하루도 번국을 지키는 소임을 놓기 어려우며 만약 封境을 떠나 먼 산천을 지나다가 혹시라도 변고가 생긴다면 [천자께] 심려를 끼칠까 걱정됩니다"라고 변명하면서 거부의사를 밝혔다.[14] 그 후 몽골이 그것을 재차 요구하지 않았으므로 양국관계는 高宗12년

11) 라시드 앗 딘, 김호동 역주, 『부족지』, 사계절, 2002, 242쪽 ; 『칭기스칸기』, 327쪽.

12) 『元史』 卷149 耶律留哥, 3514쪽.

13) 『몽골비사』, 279~283쪽.

14) 『東國李相國集』 卷28 「蒙古國使齎廻上皇帝表」.

(1225) 정월 몽골사신 著古與가 압록강 부근에서 피살되어 단절될 때까지 6년 간 고려가 매년 몽골에 납공만 이행하는 형태로 진행되었다.

전술했듯이 건국 초기부터 몽골은 복속국에게 군주친조, 납공, 납질, 조군 4가지 책무를 요구했다. 그러나 고려에는 오직 국왕친조와 납공만 부과하고 납질과 조군은 요구하지 않았다. 더욱이 고려가 친조를 거부한 후 몽골은 그것을 재차 요구하지 않았다. 이는 4가지 사항 대부분을 요구받고 실천에 옮긴 여타 나라, 민족의 사례와 확연히 구별된다. 이에 관해 일찍이 고병익은 양국이 예외적으로 평등한 형제관계를 맺었으므로 몽골의 보편적 대외정책이 고려에 적용되지 않았다고 하였고[15] 이익주는 몽골이 고려에 국왕친조를 재차 요구하지 않은 것이 고려의 거부의사를 수용했기 때문이라고 보았다.[16]

그러나 몽골이 고유한 대외정책을 고려에 시행하지 않은 까닭은 화친수립 5개월 후 칭기스칸이 호레즘 정벌에 출정하여 장기간 몽골본토에 부재했던 점에서 찾을 수 있다. 몽골의 일반적 대외정책에 관한 기록을 살펴보면 대체로 카안이 주변국에 조서를 보내 복속국의 책무를 직접 부과했음을 알 수 있다. 즉 이는 카안의 고유 권한이라고 판단된다.[17] 그러므로 화친 직후 칭기스칸이 장기간 중앙아시아로 출정한 사실은 그동안 고려가 그 책무 부담에서 벗어났음을 의미한다. 다시 말해 그가 대외정벌에 나서지 않고 몽골본토에서 직접 외교업무를 주관했다면 분명 고려에 국왕친조를 재차 요구하고 그 외 사항도 빠짐없이 부과했을 것이다. 그러므로 양국이 평등한 형제관계를 맺어 몽골의 보편정책이 고려에 적용되지 않았다거나 고려국왕의 친조를 면제하는 데 합의했다는 견해는 인정하기 어렵다.

---

15) 고병익, 「蒙古·高麗 兄弟盟約의 性格」, 『백산학보』 6, 1969 : 『東亞交涉史의 硏究』, 서울대학교출판부, 1970, 182쪽.

16) 이익주, 「1219년(高宗 6) 고려-몽골 '兄弟盟約' 再論」, 『동방학지』 175, 2016, 90~92쪽.

17) 고명수, 「몽골-고려 형제맹약 재검토」, 『역사학보』 225, 2015, 207쪽.

고려에 응당 부과되어야할 여러 책무가 몽골의 중대한 내부사정으로 인해 일정기간 '유예'되었다고 보는 편이 옳을 것이다. 1225년 정월 칭기스칸이 정벌사업을 완수하고 귀환했을 때 마침 저고여 피살사건이 발생하여 양국의 화친이 파기되고 곧바로 그의 서하 친정과 사망 사건이 연이어 발생했으므로 결국 고려에 그 책무를 온전하게 부과할 기회는 주어지지 않았다.

高宗18년(1231) 8월 사르타이(撒禮塔)가 지휘하는 몽골군이 저고여 피살사건을 구실로 삼아 고려를 침공했다. 고려는 그들의 막강한 공세를 감당하지 못해 사신을 보내 강화를 청하고, 다음해(1232) 정월 몽골군이 철수함으로써 화친이 재개되었다. 그때에도 몽골은 이를 고려의 '완전한 복속'으로 규정하고 어김없이 고유한 외교정책을 시행했다.

우선 高宗18년(1231) 12월 철군이 이루어지지 않은 상태에서 첩문을 보내 강화조건으로 금·은, 진주, 군인의복 1백만 벌, 자색비단 1만 필, 수달피 2만개, 大馬·小馬 2만 필과 왕족·고관의 자녀 2천명을 바치라고 명했다.[18] 철군 후에는 공물, 인질뿐 아니라 匠人과 요동의 開州館과 宣城山 기슭에서 농사지을 民戶를 선발해 보내고 義州의 민호 수를 조사해 보고하라고 요구했다.[19]

또한 요동경략에 필요한 함선과 군사를 지원하라고 요구했다. 高宗19년(1232) 2월 고려가 몽골에 보낸 첩장에서 일전에 사행에서 돌아온 淮安公 王侹이 "함선과 군인을 금년 3월 초사흗날까지 宣城山에 모이게 하라"라는 지시를 받은 사실이 확인된다.[20] 아마도 요동과 고려 서북계 일대에서 활동하던 金將 亐哥下를 토벌하기 위한 조처로 추측된다.[21] 이에 고려는

18) 『高麗史』 卷23 高宗18년 12월 甲戌.

19) 『東國李相國集』 卷28 「送蒙古元帥書」; 「送撒里打官人書」.

20) 『東國李相國集』 卷28 「送某官狀」.

21) 이정란, 「여·몽전쟁기 변경민의 몽골 '체험'과 고려 조정의 대응」, 『한국사학보』 61, 2015, 254~257쪽 ; 고명수, 「13세기 初 遼東의 정세변동과 高麗-東眞 관계」, 『한국중세사연구』 50, 2017, 379~380쪽.

다음달 西京都領 鄭應卿과 전 靜州副使 朴得芬으로 하여금 배 30척과 선원 3천 명을 이끌고 龍州浦를 출발하여 몽골로 가게 했다.[22]

몽골군 철수 직후 고려에 파견된 사신 都旦의 오만무례한 태도도 몽골에 대한 반감을 증폭시켰다. 그는 고려의 國事를 총괄하러 왔다고 자처하면서 온갖 횡포를 자행했다. 대궐 안에 거처하겠다고 고집하고, 연회에서 국왕과 나란히 앉으려 했으며, 대접이 소홀하다는 이유로 담당관원을 몽둥이로 때려 살해하기도 했다. 자임하는 직책에 비춰볼 때 그는 몽골이 통상 정복지, 복속국을 관리·감독하기 위해 파견하는 다루가치였다고 추측된다. 화친 직후 "王京 및 여러 州郡에 다루가치 72인을 배치하여 진무하게 했다"라는 기록도 개경과 북계에 다루가치가 파견되었음을 알려준다.[23]

이처럼 전쟁종식 후 몽골은 고려에 납공, 납질, 조군, 다루가치 설치를 요구하고 그 일부를 관철했다. 이는 최초 화친(1219) 때 부과되지 않았던 납질, 조군이 처음 요구되고 다루가치 설치가 새로운 조항으로 부가되었음을 나타낸다. 그러나 고려는 정치·군사적 자주성과 경제기반을 크게 훼손하는 그 요구를 충실하게 이행할 수 없었다. 이에 수차례 서한을 보내 유예, 면제를 요청하면서 가급적 회피하려 했다. 그 결과 양국 간 갈등이 급속히 고조되었다. 마침 사신단의 일원으로 몽골군 진영으로 간 宋得昌이 도망쳐 와 사르타이가 일전에 지시한 사항을 따르지 않았다고 힐책하면서 사신 池義深을 황제의 처소로 압송하고 나머지를 모두 구금했다고 보고하고 그들이 장차 대군을 일으켜 침입해온다고 경고했다. 그 즉시 고려는 강화도로 천도하고 각지의 다루가치를 모두 살해하여 항전의지를 강하게 천명했다.

이후 몽골이 수차례 고려를 침공하여 양국관계가 장기간 전쟁상태에 놓였다. 그때에도 몽골은 빈번하게 고려에 서신을 보내 복속국 책무의

---

22) 『高麗史』 卷23 高宗19년 3월 甲午.

23) 『元高麗紀事』 太宗3년 9월.

이행을 촉구했다. 우선 高宗19년(1232) 11월 고려가 우구데이에게 보낸 陳情表에서 포선만노 토벌, 국왕친조, 호구조사(호적제출) 실행의 어려움을 호소하는 내용을 통해 그때 이미 조군, 친조, 호구조사가 요구되었음을 알 수 있다.[24] 또한 다음해(1233) 4월 우구데이는 조서를 보내 국왕친조, 포선만노 토벌, 호구조사를 재차 요구하고,[25] 高宗27년(1240) 5월에도 출륙환도, 호구조사, 납질을 요구했다.[26] 高宗36년(1249) 8월 구육의 황후, 태자가 출륙환도, 호구조사, 국왕친조를 요구하고,[27] 高宗38년(1251) 10월 뭉케가 출륙환도와 국왕친조를 요구했으며,[28] 高宗40년(1253) 11월 몽골군 총사 예쿠(也窟)도 다루가치 설치를 요구했다.[29] 아울러 高宗27년(1240) 6월 고려가 몽골군 지휘관 唐古에게 보낸 답서에서 "사신이 왕래할 때 술과 음식을 내어 접대하고, 말을 타고 가게 하는 사안에 대해 말씀드리겠습니다"라는 구절을 통해 역참 설치까지 요구받았음을 짐작할 수 있다.[30]

이처럼 몽골은 전쟁기간 중 지속적으로 고려에 국왕친조, 납질, 조군, 호구조사, 다루가치·역참 설치를 요구했다. 즉 제국 초창기 확정된 4가지 사항이 모두 부과되었을 뿐 아니라 호구조사, 다루가치·역참 설치가 새롭게 추가되었다. 이에 고려는 高宗28년(1241) 4월 永寧公 王綧을 의관자제와 함께 인질로 보내고 우가하 토벌에 병력을 지원하여 그 일부를 이행했다.[31]

일반적으로 복속국에 대한 몽골의 전통적 요구사항을 六事라고 칭한다. 그러나 쿠빌라이 시기 몽골이 高麗, 安南에 보낸 조서에서 확인되는 구체적

24) 『高麗史』 卷23 高宗19년 11월.
25) 『元高麗紀事』 太宗5년 4월.
26) 『元高麗紀事』 太宗12년 5월.
27) 『元高麗紀事』 己酉年 8월.
28) 『高麗史』 卷24 高宗38년 10월 戊申.
29) 『高麗史』 卷24 高宗40년 11월 丁酉.
30) 『東文選』 卷62 「答唐古官人書」 "當使佐往來之際, 供對酒饌, 傳騎馬疋事."
31) 『元高麗紀事』 太宗12년 5월 "伐于加下罪時, 曾助多少軍馬."

조항은 명칭과 달리 도합 7가지다(군주친조, 납공, 납질, 조군, 호적제출, 다루가치 설치, 역참 설치). 아마도 애당초 6가지로 고정되지 않고 시기와 상황에 따라 증감했다고 보는 편이 옳을 것이다.[32] 사서에는 칭기스칸 시기 이미 6사가 확정되었다고 기재되어 있으나 앞서 논의했듯이 그때 몽골이 복속국에 부과한 책무는 국왕친조, 납공, 납질, 조군 4가지뿐이다. 그리고 우구데이 시기 몽골-고려 관계에서 호적제출, 다루가치·역참 설치가 새롭게 부가되었다. 그러므로 6사의 모든 조항은 우구데이 시기에 확립되었다고 볼 수 있다.

그러나 쿠빌라이 즉위 전 복속국에 '6사'라는 명칭으로 6~7가지 조항이 단번에 부과된 사례는 발견되지 않는다. 형편에 따라 그 일부가 요구·이행되었을 뿐이다. 1232년 3월 금은 몽골로부터 납질을 요구받아 曹王 完顔訛可를 인질로 보내고[33] 남송도 우구데이 시기부터 줄곧 복속과 납공을 요구받았다.[34] 1247년 티베트불교 諸교단의 대표 사캬 판디타(Sakya Pandita)도 우구데이의 차남 쿠텐(闊端)에게 복속했을 때 티베트 각지의 납공, 호적제출, 다루가치 설치를 요구받았고[35] 1253년 皇弟 쿠빌라이에게 투항한 大理의 군주 段興智도 곧장 뭉케에게 친조하고 雲南 諸蠻을 정벌하는 데 군대를 이끌고 참여했다.[36]

기록상 '6사' 용어가 처음 등장한 사례는 『高麗史』 高宗40년(1253) 8월조 "몽골원수 也窟가 사람을 보내 왕에게 조서를 전했는데 그 조서에서 六事로

---

32) 김호동, 앞의 책, 93~95쪽. 복속국에 대한 몽골의 요구사항이 도합 7가지이므로 '6사'라는 용어를 사용하기 부적절한 측면이 있지만 사료에 등장하는 명칭으로 장기간 상용되어 왔으므로 편의상 그대로 쓰고자 한다.

33) 『元史』 卷2 太宗, 31쪽.

34) 胡昭曦·鄒重華 主編, 『宋蒙(元)關係史』, 四川大學出版社, 1992 ; 박원길, 「대몽골제국과 南宋의 외교관계분석」, 『몽골학』 8, 1999 참조.

35) 陳慶英·丁守璞 主編, 『蒙藏關係史大系(政治卷)』, 外語教學與研究出版社, 2002, 25~37쪽.

36) 方慧, 『大理總管段氏世次年歷及其與蒙元政權關係研究』, 雲南教育出版社, 2001, 47쪽.

서 [왕을] 질책했다"라는 기사다. 확인할 수 없으나 그 조서에 6가지 조항이 구체적으로 열거되었을 가능성이 크다. 그러므로 우구데이 시기 6사의 모든 조항이 확립되고, 뭉케 시기 '6사'라는 명칭으로 주변국에 일거에 부과되기 시작했으며, 쿠빌라이가 그 정책을 답습하여 고려, 안남에 시행했다고 볼 수 있다.

이상 논의했듯이 高宗6년(1219) 최초 화친 때부터 高宗46년(1259) 고려태자 王倎이 입조할 때까지 40년 간 몽골은 온 세상을 복속, 지배의 대상으로 인식하는 전통적 세계관에 입각하여 고려를 완전한 복속국으로 간주하고 6사와 출륙환도를 요구하는 고유한 외교정책을 변함없이 적용했다. 그러나 고려는 양국의 화친을 과거 중국적 세계질서 안에서 宋, 遼, 金과 맺었던 事大관계 정도로 인식하여 형식적 군신관계를 인정하고 납공만 충실하게 실천한다면 화평을 유지할 수 있다고 판단했다. 따라서 동아시아 국제관계 전통과 괴리된 몽골의 실제적 복속 요구를 끝내 수용하지 않았다. 이처럼 화친에 대한 양국 인식의 불일치가 심각한 외교분쟁을 야기하고 기어이 30년 전쟁으로 귀결되었다.[37]

3. 쿠빌라이의 회유책 시행 배경

高宗46년(1259) 4월 태자 王倎이 몽골에 입조하기 위해 고려를 출발했다. 당시 뭉케 카안이 남송정벌군을 이끌고 四川에 주둔해 있었으므로 그는 요동을 지나 燕京-京兆를 거쳐 사천으로 통하는 길을 택했다. 그러던 중 陝西 六盤山에 이르러 카안의 사망 소식을 접하고 귀환 길에 올랐다. 그리고 다음해(1260) 정월 汴梁 부근에서 남송정벌 좌익군을 이끌고 북상하던

37) 고명수, 「몽골의 '복속' 인식과 蒙麗관계」, 『한국사학보』 55, 2014, 55~56쪽.

皇弟 쿠빌라이와 조우했다. 양자가 함께 開平에 이르렀을 때 고종의 부음이 전해지자 쿠빌라이는 趙良弼, 廉希憲의 건의에 따라 왕전을 고려국왕으로 책봉하고 그를 호위하여 안전하게 귀국시켰다. 동시에 고려조정에 조서를 보내 "만약 다시 감히 반란을 일으켜 국왕을 범하는 자가 있다면 이는 너희 임금을 범한 것이 아니라 곧 내가 정한 법을 문란케 한 것이니 나라에 규범이 있다면 누구라도 그를 죽일 수 있다. 아! 세자는 그 나라의 왕이니 귀국하여 나의 가르침을 잘 받들어 영원토록 東藩이 되어 나의 명을 선양하도록 하라"라고 하여 왕전의 국왕지위를 보증하고 그에 대한 각별한 총애와 신임을 내보였다.[38]

며칠 후 그는 다시 조서를 보내 농업을 장려해 피폐해진 백성들을 풍족케 하라고 명하고, 고려경내에 있는 몽골군 철수 요청과 지난해 봄에 포로가 되었거나 몽골에 도망쳐 간 백성들을 돌려보내달라는 요청을 수용하며, 고려에서 죄를 범한 자들을 사면하라고 명했다. 동시기 카안 즉위를 경하하기 위해 파견된 고려사신에게 "너희 나라는 40년 간 大國을 섬겼다. 지금 여기에 조회한 80여 나라 가운데 너희 나라만큼 예우와 대접이 후한 경우를 보았느냐"라고 하여 고려에 대한 자신의 특별한 후대를 주지시키고,[39] 8월 또 조서를 보내 고려가 복속의 조건으로 제시한 6가지 사항 즉 ① 의관을 本國之俗에 따르고 모두 바꾸지 않을 것 ② 行人(사신)을 본국에서 보내는 것 외에 일체 금지할 것 ③ 옛 도읍으로 옮기는 일을 역량에 따라 진행할 것 ④ 국경지대에 주둔하는 몽골군을 가을까지 철수시킬 것 ⑤ 다루가치 孛魯合反兒, 拔覩魯 일행을 모두 소환할 것 ⑥ 몽골에 의탁한 고려인 10인의 소재를 철저하게 밝힐 것을 모두 승낙했다.

이처럼 쿠빌라이는 6사와 출륙환도의 조속한 이행을 강요하던 선대정권과 달리 군사적 위협을 완화하고 고려의 요구사항을 모두 수용하는 유화적

38) 『高麗史』 卷25 元宗원년 4월 丙午.
39) 『高麗史』 卷25 元宗원년 8월 戊申.

태도를 취했다. 이러한 변화에 대해 오늘날 대다수 연구자들은 '몽골의 漢化' 인식에 입각하여 그가 고유한 대외정책을 방기하고 중국적 외교방식을 채택한 결과로 이해한다. 특히 이익주는 그 주장을 뒷받침하는 핵심적 근거로서 몽골이 역대 중국왕조처럼 조공국의 不改土風을 보장한 점을 강조했다.[40] 그러나 불개토풍 보장을 오로지 '중국적 외교정책'의 구현으로 파악하는 견해는 재고를 요한다. 그것을 몽골의 판도 안에 편입된 종족, 민족에게 제국의 법규를 일률적으로 적용하지 않고 각자 本俗에 따르게 하는 고유한 본속주의(因俗而治) 정책의 계승으로 볼 만한 여지가 충분하기 때문이다.

몽골은 건국 초창기부터 직접지배 아래 놓인 여러 속민에게 정치·경제·군사적 측면에서만 고유한 통치방식 수용을 요구했을 뿐 종교, 법제, 풍속 등 사회·문화적 제도 전반을 몽골식으로 바꾸도록 강요하지 않았다.[41] "成吉思 황제의 탄생 후 해 뜨는 곳부터 지는 곳까지 모든 나라를 정복하고 각자의 풍속을 따르게 했다"라는 당대 명령문의 문장도 칭기스칸 시기 이미 정복지에서 본속주의 정책이 광범위하게 적용되었음을 증언한다.[42] 그리고 이는 "世祖皇帝 聖旨와 역대황제 성지에서 諸色人戶로 하여금 본속을 따르게 하라고 명했다"라는 기록과 같이 속민에 대한 기본정책으로서 후계정권에 충실하게 계승되었다.[43]

몽골은 피지배민뿐 아니라 자발적, 비자발적으로 복속·투항한 나라, 민족에게도 토착 지배세력의 통치권을 보장하고 불개토풍을 허용하는 정책을 견지했다. 1211년 위구르의 군주 바르축 아르테긴이 입조했을

---

40) 이익주, 앞의 논문, 8~12쪽.

41) 김호동, 앞의 책, 96쪽.

42) 『元典章』 卷57 刑部19 諸禁 禁宰殺 禁回回抹殺羊做速納 "成吉思皇帝降生, 日出至沒, 盡收諸國, 各依風俗."

43) 『元典章』 新集 刑部 訴訟 約會 回回諸色戶結色不得的有司歸斷 "世祖皇帝聖旨, 累祖皇帝聖旨, 教諸色人戶各依本俗行者."

때 칭기스칸은 그에게 공주를 시집보내 駙馬로 삼고 위구르 신민에 대한 통치권과 정치·사회제도의 유지를 허용했다.[44] 또한 1253년 大理 정복 후 雲南지역에 行省을 설치하고 宗王을 분봉하여 그곳을 내지로 편입하면서도 한편으로 路, 府, 州, 縣과 같은 행성의 하위 행정단위나 宣慰司, 宣撫司, 安撫司, 招討司 같은 특수 관서의 책임자 자리에 段氏 가문을 위시한 토착 수령을 임명하고 그 세습지위를 인정하는 土官·土司 제도를 시행했다.[45] 그들의 실제적 관할 아래 운남 諸族의 본속이 유지되었음을 짐작하기 어렵지 않다. 아울러 1247년 티베트 점령 후 중앙과 지방 곳곳에 總制院, 宣政院, 宣慰司, 萬戶府와 같은 政教·軍政기관을 다수 설치했으나 그때에도 토착 불교교단의 대표를 수장으로 임명하여 그들의 고유한 통치권과 종교·사회제도를 보전시켰다. 더욱이 사캬파 출신 파스파(八思巴)와 그 일족, 제자를 대대로 帝師에 임명하여 티베트는 물론 제국 내 모든 불교 사무를 총괄하는 지위를 부여했다. 『元史』「釋老傳」의 다음 인용문에서 티베트에 대한 몽골의 본속주의 정책과 제사의 높은 지위, 권한이 확인된다.

> 元이 朔方에서 흥기했는데 본래 이미 釋敎(불교)를 숭상했다. 西域을 차지했을 때 世祖는 그 땅이 넓고 險遠하며 백성들이 난폭하고 싸움을 좋아하므로 그 本俗으로 그들을 회유하려 했다. 이에 土蕃 지역에 郡縣을 설치하고 관원을 두어 그 직무를 나누었으며 帝師의 관할을 받게 했다. 또한 宣政院을 세워 [그 수령에게] 2인자 지위를 부여했는데 帝師의 추천을 받아 반드시 승려를 임명했다. 그리고 내외 정무를 담당하는 관원은 帥臣 아래로 역시 반드시 僧, 俗을 함께 등용하여 軍民을 통괄하게 했다. 이로써 帝師의 명이 조칙과 함께 西土에서 시행되었다.[46]

---

44) 尙衍斌, 『元代畏兀兒硏究』, 民族出版社, 1999, 52~54쪽.

45) 周芳, 『元代雲南政區設置及相關行政管理硏究』, 中國社會科學出版社, 2009, 135~148쪽.

그러므로 즉위 직후 쿠빌라이가 고려뿐 아니라 안남에 조서를 보내 "모든 衣冠, 典禮, 風俗은 일체 본국의 舊制를 따르게 하라"라고 명하고, 至元28년(1291) 10월 瑠求에 조서를 보내 "[너희가] 義를 흠모하여 내조한다면 너희 나라의 사직과 백성을 보전할 수 있다"라고 한 언급도 복속국의 國體, 土風의 유지를 허용하는 고유한 본속주의 정책에 근거하고 있음은 물론이다.[47)]

여기에서 한 가지 유념할 점은 불개토풍 보장이 6사의 이행을 강요하던 종래 몽골의 고압정책과 모순·배치되지 않는다는 사실이다. 6사는 어디까지나 정치·경제·군사적 요구사항이고 불개토풍은 사회·문화적 개념이므로 양자는 얼마든지 양립할 수 있다. 실제로 쿠빌라이는 고려, 안남에 불개토풍 보장을 약속하면서도 한편으로 6사의 이행을 강하게 요구했다. 또한 1219년 최초 화친 후 몽골은 고려에 빈번하게 국서를 보내 6사와 출륙환도 이행을 촉구했지만 본속의 개변을 강요한 경우는 발견되지 않는다. 따라서 전쟁 시기 고려가 6사와 출륙환도를 이행하면서 복속했다면 몽골은 분명 전통적 외교방침에 의거하여 불개토풍을 허용했을 것이다. 다만 고려가 그 요구를 거부하고 무력침공에 강하게 저항하여 전쟁이 장기화된 결과 그 정책이 시행될 만한 기회를 얻지 못했을 뿐이다. 그러므로 즉위 직후 쿠빌라이가 중국적 외교방식을 채택하여 불개토풍을 보장함으로써 종래의 고려정책을 획기적으로 전환했다는 주장은 인정하기 어렵다. 오히려 이는 그가 몽골의 고유한 본속주의 정책을 충실하게 계승한 결과로 볼 수 있다.

그렇다면 즉위 직후 쿠빌라이가 고려에 6사 이행을 즉각 요구하지 않고, 포로를 송환하며, 출륙환도 기한을 연장하고, 군대, 다루가치를 소환하는 등 지극히 유화적인 외교자세를 취한 까닭은 무엇일까. 이는 선대정권이

---

46) 『元史』 卷202 釋老, 4520쪽.

47) 『元史』 卷209 安南, 4634쪽 ; 卷210 瑠求, 4667쪽.

고려에 줄곧 6사 이행과 출륙환도를 강요하고 고려가 그것을 거부하거나 미온적으로 대응할 경우 곧바로 무력침공을 단행했던 전례와 매우 대조적이다. 이 정책은 그가 카안위 계승분쟁을 목전에 둔 상황에서 부득이하게 채택한 '일시적' 회유책으로 이해되어야 한다.

당시 쿠빌라이는 정치·군사적으로 적잖은 난관에 봉착해 있었다. 우선 개평에서 측근들만 소집한 채 독자적인 쿠릴타이를 개최하여 즉위한 그는 監國 신분으로 수도 카라코룸에서 카안의 직무를 대행하고, 뭉케의 장례를 주관하며, 東北諸王을 제외한 모든 황족들의 지지를 받는 경쟁자 아릭부케에 비해 정통성에서 열세를 면치 못했다. 또한 東北諸王, 五投下, 일부 漢人世侯 군대를 제외한 몽골의 주력군 전체가 아릭부케 수중에 있었으므로 군사력의 우세도 장담할 수 없었다. 따라서 이러한 난국을 타개하고 계승분쟁에서 승리하기 위해서는 주변세력을 적극 회유하여 그들의 적대행위 가능성을 차단하고 그 병력을 자신의 군사기반으로 전환할 필요가 있었다.

이와 관련하여 김호동은 내전 초기 쿠빌라이가 중앙아시아, 서아시아에 주둔하면서 반대 또는 관망의 자세를 취하던 알구와 훌레구에게 카안의 고유 권한인 정주지역 지배권을 온전하게 이양함으로써 그들의 병력지원을 유도하여 아릭부케를 외교·군사적으로 고립시킨 결과 최종 승리할 수 있었다고 지적했다. 즉 정주지역에 대한 몽골황족의 직접지배 욕망을 충족시키는 외교전술을 구사하여 승리의 발판을 마련했다는 것이다.[48]

동시기 남송과의 외교관계에서도 이 같은 유화정책이 확인된다. 몽골은 1234년 금을 멸망시켜 화북을 점령한 후 줄곧 남송정벌 계획을 방기하지 않았다. 잠저시기 쿠빌라이도 강남출신 유학자 趙復에게 "내가 [장차] 송을 취하려 하는데 경이 인도할 수 있겠는가?"라고 문의하여 남송정벌에 대한 의지를 내보였고[49] 뭉케의 南征 시기 좌익군을 이끌고 출정했다.

48) 김호동, 앞의 책, 73~75쪽.

49) 『元史』 卷189 趙復, 4314쪽.

1259년 그는 鄂州(武漢)에서 작전수행 중 뭉케의 사망소식을 듣고 회군하여 다음해(1260) 3월 개평에서 카안에 즉위하고, 4월 謀臣 郝經을 남송에 보내 자신의 즉위를 알리고 화친과 세폐를 요구하는 국서를 전달케 했다.

그의 돌연한 화친 제안은 계승분쟁을 앞둔 현실에서 후방을 안정시키고 병력을 결집하기 위해 고안한 임시방책이다. 악주에서 회군할 때 그는 상당수의 병력을 남겨두어 남송군의 반격에 대비했다. 개평 쿠릴타이 직후 염희헌은 그에게 "鄂州의 병사들이 귀환하지 않았으므로 마땅히 宋에 사신을 보내 화친을 맺고 諸軍에 명하여 북방으로 돌아오게 해야 합니다"라고 건의했다.[50] 신속하게 송과 화친을 맺고 국경을 수비하는 병력을 소환하여 내전에 대비하자는 책략이다. 동시기 商挺도 "남쪽 군사들을 마땅히 귀환시켜 乘輿를 호종케 하고 서쪽 군사들을 마땅히 便地에 주둔시켜야 합니다"라고 주장했다.[51] 학경의 남송 파견은 쿠빌라이가 그들의 건의를 수용한 결과였음이 분명하다.[52]

당시 남송의 권신 賈似道는 쿠빌라이의 北上을 자신의 戰功으로 둔갑시킨 죄상이 밝혀질까 두려워 淮東制置司로 하여금 학경을 眞州에 억류케 했다. 그럼에도 쿠빌라이는 이러한 도발행위를 무력으로 응징하지 않고 재차 사신을 보내 가급적 평화롭게 매듭지으려 노력했다. 또한 남쪽 변경 곳곳에 互市를 설치하여 남북 물자교류를 용이하게 하고, 적발·체포된 남송의

---

50) 『元史』 卷126 廉希憲, 3087쪽.

51) 『元史』 卷159 商挺, 3739쪽.

52) 胡昭曦·鄒重華 主編, 앞의 책, 261~262쪽. 학경 파견과 동시에 고려에 전달된 조서의 다음 인용문에서 쿠빌라이가 여전히 남송정벌 의지를 품고 있음이 확인된다. "지금 천하에서 臣服하지 않은 나라는 오직 너희 나라와 송나라뿐이다. 송나라는 長江에 의지하고 있는데 험하지 않으므로 오직 강이 넓다는 점만 믿고 있다. 그러나 강이 넓어도 더 이상 지탱할 수 없어 변방의 병졸들이 스스로 방어막을 철거하여 [몽골의] 대군이 이미 그 중심부에 주둔하게 되었다. [송나라는] 솥 안에 든 물고기나 장막 안에 집지은 제비와 같아서 멸망 직전에 놓여 있다"(『高麗史』 卷25 元宗원년 4월 丙午).

첩자도 대부분 석방·송환했으며, 무단으로 월경한 강남의 유민, 상인들에게도 식량을 지급하고 교역을 허가함으로써 후하게 대우했다.[53]

이 같은 쿠빌라이의 외교전략 전반에 비춰볼 때 고려에 대한 회유책도 계승분쟁을 앞둔 긴박한 상황에서 부득이하게 채택한 임시방편이었을 가능성이 크다. 당시 고려는 쿠빌라이의 주요 군사기반인 東北諸王과 五投下의 근거지 요동에 인접하여 지정학적으로 반드시 확보해야 할 배후지였을 뿐 아니라 30년 항쟁을 통해 입증된 만만찮은 군사력도 동원할 만한 가치가 충분했다. 이에 고려를 외교·군사적으로 압박하는 종래 방식을 지양하고 가급적 회유하여 충직한 藩國으로 만드는 전술을 채택했다. 본 장 서두에서 제시한 조서내용 중 고려경내, 국경지대에 배치된 몽골군을 철수시키겠다는 약속도 악주 주둔군과 마찬가지로 내전에 대비하여 군사력을 확충하기 위한 임시조처로 이해된다.

쿠빌라이가 왕전과 회합했을 때 "고려는 만 리 밖의 나라로서 唐太宗이 친히 정벌해도 복속시키지 못했는데 지금 그 세자가 스스로 와서 나에게 귀부하니 이는 하늘의 뜻이다"라고 한 발언은 그가 오랜 항전으로 입증된 고려의 군사력을 높이 평가했음을 시사한다.[54] 실제로 그는 화친 재개 직후 고려에 병력지원을 요구했다. 元宗3년(1262) 7월 조서를 보내 "전날 북방 변경에서 반역이 일어난 일을 경이 이미 상세하게 알 것이라 생각한다"라고 하여 그 시기 긴박하게 전개되었던 계승분쟁을 상기시켰다.[55] 이어 12월 또 조서를 보내 몽골에 복속한 나라들이 준수해야 할 의무사항으로 納質, 籍民, 編置郵, 出師旅, 轉輸糧餉, 補助軍儲를 제시하고 고려가 납질을 제외한 나머지 사항을 모두 실천하지 않았다고 질책하면서 조속한 이행을 촉구했다. 6사를 연상시키는 위 조항 중 出師旅, 轉輸糧餉, 補助軍儲는 모두

53) 陳世松·匡裕徹·朱清澤·李鵬貴, 『宋元戰爭史』, 內蒙古人民出版社, 2010, 177~179쪽.
54) 『高麗史』 卷25 元宗원년 3월.
55) 『高麗史』 卷25 元宗3년 7월 壬寅.

군사지원을 의미한다. 당시 그가 모든 대외정벌을 중단하고 계승분쟁에 만 전념하고 있었으므로 이는 아릭부케를 공략하기 위한 병력지원이 분명하다.

즉위 직후 쿠빌라이가 고려에 시행한 회유책은 내부사정으로 인해 부득이하게 채택한 임시전술이었으므로 내전 종식 후 언제든 철회될 수 있었다. 실제로 至元원년(1264) 7월 아릭부케 투항 무렵 그는 선대정권의 외교방식을 계승하여 재차 고려를 정치·경제·군사적으로 강하게 압박하기 시작했다. 우선 그해 5월 조서를 보내 원종의 친조를 요구했다. 몽골이 제국 초창기부터 주변국 군주의 친조를 '완전한 복속'을 담보하는 유일한 징표로 간주하고, 1219년 최초 화친 때부터 이를 고려에 집요하게 요구한 점은 앞서 언급한 바 있다. 원종이 친조요구를 받은 직후 발송한 답서에서 "지난번 제가 폐하를 뵙고 돌아갈 때 [폐하께서] 갑자기 다시 입조하는 일에 대해 말씀하셨습니다. 신이 아뢰기를 '돌아가 흩어진 피폐한 백성들을 다독여 모두 옛 강토에 나가 살게 하여 안정을 되찾은 후 다시 오겠습니다'라고 하였습니다"라는 문장은 쿠빌라이가 왕전을 책봉·귀국시킬 때 즉위 후 정식으로 다시 친조하라고 명했음을 알려준다.[56] 그간 계승분쟁으로 인해 친조를 받을 만한 겨를이 없었으나 승리가 확정되자 곧바로 전통적 외교방침에 따라 그것을 요구한 것이다. 결국 그해 9월 원종은 신료들의 반대를 무릅쓰고 고려국왕으로서 처음 몽골에 친조했다. 이는 쿠빌라이가 최초 화친 후 45년 간 고려가 끈질기게 거부했던 국왕친조를 비로소 관철했음을 의미한다.

또한 그는 그동안 회유방침에 따라 유예했던 6사와 출륙환도를 요구하기 시작했다. 元宗9년(1268) 2월 마침 입조해 있던 安慶公 王淐에게 그 불이행을 엄하게 질책하고, 다음 달에도 조서를 보내 위 사항과 더불어 남송·일본정

56) 『高麗史』 卷26 元宗5년 5월 己丑.

벌에 대비한 병력, 전함, 군량을 조속히 마련하라고 촉구했다. 이에 고려가 侍中 李藏用을 보내 즉각적인 실행의 곤란함을 호소했으나 그는 과거 칭기스 칸이 금과 호레즘을 정벌할 때 서하국왕이 군사지원 약속을 지키지 않아 멸망시킨 고사까지 운운하면서 고려가 명을 따르지 않을 경우 동일한 운명을 겪게 될 것이라고 위협했다. 이러한 공방은 전쟁 시기 6사와 출륙환도 문제를 둘러싸고 고조되었던 양국 간 외교갈등의 양상과 매우 흡사하다.

이 같은 쿠빌라이의 급격한 정책선회도 내전 승리 직후 조정된 거시적인 외교전략의 일환으로 이해된다. 그는 고려뿐 아니라 모든 주변세력에 대해 회유책을 철회하고 적극적·공격적인 외교정책을 시행했다. 우선 아릭부케 투항 직후 서방 3울루스의 군주들을 초청하여 제국의 유일한 대칸으로서 자신의 계승과 집권을 공식화하는 쿠릴타이 소집을 제안했다. 공교롭게도 동시기 그들이 모두 사망하여 쿠릴타이는 무산되었지만 그 후에도 서방 울루스의 계승문제에 적극 개입하여 대칸의 권위를 행사하려 시도했다. 이에 따라 그의 칙령은 훌레구 울루스에서 칸위 계승에 결정적인 정통성을 부여하고 차가다이 울루스에서 실제 칸위를 교체할 만큼 중대한 효력을 발휘했다.[57] 또한 그는 남송에게도 종래의 화친방침을 거두어 至元5년(1268) 7월 南征의 교두보인 襄陽, 樊城에 대한 공략을 명하고 동시기 시야에 들어온 일본에 대한 초유와 정벌준비에도 착수했다.

양국 간 외교분쟁이 격화되는 가운데 元宗10년(1269) 6월 발생한 林衍의 원종폐위 사건은 몽골에 대한 고려의 '완전한 복속'이 실현되는 결정적 계기로 작용했다. 쿠빌라이는 스스로 책봉한 고려국왕을 무신 집권자가 제멋대로 폐위한 행위를 자신에 대한 명백한 불경, 도전으로 규정하고 즉시 군대를 동원해 임연을 압박하여 결국 원종을 복위시켰다. 그 과정을 몸소 겪으면서 몽골의 위력을 실감한 원종은 카안의 위세에 전면 의존하여

57) 김호동, 「몽골제국과 '大元'」, 『역사학보』 192, 2006, 240~242쪽.

무신세력을 물리치고 왕권을 회복하려 기도했다. 마침내 다음해(1270) 5월 몽골의 군사지원을 받아 무신정권을 타도하고 백여 년 만에 復政于王을 이루었다.

그 후 몽골에 대한 고려왕조의 복속이 점차 가속화되었다. 복위 직후 원종은 사건을 해명하기 위해 재차 입조하고, 귀국 직후 강화천도 40여 년 만에 출륙을 단행했다. 동시에 다루가치와 몽골군이 다시 고려에 배치되고, 元宗12년(1271) 6월 태자 王諶과 의관자제 20여 명이 質子 신분으로 몽골에 파견되었다. 또한 다음해(1272) 정월 고려는 전국에 程驛蘇復別監을 두어 역참체계를 완비하고, 忠烈王즉위년(1274) 10월 개시된 일본정벌에도 병력, 전함, 군량, 무기를 지원했다. 즉 원종복위 후 5년 사이에 '호적제출'을 제외한 6사의 모든 조항이 실행되었다. 오직 '호적제출'만 이행되지 않은 까닭에 관해 그것이 몽골의 직접적인 징세, 징병의 자료로 활용되어 고려정부의 독자적 통치권을 과도하게 침해하는 사항이므로 고려가 적극 요청하여 유예 또는 면제를 허가받았다고 추정해볼 수 있다.

국왕친조를 포함한 6사의 대부분과 출륙환도가 이행된 현실은 분명 몽골 지배층에게 고려의 '완전한 복속'으로 인식되었을 것이다. 1260년 화친 재개 후 그들이 줄곧 내비친 고려 '복속'의 진정성에 대한 우려가 원종복위 후 더 이상 확인되지 않는 점도 이를 뒷받침한다.[58] 또한 忠烈王2년(1276) 金方慶이 입조했을 때 담당관원이 그와 亡宋 신하의 좌석 배치를 주문하자 쿠빌라이가 "고려는 義를 흠모하여 스스로 귀부했고 송은 힘에 굴복해 투항했으니 어찌 같을 수 있겠는가?"라고 한 발언도 그들의 고려인식이 크게 개선되었음을 증언한다.[59] 이 같은 정황은 쿠빌라이가 선대정권의 외교정책을 충실하게 계승하여 1219년 최초 화친 후 50여 년 만에 고려의 '완전한 복속'을 비로소 실현했음을 의미한다.

58) 고명수, 앞의 논문, 2014, 58~65쪽.

59) 『高麗史』 卷104 金方慶.

그러므로 즉위 직후 쿠빌라이가 한법의 영향을 받아 선대정권의 고려정책을 획기적으로 전환했다는 견해는 수용하기 어렵다. 앞서 논의했듯이 불개토풍 보장이 몽골의 고유한 대외정책에서 비롯되었고, 고려에 대한 이례적 회유책이 계승분쟁 시기 부득이하게 채택된 임시방편이었으며, 내전 승리 후 그가 선대정권의 외교방식을 그대로 답습하여 고려의 '완전한 복속'을 관철했음을 인정한다면 즉위 초 쿠빌라이의 고려정책은 '변화'가 아닌 '지속'의 관점에서 새롭게 이해되어야 한다.

4. 책봉·조공 형식 채용의 의미

1260년 쿠빌라이는 고려 고종의 부음을 접한 후 마침 입조해 있던 태자 왕전을 즉시 국왕으로 책봉하여 귀국시켰다. 주지하듯이 이는 몽골군주가 고려국왕에게 행한 최초의 책봉이다. 이어 그는 中統이라는 한자식 연호의 사용을 명하고 曆과 印章을 수여했다. 원종 역시 皇帝로서 그의 우월적 지위를 인정하고 번번이 사신을 보내 조공했다. 이처럼 쿠빌라이 즉위 즈음 화친을 재개한 양국은 전통적인 책봉·조공 형식을 채용하여 새롭게 외교관계를 형성했다. 그리고 그러한 외교방식은 14세기 후반 양국의 쇠망 때까지 한 세기 넘게 유지되었다. 그것이 본래 漢文化에 익숙한 쿠빌라이의 독자적 결정에 의한 것인지 아니면 측근들의 건의에 따른 것인지 알 수 없으나 정권수립 초기 직할영역이 동아시아에 국한된 현실에서 과거 중국적 세계질서 아래 존재했던 주변 諸國을 복속시키는 데 유효한 수단으로 활용될 수 있다는 지배층의 현실적 판단에서 비롯되었을 것이다.

종래 대다수 연구자들은 그때 채용된 책봉·조공 형식을 양국관계의 형태와 성격을 책봉·조공관계로 규정하는 근거로 활용했다. 쿠빌라이 즉위 후 그의 직할령을 한화된 중국왕조(元朝)로 보는 고전적 인식 아래 양국관계를 통시적 한중 책봉·조공관계의 맥락에서 파악하려는 시도였다. 그러나 오늘날 쿠빌라이 왕조가 한화된 중국왕조가 아니라 유목적 전통을 보전한 몽골제국의 연장으로 파악하는 관점이 점차 설득력을 얻고 있는 현실에서 한화의 근거로 거론되는 책봉·조공 형식 채용의 의미도 새롭게 검토될 필요가 있다.

국내학계에서 양국관계를 책봉·조공관계로 설명하는 대표적 연구자는 이익주다. 그는 관련 논문에서 책봉·조공관계를 "일차적으로 국가와 국가 사이의 관계로서 국가 간에 대등하지 않은 상하 관계를 인정하면서 책봉과 조공을 상호 교환하는 관계"라고 정의하고[60] "고려가 국가로서 유지되면서 몽골(원)과 상하관계를 인정하는 가운데 책봉-조공의 형식을 유지하였던 점에서 책봉-조공 관계의 범주에 들 수 있을 것이다"라고 하여 양국관계에 대한 자신의 입장을 간명하게 제시했다.[61] 그의 견해는 ① 조공국 國體 유지 ② 상하관계 인정 ③ 책봉·조공 형식 채용이라는 세 가지 조건이 충족된 외교관계는 모두 책봉·조공관계이고 몽골-고려 관계가 이에 부합한다는 것이다.

그런데 위 첫 번째, 두 번째 요소는 모두 세 번째 요소의 전제조건에 해당한다. 전통시대 동아시아 세계에서 두 나라가 외교관계를 맺을 때 책봉·조공 형식을 채용하기 위해서는 조공국의 국체 유지와 책봉국과 조공국 간 상하관계가 마땅히 사전에 합의되어야 하기 때문이다. 결국 위 견해는 양국 간 외교관계에서 책봉·조공 형식만 채용된다면 모두 책봉·조공관계로 볼 수 있다는 해석으로 귀착된다. "전근대에 '책봉'과 '조공'이 역사적 사실로서 존재하였음은 부정할 수 없으므로 그에 기초하여 전근대

60) 이익주, 「고려-몽골 관계사 연구 시각의 검토 : 고려–몽골 관계사에 대한 공시적, 통시적 접근」, 『한국중세사연구』 27, 2009, 35쪽.

61) 이익주, 「고려-몽골관계에서 보이는 책봉–조공관계 요소의 탐색」, 『13~14세기 고려-몽골관계 탐구』, 동북아역사재단, 2011, 91쪽.

의 한중관계를 '책봉과 조공을 교환함으로써 성립한 국제 관계'로서 '조공-책봉관계' 또는 '책봉-조공관계'라고 표현하는 것은 적어도 그 용어의 타당성 면에서는 큰 문제가 없다고 생각된다"라는 그의 견해가 위 해석과 상통한다.[62]

전근대 韓民族 왕조는 장기간 中原왕조 또는 유목국가와 다양한 방식으로 외교관계를 형성했다. 대부분의 경우 공통적으로 책봉·조공 형식을 채용했으나 그 실제 양상, 성격은 모두 달랐다. 이에 관해 이익주는 한중관계의 여러 사례를 분석하여 내용에 큰 차이가 있음을 인정하면서 한편으로 그들 모두 책봉·조공 형식을 갖추었으므로 책봉·조공관계의 범주에 포함되고, 실제 내용의 차이는 그 안에서 나타난 시대적 양상에 불과하다고 보았다.[63] 따라서 한중 책봉·조공관계에서 전형을 설정하는 것은 양자관계가 가질 수 있는 다양성을 무시한 오류라고 비판했다.[64]

경청할 만한 주장이지만 한 가지 의문을 갖게 된다. 그가 인정했듯이 역대 한중관계의 여러 사례는 공통적으로 책봉·조공 형식을 채용했으나 그 내용은 모두 달랐다. 여기에서 양국관계의 내용을 '실제', 책봉·조공을 '형식'으로 규정할 수 있다. 그렇다면 '실제'에서 큰 차이를 보이는 양국관계의 사례들을 책봉·조공이라는 공통된 '형식'의 존재만으로 하나의 범주로 묶을 수 있을까? 다시 말해 '실제'보다 '형식'을 우선시하여 양국관계를 대표하는 용어로 사용하는 방식이 과연 적절한가?

국가 간 외교관계의 본질적 형태, 성격을 올바르게 드러내기 위해서는 '형식'이 아닌 '실제'에 부합하는 용어가 사용되어야 한다. 이제까지 몽골-고려 관계사를 탐구하는 여러 학자들이 고안·사용한 '원간섭기', '부마국', '투하령', '속령·속국'과 같은 용어는 모두 양국관계의 실제상을 포착하기

62) 이익주, 앞의 논문, 2009, 7~8쪽.
63) 위의 논문.
64) 이익주, 앞의 논문, 2011, 90~91쪽.

위한 노력의 산물이다. 그런 점에서 양국관계를 포함한 한중관계 전체를 '책봉·조공'이라는 용어로 규정하는 방식은 다양한 시대적 양상을 제대로 반영하지 못하고 오로지 형식적 측면만 강조한다는 점에서 온당치 않다. 그리고 이 같은 비판, 성찰은 한중관계 뿐 아니라 전통시대 동아시아 국제관계사를 다방면으로 탐구하는 분야에서도 반드시 이루어져야 한다. 최근 국내외 학계에서 책봉·조공 분석틀의 유효성에 관해 지속적으로 의문이 제기되는 현상은 그러한 문제의식이 널리 공유된 결과다.

전통시대 동아시아 외교관계를 책봉·조공관계로 규정하기 위해서는 그 용어에 걸맞은 실제적 특징을 제시해야 한다. 이와 관련하여 중국학자 李雲泉은 역대 조공제도의 특징으로 ① 平和主義 ② 互利性 ③ 不平等性 ④ 封閉自守性 4가지를 꼽았다. 그 중 세 번째는 이미 책봉·조공 형식에 반영되어 있고 네 번째는 저자도 밝혔듯이 海禁정책이 시행되었던 明淸시대에 국한된 성질이므로 결국 조공제도의 일반적 특징은 평화주의와 호리성이라고 볼 수 있다. 전자는 중국왕조가 儒家的 德治觀念에 근거하여 평화적으로 주변국의 자발적 조공을 유도하고 책봉국이 조공국의 내정에 간섭하지 않는 것을 의미한다. 후자는 朝貢과 冊封·回賜의 교환을 통해 조공국은 경제·문화적 이득을 취하고 책봉국은 국제적 위상 확립, 대외안정 확보와 같은 정치적 목적을 달성하는 것을 뜻한다. 李雲泉은 그러한 상호이익이 보장되지 않았다면 동아시아 세계에서 조공제도가 수천 년 간 유지된 까닭을 해명할 수 없다고 하였다.[65]

이 같은 평화주의, 호리성이 책봉·조공관계의 일반적 특징이라고 가정했

65) 李雲泉, 『朝貢制度史論 : 中國古代對外關係體制硏究』, 新華出版社, 2004, 314~322쪽. 喩常森도 조공제도가 장기간 유지되었던 근본 원인이 중국왕조가 시행한 厚往薄來 정책에 있다고 하였고(喩常森, 「試論朝貢制度的演變」, 『南洋問題硏究』 101, 2000, 55쪽), 付百臣도 정치·경제·문화적 상호이익이 한중 간 조공제도가 천년 이상 유지된 주요인 중 하나라고 보았다(付百臣 主編, 『中朝歷代朝貢制度硏究』, 吉林人民出版社, 2009, 11쪽).

을 때 전통시대 한중관계가 이에 완전히 부합하는 것은 아니다. 특히 10세기 고려가 거란과, 17세기 조선이 청과 각각 대규모 전쟁을 치르고 부득이하게 책봉·조공관계를 수립한 사실은 앞서 언급한 조공국의 '자발적' 입조와 상당한 차이를 보인다. 또한 한국이 장기간에 걸친 중국과의 조공무역에서 항상 경제적 이득을 취했다고 단언하기도 어렵다. 그러나 이 같은 예외적 양상에도 불구하고 한 가지 강고하게 유지되었던 점은 근대 이전까지 중국이 한국의 내정에 직접 개입하여 정치적 영향력을 행사한 사례가 없다는 사실이다. 이는 역대 한중관계에서 조공국에 대한 책봉국의 내정 불간섭이 엄중한 원칙으로 존중되었음을 의미한다. 그런 점에서 내정 불간섭은 역대 한중 책봉·조공관계의 핵심적 특징이라고 볼 수 있다.

몽골-고려 관계는 이 같은 한중관계의 일반적 형태, 성격과 근본적으로 다르다. 물론 몽골은 화친 수립 후 줄곧 고려를 직접 지배하지 않고 국왕의 고유한 통치권을 인정했다. 하지만 빈번하게 사신을 보내 고려의 내정에 깊숙이 간여했을 뿐 아니라 국왕이 몽골 카안에게 철저하게 예속되었다는 점에서도 고려의 정치적 자주성이 크게 훼손되었음을 부정하기 어렵다. 카안은 왕위계승 후보자로 하여금 반드시 자신의 허가를 받아 즉위토록 하고, 즉위 후 번번이 완전한 복속을 담보하는 친조를 이행케 했으며, 수차례 자의적으로 국왕을 폐위·복위시키고, 국왕을 불시에 몽골로 소환하여 인신을 빼앗고 장기간 억류하기도 했다. 심지어 사신을 보내 백관이 보는 앞에서 국왕을 구타·포박하여 몽골로 압송하기까지 했다. 더욱이 고려 세자는 즉위 전 예외 없이 질자 신분으로 일정기간 카안의 케식에 복무하고, 왕위계승의 정당성과 권위확립을 위해 응당 몽골공주와 혼인해야 했으며, 그 소생이 다시 세자가 되어 케식복무, 왕실통혼을 거쳐 국왕으로 즉위하는 순환구조가 정착되었다. 그러한 현실에서 고려의 정치적 자주성이 온전하게 수호될 수 없었음은 물론이다.

이처럼 조공제도 특유의 평화주의에 입각하여 조공국의 정치적 자주성이 보장된 일반적 한중관계와 명백하게 구별되는 몽골-고려 관계는 책봉·조공관계의 범주에 포함되기 어렵다. 이에 관해 이익주는 역대 한중관계에서 조공국의 정치적 자주성에 모두 차이가 있었음을 지적하면서 "자주성이란 정도의 문제일 뿐으로 책봉-조공관계 여부를 가름하는 객관적인 척도가 될 수 없다"라고 주장했다.[66] 그러나 내정 불간섭이 한중 책봉·조공관계의 핵심적 특징으로 인정된다면 정치적 자주성의 정도는 응당 책봉·조공관계 여부를 판단하는 준거가 될 수 있다는 것이 필자의 생각이다.

몽골-고려가 외교관계를 형성할 때 책봉·조공 형식을 채용한 사실은 부정할 수 없다. 그러나 이는 양국관계의 총체상을 구성하는 작은 요소일 뿐 그 본질적 형태, 성격을 유효하게 드러내는 용어로 사용될 만한 대표성을 갖지 못한다. 앞서 살폈듯이 쿠빌라이는 책봉·조공 형식을 채용하는 가운데 선대정권의 외교정책을 충실하게 계승하여 고려를 완전히 복속시키는 데 성공했다. 따라서 이는 몽골의 고유한 정책기조를 유지하고 목표를 달성하기 위해 채택한 하나의 善策이었을 뿐 외교정책의 근본적 변화를 의미하지 않는다. 그런 점에서 "元에게 高麗在來王朝體制 보전은 중국 전통의 華夷秩序나 冊封體制의 재현이라기보다는 상대국에 대한 일정한 실질적 영향력을 보유한 채 비교적 고도의 자율성과 독자성을 허용하는 몽골의 정복지 지배의 일반적 방식이 冊封, 賜印, 頒曆 등 일부 형식적인 중국풍 외피를 두르고 표현되었다고 보는 편이 사실에 가깝다"라는 森平雅彦의 지적은 경청할 만하다.[67]

몽골-고려 관계를 책봉·조공관계로 이해할 경우 다음과 같은 문제에 직면하게 된다. 첫째, 역대 한중관계에서 양국관계가 차지하는 특수성을 규명할 수 없다. 상술했듯이 몽골-고려 관계는 여타 한중관계 사례와

---

66) 이익주, 앞의 논문, 2009, 9쪽.

67) 森平雅彦, 앞의 논문, 161쪽.

비교하여 본질적으로 큰 차이를 보인다. 그러므로 한중관계를 통시적으로 조망할 때 마땅히 양국관계의 특수성을 제대로 부각해야 한다. 그러나 이를 여타 사례와 함께 책봉·조공관계 범주 안에서 설명한다면 양국관계의 특별한 시대성을 적시하기 어렵다.

둘째, 쿠빌라이 즉위 전후 몽골의 고려정책의 연속성을 포착할 수 없다. 앞서 논의했듯이 선대정권과 쿠빌라이의 고려정책은 오로지 책봉·조공 형식 채용 측면에서만 다를 뿐 국왕친조를 포함한 6사의 이행과 출륙환도를 일관되게 요구하여 끝내 관철했다는 점에서 기본적으로 유사하다. 그러나 쿠빌라이 즉위 후 양국관계를 책봉·조공관계로 파악한다면 이는 결국 그 시기 몽골의 고려정책이 근본적으로 변했음을 인정하는 셈이다. 그러한 이해방식은 쿠빌라이가 선대정권의 외교정책을 답습한 사실을 간과함으로써 심각한 역사적 오해를 불러일으킬 수 있다.

셋째, 양국관계에 관한 중국의 논리에 동조하는 결과를 초래할 수 있다. 오늘날 중국학계는 쿠빌라이 즉위 후 그의 직할령을 한화된 중국왕조(元朝)로 규정하고 몽골-고려 관계를 전통적 한중 책봉·조공관계의 일환으로 이해한다. 따라서 책봉·조공 형식 채용을 양국관계의 획기적 변화를 상징하는 사건으로서 매우 강조한다. 그리고 이 같은 인식 아래 양국관계를 전형적인 한중 책봉·조공관계의 상례에서 크게 벗어난 즉 조공국이 책봉국에게 유례없이 강하게 예속된 특별한 사례로 보고 있다.[68] 이는 지극히 중국(한족) 중심적 해석으로 오늘날 다방면으로 한중 간 역사인식이 첨예하게 대립하는 현실에서 자칫 중국이 한국에 실질적 지배권을 행사한 역사적 경험이 존재했다는 왜곡된 기억을 생산할 수 있다.

---

68) 李雲泉, 앞의 책, 55~60쪽 ; 付百臣 主編, 앞의 책, 78~100쪽. 근래 양국관계에 관한 중국학계의 연구경향에 대해 국내에서 한 차례 비판이 제기되었다(윤은숙, 「여·몽 관계의 성격과 동아시아의 국제관계 : 중국 학계의 '책봉과 조공' 관계 연구의 한계와 문제점을 중심으로」, 『동북아역사논총』 35, 2012).

이익주는 양국관계를 책봉·조공관계로 보는 관점에 대해 "고려-몽골 관계를 국가 간에 맺어지는 책봉-조공의 틀 안에서 설명함으로써 고려의 국가적 지위를 확인할 수 있다"라는 나름의 의미를 부여했다.[69] 즉 이 관점이 몽골이 주도하는 국제질서 아래 보전된 고려의 국체, 국위를 확인하는 방법으로 유효하게 활용될 수 있다는 것이다. 그러나 본래 취지와 달리 이는 중국에 대한 한국의 역사적 종속성을 강조하는 중국학계의 논리와 거의 유사하므로 그것을 보강하는 수단으로 활용될 만한 소지가 다분하다. 따라서 양국관계를 책봉·조공관계로 보는 이해방식은 자못 경계할 필요가 있다.

5. 맺음말

몽골은 칭기스칸 때부터 온 세상을 실제적 복속, 지배의 대상으로 인식하는 고유한 세계관에 입각하여 주변국에게 '완전한 복속'을 담보하는 조건으로 군주친조, 납공, 납질, 조군을 요구했다. 그리고 우구데이 시기 호적제출, 다루가치·역참 설치가 부가되었고, 뭉케 시기 '6사'라는 명칭으로 주변국에 일거에 요구되기 시작했다. 몽골은 이 같은 대외정책을 고려에게도 예외 없이 시행했다. 고려와 처음 접촉했을 때부터 지속적으로 6사의 일부 또는 전체와 출륙환도를 강하게 요구했다. 그러나 고려는 양국의 화친을 과거 송, 요, 금과 맺은 사대관계 정도로 간주하여 그 요구를 충실하게 이행하지 않았다. 이 같은 화친에 대한 양국 인식의 불일치가 장기간 전쟁을 촉발·지속하는 주요인으로 작용했다.

즉위 직후 쿠빌라이는 고려와 화친을 재개하고 불개토풍과 고려의 여러

69) 이익주, 앞의 논문, 2009, 37~38쪽.

요구사항을 수용하는 회유책을 시행했다. 대다수 연구자들은 이를 그가 한법의 영향을 받아 중국적 외교방식을 채택한 결과로 이해한다. 그러나 불개토풍 보장은 몽골의 고유한 본속주의 정책의 답습이고 유화책 역시 계승분쟁을 앞두고 배후를 안정시키기 위해 주변세력을 상대로 광범위하게 구사한 임시전술의 일환이었다. 따라서 그는 내전 승리 후 선대정권의 대외정책을 계승하여 고려에 6사의 이행과 출륙환도를 강하게 요구하고, 임연의 원종폐위 사건을 계기로 그것을 대부분 관철했다. 이는 그때 비로소 고려의 '완전한 복속'이 달성되었음을 의미한다. 그러므로 즉위 초 쿠빌라이의 고려정책은 몽골의 전통적 외교방식의 전환이 아니라 선대정권 대외정책의 계승으로 이해되어야 한다.

쿠빌라이 즉위 직후 양국은 책봉·조공 형식을 채용하여 새롭게 외교관계를 수립했다. 일부 연구자들은 이를 역대 한중관계와 동일한 맥락에서 양국관계를 책봉·조공관계로 파악하는 근거로 활용한다. 그러나 역대 한중관계에서 내정 불간섭이 중요한 원칙으로 준수되었던 바와 달리 고려는 국왕이 몽골 카안에게 철저하게 종속됨으로써 정치적 자주성이 크게 훼손되었다. 이처럼 한중 책봉·조공관계의 일반적 특징에 부합하지 않는다는 점에서 양국관계는 그 범주에 포함될 수 없다. 책봉·조공 형식은 양국관계의 총체상을 구성하는 하나의 요소일 뿐 그 본질적 형태, 성격을 유효하게 드러내는 용어로서 사용될 만한 대표성을 갖지 못한다. 그러므로 양국관계를 책봉·조공관계로 규정하는 견해는 수긍하기 어렵다.

2장 1278년 쿠빌라이-충렬왕 만남의 의미

1. 머리말

1278년(至元15년, 忠烈王4년) 쿠빌라이-충렬왕의 만남은 통상 몽골-고려 관계가 획기적으로 전환되는 계기를 마련한 중요한 사건으로 평가된다. 그때 충렬왕이 직접 쿠빌라이와 교섭하여 여러 외교적 현안을 해결함으로써 양국관계를 새로운 국면으로 이끌었다는 것이다. 대표적인 성과로 몽골군과 다루가치 소환, 六事의 한 조항인 供戶數籍(호적제출) 면제가 거론된다. 이 같은 역사적 중요성으로 말미암아 양자의 만남과 충렬왕의 외교적 성과는 그동안 여러 학자들의 탐구 대상이 되어 왔다.

이에 가장 먼저 주목한 이익주는 "이때 성립한 새로운 麗元關係는 원의 입장에서 볼 때는 관리나 군대를 고려에 상주시키지 않고서도 정치적 영향력을 행사하고 반면 고려는 '6事'의 부담에서 벗어나는 한편 다루가치와 원군 그리고 부원세력을 철수시킴으로써 원의 간섭을 줄일 수 있었던 것으로 결국 서로의 이해가 일치하는 선에서 합의된 것이었다. 그리고 이것이 이후 여원관계의 전형으로 자리 잡아 감에 따라 元 世祖 때 완성된 제도라는 의미에서 뒷날 '世祖舊制'라 불리게 되었던 것이다"라고 하여 '세조구제 성립'을 상징하는 역사적 사건이라는 의미를 부여했다.[1)]

---

1) 이익주, 「高麗·元關係의 構造와 高麗後期 政治體制」, 서울대학교 박사논문, 1996, 62~63쪽.

또한 중국학자 陳得芝는 이를 쿠빌라이가 고려국왕의 자주권을 존중한 것으로 보고 그 요인으로 몽골의 漢化, 고려의 漢法 수용, 몽골에 대한 고려의 忠謹 등을 거론했다.[2] 아울러 이개석은 그 배경이 양국의 왕실통혼에 따른 고려국왕의 정치적 위상 제고에 있다고 보았고,[3] 이명미도 양국통혼으로 인해 駙馬로 지위가 격상된 고려국왕이 親朝를 통해 외교적 현안을 해결할 수 있게 된 결과로 파악했다.[4]

위 견해를 종합하면 1278년 양국 군주의 만남에서 고려가 외교적 성과를 거둘 수 있었던 배경, 요인을 ① 통혼으로 인한 고려국왕의 위상 제고 ② 충렬왕의 능동적 외교활동 ③ 몽골의 한화 ④ 고려의 한법 수용 ⑤ 몽골에 대한 고려의 충근 등으로 정리할 수 있다. 설득력 있는 주장이지만 그 관점이 다분히 고려의 측면에 고정되어 있고 몽골, 고려의 漢化를 과도하게 강조했다는 점에서 재검토가 필요한 영역은 여전히 존재한다. 즉 이에 관해 아직까지 몽골의 입장에 의거한 해석은 제기되지 않은 듯하다.

그러나 몽골의 고유한 諸王·分封制度의 시각에서 양자의 만남과 고려의 외교적 성과를 고찰하면 새로운 결론을 이끌어낼 수 있다고 생각된다. 이에 본 장에서 몽골의 전통에 입각하여 1278년 쿠빌라이-충렬왕 만남의 실체, 의미를 다시금 조망해보려 한다. 더불어 유관 주제로서 몽골이 고려에 대해 호구조사와 징세를 면제한 까닭에 관해서도 함께 궁구해볼 것이다.

---

2) 陳得芝, 「忽必烈的高麗政策與元麗關係的轉折點」, 『蒙元史與中華多元文化論集』, 上海古籍出版社, 2013, 276~277쪽.

3) 이개석, 『고려-대원 관계 연구』, 지식산업사, 2013, 219~220쪽.

4) 이명미, 『13~14세기 고려·몽골 관계 연구』, 혜안, 2016, 87~91쪽.

2. 충렬왕의 외교적 '성과'와 위상 변화

忠烈王4년(1278) 7월 충렬왕은 즉위 후 처음으로 몽골에 입조하여 쿠빌라이를 알현하고 약 3주간에 걸쳐 양국관계의 여러 현안에 관해 협상을 벌였다. 본래 그의 입조는 당시 양국 간에 심각한 외교갈등을 초래한 金方慶 무고사건에 대해 직접 해명하라는 카안의 지시에 따른 것이다. 하지만 그는 쿠빌라이를 만난 자리에서 사건해명 외에 여러 건의를 올려 대부분 관철하는 성과를 거두었다.[5] 그 결과 "이번 행차를 통해 무릇 나라의 걱정거리를 모두 [황제에게] 아뢰어 없애니 나라사람들이 [왕의] 덕을 칭송하고 감격의 눈물을 흘렸다"라는 기록에서 보이듯이 그의 외교활동은 고려에서 높이 칭송되었다.[6] 또한 그해 윤11월 그가 귀국 후 몽골에 보낸 표문에서 "무릇 제가 주청 드린 바를 모두 수용하셨고 미처 말씀드리지 못한 사안도 모두 먼저 알아차리시고 편의대로 하게 해주셨습니다"라는 문장도 그의 외교활동이 큰 성과를 거두었음을 알려준다.[7] 따라서 그때 양자의 만남은 종래 고려에 가해진 몽골의 정치·경제·군사적 압박이 대폭 완화되어 양국관계가 크게 개선되는 전기를 마련한 중대한 사건으로 평가된다.

통상 그때 충렬왕이 거둔 가장 큰 성과로서 당시 고려에 주둔하면서 각종 폐해를 일으켰던 몽골군과 다루가치의 소환이 거론된다. 카안의 명을 받아 귀국하던 다루가치 經歷 張國綱이 그에게 "이제 다루가치와 장군 및 군대가 모두 철수하니 한 나라의 복입니다"라고 한 발언이 그것을 나타낸다.[8] 또한 그때 충렬왕을 호종했던 金周鼎, 趙仁規의 묘지명에서

---

5) 그때 충렬왕은 쿠빌라이에게 15가지 사안을 요청하여 12개를 허가받았다(김혜원, 「忠烈王 入元行績의 性格」, 『高麗史의 諸問題』(변태섭 편저), 삼영사, 1986, 816쪽 <표 5> 참조).

6) 『高麗史』 卷28 忠烈王4년 9월 乙巳.

7) 『高麗史』 卷28 忠烈王4년 윤11월 癸丑.

각각 “戊寅(1278), 임금을 호종하여 北國에 입조했는데 임금이 심복으로 여겼다. 中贊(김방경)이 무죄임을 밝히고, 다루가치 衙門을 파하여 돌려보내고, 種□(種田軍)도 돌려보냈다.” “公은 홀로 말을 달려 황제를 뵙고 직접 사정을 아뢰어 윤허 받지 않은 것이 없었다. 다루가치와 種田軍을 일거에 모두 파하여 돌려보냈으니 이야말로 萬世의 공적이다”라고 하여 그것을 오직 자신의 공적으로 내세우고 있으나 대표적 성과로 꼽은 점에서 공통적이다.[9)]

더욱이 이익주는 그 만남에서 당시 고려에게 부과된 6사의 한 조항인 供戶數籍(호적제출)을 면제받는 성과가 있었다고 보았다. 교섭 때 충렬왕이 몽골법에 의거한 호구조사를 요청하자 쿠빌라이가 스스로 시행하라고 명했는데 이를 호적제출 면제로 파악한 것이다. 그리고 가장 큰 성과인 군대 철수, 다루가치 소환, 호적제출 면제를 모두 충렬왕이 쿠빌라이와 능동적으로 교섭하여 이루어낸 업적으로 평가했다.[10)] 물론 그 만남에서 적극적인 외교자세로 혁혁한 성과를 거둔 충렬왕의 탁월한 외교역량을 폄하하기 어렵다. 그러나 위 세 가지 사항을 온전하게 그의 외교활동의 성과로 보기에는 무리가 있다. 그가 이를 성취하기 위해 노력한 흔적을 관련 기록에서 발견할 수 없기 때문이다.

오히려 그는 쿠빌라이에게 “바라건대 洪茶丘와 고려군을 모두 상국으로 소환하시고 韃靼과 漢兒의 군대로써 대신하게 해 주십시오”라고 하여 당시 고려에서 갖은 횡포를 저지르던 홍차구와 휘하 고려인 군대의 철수를 요청하고 몽골·한인군대를 남겨두거나 새롭게 파견할 것을 건의했다. 그러나 쿠빌라이는 고려에 배치된 모든 군대를 철수시키고 이후 어떠한 주둔군도 파견하지 않았다. 충렬왕이 재차 合浦鎭戍軍만이라도 남겨두어

---

8) 『高麗史』 卷28 忠烈王4년 9월 丙戌.

9) 김용선 편저, 『高麗墓誌銘集成』(제5판), 한림대학교출판부, 2012, 402쪽 ; 631쪽.

10) 이익주, 앞의 논문, 59~60쪽.

倭人의 침구에 대비케 해달라고 요청하자 그는 "어찌 남겨둘 필요가 있겠는가? 그들이 그대의 백성에게 피해를 끼치지 않겠는가? 그대는 스스로 그 나라 사람들로 지킬 수 있다. 왜인의 침구는 두려워할 것이 못 된다"라고 하면서 그 요청을 일축했다.

또한 충렬왕이 평장정사 카베(哈伯)에게 "王京 다루가치의 임기가 만료되었는데 낭가타이(郞哥歹)가 일찍이 小邦을 왕래했으니 그를 임명한다면 耳目으로 쓸 수 있을 것입니다"라고 하고, 며칠 후 쿠빌라이에게도 "황제께서 신임하는 몽골인(韃靼) 한 명을 다루가치로 임명해 주십시오"라고 하여 두 차례에 걸쳐 黑的 귀국 후 3년 간 공석이었던 正達魯花赤 파견을 요청했다. 그러나 쿠빌라이는 "도대체 낭가타이가 어떤 인물이기에 다루가치로 임명하겠는가?" "어찌 다루가치가 필요하겠는가? 그대가 스스로 잘 하면 될 것이다"라고 거절하면서 다루가치를 소환하고 재차 파견하지 않았다. 아울러 충렬왕이 측근 康守衡의 건의에 따라 몽골법에 의거한 호구조사를 요청하자 쿠빌라이는 스스로 시행하라고 지시했다.[11)]

이처럼 교섭 장면을 상세하게 묘사한 『高麗史』 「世家」의 기록을 긍정한다면 대표적 성과로 꼽히는 몽골군 철수, 다루가치 소환, 호적제출 면제는 충렬왕이 뛰어난 외교역량을 발휘하여 이루어낸 업적이 아니라 쿠빌라이가 그의 요청을 물리치고 스스로 내린 결정으로 이해되어야 한다.

그렇다면 쿠빌라이가 자발적으로 고려에 대한 정치·경제·군사적 압박을 완화하는 회유책을 시행한 까닭은 무엇일까? 이는 그 즈음 충렬왕의 위상과 그에 대한 몽골지배층 인식의 변화 속에서 살필 수 있다. 元宗15년(1274) 5월 고려태자 王諶과 몽골공주 쿠틀룩켈미시(忽都魯揭里迷失)가 혼인하고 다음 달 원종이 붕어하자 8월 태자가 귀국하여 보위에 올랐다. 이로써 그는 고려국왕과 몽골의 부마 두 지위를 겸하게 되었다. 통혼 이전 쿠빌라이

---

11) 『高麗史』 卷28 忠烈王4년 7월.

는 고려를 몽골에 철저하게 예속되었으나 한편으로 그 판도 외연에 위치한 나라로 인식했다. 군대를 주둔시키고 6사를 부과하여 고려에 강한 통제력을 행사하면서도 元宗11년(1270) 12월과 다음해(1271) 6월 발송한 조서에서 각각 원종을 一國之王, 一國臣民之主라고 칭한 사실이 그것을 나타낸다.[12) 至元7년(1270) 2월 원종이 입조하여 황태자 친킴(眞金)을 만나기를 청하자 쿠빌라이가 조서를 내려 "그대는 한 나라의 군주이니(一國主) 짐을 만난 것으로 족하다"라고 불허한 문장 속의 호칭도 마찬가지다.[13)]

충렬왕 즉위 후에도 그의 부마 지위를 인정하지 않고 복속국 군주로 보는 인식은 몽골지배층 사이에서 한동안 유지되었던 것 같다. 즉위를 명하는 조서를 갖고 온 몽골사신에게 잔치를 베푼 자리에서 사신이 왕에게 절하지 않고 술을 받아 마신 다루가치 李益에게 "왕은 천자의 부마이신데 늙은이가 어찌 감히 그렇게 행동하는가? 우리가 돌아가 아뢰면 당신이 무사하겠는가?"라고 질책하자 그가 "공주가 이 자리에 없고 또한 이는 선왕 때의 예법이오"라고 답한 일화가 그 일면을 보여준다.[14)] 또한 통혼 후 충렬왕이 성 밖으로 나가 몽골사신을 영접하는 행위를 그만두자 忠烈王 원년(1275) 5월 中書省 관원이 고려사신에게 "부마왕이 사신을 [나가서] 맞지 않은 사례가 없지 않지만 왕은 외국의 군주(外國之主)이니 조서가 이르면 [나가서] 맞지 않으면 안 된다"라고 충고했다는 기록도 같은 맥락으로 이해된다.[15)]

그러나 한편으로 그의 부마 지위를 인정하는 인식 역시 점차 확산되었다. 그해(1275) 10월 쿠빌라이가 보낸 조서에서 "그대 나라에서 王氏들이 同姓과 혼인하는데 이것을 어찌 도리라 하겠는가? 이미 우리와 한 집안이 되었으니

12) 『高麗史』 卷26 元宗11년 12월 乙卯 ; 『高麗史』 卷27 元宗12년 7월 丙申.
13) 『元史』 卷7 世祖4, 128쪽.
14) 『高麗史』 卷28 忠烈王즉위년 8월 己巳.
15) 『高麗史節要』 卷19 忠烈王원년 5월.

우리와 통혼하는 것이 마땅하다. 그렇지 않으면 어찌 한 집안의 의리라 하겠는가"라는 내용과 忠烈王3년(1277) 2월 몽골 승상 카베가 고려사신에게 "긴급한 환난에는 서로 돕는 것이 친척의 도리다. 지금 북방 변경이 소란하니 마땅히 金方慶의 아들 金忻으로 하여금 군사를 거느리고 국경 밖으로 나와 우리의 지휘를 받도록 하라"라고 지시한 기록에서 충렬왕을 몽골황실의 일원으로 인정하는 지배층 인식의 변화를 감지할 수 있다.[16)]

몽골의 전통적 분봉제도에 따르면 영지에서 역참사용 허가증(箚子)의 발급 권한은 제왕, 부마에게 보장된 특권이다. 그러나 忠烈王2년(1276) 윤3월 몽골은 고려인의 과도한 역참사용을 제한하기 위해 箚子色을 설치하여 오직 차자를 소지한 경우에만 역참사용을 허가하고 그 발급 권한을 다루가치에게 부여했다. 이에 충렬왕은 1278년 만남 때 쿠빌라이에게 여러 부마들과 동등하게 스스로 차자를 발급하도록 허가해줄 것을 요청하여 관철했다. 이는 그때 비로소 쿠빌라이가 그의 부마 지위를 인정하고 그에 걸맞은 권한을 부여했음을 나타낸다. 더욱이 그에게 駙馬金印을 하사하여 그 지위를 공고히 해주었다.

그런 점에서 1278년 만남은 제국 내에서 충렬왕의 부마 지위가 공식적으로 인정받는 자리였다는 의미가 도출될 수 있다. 그리고 이 만남을 계기로 몽골지배층이 그를 복속국의 군주가 아닌 몽골황실의 일원으로 보는 인식의 전환이 이루어졌다고 추정된다. 무엇보다 이전에 그를 가리키던 一國之王, 一國臣民之主, 一國主, 外國之主와 같은 호칭이 더 이상 등장하지 않는 사실이 이를 뒷받침한다. 그 만남에서 충렬왕이 걸출한 외교적 성과를 거둘 수 있었던 점도 이 같은 위상, 인식의 변화에 힘입은 바 크다.

충렬왕 역시 선대왕과 달리 의욕적으로 몽골의 질서에 편입하려는 자세를 취했다. 그는 태자 때부터 몽골지배층에 진입하여 그 안에서 지위상승을

16)『高麗史』卷28 忠烈王원년 10월 庚戌 ;『高麗史』卷28 忠烈王3년 2월 癸酉.

도모하는 전략을 채택했다. 이에 양국 간 왕실통혼을 처음 제기하고 통혼 후 부마 지위를 확립하기 위해 부단히 노력했다.[17] 우선 그는 몽골의 군사활동에 적극 협력하는 태도를 보였다. 태자책봉 후 그는 수차례 몽골에 입조하고 장기간 宿衛 직무를 이행하면서 쿠빌라이를 비롯한 여러 지배층 인사들과 활발하게 교류했다. 따라서 자연스럽게 그들이 기대하는 고려의 군사적 역할을 분명하게 인지하고 한편으로 군공을 세운 제왕, 장군이 후하게 포상받는 모습을 목도했을 것이다. 이 경험을 바탕으로 그가 몽골의 군사활동에 적극 협력하여 공을 세움으로써 자신의 위상을 높이고 고려에 대한 몽골의 통제력을 완화시키는 전략을 취했다고 이해된다.

1278년 입조 때 그는 쿠빌라이에게 한 차례 실패한 일본정벌에 대해 "일본은 한낱 島夷에 불과한데 지세의 험고함에 의지하여 입조하지 않고 감히 상국 군대에 대항하고 있습니다. 신이 생각하기를, 은덕에 보답할 길이 없으니 원컨대 다시 배를 만들고 군량을 비축하여 그들의 죄를 성토하고 토벌에 나선다면 반드시 성공할 것입니다"라고 하였고, 西北諸王의 반란에 관해서도 "지난번 듣기로 황제께서 직접 북방을 정벌하신다고 하기에 제가 표를 올려 본국의 모든 군대를 동원하여 정벌을 돕겠다고 청했는데 폐하께서 지역이 멀다 하여 허락하지 않으셨습니다. 신이 지금 입조했으니 청컨대 몸소 무장하고 나아가 성덕에 보답하겠습니다"라고 하였다.[18] 이 같은 그의 적극적인 자세는 과거 몽골이 남송·일본정벌을 준비할 때 원종이 병력지원 책무를 의도적으로 회피하여 쿠빌라이로부터

17) 「鄭仁卿墓誌銘」에 至元6년(1269) 7월 몽골에서 귀국하던 태자 왕심이 林衍의 원종폐위 소식을 접하고 몽골로 되돌아가 쿠빌라이에게 부왕복위, 역적토벌과 더불어 자신과 몽골공주의 혼인을 요청하여 승낙 받았다고 기록되어 있다(김용선 편저, 앞의 책, 424쪽). 『元史』「世祖本紀」至元7년(1270) 2월조 "世子 愖이 황제를 수종하고 공주와 혼인할 것을 청했으나 [황제가] 허락하지 않고 그 부왕을 따라 귀국하라고 명했다"라는 기사도 그가 적극적으로 통혼을 요청했음을 알려준다(『元史』卷7 世祖4, 128쪽).

18) 『高麗史』卷28 忠烈王4년 7월 甲申.

여러 차례 질책을 받은 사실과 매우 대조적이다.

머리모양, 복색과 같은 몽골인의 외양을 모방하려는 시도 역시 그러한 지향을 반영한다. 그는 태자 시절인 元宗13년(1272) 2월 숙위 임무를 마치고 귀국했을 때 몽골 옷차림에 변발까지 하여 보는 이들을 모두 탄식케 한 바 있다. 또한 즉위 직후 몽골공주를 맞기 위해 서북면으로 행차할 때 변발을 하지 않은 신료들을 질타했다. 공주와 함께 도성에 들어올 때에도 예복을 입으라는 신료들의 건의를 물리치고 몽골식 복장(戎服)을 착용한 채 입성하고 심지어 신료들의 영접을 받을 때 예복 입은 자들을 몽둥이로 때려 몰아내기도 했다. 아울러 忠烈王4년(1278) 2월 전국에 몽골식 의관을 착용하라는 명을 내렸다. 그러한 모습 역시 과거에 한 신료가 원종에게 몽골식으로 복색을 바꾸라고 건의했을 때 그가 "나는 차마 하루아침에 조상의 가풍을 갑자기 바꿀 수 없으니 내가 죽은 후 경들 마음대로 하라"라고 하면서 거절한 일화와 상반된다.[19]

그가 고려의 복색을 일체 몽골식으로 바꾸려 한 시도는 몽골의 요구와 무관하게 오로지 스스로 결정한 일이었다. 오히려 당시 몽골은 복속민에게 고유한 풍속을 따르게 하는 本俗主義 정책을 채택하고 있었다. 1260년 화친 수립 직후 쿠빌라이는 고려에 조서를 보내 의관을 바꾸지 않고 本俗에 따르게 해달라는 원종의 요청을 수락했고 동시기 安南에 보낸 조서에서도 衣冠, 典禮, 風俗을 일체 본국의 舊制에 따르라고 명했다.[20] 그러므로 충렬왕이 자발적으로 의관을 바꾼 행위는 그에게도 매우 뜻밖의 일로 비쳤다. 1278년 만남에서 쿠빌라이가 강수형에게 고려의 복색에 대해 물었을 때 그가 몽골식 의관을 착용한다고 답하자 "사람들이 짐이 고려의 의복 착용을 금지했다고 말하는데 어찌 그렇겠느냐? 너희 나라의 의례를 어찌 그렇게 갑자기 폐지했는가?"라고 하면서 불편한 심기를 드러냈다.[21] 이처럼 쿠빌

---

19) 『高麗史』 卷28 忠烈王즉위년 12월 丁巳.

20) 『元史』 卷209 安南, 4634쪽.

라이가 본속 유지를 허용했음에도 스스로 의관을 바꾸려 한 충렬왕의 모습에서 몽골지배층에 동화하려는 강한 열망을 엿볼 수 있다. 그리고 이 같은 그의 노력은 자신의 위상과 몽골지배층의 인식 변화에 일정한 영향을 미쳤으리라고 짐작된다.

1278년 만남에서 몽골군 철수, 다루가치 소환, 호적제출 면제를 결정한 쿠빌라이의 조처도 그 즈음 충렬왕의 위상과 그에 대한 지배층 인식의 변화와 무관치 않다고 여겨진다. 쿠빌라이는 몽골의 카안으로서 복속국 군주에서 황실의 부마로 지위가 격상된 충렬왕을 그 격식에 맞게 대우할 책무가 있었다. 제국 초창기부터 몽골은 고유한 家産制 관념에 의거하여 정복지의 토지, 인민을 后妃, 諸王, 公主, 駙馬에게 분여하는 분봉제를 시행했다. 그 전통에 비춰볼 때 중앙정부에서 부마의 영지에 군대와 다루가치를 배치하는 것은 영지, 영민에 대한 그들의 배타적 소유권을 직접적으로 침해하는 행위다. 따라서 쿠빌라이의 군대, 다루가치 소환 결정은 충렬왕의 부마 권익을 보호하기 위한 조처라고 판단된다.[22)]

몽골은 중앙집권을 강화하고, 투하영주의 경제적 성장을 억제하며, 정부의 조세수입을 확대하기 위해 그들의 분봉지에서 직접 호구조사와 징세를 시행하여 그 수익을 투하영주와 공유하는 제도를 장기간 시행했다. 충렬왕이 강수형의 건의에 따라 카안에게 몽골법에 의거한 호구조사를 요청한 행위도 그것이 제왕, 부마의 공통된 책무라는 일반적 인식에 따른 것으로 여겨진다. 그러나 쿠빌라이는 그 요청을 거절하고 스스로 호구조사를 행하라고 지시했다. 그 후 몽골은 고려에서 몽골법에 의거한 호구조사와 징세를 한 번도 시행하지 않았는데 이는 몽골의 일반적 분봉·조세제도 양상과 확연하게 구별된다. 그렇다면 호구조사, 징세 면제는 여타 제왕,

---

21) 『高麗史』 卷28 忠烈王4년 7월 甲申.

22) 고명수, 「고려 주재 다루가치의 置廢경위와 존재양태 : 몽골의 고려정책 일측면」, 『지역과 역사』 39, 2016, 69~70쪽.

부마와 달리 쿠빌라이가 충렬왕에게 부여한 '특별한' 혜택인가? 이 문제에 관해 4절에서 상세히 살펴볼 것이다.

3. 만남 후 고려의 '책무'와 六事

1278년 만남을 계기로 고려에서 다루가치가 폐지되고 호구조사를 자체적으로 시행하는 권한이 보장되었다. 이익주는 이를 6사의 두 조항인 置達魯花赤, 供戶數籍의 면제로 간주하고 그 후에도 나머지 조항인 助軍, 輸糧, 納質, 設驛이 변함없이 이행되었음을 지적하면서 양국이 핵심적인 두 사항을 면제하는 대신 다른 조건을 강화하는 선에서 타협을 이루었다고 보았다. 그리고 그것이 몽골의 요구에 대해 고려가 끈질기게 협상을 벌여 얻어낸 성과였음을 강조했다.[23] 하지만 앞장에서 그때 충렬왕의 위상과 그에 대한 몽골지배층의 인식이 복속국 군주에서 황실의 부마로 전환되었음을 확인했다. 그렇다면 쿠빌라이가 더 이상 복속국 군주가 아닌 그에게 비록 일부를 면제했더라도 나머지 조항을 여전히 부과했다는 설명은 쉬이 납득하기 어렵다. 충렬왕은 복속국 군주라는 신분의 굴레를 완전히 벗어나지 못한 것인가? 이 문제를 해명하기 위해 1278년 만남 후 그에게 부과된 책무를 6사와 관련지어 살펴볼 필요가 있다.

1260년 화친 재개 후 몽골이 줄곧 고려에 요구한 6사는 납질, 조군, 수량, 설역, 공호수적, 치다루가치를 가리킨다. 그러나 1219년 최초 화친 때부터 君主親朝가 집요하게 요구되었고, 安南에 부과한 6사에 군주친조가 포함되었으며,[24] 6사가 몽골이 복속국에 요구하는 책무 일체를 의미한다고

---

23) 이익주, 「고려-몽골관계에서 보이는 책봉-조공관계 요소의 탐색」, 『13~14세기 고려-몽골관계 탐구』, 동북아역사재단, 2011, 79~88쪽.

24) 『元史』 卷209 安南, 4635쪽 "[至元4년(1267) 9월] 未幾, 復下詔諭以六事 : 一, 君長親

본다면 응당 군주친조도 그 안에 포함되어야 할 것이다. 따라서 6사라고 호칭되는 복속국의 책무는 엄밀하게 7가지라고 볼 수 있다. 1278년 만남 이전 고려는 공호수적을 제외한 6가지 조항을 모두 이행했다. 그렇다면 만남 후 고려의 책무는 어떻게 변했을까?

주지하듯이 다루가치는 전면 폐지되었고 군주친조, 납질, 조군은 여전히 실행되었다. 설역에 관해서는 元宗4년(1263) 4월 고려가 표문을 올려 몽골에서 요구한 역참 설치를 완료했음을 보고하고, 元宗9년(1268) 3월 쿠빌라이가 조서를 내려 그것을 인정했다. 몽골은 忠烈王5년(1279) 10월 사신을 보내 역참을 점검하고, 다음해(1280) 7월 사신이 지날 때 역참에서 음식을 요구하는 관행을 금지했으며, 忠烈王22년(1296) 3월, 5월에도 재차 사신을 보내 館驛을 정비하는 등 지속적으로 관심을 보였으나 이미 설치된 역참을 관리하는 수준이었다. 이처럼 설역이 元宗4년(1263)에 이미 완료되었다고 인정되었으므로 1278년 만남 후 충렬왕에게 부과된 '책무'로서의 의미는 퇴색했다고 볼 수 있다.[25]

일반적으로 몽골의 제왕, 부마는 영지에서 스스로 역참을 설치·관리했는데 站戶가 궁핍하거나 車馬를 공급하기 어려울 경우 중앙정부에 구제를 요청하면 정부에서 錢糧, 寶鈔, 馬匹 등을 내려주기도 했다.[26] 이는 분봉지에서 중앙정부로 통하는 교통체계의 안정을 확보하고 영지 내 역참, 참호에 대한 투하영주의 소유, 관할 권한을 보호하기 위한 것이다. 이와 관련하여 『元史』「本紀」에 至元18년(1281) 6월 충렬왕이 고려에 역참 40개를 설치했는데 백성과 가축이 피폐해져간다고 보고하자 쿠빌라이가 20개로 병합하라고 명하고 말 값 800錠을 지급했다는 기사가 있다.[27] 이 같은 몽골정부의

朝；二, 子弟入質；三, 編民數；四, 出軍役；五, 輸納稅賦；六, 仍置達魯花赤統治之."

25) 이익주, 앞의 논문, 1996, 62쪽.

26) 李治安, 『元代分封制度硏究(增訂本)』, 中華書局, 2007, 45~46쪽.

27) 『元史』 卷11 世祖8, 232쪽.

역참, 참호 구제 조처는 그 이전 고려에서나 당시 복속국으로 인식되었던 안남 등지에서 확인되지 않는다. 그러므로 위 기사는 그때 이미 충렬왕의 위상이 복속국 군주에서 황실의 부마로 변화되었고 이에 따라 고려의 역참도 복속국이 아닌 부마의 영지에 설치된 것으로 인식되었음을 시사한다.

輸糧은 『高麗史』「世家」에 轉糧, 轉輸糧餉 등으로 표기되어 있는데 동시기 몽골이 안남에 요구한 6사 관련 기록에서 동일 항목이 輸納稅賦, 輸租及歲貢 등으로 표기된 점에 비추어 그것이 전쟁에 대비한 군량 수송만을 가리키는 게 아니라 광범위한 공물의 진헌(貢納)을 의미한다고 짐작된다.[28] 화친수립 때부터 고려는 몽골의 빈번한 공납 요구에 성심껏 응했고, 忠烈王5년(1279) 정월 쿠빌라이가 보낸 조서에서 "경은 대대로 藩方을 지키면서 해마다 성실하게 공물을 바쳐왔다"라는 문장도 그때까지 고려가 매년 공물을 진상했음을 증언한다.[29]

그런데 忠宣王2년(1310) 7월 카이산(武宗)이 내린 고려 3대왕 추증 조서에서 충렬왕의 공적을 칭송하면서 "마침내 매년 바치던 공물을 면제하고 진실로 종친과 똑같이 歲賜를 내려주었다"라는 구절은 이전에 세공납부 책무가 면제되었음을 알려준다.[30] 『元史』「本紀」에 至元8년(1271)부터 매년 정월 고려의 賀正使가 歲幣, 歲貢을 바쳤다는 기사가 등장하는데 至元18년(1281)을 마지막으로 더 이상 보이지 않으므로 그 즈음 면제 결정이 내려졌다고 추정된다.[31] 그러나 이후에도 여러 명목으로 비정기적인 공물의

---

28) 『元史』 卷209 安南, 4635쪽 "[至元4년(1267) 9월] 未幾, 復下詔諭以六事：一, 君長親朝；二, 子弟入質；三, 編民數；四, 出軍役；五, 輸納稅賦；六, 仍置達魯花赤統治之." 『元史』 卷8 世祖5, 160쪽 "[至元12년(1275) 정월] 安南國使者還, 敕以舊制籍戶·設達魯花赤·簽軍·立站·輸租及歲貢等事諭之."

29) 『高麗史』 世家29 忠烈王5년 정월.

30) 『高麗史』 世家33 忠宣王2년 7월 乙未.

31) 森平雅彦, 「事元期高麗における在來王朝體制の保全問題」, 『北東アジア研究』 別冊1, 2008, 142쪽. 이익주는 忠烈王3년(1277)경부터 고려에 대한 몽골의 경제적 침탈이

진헌은 계속되었다.[32] 특히 그 품목에 매, 공녀, 환관 등이 포함되어 고려사회에 큰 고통을 가져온 사실은 잘 알려져 있다. 이를 통해 수량(납공) 책무에서 세공만 면제되었을 뿐 비정기적 납공 의무는 존속되었음을 알 수 있다.

공호수적은 양국 전쟁 때부터 줄곧 몽골이 강하게 요구한 사항이다. 그러나 고려는 무신정권 타도 후 6사의 대부분을 이행하면서도 오직 호적제출만은 이행하지 않았다. 이는 그것이 몽골에게 직접적인 징세, 징병의 자료로 활용되어 고려정부의 독자적 통치권을 과도하게 침해할 수 있으므로 고려가 쉽게 수용하지 못한 사정에 기인한다. 따라서 공호수적은 고려가 복속국으로 남아있는 한 언제라도 실행해야할 책무로 엄존했다.

1278년 만남에서 충렬왕이 몽골법에 의거한 호구조사를 요청하자 쿠빌라이는 고려 스스로 시행하라고 지시했다. 이익주는 그 조처를 6사의 하나인 공호수적의 면제로 보았는데 자체적인 호구조사 시행이 곧 호적제출의 면제를 의미하지 않는다. 즉 고려 스스로 호구를 조사해서 그 결과를 몽골에 보고해야 할 책무가 부과되었을 가능성은 여전히 존재한다. 그러나 大德4년(1300) 征東行省 平章政事 고르기스(闊里吉思)가 몽골정부에 "[고려] 僉議司의 관원이 民戶의 版籍과 州縣의 疆界를 보고하지 않습니다"라고 불만을 호소한 기록은 당시 몽골에서 고려의 호구수를 제대로 파악하지 못했음을 나타낸다.[33] 이후에도 그들이 고려에서 직접 호구를 조사하거나 호적을 입수한 정황이 포착되지 않으므로 공호수적은 끝내 이행되지 않았다고 판단된다.

크게 완화되었음을 지적하고 그것이 전년(1276) 몽골이 남송을 점령하여 물산이 풍부한 강남을 장악한 사실과 관련 있다고 보았다(이익주, 앞의 논문, 1996, 58쪽).

32) 화친수립 후 몽골에 대한 고려의 납공 사례에 관해 이익주, 앞의 논문, 1996, 270~274쪽 <附表 2> 참조.

33) 『元高麗紀事』 大德4년 3월.

이상 논의를 통해 1278년 만남 후 고려에게 6사의 7가지 조항 중 설역, 공호수적, 치다루가치가 완료가 인정되거나 면제되고 군주친조, 조군, 납질, 수량(납공) 책무가 변함없이 부과되었음을 알 수 있다. 여기에서 몽골시대 분봉제도를 심도 있게 고찰한 李治安의 연구가 주목된다. 그는 카안에 대한 諸王 등 封君의 의무로서 朝覲述職, 守藩征戍, 進貢奏事, 侍從留守 4가지를 꼽았다.[34)]

제국 초기부터 朝覲은 제왕, 부마가 카안에게 신복했음을 알리는 상징적 행위로서 그들의 필수적 책무로 인식되었다. 『집사』에 칭기스칸이 장자 주치에게 자신의 오르도에 오라고 명했는데 그가 병을 칭하면서 오지 않자 칭기스칸은 "아버지의 말을 듣지 않는 것을 보니 분명 반역자가 된 것이다"라고 여기고 그를 응징하기 위해 군대를 이끌고 출정했다는 기록이 있다.[35)] 이는 몽골의 황족이 조근하라는 카안의 명을 거절하는 행위가 곧 반역으로 간주되었음을 나타낸다. 또한 갑오년(1234) 5월 카라코룸 인근 達蘭達葩 지역에서 개최된 쿠릴타이에서 우구데이가 諸王, 百僚에게 "무릇 마땅히 이곳에 오지 않고 사사로이 연회를 즐기는 자는 참형에 처한다"라고 한 유시도 같은 맥락으로 이해된다.[36)] 쿠빌라이가 중앙아시아에서 거병한 카이두에게 수차례 입조를 명했는데 그가 응하지 않자 여러 신료들이 이를 반역으로 규정하여 토벌을 주청하고, 至大3년(1310) 그의 아들 차파르가 투항 후 카이샨에게 입조하여 복속을 표시한 사실 역시 조근에 대한 몽골지배층의 일반적 인식을 반영한다.

카안을 만난 자리에서 제왕, 부마는 신복을 표시하는 각종 의례를 행했다. 우구데이 시기 中書令 耶律楚材는 皇族, 尊長이 모두 나란히 줄지어 서서 카안에게 절하는 冊立儀禮를 제정했고, 시데발라(英宗) 시기 평장정사 바이

34) 李治安, 앞의 책, 280~287쪽.
35) 라시드 앗 딘, 김호동 역주, 『칸의 후예들』, 사계절, 2005, 189~190쪽.
36) 『元史』 卷2 太宗, 33쪽.

주(拜住)가 諸侯王이 모인 大明殿에 나아가 칭기스칸의 金匱寶訓을 宣讀했다는 기사도 그것이 칭기스칸의 후손인 몽골 카안에게 제왕, 부마가 신복을 표시하는 행위로서 답습되어왔음을 짐작케 한다.[37)]

元宗5년(1264) 9월 원종의 친조가 실현된 이래 역대 고려국왕은 빈번하게 몽골에 입조했다. 그들은 카안과 면대하여 외교적 현안을 해결하기 위해 먼저 입조를 청하기도 했지만 카안의 명이 내려질 경우 자신의 의사와 상관없이 반드시 입조해야 하는 처지에 놓였다. 카안의 입장에서는 여타 제왕, 부마와 마찬가지로 고려국왕으로 하여금 지속적으로 입조를 이행케 하여 신복을 확인받을 필요가 있었다.

고려국왕이 입조했을 때 카안이 그를 명실상부하게 황실의 부마로 대우했음은 물론이다. 忠烈王20년(1294) 4월 충렬왕이 새로 등극한 테무르(成宗)에게 하례하고 참석한 연회에서 모든 제왕, 부마 중 7번째 자리에 앉았고, 忠烈王22년(1296) 11월 개최된 연회에서도 여전히 제왕들 중 7번째 자리에 앉았으며, 忠烈王26년(1300) 6월 개최된 연회에서는 제왕, 부마 중 4번째 자리에 앉아 지위가 더욱 상승했음을 보여주었다. 또한 忠惠王즉위년(1330) 4월 즉위 직후 충혜왕이 톡테무르(文宗)가 베푼 연회에 참석했을 때 카안의 명에 따라 친속의 반열에 앉았고, 다음 달에도 부마의 반열에서 하례를 올렸다. 그런 점에서 고려국왕의 빈번한 입조는 제왕, 부마의 朝覲 책무를 충실하게 이행한 것으로 볼 수 있다.

제국 초창기부터 몽골의 황족은 칭기스칸의 대외정벌에 적극 참여했다. 『집사』에 칭기스칸이 주치에게 서역의 여러 지방을 정벌하라고 명했는데 그가 명을 따르지 않고 자신의 거처로 가버리자 매우 분노하여 "나는 [사정을] 고려할 것도 없이 그를 야사에 처하겠노라"라고 했다는 기록이 있다. 이는 황자로서 정벌 의무를 이행하지 않을 경우 반역으로 간주되어

---

37) 『南村輟耕錄』 卷1 「皇族列拜」; 『元史』 卷136 拜住, 3301쪽.

엄하게 처벌받았음을 알려준다.[38] 칭기스칸이 우구데이를 후계자로 지명했을 때 막내 툴루이에게 입장을 밝히라고 명하자 그가 "긴 정복전에 원정을 나가고 짧은 전투에서 싸워주겠습니다"라고 한 발언도 자신이 새 카안을 위해 정벌 의무를 성실하게 수행하겠다고 다짐한 것으로 이해된다.[39]

제왕, 부마의 군사활동 참여는 몽골제국 일대에 걸쳐 계속되었다. 우구데이 시기 바투, 구육, 뭉케가 러시아, 동유럽 정벌에 나섰고, 뭉케 시기 쿠빌라이가 大理, 예쿠가 고려, 훌레구가 서아시아로 출정했으며, 테무르 시기 皇姪 카이산(海山), 安西王 아난다(阿難答), 諸王 톡토(脫脫)·바부샤(八不沙), 駙馬 만즈다이(蠻子台) 등이 서북제왕 토벌에 참여했다.[40] 그리고 延祐5년(1318) 7월 諸王 不里牙敦이 반란을 일으켰을 때 인근에 주둔하던 諸王 也舍, 失列吉이 관군의 토벌작전에 협조하지 않아 각각 江西, 湖廣으로 유배되었다는 기사와 至正14년(1354) 우승상 톡토(脫脫)가 張士誠을 토벌하기 위해 출정했을 때 "中書參議 龔伯遂가 '마땅히 諸宗王과 異姓王의 군대를 나누어 파견해야 합니다'라고 건의했는데 吳王 도르치(朶爾赤)가 伯遂에게 많은 뇌물을 주어 면제받았다"라는 기록은 제왕이 군사활동에 참여하라는 카안의 명을 반드시 이행해야 하고 그렇지 않을 경우 처벌되는 관행이 제국 말기까지 유지되었음을 나타낸다.[41]

1278년 만남 후 충렬왕은 여타 제왕, 부마와 마찬가지로 몽골의 대내외 군사활동에 적극 참여했다. 忠烈王7년(1281) 단행된 2차 일본정벌에서 함선, 수군을 지원했고 원정 실패 후 18년(1292) 9월 몽골사신 洪君祥에게 "신이 복속하지 않은 무리와 이웃하고 있으니 미력이나마 다하여 마땅히

38) 『칸의 후예들』, 189쪽.

39) 유원수 역주, 『몽골비사』, 사계절, 2004, 267~268쪽.

40) 『元史』 卷21 成宗4, 451쪽.

41) 『元史』 卷26 仁宗3, 585쪽 ; 『元史』 卷139 朶兒只, 3355쪽.

몸소 토벌에 협조하겠습니다"라고 하여 여전히 일본정벌에 대한 강한 의지를 드러냈다.[42] 그리고 1294년 쿠빌라이 사망으로 전면 철회되기 전까지 3차 일본정벌 준비에도 성의껏 응했다. 또한 13년(1287) 5월 나얀의 반란 소식을 듣자 사신을 보내 정벌을 돕겠다고 청한 후 직접 군대를 이끌고 출정했고, 17년(1291)에는 몽골군과 연합하여 나얀의 잔당인 카단(哈丹)의 반란군을 토벌했다. 27년(1301) 9월에도 카안이 친히 서북제왕 토벌에 나설 예정이라는 소식을 접하고 사신을 보내 병력지원을 제안했다. 14세기 초 성사된 동서화합을 계기로 몽골의 대내외 군사활동이 모두 종료됨으로써 한동안 고려에 병력지원이 요구되지 않았다. 그러나 恭愍王3년(1354) 6월 몽골이 張士誠 토벌을 위한 군대를 요청했을 때 공민왕이 즉시 파병한 사실은 그때에도 고려국왕의 정벌 책무가 변함없이 유지되었음을 상징적으로 보여준다.

忠烈王3년(1277) 2월 승상 카베가 고려사신에게 서북제왕 토벌에 대한 협조를 요청하면서 "긴급한 환난에는 서로 돕는 것이 친척의 도리다"라고 한 언급과 나얀의 반란이 일어났을 때 고려신료들이 파병에 앞서 카안의 명을 기다리자고 하자 齊國大長公主의 怯憐口 印侯가 "부모의 집에 변이 생겼는데 어찌 명을 기다릴 겨를이 있겠는가"라고 한 발언은 당시 몽골관료나 몽골 출신 고려관료에게 반란토벌을 위한 충렬왕의 병력지원이 친척 즉 부마의 도리로 인식되었음을 나타낸다.[43] 그런 점에서 1278년 만남 후 고려국왕의 군사활동 참여는 제왕, 부마의 정벌 책무를 충실하게 이행한 것으로 볼 수 있다.

건국 초기부터 몽골의 황족에게는 광범위한 정복활동을 통해 획득한 인구, 가축, 재물의 일부를 카안에게 진상해야 할 책무가 있었다. 이는 기본적으로 정복의 과실을 칭기스칸 일족의 공동재산으로 인식하는 고유

42) 『高麗史』 卷30 忠烈王18년 9월 壬午.

43) 『高麗史』 卷28 忠烈王3년 2월 癸酉 ; 『高麗史』 卷123 印侯.

한 가산제 관념에 근거한 것이다. 따라서 점령된 유목·농경지대를 대상으로 분봉이 이루어진 후에도 제왕들이 자신의 영지에서 산출된 특산물을 카안에게 바치는 관행은 계속되었고 동서화합이 성사된 후에는 서방 3대 울루스의 수장들도 대칸으로서 쿠빌라이 후손의 우월성을 인정하고 빈번하게 사신을 보내 방물을 바쳤다. 그리고 제왕, 부마의 進貢에 수반하여 종종 카안의 回賜가 시행되기도 했다.[44]

전술했듯이 지원18년(1281)을 마지막으로 고려의 세공이 면제되었으나 비정기적 납공은 계속되었다. 그리고 몽골카안은 여타 제왕, 부마와 마찬가지로 고려에게도 수시로 하사품을 내렸다.[45] 앞서 인용한 카이샨의 조서 중 "진실로 종친과 똑같이 歲賜를 내려주었다"라는 구절은 카안이 고려국왕을 부마로 대우했음을 의미한다. 그러므로 1278년 만남 후 고려국왕의 비정기적 공납 역시 제왕, 부마의 진공 책무를 충실하게 이행한 것으로 볼 수 있다.

건국 초기부터 몽골은 황족을 위시한 여러 지배층 자제들을 투르칵(質子) 신분으로 카안의 케식에 복무케 했다. 이는 카안이 복속의 조건으로 그들의 신병을 확보하여 제국을 구성하는 여러 분권세력을 견제하기 위한 인질의 성격을 갖기도 했지만 한편으로 그들이 카안과 강고한 사적 주종관계를 형성하여 향후 몽골의 고위관원으로 성장한다는 점에서 지배층에게 보장된 특권이기도 하다.[46] 따라서 고려국왕이나 그 계승후보자는 케식 복무에 적극 참여하여 카안으로부터 신뢰를 쌓고 이를 바탕으로 몽골지배층 안에서 자신의 위상을 제고할 필요가 있었다. 테무르 사망 직후 당시 케식에 복무하던 충선왕이 그 직위를 배경으로 카이샨 옹립 정변에 가담하고

---

44) 李治安은 回賜와 가치보상의 측면에서 제왕이 바친 진귀한 방물은 대칸의 소유가 아니라 결국 자신의 소유물과 다름없다고 보았다(李治安, 앞의 책, 285쪽).

45) 김혜원은 충렬왕 입조 시기 조공품과 회사품의 품목과 수량을 비교하여 전자 못지않게 후자가 많았음을 규명했다(김혜원, 앞의 논문, 809~810쪽).

46) 森平雅彦, 앞의 논문, 139~140쪽.

공적을 인정받아 부왕을 대신하여 고려의 정권을 장악한 사실은 케식 신분을 활용하여 지위, 권한을 강화한 대표적 사례로서 주목된다. 忠宣王5년(1313) 왕위에서 물러난 후 아유르바르와다(仁宗)로부터 우승상 자리를 제안 받은 사실도 전년(1312) 고려국왕 신분으로 카안 휘하의 예케 케식(也可怯薛)에서 복무함으로써 그와 강고하게 결속한 점과 무관하지 않다.[47]

이익주는 1278년 만남 후에도 계속 투르칵이 파견되었으나 인질로서의 의미는 퇴색하고 점차 고려의 세자가 즉위하기 전에 몽골에서 宿衛하는 형식적인 절차로 변질되었다고 하였다.[48] 그러나 충렬왕의 납질 경험을 통해 그때 이미 케식 복무가 갖는 정치적 함의가 확인되었다고 판단되므로 이는 왕위계승 후보자가 으레 거치는 형식적 절차가 아니라 즉위하기 위해 반드시 수행해야 하는 필수요건으로 인식되었을 것이다. 어린 나이(12세)에 급작스럽게 즉위한 충정왕을 제외하고 충렬왕부터 공민왕까지 모든 고려국왕이 즉위 전 투르칵으로서 카안의 케식에 복무한 사실이 그러한 사정과 관련 있다고 여겨진다.[49] 그러므로 고려국왕이나 그 계승후보자의 케식 복무는 그들이 제왕, 부마의 책무이자 특권인 侍從을 충실하게 이행한 것으로 이해된다.

이상 논의를 통해 1278년 만남 후 고려국왕이 李治安이 제왕, 부마의 의무로 거론한 朝覲, 征戍, 進貢, 侍從을 동일하게 이행했음을 확인해보았다. 그 항목은 앞서 살폈듯이 6사 조항 중 만남 후 여전히 부과되었다고 간주되는 친조, 조군, 납질, 수량(납공)과 정확하게 일치한다. 그때 충렬왕의

---

47) 『高麗史』 卷34 忠宣王5년 ; 『秘書監志』 卷2 「祿秩」.

48) 이익주, 앞의 논문, 1996, 61~62쪽.

49) 『高麗史』 「世家」 忠穆王 總序에 忠肅王후6년(1337) 출생한 王昕(충목왕)이 몽골에 가서 宿衛했다고 기록되어 있으나 忠惠王후5년(1344) 8세에 즉위한 사실을 감안하면 그 이전 케식에서 복무하기에 지나치게 연소했다는 점을 부정할 수 없다. 이명미는 함께 몽골에 간 숙부 王祺(공민왕)가 그를 대신하여 숙위하고 왕흔은 케식에 참여하지 않았다고 추정했다(이명미, 「고려국왕의 몽골 入朝 양상과 국왕권의 존재양태」, 『한국중세사연구』 46, 2016, 207쪽 각주54).

위상이 복속국 군주에서 황실의 부마로 변화되었음을 감안한다면 그 만남을 계기로 고려국왕의 책무도 복속국 군주에서 황실 부마의 그것으로 전환되었다고 볼 수 있다. 그러므로 이는 충렬왕이 쿠빌라이와 적극 교섭하여 6사 일부의 면제를 이끌어낸 외교적 성과가 아니라 쿠빌라이가 그의 지위 변화에 따라 스스로 복속국 군주의 책무를 일체 면제하고 몽골의 전통에 의거하여 부마의 책무를 새롭게 부과한 것으로 이해되어야 한다.

4. 호구조사, 징세 면제의 의미

몽골은 화북, 강남을 점령한 후 정복의 과실을 지배층의 공동재산으로 간주하는 전통관념에 의거하여 다수의 피정복민을 제왕, 후비, 부마, 공신에게 분여하는 분봉제를 시행했다. 그러나 그들에게 민호(投下)에 대한 완전한 소유권을 인정하지 않고 통제력을 유지하기 위해 중앙정부에서 직접 호구조사, 징세를 행하고 그 수입의 일부를 투하영주에게 지급하는 방식을 취했다. 그러므로 몽골이 고려 영토, 백성을 부마의 속령, 영민으로 인식했다면 고유한 제도에 입각하여 고려에서 직접 호구조사, 징세를 시행하는 편이 자연스럽다. 그러나 몽골은 고려를 복속시키고 충렬왕의 부마 지위를 인정한 후에도 멸망 때까지 한 번도 그것을 실시하지 않았다. 이는 다음과 같이 忠肅王10년(1323) 고려신료 柳淸臣, 吳潛이 3차 立省策動을 일으켰을 때 몽골의 通事舍人 王觀이 조정에 올린 반대 상소문에서도 확인된다.

> 지금 行省을 설치하면 형편상 반드시 戶口를 등록하고 賦稅를 책정해야 하는데 바다건너 먼 곳에 있는 사람들은 이런 일을 거의 보지 못했기 때문에 반드시 놀라 도망칠 것입니다. [……] 그 나라에서 부세를 바치지

않는데 앞서 말했듯이 [그들은] 반드시 조정에서 봉급을 보내주기를 기대할 것입니다. 그런 즉 행성을 설치하면 한 명의 백성과 한 척의 토지도 얻지 못하면서 결국 막대한 국가경비만 낭비하게 될 것입니다.50)

동시기 고려신료 李齊賢이 몽골조정에 올린 반대 상소문에서 "저희 나라는 국토가 1천 리를 넘지 못하고 산림과 냇물, 습지 등 쓸모없는 땅이 7/10입니다. 그 땅에서 세를 거두어도 운반비용에 미치지 못하고 백성들에게 조세를 부과해도 녹봉을 지급하지 못하니 [상국] 조정의 지출에 견준다면 九牛一毛일 뿐입니다"라는 내용도 그것을 입증한다.51) 아울러 忠烈王29년(1303) 정동행성이 고려가 비축해 둔 군량을 행성관의 녹봉으로 지급하게 해달라고 요청했을 때 중서성이 "고려의 돈과 양곡은 고려의 재정지출에만 사용해야 한다"라고 결론지은 사실도 당시 몽골이 고려의 재무에 관여하지 않았음을 짐작케 한다.52) 이에 漢人文士 姚燧는 자신의 문장에서 다음과 같이 고려가 부마의 영지임에도 불구하고 재정적 독자성이 보장되었음을 강조했다.

宗王은 비록 大國을 분봉 받지만 공허한 땅으로 나아가는 바와 같다. 무슨 말인가? 別子는 종묘에서 조상을 제사지낼 수 없고, 인민은 천자가 보낸 관리가 다스리며, 그 府는 비록 監郡과 府屬을 두지만 모두 조정에 명을 청해야 하고, 刑人, 殺人, 動兵 어느 하나도 마음대로 할 수 없다. 그 백성은 5家마다 絲를 내는데 [종왕은 그 중] 一斤만을 가지고 오히려 명을 내려 마음대로 [부세를] 징발할 수 없다. 그 땅의 [재부는] 모두 조정으로 들이고 연말에 그것을 분여하는데 그 조직망은 매우 조밀하다.

50) 『高麗史』 卷125 柳淸臣.

51) 『高麗史』 卷110 李齊賢.

52) 『高麗史』 卷32 忠烈王29년.

[그러나] 고려를 보면 그렇지 않다. 종묘에서 그 조상을 제사지내고, 백관이 포진하여 [국왕이 그들을] 이끌고 직무를 수행하며, 그 상벌, 명령을 오로지 그 나라에서 행하고, 징수한 부세는 모두 그 경내에서만 사용하고 조정으로 들이지 않는다.[53)]

이를 근거로 김호동은 "고려가 일종의 '투하'였다면 다른 투하령에서 보이는 것과 같은 중앙정부에 의한 부세징수가 있었는가 하는 점도 고려해 보아야 할 것이다"라고 하여 고려를 부마의 투하령으로 파악하는 森平雅彦의 견해를 비판했고,[54)] 이개석도 그 비판의 타당성을 인정하면서 고려가 "쿠빌라이 정권 탄생 시기에 스스로 정복한 지역에 대한 기득권을 바탕으로 '예케 몽골 울루스'에서 분립한 서방의 한국들과 더욱 비슷한 성격을 가지고 있었다"라고 주장했다.[55)] 그러나 몽골시대 투하의 유형과 몽골정부의 투하정책을 면밀하게 고찰하면 그들이 고려에서 직접 호구조사, 징세를 시행하지 않은 까닭에 관해 새로운 해석을 이끌어낼 수 있다.

13세기 초 몽골 건립 후 칭기스칸은 모든 휘하 유목민을 95개 千戶로 재편하고 건국공신을 千戶長에 임명하여 그들을 통솔케 했다. 이어 그 중 절반에 달하는 44개 천호와 천호장을 子弟에게 분봉하여 유목봉건국가 체제를 구축했다. 그들은 봉건영주로서 몽골본토의 좌우에서 각각 독자적인 울루스(투하령)를 수립하고 제국을 구성하는 분권세력으로 성장했다. 대칸, 제왕에게 귀속된 각 천호장은 통솔하는 유목민에 대한 소유권이 아닌 관할권만 부여받았으므로 그들의 지휘를 받는 군사지휘관 겸 행정관의 역할을 담당했다.

이후 칭기스칸은 주변지역으로 활발하게 정복활동을 진행하는 과정에

53) 『牧庵集』 卷3 「高麗瀋王詩序」.
54) 김호동, 『몽골제국과 고려』, 서울대학교출판부, 2007, 113쪽.
55) 이개석, 앞의 책, 34쪽.

서 많은 유목민, 농경민을 구략하고 지배층에게 분여했는데 그 대상에 제왕뿐 아니라 부마, 공신도 포함되었다. 이에 따라 그들은 하사받은 俘虜人戶를 기반으로 점차 봉건영주의 형태를 갖추어 갔다. "丙戌年(1226) 여름 조서를 내려 공신에게 호구를 분봉하여 식읍으로 삼고 [그들을] 十投下라 부르며 보올(孛魯)을 그 수장으로 삼았다"라는 기사가 투하영주로 변모하는 공신의 모습을 잘 보여준다.[56] 건국 초창기부터 제국의 확대, 발전에 크게 공헌한 동방 5부족(콩기라트, 잘라이르, 이키레스, 우르우트, 망구트)의 수장을 가리키는 五投下라는 명칭과 이를 五諸侯라고 지칭한 기록도 그들이 봉건제후로 존재했음을 나타낸다.[57]

건립 초기 몽골은 화북지역을 공략하고 많은 농경민을 구략하여 유목경제의 보조기반으로 삼았다. 그러나 농경사회에 대한 이해가 깊어지면서 그 지역을 직접 정복·지배하려는 욕구가 점차 증대했다. 마침내 1234년 몽골은 金을 멸망시키고 화북 전체를 점령했다. 당시 몽골정부는 카안의 권위를 강화하고 농경지역을 효과적으로 통치하기 위해 유목적 봉건제를 탈피하여 중앙집권적 관료제를 채택할 필요가 있었다. 그러나 대부분의 제왕, 공신은 전통방식대로 정복한 농경지대와 농경민을 분봉해줄 것을 기대했다. 중앙정부의 입장에서 그들에게 농경지, 농경민에 대한 투하권을 온전하게 보장하는 것은 분명 새로운 정치체제 확립에 장애가 되는 조처였다. 그렇다고 화북점령에 크게 기여한 그들의 정치·경제적 욕구를 완전히 무시할 수도 없는 노릇이었다.

---

56) 『元史』 卷119 木華黎, 2936쪽.

57) 『元史』 卷121 博羅歡, 2990쪽 "昔太祖分封東諸侯, 其地與戶, 臣皆知之, 以二十爲率, 乃顏得其九, 忙兀·兀魯·扎剌兒·弘吉剌·亦其烈思五諸侯得其十一." 村上正二는 칭기스칸 시기 투하권 설정을 승인받은 인물이 콩기라트, 이키레스, 옹구트, 위구르 4부마와 무칼리, 보오르추, 보로굴, 칠라운, 쿠빌라이, 젤메, 제베, 수베데이, 주르체데이, 쿠일다르 10공신 도합 14인이었다고 보았다(村上正二, 「元朝における投下の意義」, 『蒙古學報』 1, 1940 : 『モンゴル帝國史研究』, 風間書房, 1993, 11쪽).

이에 따라 몽골정부는 화북의 농경지, 농경민을 대상으로 제후들에게 매우 제한적인 투하권만을 인정하는 새로운 형태의 분봉제를 시행했다. 그리고 이 같은 정책은 강남을 정복한 후에도 동일하게 실시되었다. 그러므로 몽골의 투하는 초원에서 피로인을 중심으로 성립된 투하와 농경지대 점령 후 피정복민을 대상으로 성립된 투하 두 종류로 구분된다. 이에 처음으로 주목한 村上正二는 전자를 本投下, 후자를 一般投下라고 지칭했다.[58] 그 호칭의 적절성에 관해 다소 논란이 있지만 아직 학계에서 보편적으로 공인된 명칭이 없으므로 편의상 그대로 쓰고자 한다.[59]

몽골정부는 화북, 강남 점령 후 많은 농경민을 지배층에게 분봉했으나 그들에게 완전한 소유권을 보장하지 않고 제한적인 투하권만 인정했다. 특히 일반투하에 대해 일률적으로 호구조사, 징세를 실시하고 그 결과를 바탕으로 부세수입의 일부를 투하영주에게 지급하는 五戶絲, 江南戶鈔와 같은 혁신적 제도를 시행한 사실이 이를 뒷받침한다. 그러한 방침에 따라 투하영주는 일반투하에게 지배권을 온전하게 행사할 수 없었다.

그렇다면 몽골정부는 일반투하와 달리 초원에서 봉건영주의 배타적 소유권을 인정한 본투하에 대해서도 호구조사, 징세를 시행했을까?[60] 그것을 입증하는 명확한 사료적 근거는 찾을 수 없다. 그러나 상식적으로 몽골정부가 투하영주에게 본투하에 대한 완전한 지배권을 보장했다면

---

58) 위의 논문.

59) 岩村忍은 사료에 등장하는 本投下의 '本'이 한정지시대명사이므로 본투하라는 투하가 존재하지 않았다고 지적했고(岩村忍, 『モンゴル社會經濟史の硏究』, 京都大學人文科學硏究所, 1968, 418쪽), 李治安도 그 견해에 동의하면서 그것이 투하영주에 대한 사속성이 강한 존재이므로 私屬投下라고 지칭해야 하고 一般投下도 본래 몽골 분봉투하의 전형과 크게 다르므로 特殊投下라고 호칭하는 편이 적절하다고 주장했다(李治安, 앞의 책, 12~13쪽). 또한 海老澤哲雄은 본투하를 封邑, 일반투하를 食邑이라 부르면서 양자를 구분했다(海老澤哲雄, 「元朝の封邑制度に關する一考察」, 『史潮』 95, 1966).

60) 몽골지배층은 유목지대뿐 아니라 농경지대에서도 工匠, 打捕·鷹坊戶와 같은 본투하를 소유했다. 이에 관해 海老澤哲雄, 위의 논문 참조.

그 권한을 침해하는 호구조사, 징세는 시행하지 않는 편이 자연스럽다. 때문에 일부 유력 민호가 조세, 요역 부담을 피하기 위해 일부러 투하영주에게 투신하는 경우도 빈번하게 발생했다. "豪民이 요역을 피하기 위해 종종 王府에 투신하여 宿衛가 되니 담당관청이 제대로 [요역을] 공급하지 못했다. 쿠신(忽辛)이 조정에서 본래 정한 액수에 의거하여 이에 해당하지 않는 자를 모두 양민으로 등록하여 숙위의 2/3를 삭감했다"라는 기록이 그 실태를 잘 보여준다.[61] 이와 같이 투하영주에 직속된 본투하는 일반투하와 달리 중앙정부의 호구조사, 징세 부담에서 비교적 자유로울 수 있었다.[62]

초원의 본투하에 대한 중앙정부의 통제가 불완전했다는 점은 오늘날 몽골시대 막북의 인구에 관한 자료가 전해지지 않는다는 사실을 통해서도 유추해볼 수 있다. 『元史』「地理志」에는 각 행성에 관한 상세한 정보가 수록되어 있는데 그 중 호구수도 포함되어 있다. 그러나 유독 막북에 설치된 嶺北行省 관련 조항에는 호구수에 관한 정보가 보이지 않는다. 이는 그 시기 막북에서 호구조사가 제대로 시행되지 못했음을 시사한다.[63] 당시 막북에는 뭉케와 아릭부케 후예를 위시하여 여러 제왕들이 각지에서 세력권을 형성하고 있었다. 그곳에서 호구조사가 실시되지 않았다면 징세 역시 불가능했을 것이다. 설령 일반 유목민에 대해 호구조사, 징세가 시행되었더라도 투하영주에게 직속된 본투하에까지 그것이 적용되었는지 의문스럽다.

영북행성은 막북 제왕세력을 견제하고 중앙집권을 강화하려는 목적으

61) 『元史』 卷125 賽典赤贍思丁, 3068쪽.

62) 쿠빌라이 시기부터 몽골정부가 봉건영주의 본투하를 관리하기 위해 提擧司, 總管府, 都總管府와 같은 관사를 직접 설치했다. 그러나 그 장관인 다루가치, 총관은 투하영주가 천거하는 인물이 정부의 형식적 승인을 받아 임명되었다. 따라서 본투하에 대한 몽골정부의 통제력은 상당히 제한되었다.

63) 邱樹森·王頲은 戶部의 전국 호구수에 몽골제왕, 훈귀의 직속 부중 즉 본투하가 포함되지 않았다고 하였다(邱樹森·王頲, 「元代戶口問題芻議」, 『元史論叢』 2, 1983, 117쪽).

로 설치되었으나 그다지 효과적이지 못했던 듯하다.[64] 그 실제 관할범위는 카라코룸을 중심으로 하는 和寧路 일대에 국한되어 여러 제왕이 산재되어 있는 막북 전체를 포괄하지 못했고 관할구역 안에 州, 縣을 두지도 않았다.[65] 이는 몽골정부가 막북제왕의 권익을 회수하고 천호제에 기반을 둔 유목사회 조직을 타파하기 어려웠음을 짐작케 한다.[66] 그러한 현실에서 투하제왕에게 직속된 본투하에 대한 호구조사, 징세는 결코 녹록치 않았을 것이다.[67]

물론 경우에 따라 본투하를 대상으로 호구조사, 징세가 시행되었을 가능성도 배제할 수 없다. 『元史』「本紀」至元22년(1285) 10월조 "塔海의 동생 六十이 말하기를, '지금 백성과 諸投下民이 모두 女直의 땅에서 배를 건조하라는 명을 받았고 女直 역시 재차 징발하여 군사로 삼았는데 工役이 매우 번거롭습니다. [그러나] 나얀(乃顔), 싱나카르(勝納合兒) 두 투하의 鷹坊戶, 採金戶만 유독 징발하지 않았습니다'라고 하였다. 聖旨를 내려 사신을 보내 그 투하민을 징발했다"라는 기사는 비록 호구조사, 징세는 아니지만 3차 일본정벌을 앞두고 제왕의 본투하가 일반민호와 마찬가지로 몽골정부의 전함 건조 사역에 동원되었음을 알려준다.[68] 그러나 앞서 살폈던

---

64) 嶺北行省은 大德11년(1307) 和林等處行中書省이라는 명칭으로 설치되었고, 皇慶元年(1312) 嶺北等處行中書省으로 개칭되었다.

65) 이개석은 막북제왕 울루스나 천호 누툭의 몽골 중앙정부에 대한 경제적 의존이 강화되었으므로 막북이 화림행성(영북행성)의 실질적 겸제 아래 놓였다고 보았다(이개석, 「14世紀 初 元朝支配體制의 再編과 그 背景」, 서울대학교 박사논문, 1998, 134쪽).

66) 陳得芝, 「元嶺北行省建置考(下)」, 『元史及北方民族史研究集刊』 12·13, 1989 : 『蒙元史研究叢稿』, 人民出版社, 2005, 195쪽 ; 李治安·薛磊, 『中國行政區劃通史 : 元代卷』, 復旦大學出版社, 2009, 64쪽.

67) 村上正二는 몽골시대 유목사회에서 유목민으로 구성된 公的人民과 피로인으로 구성된 私的人民이 명확히 구분되었고 전자는 쿱추르(賦稅)의 대상이 되었지만 후자는 이에 포함되지 않았다고 하였다. 여기에서 사적인민은 투하영주에게 직속된 본투하를 가리킨다(村上正二, 「モンゴル朝治下の封邑制の起源 : とくにSoyurghalとQubiとEmcuとの關連について」, 『東洋學報』 44-3, 1962 : 『モンゴル帝國史研究』, 風間書房, 1993, 198쪽).

68) 『元史』 卷13 世祖10, 280~281쪽.

정황에 비추어 이 같은 부담이 모든 본투하에게 일률적으로 주어진 것 같지는 않다. 아마도 각 봉건영주가 보유한 지위·권력, 군사·경제적 중요성, 투하의 종류·규모, 경제형태, 분봉지의 위치에 따라 상이한 형태를 띠었을 것이다.[69] 그러므로 본투하에 대한 몽골정부의 호구조사, 징세가 철저하게 시행되었다고 보기 어렵다. 이는 환언하면 몽골정부가 사속민에 대한 봉건영주의 배타적 소유권을 인정했음을 의미한다.[70]

이처럼 농경지대의 일반투하와 달리 초원의 본투하에 대한 중앙정부의 호구조사, 징세 면제는 몽골의 전통적 분봉제 안에서 얼마든지 가능한 일이었다. 그런 점에서 몽골지배층이 고려의 영토, 백성을 부마의 본투하로 인식했을 개연성을 상정해볼 수 있다. 고려의 민호가 몽골정부에게 직속된 유목민이 아니었음은 물론이고 그들이 직접 정복한 화북, 강남의 농경민과도 구분되었으므로 고려국왕이 소유한 사속민으로 인식되었을 가능성은 충분하다. 앞서 인용된 문장에서 요수가 오호사를 언급한 점이나 김호동이 징세 면제에 의문을 제기한 것은 그들이 고려의 백성을 호구조사, 징세의 대상이었던 농경지대 일반투하와 동일하게 취급했기 때문이다. 그러나 "고려를 부마고려국왕의 투하로 비정할 경우 칭기스칸이 막남북 초원에 분급한 공신, 천호의 투하와 비교해볼 수 있다"라는 견해도 제기되었듯이[71] 그들을 부마에게 강하게 예속된 본투하로 간주한다면 고려에서 호구조사,

---

69) 海老澤哲雄은 몽골시대 농경지대의 食邑(일반투하)이 해당지역 투하영주의 무분별한 招收로 인해 실제로 그들의 私領으로 轉化되는 경우가 많았다고 보았다(海老澤哲雄, 앞의 논문, 37~38쪽).

70) 松田孝一은 섬서지역으로 출진한 安西王에 대한 분봉 사례를 분석하여 그가 정부의 호적에 등록되지 않고 조세부담도 면제된 怯憐口, 民匠 즉 본투하를 보유했고(松田孝一, 「元朝期の分封制：安西王の事例を中心として」, 『史學雜誌』 88-8, 1979, 59~64쪽) 훌레구 일가의 동아시아 영지를 고찰하여 그가 칭기스칸으로부터 7천여 호에 달하는 본투하를 사여 받았음을 규명했다(松田孝一, 「フラグ家の東方領」, 『東洋史研究』 39-1, 1980, 41~42쪽).

71) 이개석, 앞의 책, 35쪽.

징세가 면제된 연유를 이해하기 어렵지 않다. 이는 몽골지배층이 여타 봉건영주와 마찬가지로 영토, 백성에 대한 고려국왕의 소유권을 온전하게 보장했음을 의미한다.

이상 논의했듯이 1278년 충렬왕과의 만남에서 쿠빌라이가 다루가치·군대 철수, 호적제출 면제를 결정한 것은 충렬왕에 대한 처우를 복속국 군주에서 황실의 부마 격으로 전환했음을 반영한다. 또한 고려에 대한 호구조사, 징세 면제 조처도 몽골의 고유한 분봉제 안에서 부마에게 직속된 본투하에 대한 처분으로 이해할 수 있다. 그러므로 이 같은 변화는 고려가 몽골과 능동적으로 교섭하여 거둔 외교적 성과라든가 양국이 한법을 채택·시행한 결과가 아니라 쿠빌라이가 제왕, 부마에 대한 몽골의 전통적 대우방식을 충실하게 따른 것으로 볼 수 있다.

물론 이 논의결과를 바탕으로 필자가 고려를 오로지 부마의 투하령으로 파악하는 견해에 동조하는 것은 아니다. 고려 王府를 구성하는 속관이 제대로 갖추어지지 않았음이 지적되었고[72] 고려국왕이 황실의 부마뿐 아니라 복속국 군주, 행성승상의 성격을 동시에 보유했다는 점이 규명된 만큼[73] 위 결론 역시 고려국왕이 가진 부마적 속성의 일부로 보는 편이 옳을 것이다.[74]

---

72) 김호동, 앞의 책, 112~113쪽.

73) 이명미, 앞의 책 참조.

74) 이개석도 "고려와 대원의 관계는 공신천호의 투하가 가진 속성만으로 설명하기는 어렵고 고려-대원 관계의 여러 가지 속성 가운데 하나로 보아야 할 것이다"라고 하였다(이개석, 앞의 책, 35쪽).

5. 맺음말

1278년 충렬왕은 몽골에 입조하고 쿠빌라이와 직접 교섭하여 고려에서 몽골군, 다루가치를 철수시키고 호적제출을 면제받는 성과를 거두었다. 그러나 이는 그의 능동적 외교활동의 결과가 아니라 쿠빌라이가 스스로 그의 요청을 물리치고 내린 결정이다. 그것은 당시 그에 대한 몽골지배층의 인식이 복속국 군주에서 황실의 부마로 전환된 점과 관련이 있다. 몽골공주와 통혼 후 그는 몽골의 군사활동에 적극 협력하고 몽골인의 외양을 모방하는 등 부마 지위를 인정받기 위해 부단히 노력했다. 그 결과 1278년 만남 때 비로소 쿠빌라이는 그의 부마 지위를 공식 인정하고 영지, 영민에 대한 소유권을 보장하기 위해 군대·다루가치 소환, 호적제출 면제를 결정했다.

1278년 만남 후 고려는 육사의 두 조항인 置達魯花赤과 供戶數籍이 면제되고 設驛의 완료를 인정받았으나 君主親朝, 助軍, 納質, 輸糧(納貢) 책무는 여전히 이행했다. 이는 몽골의 분봉제에서 封君의 의무인 朝覲, 征戍, 侍從, 進貢과 정확하게 일치한다. 그 만남에서 고려국왕의 책무가 복속국 군주에서 황실 부마의 그것으로 전환되었다고 볼 수 있다. 그러므로 이는 충렬왕이 쿠빌라이와 교섭하여 6사 일부의 면제를 이끌어낸 외교적 성과가 아니라 쿠빌라이가 스스로 복속국 군주의 책무를 일체 면제하고 몽골의 전통에 의거하여 부마의 책무를 새롭게 부과한 것으로 이해되어야 한다.

몽골은 고려를 복속시키고 충렬왕의 부마 지위를 인정한 후 한 번도 고려에서 호구조사, 징세를 시행하지 않았다. 몽골의 투하는 초원에서 피로인을 중심으로 성립된 本投下와 농경지대 피정복민을 대상으로 성립된 一般投下로 구분된다. 몽골정부는 일반투하에 대해 호구조사, 징세를 시행했으나 투하영주에게 직속된 본투하에게는 그것을 철저하게 적용하지 않았다. 고려의 민호가 몽골정부에게 직속된 유목민이 아니었고 화북,

강남의 농경민과도 구분되었으므로 고려국왕의 본투하로 인식되었을 가능성이 충분하다. 여기에서 호구조사, 징세가 고려에서 면제된 연유를 찾을 수 있다.

3부

몽골의 세계관과 고려의 대몽외교

1장 몽골의 '복속' 인식과 양국관계

1. 머리말

13세기 초 탄생한 몽골제국이 유라시아 전역을 대상으로 단행한 정복전쟁에서 고려도 예외가 될 수 없었다. 1231년 개시된 몽골의 침략이 30여 년 간 단속적으로 진행되는 과정에서 고려는 많은 인명을 잃고 토지 대부분이 황폐화되는 큰 시련을 겪었다. 결국 1260년 저항할 여력이 남지 않은 고려가 몽골에 복속하여 이후 100여 년 간 강한 정치적 간섭을 받게 되었다. 그러나 그 시대 고려가 몽골의 속국으로 전락하여 일방적인 간섭, 수탈만을 당한 것은 아니다. 주지하듯이 고려국왕은 대대로 몽골황실과 통혼하여 駙馬에 봉해지고 본토에 설치된 行省의 승상에 임명되어 몽골의 세계질서 안에서 유례를 찾아볼 수 없을 만큼 특별한 지위를 누렸다. 그리고 그것은 "지금 천하에서 백성과 사직을 보유하고 왕위를 누리는 것은 오직 三韓뿐이다"라고 한 카이샨(武宗)의 언사가 알려주듯이 몽골 지배층 사이에서 공히 인정되었다.[1] 이러한 고려국왕의 특수한 위상으로 말미암아 그것에 의거하여 형성된 양국관계는 이제까지 많은 학자들의 연구대상이 되어 왔다.

그러나 종래 연구가 대체로 국내 고려사 전공자들에 의해 진행되어

---

1) 『高麗史』 卷33 忠宣王2년 7월 乙未.

논의의 초점이 '대몽항쟁'이나 '몽골의 간섭, 수탈과 고려의 대응' 측면에 국한되어 있다는 특징을 지닌다. 즉 복속국 고려의 입장에서 몽골과의 관계를 살피는 연구가 주류를 이루었다. 그러나 양국관계의 구조와 성격을 올바르게 이해하기 위해서는 종주국 몽골의 관점에서 고려와의 관계를 조망하는 작업 역시 충분하게 진행될 필요가 있다. 그리고 그것은 거시적인 몽골의 대외정책 틀 안에서 양국관계가 갖는 보편성과 특수성을 규명하는 방향으로 이루어져야 할 것이다.

이 같은 문제의식을 바탕으로 본 장에서 '복속'에 관한 몽골 지배층의 전통적 인식에 기반을 두고 전개된 양국관계의 흐름에 주목하고자 한다. 몽골의 대외관계 관련 기록에는 '복속'에 관한 용어와 기사가 빈번하게 등장한다.[2] 이는 그 시기 몽골 지배층의 세계관 안에서 주변국의 '복속'이 매우 특별한 사건으로 인식되었음을 알려준다. 물론 몽골시대 이전 중국적 冊封·朝貢體制에 기초한 동아시아 국제질서 안에서도 '복속' 개념은 이미 존재했다. 그러나 그것은 책봉을 받은 주변국 군주가 조공의 대상인 중국황제의 형식적 우월성을 인정하는 대신 정치적 독자성을 보장받고 '황제의 은혜'라는 명목으로 많은 경제·문화적 이익을 취했음을 의미한다. 반면 몽골 지배층은 '복속'을 상대국에게 정치적 실력을 행사할 수 있는 실제적 주종관계를 맺는 것으로 간주하고 그러한 인식과 판단에 입각하여 그들과 맺는 외교관계의 형태를 결정했다. 따라서 '복속'에 관한 몽골 지배층의 인식은 그 시기 동아시아 국제관계의 양태와 성격을 규정하는 주된 요인으로 작용했음이 분명하다.

---

2) 몽골시대 '복속'은 한문사료에서 內附, 內屬, 內嚮, 內降, 來附, 來降, 歸服, 歸附, 降附, 臣服, 臣附 등 다양한 용어로 표현된다. 각 명칭 사이에 의미의 차이가 있고 한인 저자가 '복속'에 대한 나름의 이해방식에 따라 여러 용어를 구사했으리라 추정되지만 정작 몽골 지배층이 이 같은 다양한 명칭의 미묘한 의미의 차이를 인식했다고 보기 어렵다. 따라서 본 장에서는 폭넓은 시야에서 이 용어들을 동일한 개념으로 간주하고 '복속'으로 통일해 사용하고자 한다.

몽골 지배층의 '복속' 인식과 대외정책의 특성에 관해 乙坂智子가 선구적 업적을 발표한 바 있다. 그녀는 몽골과 주변국 간 실제적 복속관계가 중국적 책봉·조공관계와 다르다는 점을 지적하고 몽골이 복속국으로 하여금 六事를 이행케 하여 수립한 특유의 외교관계 형식을 內附體制라고 명명했다. 그리고 후속연구를 통해 고려와 티베트를 그에 부합하는 대표적 사례로 제시했다.[3] 아울러 森平雅彦은 몽골의 세계질서 안에서 고려국왕이 부마의 지위를 획득하는 사정을 탐색한 논고에서 고려가 가장 먼저 몽골에 '복속' 했다는(率先歸服) 후대의 인식이 통혼의 이유로 윤색되었음을 밝혔다.[4] 이들 연구는 참신한 관점으로 고려의 '복속'에 관한 몽골 지배층의 인식과 양국관계의 성격을 고찰한 탁월한 업적임에 틀림없다. 그러나 몽골의 '복속'인식과 고려정책이 그들의 전통적 세계관과 대외정책 방식에 근거한다는 점을 간과하고, 그것에 주목하여 양국관계의 전말을 총체적으로 조망하지 못하며, 그 안에서 펼쳐진 고려의 능동적 외교활동에 관심을 두지 않았다는 점에서 일정한 한계를 지닌다.

이에 본 장에서는 '고려복속'에 관한 몽골 지배층의 인식과 그것을 둘러싸고 전개된 양국관계의 역동적인 변화상을 살펴보려 한다. 이를 통해 몽골 지배층의 '복속' 인식과 그것에 바탕을 둔 대외정책의 성격 그리고 몽골에 대한 외교활동에서 발휘된 고려의 능동적, 주체적 역할과 성과를 이해하고자 한다.

---

3) 乙坂智子, 「元代「內附」序論：元朝の對外政策をめぐる課題と方法」, 『史境』 34, 1997 ; 乙坂智子, 「元朝の對外政策：高麗·チベット君長への處遇に見る「內附」體制」, 『史境』 38·39, 1999.

4) 森平雅彦, 「駙馬高麗國王の成立：元朝における高麗王の地位についての豫備的考察」, 『東洋學報』 79-4, 1998, 2~9쪽.

2. 몽골의 전통적 세계관과 '복속' 인식

몽골제국 건설 이전부터 칭기스칸은 자신의 위상과 통치권의 이념적 근거를 '하늘'에서 구했다. 일찍이 그는 메르키트 부족을 섬멸한 후 "천지가 힘을 더해 주사 권능 있는 하늘이 이름 지어 주시고 어머니이신 대지에 이르게 하시어 사나이가 원수의 메르키드 사람들을, 그들의 가슴도 비워놓았습니다"라고 하였고,[5] 케레이트 부족을 평정한 후 "영생의 하늘에 가호되어 케레이트 백성을 굴복시키고 높은 자리에 올랐다"라고 하여 몽골통일 전쟁에서 승리할 수 있었던 힘의 근원을 하늘에서 찾았다.[6] 그의 측근들 역시 이러한 '천명' 관념을 부족민들에게 적극 표방했다. 그가 자무카와 결별하고 독립부족의 수장으로 추대될 때 코르치는 "하늘과 땅이 상의하여 테무진을 나라의 주인 되게 하라!"라는 계시를 받았다고 하였고,[7] 소르칸도 그가 몽골초원의 유일한 군주가 될 것이라 예언하며 "그는 그 일에 마땅한 권위와 능력을 지니고 있고 하늘의 가호와 제왕의 영광이 그의 이마에 분명하다"라고 하였다.[8] 또한 샤먼 텝 텡그리는 그가 '모든 세상을 다스린다'는 신의 계시를 받았음을 부족민들에게 여러 차례 강조하고, 몽골유목민 통합 후 그에게 바친 "칭기스칸"이란 칭호도 '왕중의 왕,' '세상의 군주'를 의미한다고 하였다.[9]

따라서 13세기 초 몽골제국 성립 시기 몽골인들은 이미 칭기스칸이 천명을 받은 유일한 군주로서 세상을 지배한다는 관념을 갖고 있었다. 그러나 그것을 곧바로 주변국에게 완전한 복속을 요구하고 대외정복의 주요한 명분으로 표방하는 단계까지 발전시키지 못했다. 이는 제국성립

---

5) 유원수 역주, 『몽골비사』, 사계절, 2004, 78쪽.
6) 『몽골비사』, 164쪽.
7) 『몽골비사』, 84쪽.
8) 라시드 앗 딘, 김호동 역주, 『부족지』, 사계절, 2002, 300쪽.
9) 라시드 앗 딘, 김호동 역주, 『칭기스칸기』, 사계절, 2003, 417쪽.

후 단행한 金과 호레즘 정벌에서 칭기스칸이 침공의 이유를 과거 알탄칸(금 황제)이 무고한 자신의 조상들을 살해한 행위에 대한 '복수'와[10] 일전에 호레즘에 파견한 사신, 상인 일행을 오트라르 지방관 이날축이 몰살한 행위에 대한 '응징'에서 찾은 사실을 통해 알 수 있다.[11]

그러나 이후 중앙아시아 정벌이 순조롭게 진행되는 과정에서 몽골인은 자신에게 대적할 수 있는 세력이 지상에 존재하지 않는다는 사실을 깨닫게 되면서 그들의 세계관을 정복전쟁의 주된 명분으로 삼는 단계로 발전시켰다. 1221년 칭기스칸이 니샤푸르 대인들에게 항복을 종용하면서 전한 다음 칙령에서 처음으로 그 이념이 정복전쟁의 유일한 이유로 표방되었다.

> 아미르들과 대인들과 많은 백성들은 위대한 신께서 해가 뜨는 곳에서 지는 곳까지 지상의 모든 곳을 내게 주었다는 것을 알라! 누구라도 복속하면 그 자신과 처자식들과 권속들에게는 자비가 있을 것이나, 누구라도 복속하지 않고 적대와 저항을 앞세운다면 그는 처자식들과 권속들과 함께 파멸하고 말 것이다.[12]

이처럼 칭기스칸 시기 형성된 몽골인의 세계관은 후손들에게 변함없이 계승되었다. 1245년 로마교황의 명을 받아 몽골에 파견된 수도사 카르피니가 귀환 후 저술한 여행기에서 당시 몽골인들이 세계정복의 야망을 품고 서유럽과 전쟁을 준비하고 있으며 그 이유가 '그들만이 몽골에 복종하지 않았기 때문'이라고 하여 몽골의 세계관이 이방인인 자신이 감지할 수 있을 만큼 몽골인들 사이에서 널리 확산되었음을 증언했다.[13] 몽골의

---

10) 『칭기스칸기』, 433쪽.
11) 『칭기스칸기』, 312쪽.
12) 『칭기스칸기』, 349쪽.
13) Christopher Dawson, *Mission to Asia*, University of Toronto Press, 1980, pp.43~44.

3대 카안 구육도 그를 통해 로마교황에게 전달한 서한에서 오로지 '모든 지상을 지배하라'는 천명에 근거하여 서유럽 기독교 세계의 완전한 복속을 요구했다.[14] 1254년 4대 카안 뭉케는 수도사 루브룩을 통해 프랑스 국왕에게 전달한 서한에서 몽골이 주변국과 관계를 맺는 방식을 '전쟁'과 '평화'로 양분하고 몽골에 복속하는 것만이 평화를 얻는 유일한 길이라고 강조했다.[15] 과거 교황청에서 파견된 사제단이 아르메니아 지역에서 몽골 장군 바이주를 통해 전달받은 구육의 서한에도 "그대는 스스로 와서 조근할지 여부 즉 우리와 우호할 것인지 적대할 것인지 신속하게 결정하여 사신을 보내 보고하라"라는 유사한 내용이 담겨있다.[16] 이는 그 시기 몽골인의 대외인식 속에 오직 전쟁과 복속(평화)만 있고 대등한 입장의 화평관계가 존재하지 않았음을 나타낸다. 그러한 이분법적 세계관은 5대 카안 쿠빌라이가 남송병합 후 日本, 安南, 瑠求에게 복속을 요구하면서 보낸 다음 서한에도 변함없이 반영되었다.

> 우리 祖宗은 하늘의 밝은 명을 받아 區夏를 모두 차지하여 먼 異域에서 위엄을 두려워하고 은덕을 생각하는 자가 모두 셀 수 없을 정도이다. [……] 聖人이 四海를 一家로 만드는 데 서로 通好하지 않으면 어찌 一家의 도리이겠는가. 전쟁에 이르는 것을 대체 누가 좋아하겠는가.[17]

> 祖宗이 법을 세운 이후 무릇 여러 나라들이 귀부하여 친히 내조한 자는 그 백성들로 하여금 예전과 같이 편안하게 하였고 항거하고 복종하지

14) Igor de Rachewiltz, *Papal Envoys to the Great Khans*, Stanford University Press, 1971, pp.213~214.

15) Peter Jackson, *The Mission of Friar William of Rubruck : His Journey to the court of the Great Khan Möngke 1253~1255*, The Hakluyt Society, 1990, pp.248~250.

16) 馮承鈞 譯, 『多桑蒙古史(上)』, 上海書店出版社, 2001, 242쪽.

17) 『元史』 卷208 日本, 4625~4626쪽.

않은 자는 진멸하지 않음이 없었다.[18]

짐이 생각건대 祖宗이 법을 세운 이후 무릇 미처 내부하지 않은 나라에 먼저 사신을 보내 초유하여 내조하면 예전과 같이 편안하게 하고, 그렇지 않으면 반드시 정벌하여 토멸했다.[19]

물론 이 같은 이분법적, 자기중심적 세계관이 몽골만의 독특한 인식체계는 아니다. 주지하듯이 전통시대 중국의 여러 왕조는 고유의 중화사상에 입각하여 세계를 華와 夷로 양분하고 주변국과 형식적 군신관계를 맺어 중국황제를 중심으로 하는 책봉·조공 질서를 수립했다. 그러나 그들은 대체로 북아시아 유목민족으로 대표되는 주변의 강력한 정치세력을 실제로 복속시킬 만한 정치·군사력을 갖추지 못했다. 따라서 책봉·조공 관계는 조공국이 중국황제의 명목적 종주권을 인정하는 대신 정치적 독립성, 자율성을 보장받고 중국황제의 하사품이라는 명목으로 일정량의 물자를 제공받는 형태로 정착되었다. 따라서 그러한 국제질서 안에서 중국황제가 조공국 군주에게 '실제적 복속'을 의미하는 親朝를 요구·관철하는 일은 매우 드물었다.

그러나 몽골인은 그들의 전통적 세계관에 입각하여 '복속'을 '형식적'이 아닌 '실제적' 개념으로 인식하고 주변국 군주의 친조를 가장 확실한 복속의 표시로 간주했다. 이에 따라 그들은 일찍부터 주변국과 접촉할 때 군주의 친조를 강하게 요구했다. 제국성립 직후 칭기스칸은 당시 카라키타이에 복속해 있던 위구르 군주 바르축 아르테긴과 카를룩 군주 아르슬란에게 친조를 요구해 관철하였고,[20] 구육도 수차례 로마교황에게 서한을

18) 『安南志略』 卷2 大元詔制「至元二十八年諭世子陳詔」.

19) 『元史』 卷210 瑠求, 4667쪽.

20) 『칭기스칸기』, 251쪽 ; 『부족지』, 247~248쪽 ; 『몽골비사』, 235쪽.

보내 서유럽 기독교세계의 국왕들과 함께 친조할 것을 명했다. 쿠빌라이 역시 동남아, 인도양의 여러 나라(南海諸國)를 초유할 때 국왕의 친조를 집요하게 요구하고 이행하지 않을 경우 그것을 구실로 삼아 대규모 정벌을 단행했다.[21]

그리고 몽골은 주변국 군주로 하여금 친조를 이행케 하여 복속관계를 맺을 때 그 순서를 매우 중요하게 고려했다. 즉 솔선하여 입조한 군주일수록 더 큰 공적을 인정하고 높은 지위를 부여했다. 이는 1234년 키르만 지역 군주 루큰 앗 딘 쿠틀룩(Rukn ad-Din Qutlug)이 입조했을 때 우구데이가 그의 공적을 치하하면서 "칙명에 따라 어전으로 [누구보다 먼저] 달려왔기 때문에 그에게 '쿠틀룩 칸'이라는 호칭을 주었다"[22]라는 기록과 至元7년(1270) 2월 쿠빌라이가 몽골에 입조한 高麗 元宗을 질책하며 "그대는 늦게 內附했기 때문에 諸王보다 아래에 위치한다. 우리 太祖 시기에 亦都護(이두쿠트)는 먼저 귀부하여 諸王 위에 위치하게 했고, 阿思蘭(아르슬란)은 후에 귀부하여 그 아래에 위치하게 했다"[23]라고 한 발언에 잘 드러난다.

이와 같이 몽골인은 칭기스칸 시기 확립된 독자적 세계관에 근거하여 자신의 나라를 '세계제국'으로 간주하고 지상의 모든 지역과 사람들을 실재적·잠재적인 정복과 지배의 대상으로 인식했다. 즉 몽골인의 세계관 속에는 실제 지배하는 국가, 백성과 향후 반드시 정복·복속시켜야 할 대상만 있을 뿐이었다. 그리고 그들은 군주의 친조를 복속 여부를 결정하는 유일한 판단기준으로 삼고 친조가 실현될 경우 그 순서에 따라 공적과 지위에 차등을 두었다. 다시 말해 주변국에서 사신을 보내 복속의 의향을 표시해도 군주가 직접 입조하지 않는 한 그것을 인정하지 않았고, 친조가

---

21) 고명수, 「쿠빌라이 정부의 南海정책과 해외무역의 번영 : 몽골의 전통적 세계관과 관련하여」, 『사총』 72, 2011, 243~255쪽.

22) 라시드 앗 딘, 김호동 역주, 『칸의 후예들』, 사계절, 2005, 105쪽.

23) 『元史』 卷7 世祖4, 128쪽.

이행되어도 그 순서가 상대적으로 늦는다면 높은 공적과 지위를 보장하지 않았다. 몽골은 이러한 세계관과 대외정책 방식에 입각하여 주변국에게 군주의 친조를 통한 '완전한 복속'을 요구하고 거부할 경우 가공할 전투력을 동원해 그들을 철저하게 굴복시켰다. 그 결과 유라시아 대륙 대부분을 정복하여 역사상 유례없는 광대한 '세계제국'을 건설했다.

3. '복속' 인식의 괴리와 蒙麗전쟁

13세기 초 요동에서 金에게 반기를 들고 거병한 거란족을 토벌하는 과정에서 몽골과 고려의 첫 만남이 이루어졌다. 高宗5년(1218) 12월 카친(哈眞), 자라(札剌)가 지휘하는 몽골군이 당시 江東城에 웅거해있던 거란족을 토벌하기 위해 고려 경내로 진입했다. 이때 趙沖과 金就礪가 이끄는 고려군이 그들과 연합하여 다음해(1219) 정월 강동성을 함락하고 거란족의 투항을 받아냈다. 그 직후 양국 사이에 화친이 맺어졌다. 『高麗史』, 『高麗史節要』와 같은 고려 측 자료에는 이때 카친이 사신을 보내 고려에 강화를 청했다고 기록되어 있으나[24] 『元史』, 『元高麗紀事』와 같은 몽골 측 자료에는 고려국왕이 몽골에 항복하고 歲貢 바치기를 청했다고 기록되어 있다.[25] 이러한 서술의 불일치는 그 사건에 대한 후대 역사가들의 인식 차이에서 비롯된 것으로 보인다. 따라서 당시 양국관계가 실제로 어떠한 형태로 성립되었는지 정확하게 파악하기 어렵다.

그러나 화친교섭 때 몽골사신 蒲里岱完이 오만무례하게 고려국왕을 대하고, 화친 후 줄곧 몽골이 고려에 대해 고압적인 자세로 무리하게 공물을 요구한 사실에 비춰볼 때 적어도 몽골은 그들의 전통적 세계관에

24) 『高麗史』 卷22 高宗6년 정월 庚寅 ; 『高麗史節要』 卷15 高宗6년 정월.
25) 『元史』 卷1 太祖, 20쪽 ; 『元高麗紀事』 太祖13년.

입각하여 화친의 성립을 고려의 '실제적 복속'으로 인식했을 가능성이 크다. 반면 고려는 강동성전투 이전 이미 몽골에 관해 "夷狄 중 가장 흉악하고 사납다"라는 부정적 인식을 갖고[26] 금과 동맹하여 몽골세력의 침투를 견제하려고 시도한 바 있으므로 형세에 따라 부득이하게 화친을 맺었다고 볼 수 있다.[27] 그리고 화친 후 몽골의 무리한 공물요구에 대해 고려는 이제껏 주변국으로부터 그와 같은 강한 외교적 압박을 받은 전례가 없으므로 몽골에 대한 반감이 더욱 증대했을 것으로 여겨진다. 고려가 몽골의 요구를 일부 수용하는 한편 "戶部侍郎 崔正芬 등 8인을 北界 興化道의 각 성으로 나누어 보내 무기와 군수품 비치 상태를 검열케 하고 작은 성의 [백성을] 큰 성으로 대피시켰다. 그때 첩자가 몽골이 가을에 다시 온다고 말했으므로 이에 대비한 것이다"라는 기사와 같이 변방의 수비를 강화하여 침입에 대비한 조처를 통해 그들에 대한 고려의 부정적 인식과 반감을 엿볼 수 있다.[28] 이와 같이 애당초 불안정한 형태로 성립된 양국의 화친관계는 결국 高宗12년(1225) 정월 발생한 몽골사신 著古與의 피살사건을 계기로 파탄을 맞게 되었다.

高宗18년(1231) 8월부터 30여 년간 6차례에 걸쳐 몽골의 고려침략이 단속적으로 진행되었다. 고려는 高宗19년(1232) 6월 강화도로 도읍을 옮기고 몽골의 침략에 저항하는 한편 그들에게 여러 차례 사신을 보내 화친을 청하는 방식으로 전란을 종식시키려 노력했다. 여기에서 전쟁기간 중

26) 『高麗史節要』 卷15 高宗5년 12월.

27) 이개석, 『고려-대원 관계 연구』, 지식산업사, 2013, 69쪽. 高宗19년(1232) 몽골의 2차 침입 후 고려가 東眞에 보낸 서신의 "대체로 이른바 몽골은 시기심과 잔인함이 매우 심하여 비록 화친을 맺어도 믿을 만하지 못하다. 우리나라가 그들과 화친을 맺은 것은 반드시 본의에서 나온 것이 아니다. 그러나 이전에 보낸 서한에서 알려준 바와 같이 지난 己卯年(1219) 江東城에서 형세에 따라 부득이하게 화친을 맺게 된 것이다"라는 구절에도 그러한 고려의 입장이 반영되어 있다(『東國李相國集』 卷28 「答東眞別紙」).

28) 『高麗史』 卷22 高宗6년 7월.

양측 사이에 왕래한 서신을 검토하면 '복속'에 대한 인식이 크게 다르다는 점을 알 수 있다. 우선 고려는 전쟁이 처음 시작되었을 때부터 줄곧 강동성전투 시기 이미 몽골에 '복속'했음을 강조했다. 이는 高宗18년(1231) 사르타이(撒禮塔)가 이끄는 몽골군의 침입 직후 고려가 화친을 청하면서 보낸 서한에서 "그 投拜에 관한 일은, 이전에 河稱과 札剌이 왔을 때 이미 일찍이 投拜했습니다"라는 구절과[29] 강화천도 직후 몽골군의 철수를 청하면서 보낸 서한에서 "己卯年(1219)에 이르러 우리 대국에서 장수 河稱과 札臘이 지휘하는 군사를 보내 그 무리(거란)를 소탕했습니다. 소국이 입은 은혜가 헤아릴 수 없어 投拜의 예를 행하고 마침내 하늘에 맹세하면서 영원히 和好할 것을 약속했습니다"라는 내용에 잘 나타난다.[30] 즉 몽골의 투항 요구에 대해 고려는 이미 高宗5년(1218) 강동성전투 직후 몽골에 '복속'했으므로 침략을 받을 만한 허물이 없다고 주장했다.

반면 몽골은 끊임없이 고려의 불복을 질책하며 확실한 '복속'을 요구했다. 이는 고려가 항시 몽골에게 사신과 공물을 보내 신하의 예를 취했음에도 불구하고 몽골 지배층이 전통적 대외관념에 입각하여 수도를 강화도로 옮기고, 몽골군의 침입에 강하게 저항하며, 국왕의 친조를 이행하지 않는 고려의 태도를 '실제적 복속'으로 여기지 않았기 때문이다. 전술했듯이 몽골은 세상의 모든 지역과 사람들을 전쟁과 복속의 대상으로 양분하고 주변국이 확실하게 복속하지 않을 경우 무력을 동원해 철저하게 굴복시키는 세계관과 대외정책 방식을 지녔는데, 그것이 高宗18년(1231) 12월과 高宗40년(1253) 8월 고려에 보낸 다음 서한에 그대로 반영되어 있다.

> 皇帝大國의 영토 안에서 몽골인들은 주위 사방의 국토를 모두 거두었다. 투항하지 않은 국토를 모두 거두었다. 너희들이 투항하지 않으면 모두

29) 『高麗史』 卷23 高宗18년 12월 庚辰.

30) 『高麗史』 卷23 高宗19년 11월.

일거에 칠 것이다. 너희가 듣지 않으면 우리는 침략하여 너희들이 가진 모든 것을 거둘 것이다. 너희가 투항하면 고려국왕의 민호 중 투항하는 자는 전과 같이 살게 될 것이고, 투항하지 않은 자는 죽게 될 것이다.[31]

짐은 해 뜨는 곳에서 해지는 곳까지 모든 백성들을 편안하고 즐겁게 하려는데 너희들이 명을 거역하므로 皇叔 也窟(예쿠)에게 명해 군대를 이끌고 가서 정벌하게 했다. 명을 받아 복속한다면 군대를 돌릴 것이고, 명을 거역한다면 짐이 절대 용서하지 않을 것이다.[32]

몽골은 주변국에게 자신들이 만족할 정도의 '확실한 복속'을 요구하고 군주의 친조를 가장 주요한 징표로 여겼기 때문에 고려에게도 국왕친조를 집요하게 요구했다. 우선 강동성전투를 계기로 양국이 화친을 맺은 직후 고려가 몽골에 보낸 서한에서 "삼가 생각하건대, 신이 일찍부터 皇靈을 받들어 정성스럽게 신하의 직분을 닦았는데 다시 천자께서 내리신 가르침을 받으니 천자를 숭모하는 정성이 갑절이나 깊어집니다. 다만 천리나 떨어진 바다 끝에 살고 있고 또한 하루도 번국을 지키는 소임을 놓기 어려우며 만약 封境을 떠나 먼 산천을 지나다가 혹시라도 변고가 생긴다면 [천자께] 심려를 끼칠까 걱정됩니다"라고 답변하는 내용과[33] 당시 몽골의 복속국인 東眞에 보낸 서한에서 "高麗國王 아무개는 삼가 東夏國王 殿下께 답서를 보냅니다. 보내온 편지를 받아보니 [그 편지에] 이르기를, '成吉思皇帝의 聖旨로 東夏國王에게 말하다. 준비해서 친히 알현하러 오라. 고려국은 지난번에 한 번 화친을 맺을 때 역시 함께 오기로 하였으니 준비해 [고려에] 가서 올 것인지 오지 않을 것인지 물어보라'라고 하시었습니다"라는 구절

---

31) 『高麗史』 卷23 高宗18년 12월 壬子朔.
32) 『高麗史』 卷24 高宗40년 8월 戊午.
33) 『東國李相國集』 卷28 「蒙古國使齎廻上皇帝表」.

을 통해 화친교섭 시기 칭기스칸이 고려국왕의 친조를 요구했음을 알 수 있다.[34]

또한 高宗19년(1232) 11월 고려가 몽골에 보낸 서한에서 "제가 친히 朝覲하는 일에 대해 말씀드리겠습니다. 폐하께서 황통을 계승했다는 소식을 들었을 때 바로 가서 하례를 올려야 하는데 하물며 外臣으로서 황궁에 가서 영광스럽게 조회하는 것은 진실로 바라는 바입니다. 그러나 국왕의 자리를 하루라도 비우기 어려우니 진실로 황공할 뿐입니다"라고 변명하는 내용 역시 몽골이 투항의 징표로 국왕친조를 요구했음을 짐작케 한다.[35] 몽골은 高宗26년(1239) 4월·8월, 27년(1240) 9월, 38년(1251) 10월에도 거듭 사신을 보내 고려국왕의 친조를 요구했다.[36]

그러나 고려는 전쟁기간 중 몽골의 국왕친조 요구를 한 번도 이행하지 않았다. 이는 국왕의 신변안전에 대한 고려정부의 우려나 권위의 약화를 염려한 무신 집권자의 반대 등 여러 요인으로 설명되지만 무엇보다 국왕친조가 역사상 전례가 없는 초유의 사건이라는 공통된 인식에 따른 결과라고 볼 수 있다. 이는 「回東夏國書」에서 "옛날부터 역대로 大國을 섬겨 왔으나 朝覲하는 禮는 국왕이 친히 한 일이 없습니다"라는 구절에 잘 드러나고,[37] 元宗5년(1264) 5월 원종의 친조를 요구하는 쿠빌라이의 명을 받았을 때 李藏用을 제외한 모든 신료들이 반대했다는 기록을 통해서도 재차 확인된다.[38]

몽골의 1차 침입 후 고려 신료들이 崔瑀의 집에 모여 강화천도를 논의하는 자리에서 "작은 나라로서 큰 나라를 섬기는 것은 마땅한 도리이다. 예로써 섬기고 믿음으로 사귀면 그들이 어떤 명분으로 우리를 괴롭히겠는가"라고

---

34) 『東文選』 卷61 「回東夏國書」.

35) 『高麗史』 卷23 高宗19년 11월.

36) 『高麗史』 卷23 高宗26년 4월 ; 8월 ; 高宗27년 9월 ; 高宗38년 10월 戊申.

37) 『東文選』 卷61 「回東夏國書」.

38) 『高麗史節要』 卷18 元宗5년 5월.

한 兪升旦의 발언에서 알 수 있듯이[39] 그 시기 고려 지배층이 생각하는 '복속'이란 과거 전통적 책봉·조공체제 안에서 宋, 遼, 金의 황제에게 事大하는 수준이었을 것으로 여겨진다.[40] 高宗19년(1232) 11월 몽골에 보낸 陳情狀에서 己卯年(1219) 강동성전투와 고려의 投拜를 거론하기에 앞서 "弊邑은 본래 변방의 작은 나라로서 대대로 반드시 事大의 예를 행한 후에 나라를 보존할 수 있었습니다. 그런 까닭으로 얼마 전까지 신하로서 大金을 섬기다가 金國이 패망한 후에 비로소 朝貢의 예를 그만두었습니다"라고 언급한 구절도 그것을 뒷받침한다.[41]

이와 같이 고려는 전통적 국제질서 안에서 몽골의 형식적 우위를 인정하고 조공국의 의무를 충실하게 수행한다면 전례 없는 국왕친조를 행하지 않아도 그들과 화친관계를 회복할 수 있다고 기대했다. 따라서 高宗18년(1231) 전쟁 후 몽골에게 신하의 자세를 취하면서 저항의지를 보이지 않고 조공국의 소임을 충실하게 이행한 고려는 정당한 이유 없이 수차례 군대를 일으켜 침략을 자행하는 몽골의 태도를 이해하기 어려웠을 것이다. 高宗40년(1253) 8월 당시 고려를 침공한 몽골군 지휘관 예쿠(也窟)에게 보낸 서한에서 "小邦이 上國에 臣服한 이래 오직 한 마음으로 힘껏 직공을 닦았으므로 [상국의] 보호를 받아 영원히 평안할 것이라 기대했습니다. 그러나 뜻밖에 황제의 군대가 갑자기 우리나라에 들어오니 그 이유를 알지 못한 채 온 나라가 두려워하고 있습니다"라는 구절에 그러한 고려의 당혹감이 반영되어 있다.[42]

이처럼 고려가 고유한 대외관념에 입각하여 '복속'의 자세를 취했음에도

---

39) 『高麗史』 卷102 兪升旦.

40) 이개석, 「여몽관계사 연구의 새로운 시점 : 제1차 여몽화약(麗蒙和約)과 지배층의 통혼관계를 중심으로」, 『13~14세기 고려-몽골관계 탐구』(동북아역사재단·경북대학교 한중교류연구원 엮음), 동북아역사재단, 2011, 23~26쪽.

41) 『高麗史』 卷23 高宗19년 11월.

42) 『高麗史』 卷24 高宗40년 8월 己未.

불구하고 몽골은 국왕친조가 이행되지 않는 한 그것을 인정하지 않았다. '복속'에 관한 양국의 현격한 인식 차이는 1249년 몽골이 고려에 보낸 서한에서 "힘을 다해 직공을 닦으려면 庚子年(1240) 간에 [국왕이] 직접 조회하러 오라고 이 같은 분명한 깨우침을 보냈는데 지금도 예전처럼 황제의 명을 거스르고 내가 무엇을 알고 무엇을 듣겠는가하여 나를 속였으니 너희는 진실로 경솔하였다"라고 질책하는 내용에 잘 나타난다.[43] 그들의 대외관념 속에서 국왕친조의 불이행은 '불복'을 의미하고 몽골에 불복한 나라는 곧 군사정벌의 대상이 되기 때문에 고려에 대한 무력침공은 자연스러운 행보였다. "[고려의] 宰樞들이 몽골이 해마다 전쟁을 일으키니 아무리 힘껏 섬겨도 이득이 없다고 의견을 모아 봄에 정례적으로 공물 바치는 것을 중지했다"라는 기록은 '복속'에 관한 인식의 차이로 인해 균열된 양국관계의 실상을 여실히 보여준다.[44] 따라서 이 같은 인식의 괴리는 30여 년 지속된 양국전쟁의 주된 요인으로 작용했다고 볼 수 있다.

그러나 장기간 집요하게 국왕친조를 요구하던 몽골은 高宗43년(1256)부터 태도를 바꿔 국왕 대신 태자의 입조를 요구하기 시작했다. 그 시기 양국전쟁에서 고려뿐 아니라 몽골도 많은 피해를 입었는데, 이는 그해 5월 당시 고려정벌을 지휘하던 몽골장수 車羅大가 화친을 청하기 위해 파견된 고려사신 愼執平에게 화를 내며 "화친을 맺고 싶다면 너희나라는 어째서 우리 군사를 [이토록] 많이 죽였는가"라고 말했다는 기록을 통해 알 수 있다.[45] 그러므로 이러한 몽골의 태도변화는 그들이 장기간 힘겨운 전쟁을 겪으면서 국왕친조를 통한 고려의 완전한 복속을 실현하기 어렵다고 판단했기 때문으로 보인다. 그리고 태자의 입조는 몽골이 국왕친조가 현실적으로 어려울 경우 대안으로 차기 군주위계승자의 완전한 복속을

43) 『元高麗紀事』 定宗 己酉年.

44) 『高麗史』 卷24 高宗44년 정월 丙辰.

45) 『高麗史』 卷24 高宗43년 5월 壬寅.

받아 즉위 후 그 나라에 대한 지배력을 강화하려는 목적으로 주변국에게 시행하는 전통적 방식이었다. 이에 따라 몽골은 高宗43년(1256) 4월과 다음해 7월 車羅大를 통해 태자의 입조를 요구했다.[46]

고려에서도 오랜 전쟁으로 인해 전 국토가 황폐화되어 더 이상 버티기 어려운 상황에서 몽골이 완화된 조건을 제시하자 그것을 수용하는 선에서 타협을 이루자는 목소리가 점차 높아졌다. 마침 高宗45년(1258) 3월 柳璥, 金俊이 그동안 고려의 정권을 장악하고 몽골에 대한 항전을 주도한 최씨 무신정권을 타도하는 정변을 일으켰다. 이를 계기로 고려정부 안에서 몽골의 요구를 받아들여 화친을 맺자는 주장이 더욱 탄력을 받아 결국 다음해(1259) 4월 고려 태자 王倎의 입조가 이루어졌다.

그런데 최씨정권 붕괴 후 고려가 몽골에 보낸 서한을 살펴보면 '복속'에 관한 고려의 인식이 크게 바뀌었음을 확인할 수 있다. 주지하듯이 그때까지 고려는 줄곧 몽골에게 강동성전투 시기 이미 복속하여 조공국의 의무를 충실하게 이행했다고 주장했다. 그러나 이때부터 그동안 몽골에게 저항했음을 스스로 인정하고 그것을 권신(최씨가문)이 발호한 탓으로 돌렸다. 高宗45년(1258) 12월 고려는 몽골에 사신을 보내 "본국이 대국을 섬기는 정성을 다하지 못한 것은 단지 권신이 정치를 농단하면서 복속을 원하지 않았기 때문입니다. 지금 崔竩가 이미 죽었으니 즉시 섬에서 나와 육지로 가서 상국의 명을 따르고자 합니다"라고 말했고,[47] 다음해(1259) 4월 태자 왕전이 몽골에 입조하러 떠나면서 소지한 표문에도 "小邦은 일찍이 병권을 지닌 권신이 오래도록 군대를 장악함으로써 국사가 그의 수중 안으로 떨어져 스스로 제어할 수 없었습니다. 때문에 상국을 받드는 일에 자못 결례가 많았습니다. 다행히 하늘의 도움을 받아 흉악한 놈을 쉽게 제거했으니 장차 영원히 한 마음으로 [직공을 닦는 데] 힘을 다할 것입니다"라고

46) 『高麗史』 卷24 高宗43년 4월 壬申 ; 高宗44년 7월 壬申.
47) 『高麗史』 卷24 高宗45년 12월 甲辰.

하여 동일한 입장을 되풀이했다.[48]

이와 같이 최씨정권 붕괴 후 고려는 몽골에 대해 그동안 복속국의 의무를 충실하게 이행하지 못했음을 자인하고 태자입조 요구를 수용하여 그들과 화친을 맺으려 했다. 과거에 몽골이 여러 차례 고려의 불복과 저항을 질책하고 고려 역시 뒤늦게 그것을 인정했으므로 태자의 입조가 성사될 경우 이는 양측 모두에게 오랜 전쟁을 겪은 후 비로소 실현된 최초의 '복속'으로 인식되었을 것이다. 실제로 몽골 지배층은 태자 왕전과 쿠빌라이의 만남을 계기로 맺어진 양국의 화친을 몽골에 대한 고려의 '최초 복속'으로 보았다.

4. 쿠빌라이 시기 '복속' 인식의 동요와 정착

高宗46년(1259) 4월 태자 왕전이 몽골에 입조하기 위해 고려를 출발했다. 당시 뭉케 카안이 남송정벌군을 이끌고 四川지역에 주둔하고 있었으므로 왕전은 요동을 지나 燕京－京兆를 거쳐 사천으로 통하는 길을 택했다. 그러던 중 陝西지역 六盤山에 이르렀을 때 뭉케의 사망 소식을 접하고 귀환 길에 올랐다. 그리고 다음해(1260) 정월 汴梁 부근에서 남송정벌 좌익군을 이끌고 북상하던 皇弟 쿠빌라이와 회합했다. 그때 왕전이 쿠빌라이에게 예를 표하자 그가 "고려는 만 리 밖의 나라로서 唐太宗이 친히 정벌해도 복속시키지 못했는데 지금 그 세자가 스스로 와서 나에게 귀부하니 이는 하늘의 뜻이다"라고 기뻐했다는 사실은 잘 알려져 있다.[49] 여기에

48) 『高麗史』 卷24 高宗46년 4월 甲午.

49) 『高麗史』 卷25 元宗원년 3월 丁亥. 김호동은 이 발언이 쿠빌라이가 카안에 즉위하기도 전에 고려가 복속했음을 입증하는 증거가 아니라 아릭부케와 대결을 앞두고 고려의 자발적인 복속을 강조하여 자신의 정통성을 내외에 과시하려는 정치적 선전의 목적에서 나온 것으로 보았다(김호동, 『몽골제국과 고려』, 서울대

서 과거 당태종의 군대에 저항한 바와 같이 고려가 장기간 몽골의 침략에 저항하면서 불복했다는 인식이 바탕에 놓여있음을 엿볼 수 있다.

그러한 인식은 당시 쿠빌라이뿐 아니라 몽골의 지배층 사이에서 공유되었던 것으로 보인다. 이는 양자가 회합했을 때 그의 측근인 趙良弼이 "고려가 비록 작은 나라라고 하지만 산과 바다로 막혀 있어 우리나라에서 군사를 동원한 지 20년이 되어도 아직 복속하지 않고 있습니다(尙未臣附)"라고 한 발언과[50] 카안 즉위 직후 쿠빌라이가 도성에서 불교를 진흥시키려 했을 때 네스토리우스교 신자 愛薛이 반대하면서 올린 진언 중 "高麗가 새롭게 복속하고(高麗新附) 山東이 초기에 평정되었으나 江南은 아직 평정되지 못했습니다"라고 한 대목을 통해 알 수 있다.[51]

그런데 쿠빌라이는 그때 왕전과의 만남을 고려의 '진정한 복속'으로 인정하지 않은 것 같다. 그는 왕전과 함께 근거지 開平에 이르러 그에게 마침 사망한 전왕(고종)의 자리를 계승하라고 명하고 귀국시키면서 전한 서한에서 "지금 하늘 아래 [우리에게] 복속하지 않은 나라는(未臣服者) 오직 너희 나라와 송나라뿐이다"라고 하여 여전히 고려가 복속하지 않았음을 지적했다.[52] 中統원년(1260) 3월 그가 개평에서 카안에 즉위하고 다음 달 왕전 역시 개경에서 국왕(원종)으로 즉위했다. 그 직후 원종은 永安公 僖를 보내 쿠빌라이의 카안 즉위를 축하하고 고려가 복속하지 않았다는 지적에 대해 다음과 같이 해명했다.

> 송나라가 복속하지 않았다고 말씀하신 것은 옳은 말입니다. 돌이켜보건대 小邦은 항상 大國을 섬겨왔는데 어찌 이 같은 통일의 시기에 감히 두

학교출판부, 2007, 91~92쪽).

50) 『高麗史』 卷25 元宗원년 3월 丁亥.

51) 『元史』 卷134 愛薛, 3249쪽.

52) 『高麗史』 卷25 元宗원년 4월 丙午.

마음을 품겠습니까? 매년 조빙을 거른 적이 없고 모든 지시에 복종했으며 하물며 臣이 직접 찾아뵙고 과분한 대접까지 받은 터에 어째서 우리를 그 나라와 비교하시는지 이유를 모르겠습니다. 물러나 곰곰이 생각해 보니 저에게 허물이 있는 것이 아니라 다만 이전에 [황제의] 위엄을 두려워하여 거처를 옮긴 것이(徙處) 잘못을 저지른 것처럼 되어버린 듯합니다.[53)]

그때 원종은 대대로 충실하게 직공을 닦았다는 전쟁 시기 고려의 입장을 되풀이하고 쿠빌라이의 오해가 자신이 그의 위엄을 두려워하여 '거처를 옮긴' 행위에서 비롯되었다고 설명했다. 그 행위는 아마도 강화천도를 의미하는 것으로 보이는데 정확히는 알 수 없다. 그러나 당시 그가 쿠빌라이 앞에서 복속에 관해 명확한 태도를 취하지 않았던 것은 분명해 보인다.[54)] 동시기 조양필이 쿠빌라이에게 "그(왕전)가 일단 귀국하면 다시 오지 않을 것입니다"라고 진언한 것도 그의 모호한 태도에 대한 반응으로 이해할 수 있다.[55)]

또한 쿠빌라이는 그때 양자의 회합이 어디까지나 차기 카안위 계승 후보자와 고려태자의 만남이었으므로 그것을 몽골카안과 고려국왕 사이에 맺어진 정식 외교관계로 인정하지 않았을 가능성도 있다. 그 시기 쿠빌라이는 분명 몽골의 황족으로서 국왕친조를 진정한 복속의 표시로 여기는 전통적 대외관념을 갖고 있었을 것이다. 따라서 그가 양자의 만남을 고려의 실제적 복속으로 인정하지 않았다면 즉위 후 고려국왕으로 하여금 반드시 친조를 이행케 하여 확실하게 복속관계를 수립할 필요가 있었다.

53) 『高麗史』 卷25 元宗원년 4월 丙寅.

54) 김호동은 왕전이 쿠빌라이와 만났을 때 복속에 관해 명확한 태도를 취하지 않고 귀국하여 국왕에 즉위한 후 영안공을 사절로 보내 비로소 정식으로 복속의 뜻을 표명했다고 보았다(김호동, 앞의 책, 85~89쪽).

55) 『高麗史』 卷25 元宗원년 3월 丁亥.

당시 그는 카안위 계승분쟁을 치르는 데 진력하느라 친조를 요구할 만한 여유를 갖지 못했으나 내전에서 승리한 후 곧바로 원종에게 친조를 명하여 元宗5년(1264) 10월 그것을 실현했다. 아마도 쿠빌라이를 위시한 몽골 지배층은 그때 처음으로 이행된 고려국왕의 친조를 고려의 '실제적 복속'으로 인식했을 것이다.[56]

그러나 국왕친조가 성사된 후에도 쿠빌라이는 줄곧 고려의 복속을 의심했다. 우선 그는 여러 차례 사신을 보내 고려가 出陸還都 약속을 이행하지 않는다고 질책했다. 일반적으로 몽골 지배층은 복속국이 그들의 통제권에서 벗어나기 위해 후방으로 수도를 옮기는 것을 자신들에게 정면으로 도전하는 적대행위로 간주했다. 칭기스칸 시기 몽골이 금을 침략했을 때 금이 화친을 맺은 후 수도를 中都에서 汴梁으로 옮기자 몽골이 그것을 이유로 다시 침략하여 황하 이북 지역을 모두 점령한 사실은 잘 알려져 있다. 마찬가지로 高宗18년(1231) 몽골의 1차 침입 때 고려가 화친을 맺은 후 수도를 강화도로 옮기자 몽골은 그것을 저항의 표시로 받아들여 재침의 명분으로 삼았다. 그리고 전쟁기간 내내 복속의 조건으로 국왕친조와 더불어 출륙환도를 강하게 요구했다. 따라서 비록 국왕친조가 이루어져도 출륙환도가 이행되지 않은 한 쿠빌라이는 고려복속의 진정성을 의심할 수밖에 없었다. 元宗9년(1268) 2월 몽골에서 귀환하는 安慶公 淐에게 그가 "너희 왕이 말하기를, '우리나라의 땅이 협소하므로 지금 西京에 들어와 屯田하는 軍民을 모두 귀환시켜 주시면 즉시 남아있는 백성들을 불러

56) 『高麗史』 卷25 元宗원년 8월 戊申條에 쿠빌라이가 입조한 고려사신 張季烈과 辛允和에게 "너희 나라는 40년 간 大國을 섬겼다. 지금 여기에 조회한 80여 나라 가운데 너희 나라만큼 예우와 대접이 후한 경우를 보았느냐"라고 하여 고려가 40년 전 이미 몽골에 복속했음을 인정한 언사가 기록되어 있다. 그러나 이는 그의 본심에서 나온 것이 아니라 계승분쟁 시기 정통성 면에서 열세에 처한 그가 카안 즉위를 축하하기 위해 파견된 고려의 사신을 후하게 대우할 필요가 있었기 때문에 일시적으로 그들의 오랜 저항을 무시한 것으로 이해하는 편이 온당하다(森平雅彦, 앞의 논문, 26~27쪽 주석16).

모아 3년 간 힘써 농사를 지은 후 옛 수도로 돌아가겠습니다'라고 했는데 둔전하는 軍馬를 모두 불러들인 지금 과연 옛 수도로 돌아갔는가?"라고 책망한 언사에 그러한 의구심이 여실히 반영되어 있다.[57] 다음해(1269) 5월 한인관료 馬亨도 "고려는 본래 箕子의 봉지였고 漢나라와 晉나라 때 모두 군현이 되었습니다. 지금 비록 내조했지만 그 마음은 헤아리기 어렵습니다. 가만히 듣건대 일찍이 旨를 내려 힘을 헤아려 육지로 나와 살라고 명했으나 아직까지 나오지 않고 있습니다. 지난해 사신을 보내 화호하여 親仁善鄰의 도리를 행하여도 지금 고려는 거짓말을 하면서 황제의 명을 어기고 있습니다"라고 하여 출륙환도 약속을 이행하지 않는 고려에 대해 강한 불신감을 표명했다.[58]

또한 쿠빌라이는 고려가 助軍의 의무를 성실하게 수행하지 않는다고 질책했다. 화친성립 후 몽골은 元宗9년(1268) 3월 조서를 보내 몽골에 복속한 나라들에게 조상들이 정해놓은 의무사항이 있다고 하면서 納質, 籍民, 置驛, 助軍, 輸糧, 置達魯花赤 등을 요구했다.[59] 통상 六事라고 불리는 이 조항은 고려 뿐 아니라 다른 복속국에게도 요구된 것으로 안남, 위구르, 티베트의 경우에서 확인된다.[60] 그 중 당시 몽골에게 가장 시급하고 중요한 사항은 목전에 둔 남송·일본정벌에 대한 고려의 군사지원이었다. 이에 따라 쿠빌라이는 여러 차례 조서를 보내 군사, 전함, 식량, 무기를 마련해

57) 『高麗史』 卷26 元宗9년 2월 戊戌.

58) 『元高麗紀事』 至元6년 11월.

59) 『高麗史』 卷26 元宗9년 3월 壬申.

60) 至元4년(1267) 9월과 至元12년(1275) 정월 두 차례 몽골이 安南에게 六事를 요구한 기록이 있다(『元史』 卷209 安南, 4635쪽 ; 卷8 世祖5, 160쪽). 몽골이 고려와 안남 외에 육사를 요구한 사례는 확인되지 않지만 그 시기 위구르와 티베트에서도 몽골의 요구를 받아 육사가 이행되었음을 규명한 연구성과가 있다(Thomas T. Allsen, "The Yuan Dynasty and the Uighurs of Turfan," *China among Equals : The Middle Kingdom and It's Neighbors, 10th-14th Centuries* (Morris Rossabi ed.), University of California Press, 1983 ; 乙坂智子, 「元朝チベット政策の始動の變遷 : 關係樹立に至る背景を中心として」, 『史境』 20, 1990).

조달하라고 명했다. 그때마다 원종은 부담이 과중하다고 호소하면서 소극적인 대응으로 일관했다. 조군이 몽골에 복속한 나라에게 부여된 주요한 의무사항이었으므로 그것을 교묘하게 회피하는 고려의 태도는 쿠빌라이의 의심을 불러일으키기에 충분한 것이었다. 이는 元宗9년(1268) 2월 안경공 창에게 그가 "너희 나라가 진심으로 투항했다면 마땅히 군사를 내어 전쟁을 돕고, 군량을 보내며, 다루가치를 요청하고, 민호를 조사해야 하는데 너희는 어째서 그렇게 하지 않는가?"라고 한 발언에 잘 드러난다.[61] 또한 동시기 입조한 이장용에게 "지금 이 칙령은 예전에 너희 왕에게 가서 유시한 것이다. 속히 출정할 수 있는 군대의 수를 보고하라. 너희가 이미 고식책을 썼고 다시 지연하는 것이 의심스러워 너희의 분명한 말을 듣기 위해 사람을 보내 독촉할 것이다. 만약 다시 분명한 말로 아뢰지 않으면 장차 너희 나라에 손해가 있을 것이다"라고 하면서 과거 칭기스칸이 금과 호레즘을 정벌할 때 西夏국왕이 조군 약속을 지키지 않아 멸망시킨 고사까지 운운한 것도 조군 요구를 회피하는 고려가 동일한 운명을 겪을 수 있다고 위협한 것으로 이해된다.[62] 이와 같이 복속국의 필수적 의무사항인 조군을 성실하게 이행하지 않는 한 고려는 줄곧 복속을 의심받을 수밖에 없었다.

고려에 대한 몽골 지배층의 의심과 불신은 林衍의 원종폐립 사건이 일어났을 때 절정에 이르렀다. 元宗10년(1269) 6월 고려의 권신 임연이 원종을 폐위하고 안경공 창을 옹립하는 사건이 발생했다. 당시 몽골에서 귀국하던 태자 諶이 국경 부근에서 그 소식을 접하고 몽골로 되돌아가 쿠빌라이에게 사건의 전말을 고하자 그는 즉시 군사 3천을 보내 임연을 압박하여 11월 결국 원종을 복위시켰다.[63] 원종은 주변국 군주들 중 처음으

61) 『高麗史』 卷26 元宗9년 2월 戊戌.

62) 『元高麗紀事』, 至元5년 5월.

63) 그 시기 태자 심을 수종한 鄭仁卿의 墓誌銘에 당시 몽골로 되돌아간 태자가

로 쿠빌라이로부터 직접 책봉을 받고 이후 친조를 이행하여 그와 사적인 군신관계를 맺은 인물이다. 따라서 쿠빌라이는 그를 자신의 충직한 제후이자 몽골의 동쪽 변방을 지키는 복속국의 군주로서 매우 특별하게 인식·대우했다. 그리고 고려의 신료, 백성들이 자신이 책봉한 국왕을 거역하는 것을 곧 자신에 대한 반역으로 규정했다. 이는 元宗원년(1260) 4월 그가 왕전을 고려국왕으로 책봉해 귀환시킬 때 고려조정에 내린 조서 중 "만약 다시 감히 반란을 일으켜 국왕을 범하는 자가 있다면 이는 너희 임금을 범한 것이 아니라 곧 내가 정한 법을 문란케 한 것이니 나라에 규범이 있다면 누구라도 그를 죽일 수 있다. 아! 세자는 그 나라의 왕이니 귀국하여 나의 가르침을 잘 받들어 영원토록 東藩이 되어 나의 명을 선양하도록 하라"라는 내용에 분명하게 드러난다.[64] 따라서 그는 임연의 원종폐위를 권신이 집권하는 고려정부가 자신에게 정면 도전한 행위로 간주하여 군대를 동원해 강경하게 대처했다. 그리고 그 시기 한인관료 馬希驥와 趙璧도 다음과 같이 고려의 복속에 대해 강한 의구심을 표명했다.

> 이전에 명을 내려 사신을 보내 일본에 은혜를 내리고자 했으나 [고려가] 음모를 꾸며 방해했습니다. 백성들을 옮겨 물에서 나와 육지로 가게 했으나 또한 따르지 않았습니다. 이때에도 지형의 험고함을 쉽게 믿고 스스로 강대하다고 여겼으니 저항의 싹이 이미 드러났습니다. [이는] 대체로 [고려] 신하의 권세가 매우 강했기 때문입니다. 근자에 上國에 청하지도 않고 함부로 [왕을] 폐립했으니 법으로써 마땅히 용서할 수

쿠빌라이에게 원종의 복위와 함께 몽골공주의 釐降을 청했다고 기록되어 있다(김용선 편저, 『高麗墓誌銘集成』(제5판), 한림대학교출판부, 2012, 424쪽). 森平雅彦은 그 주청의 의도가 고려가 몽골에 대해 적극적인 복속, 화친의 자세를 보이고, 자신이 부마의 지위를 획득하며, 당시 몽골과의 관계에서 위기에 놓인 고려왕가의 보전에 있다고 보았다(森平雅彦, 앞의 논문, 15쪽).

64) 『高麗史』 卷25 元宗원년 4월 丙午.

없습니다.[65)]

고려가 강화도로 도읍을 옮긴 지 오래되었는데 밖으로 비록 臣貢한다고 말해도 안으로는 그 [지형의] 험고함을 믿고 권신이 두렵거나 거리낌 없이 마음대로 그 왕을 폐위했습니다. 지금 林衍이 죽었는데 왕은 실로 죄가 없으니 만약 조정에서 군사를 보내 호위하여 [왕을] 돌려보내 옛 도읍에 조정을 다시 세우게 한다면 군사와 백성을 안정시킬 수 있는 상책이 될 것입니다.[66)]

위 글에서 마희기와 조벽은 임연의 원종폐립을 카안이 정한 법도를 위반하는 불경한 행위로 규정하고 그것이 고려에서 권신이 발호했기 때문이라고 보았다. 이는 쿠빌라이가 원종의 친조를 받아 군신관계를 확립해도 고려의 정권을 국왕이 아닌 권신이 장악하고 있는 한 고려의 실제적 복속을 이끌어내기 어렵다는 것을 의미한다. 따라서 몽골이 고려를 확실하게 복속시키기 위해서는 권신을 타도하고 국왕의 지위, 권한을 보장하여 정권을 그에게 귀속시킬 필요가 있었다. 사건발생 후 몽골이 고려의 내정에 즉각 개입하여 원종을 복위시킨 조처는 그러한 몽골 지배층의 인식과 판단에 따른 결과로 볼 수 있다. 그 후 몽골의 지원을 받은 원종이 다음해(1270) 5월 마침내 권신 林惟茂를 주살하여 100여 년에 걸친 무신집권을 종식시켰다.

무신정권 몰락 후 왕권을 회복한 고려와 그것을 지원한 몽골의 결속이 급속하게 강화되었다. 임유무 주살 직후 원종은 몽골의 오랜 요구사항이었던 출륙환도를 단행하고 삼별초가 양국정부에 대항하여 일으킨 반란을 공동으로 진압했다. 이어 元宗15년(1274) 5월 고려태자 왕심과 쿠빌라이의

65) 『元高麗紀事』 至元6년 11월.

66) 『元史』 卷159 趙璧, 3749쪽.

딸 쿠툴룩켈미시(忽都魯揭里迷失)가 혼인하여 사돈관계를 맺고, 그해 10월 일본정벌에 함께 출정하여 군사동맹을 공고히 했다. 이와 같이 무신정권 타도 후 일본정벌 출정까지 4년이라는 비교적 짧은 기간 동안 일련의 긴박한 과정을 겪으면서 양국은 긴밀하게 결속했다.

그리고 이때부터 고려의 복속을 불신하는 몽골 지배층의 언사가 담긴 기록이 발견되지 않는다. 아마도 몽골 지배층은 그러한 양국의 강고한 결속을 몽골에 대한 고려의 '완전한 복속'으로 이해했을 것이다. 특히 忠烈王2년(1276) 金方慶이 입조했을 때 담당관원이 그와 亡宋 신하의 좌석 배치를 주문하자 쿠빌라이가 "고려는 義를 흠모하여 스스로 귀부했고(慕義自歸) 송은 힘에 굴복해 투항했으니 어찌 같을 수 있겠는가?"라고 한 발언도 그들의 고려인식이 크게 개선되었음을 증언한다.[67] 따라서 元宗원년(1260) 쿠빌라이와 왕전의 만남을 계기로 다소 불안정하게 출발한 양국관계는 국왕친조, 무신정권 타도, 출륙환도, 삼별초 진압, 왕실통혼, 일본정벌이 이루어지는 과정에서 몽골 지배층이 점차 고려의 실제적 복속을 인정하게 됨으로써 비로소 안정된 단계에 진입했다고 볼 수 있다.

이와 같이 10여 년 간에 걸친 양국의 불안정한 복속관계가 1270년대에 이르러 새로운 국면으로 전환되었지만 고려가 장기간 몽골에 저항한 후 쿠빌라이 시기 '늦게' 복속했다는 기억은 몽골 지배층의 인식 속에 그대로 존재했다. 우선 至元7년(1270) 2월 쿠빌라이는 자신을 복위시켜준 것을 하례하기 위해 입조한 원종에게 "그대는 늦게 內附했기 때문에(內附在後) 諸王보다 아래에 위치한다"라고 하여 고려의 '늦은' 복속을 질책했다.[68] 또한 至元15년(1278) 東征元帥府가 몽골정부에게 일본정벌을 건의하면서 올린 글에서 "고려가 이제 막 복속하여(高麗初服) 민심이 안정되지 않았으니 일본을 정벌하다가 돌아온 사졸 2,700명을 징발하여 관리를 두고, 충청과

---

67) 『高麗史』 卷104 金方慶.

68) 『元史』 卷7 世祖4, 128쪽.

전라의 여러 곳에 주둔케 하여 먼 곳의 오랑캐를 진무하고 그 백성을 안정시키십시오"라고 하여 여전히 고려가 쿠빌라이 시대 비로소 복속했음을 언급했다.[69] 아울러 忠烈王17년(1291) 2월 고려가 카단(哈丹)의 군대가 북계의 여러 성을 함락했다고 보고하자 쿠빌라이가 "너희 나라는 唐太宗이 친히 정벌해도 이기지 못했다. 또 우리나라 초창기에도 귀부하지 않아(未歸附) 우리가 정벌했지만 역시 쉽게 이기지 못했다. 그런데 지금 이 하찮은 도적을 어찌 그렇게 심하게 두려워하는가?"라고 하여 그의 치세 말기까지 그러한 인식이 여전히 엄존했음을 나타냈다.[70]

5. 고려의 率先歸附 기억 생산과 활용

전쟁 말기 고려는 권신의 발호를 내세우면서 복속국의 소임을 충실하게 수행하지 못했음을 인정하고, 즉위 후 쿠빌라이가 여러 차례 고려의 늦은 복속을 지적했을 때에도 합리적인 반박논리를 제시하지 못했다. 쿠빌라이 치세 말기까지 몽골 지배층의 인식 속에서 고려의 '오랜 항전'과 '늦은 복속'에 관한 기억이 변함없이 유지되었으므로 고려는 역사적 사실에 바탕을 둔 그들의 인식을 그대로 인정할 수밖에 없었을 것이다. 그러나 쿠빌라이 사후 고려는 스스로 칭기스칸 시기 가장 먼저 복속했다는 率先歸附 기억을 생산하여 몽골과 교섭할 때 적극 내세우기 시작했다. 忠烈王20년(1294) 정월 즉위한 테무르(成宗)가 5월 고려에게 몽골에 귀속한 시기를 물었을 때 충렬왕이 보내는 다음 답서에 그것이 처음 시도되었다.

太祖 聖武皇帝께서 朔方에 처음 나라를 세웠을 때 大勢國이 금나라의 정벌을

69) 『元高麗紀事』 至元15년.

70) 『高麗史』 卷30 忠烈王17년 2월 丁亥.

도왔는데 이후 그 공을 믿고 교만해져 황제의 명을 따르지 않았습니다. 金山王子가 국호를 고쳐 大遼라 칭하고 中都 등지에서 남녀와 귀한 재물을 약탈하고 동쪽으로 도주하여 江東城을 점거했습니다. 조정에서 哈眞과 札剌을 보내 추격하여 토벌하게 했는데 마침 눈이 깊게 쌓이고 길이 험해 군량의 보급이 끊겼습니다. 高王(高宗)이 그 소식을 듣고 趙冲과 金就勵를 보내 군량을 보급하여 그 추악한 오랑캐를 섬멸했습니다. 이로써 [황제께] 표문을 올려 東藩이 되기를 청하니 태조께서 慶都虎思를 보내 은혜로운 조서를 내려 크게 칭찬하고 상을 내렸으니 그 후로 지금까지 76년이 지났습니다.71)

이와 같이 충렬왕은 테무르의 질의에 대해 76년 전 강동성전투 시기 몽골에 처음 복속했다고 하여 고려의 솔선귀부를 강조했다. 여기에서 우선 몽골 카안이 즉위 직후 고려의 '복속 시기'를 물었다는 사실이 주목된다. 이는 그 시기 새로 즉위한 몽골 카안이 주변국 군주와 복속관계를 설정할 때 여전히 복속 시기를 중요한 요건으로 고려하는 전통방식을 계승했음을 알려준다. 忠烈王4년(1278) 7월 몽골이 國史院에 통보할 자료를 구하기 위해 고려의 역대 사적, 복속한 날짜(臣服日月), 황제 즉위 후 파견한 사신의 명단, 국왕이 친조한 연월을 조사해 보고하라고 명했는데 여기에도 주변국의 복속 시기를 중요하게 여기는 그들의 고유한 대외관념이 반영되

71) 『高麗史』 卷31 忠烈王20년 5월 甲寅. 『高麗史』 「世家」에 테무르가 翰林學士 사라만(撒剌蠻)을 통해 고려가 귀부한 시기를 묻게 하자 충렬왕이 鄭可臣으로 하여금 위와 같은 글을 올려 답하게 했다고 되어 있고, 「鄭可臣列傳」에는 정가신이 세자를 호종하여 몽골에 갔을 때 쿠빌라이가 사라만을 통해 직접 그에게 고려의 귀부 시기를 물으니 그가 유사하게 답변했다고 되어 있어(『高麗史』 卷105 鄭可臣) 두 기록이 다소 차이를 보인다. 다만 두 답변에서 모두 고려가 76년 전 귀부했다고 되어 있고, 「列傳」에 그 시기가 戊寅(1218)이라고 명시되어 있으므로, 정가신의 답변 시기는 모두 충렬왕20년(1294)이라고 추정된다. 쿠빌라이가 그 해 정월 사망했으므로 「世家」의 기록이 사실에 부합한다고 여겨진다.

어 있다.[72]

과거 충렬왕은 즉위 후 빈번하게 친조를 행하고,[73] 몽골의 일본정벌에 적극 협조했으며, 나얀의 반란 시기 직접 군대를 이끌고 종군하겠다고 자청하여 복속국 군주의 임무를 충실하게 수행했다. 이에 그는 쿠빌라이로부터 여러 차례 충근의 노고와 공적을 치하 받았다. 따라서 그 시기 비록 쿠빌라이가 고려의 오랜 항전에 관한 기억을 갖고 있어도 실제적 복속이 이루어진 현실에서 충렬왕은 그와 강고한 우호관계를 형성할 수 있었다. 그러나 쿠빌라이 사후 테무르가 즉위하자 그는 몽골 카안과 복속관계를 새롭게 조정해야 할 상황에 직면했다. 그는 태자 시절부터 장기간 몽골에서 숙위하고, 몽골공주와 혼인하여 부마가 되었으며, 즉위 후 빈번하게 몽골을 왕래하면서 카안을 비롯한 고위인사들과 활발하게 교류했다. 따라서 당시 고려에서 몽골 지배층에 관해 가장 많은 지식과 교류경험을 보유하고 몽골의 사정에 누구보다 정통한 인물이었다. 그러므로 주변국의 복속 시기를 중요하게 여기는 몽골의 세계관과 대외정책 방식을 잘 알고 있었을 것이다. 이에 그가 고려가 가장 먼저 복속했다는 기억을 생산하여 그때까지 자신과 특별한 연고가 없었던 새로운 몽골 카안과 우호관계를 맺으려고 시도한 것으로 볼 수 있다.

위 인용문에서 충렬왕은 쿠빌라이 시대 몽골 지배층의 인식과 달리 30여 년에 걸친 오랜 항전을 전혀 언급하지 않고 고려의 이른 복속만을 크게 부각했다. 이러한 고려의 답변에 대해 테무르가 어떠한 반응도 보이지 않은 사실은 그가 고려의 입장을 대체로 받아들인 것으로 이해된다. 물론 그 역시 '고려복속'에 관한 몽골 지배층의 일반적 인식을 공유했을 테지만

72) 『高麗史』 卷28 忠烈王4년 7월 丁亥.

73) 충렬왕은 태자시절 5회, 국왕 재위 중 11회 모두 16회 몽골에 입조했다. 그 중 쿠빌라이 재위기간에 입조한 횟수는 12회에 이른다. 충렬왕의 몽골입조 시기와 횟수에 관해 김혜원, 「忠烈王 入元行績의 性格」, 『高麗史의 諸問題』(변태섭 편저), 삼영사, 1986, 805~806쪽 참조.

새로 즉위한 카안으로서 복속국 고려와 지속적인 우호관계를 유지할 필요가 있었기 때문에 그러한 고려의 대응을 특별한 문제제기 없이 수용한 것으로 여겨진다. 이처럼 충렬왕은 몽골 지배층의 전통적 세계관과 대외정책 방식을 정확하게 파악하고 그에 부합하는 새로운 기억을 생산하여 몽골 카안과 우호관계를 수립하는 데 적극 활용했다.

이후 고려는 양국 간 정치적 현안이 발생했을 때 스스로 생산한 솔선귀부 기억을 자신의 입장을 관철하기 위한 수단으로 빈번하게 활용했다. 忠烈王 25년(1299) 10월 몽골에서 闊里吉思와 耶律希逸을 파견하여 정동행성의 증치를 단행했다. 이는 몽골관원 哈散이 "고려왕이 신민을 복속시키지 못하니 조정에서 관원을 보내 함께 다스리도록 해야 합니다"라고 한 건의에 따른 결과라는 기록을 통해 알 수 있듯이[74] 행성 승상 충렬왕의 지위와 권한을 약화시키고 몽골에서 파견한 관원에게 실제 관할권을 부여하여 결과적으로 고려의 정치적 독자성을 크게 훼손하는 조처였다.[75] 이에 충렬왕은 표문을 올려 행성증치를 거두어달라고 요청하면서 다음과 같이 고려의 '솔선귀부'를 가장 먼저 내세웠다.

> 小邦이 여러 대에 걸쳐 황제께 충성을 다한 80여 년 간 매년 조공을 바쳤습니다. 臣이 일찍이 세자로써 入侍하여 황실과 잇달아 혼인하여 마침내 甥舅관계를 맺었으니 진실로 지극한 은혜에 감동했습니다. 小國으로 하여금 祖風을 바꾸지 않고 영원히 제후의 직분을 수행하도록 해주시기 바랍니다.[76]

---

74) 『高麗史』 卷31 忠烈王25년 10월 甲子.

75) 고병익, 「麗代 征東行省의 硏究」(上)·(下), 『역사학보』 14·19, 1961·1962 : 『東亞交涉史의 硏究』, 서울대학교출판부, 1970, 200~208쪽.

76) 『高麗史』 卷31 忠烈王25년 10월 丙寅.

이처럼 충렬왕은 몽골이 고려의 구풍을 유지시켜야 하는 이유로써 몽골에 일찍 복속하고 정성껏 충근을 닦은 공적을 강조했다. 그의 주장이 즉각 수용되지는 않았지만 위 사건은 고려가 솔선귀부 기억을 생산하여 몽골과 외교적 마찰을 겪을 때 자신의 입장을 표명하는 수단으로 활용한 첫 번째 사례라는 점에서 주목된다.

忠宣王4년(1312) 6월 洪重喜가 立省策動을 시도했을 때에도 충선왕이 '祖宗에 臣服한 공'을 내세우면서 반대하여 결국 저지했다.[77] 이때 그가 내세운 고려의 공적이 구체적으로 무엇인지 확인할 수 없지만 위 사례와 이후 그의 외교활동에 비춰볼 때 고려의 솔선귀부 공적을 가장 먼저 내세웠을 것으로 추정된다. 또한 忠肅王8년(1321) 11월 당시 티베트로 유배 간 충선왕이 측근들에게 글을 보내 고려가 칭기스칸 시기 '솔선귀부'하여 대대로 충근을 닦은 공적을 앞세워 자신이 유배에서 벗어나도록 주청하는 글을 올리라고 지시하여 그때에도 솔선귀부 기억을 자신의 석방을 위한 교섭활동에 활용하려 했다.[78] 실제로 忠肅王10년(1323) 정월 崔誠之와 李齊賢이 그의 환국을 요청하기 위해 몽골조정과 승상 바이주(拜住)에게 올린 글에서 고려의 솔선귀부를 가장 먼저 언급했다.[79]

또한 忠肅王10년(1323) 정월 柳淸臣과 吳潛이 입성책동을 일으켰을 때 이제현이 몽골조정에 반대 상소문을 올려 "聖祖에 臣服하여 매년 공물을 바친 지 백여 년이 되었습니다"라고 하였고[80] 다음해(1324) 5월 고려신료들이 당시 몽골에 체류하던 충숙왕의 환국을 요청하기 위해 올린 글에서 "小邦은 처음 太祖 聖武皇帝께서 나라를 세울 때 우리 忠憲王(고종)이 앞장서 복속하고 매년 조공을 바쳐 힘써 본분을 따랐습니다"라고 하였으며[81]

77) 『高麗史』 卷34 忠宣王4년 6월 戊辰.
78) 『高麗史』 卷35 忠肅王8년 11월 壬午.
79) 『高麗史節要』 卷25 忠肅王10년 정월.
80) 『高麗史節要』 卷25 忠肅王10년 정월.
81) 『高麗史』 卷35 忠肅王11년 5월 壬辰.

그 다음해(1325) 崔瀣가 고려유민의 쇄환을 요청하면서 올린 글에서도 첫머리에 "삼가 생각건대 本國은 太祖께서 나라를 세우실 때 [가장 먼저] 복속했습니다"라고 하였다.[82] 이어 忠惠王즉위년(1330) 7월 江南人 蔣伯祥이 입성책동을 벌였을 때 충혜왕이 몽골에 보낸 반대 서한에서 "小邦이 聖祖에 臣服하고 해마다 조공을 바치는 데 백여 년 간 조금도 태만하지 않았습니다"라고 하였고[83] 忠肅王후4년(1335) 12월 李穀이 고려처녀의 공출을 중지해줄 것을 요청하기 위해 올린 글에서도 "國家가 처음 세워졌을 때 앞장서 臣服하여 왕실에 현저한 공훈을 세웠습니다"라고 하였으며[84] 忠肅王후6년(1337) 5월 역시 이곡이 당시 고려에 내려진 무기와 말 소유 금지 명령을 거두어달라고 청하면서 보낸 글에서도 "太祖께서 나라를 세우실 때 [고려가] 가장 먼저 歸附했습니다"라고 하였다.[85] 아울러 忠惠王복위년(1339) 6월 고려신료들이 충혜왕의 복위를 요청하기 위해 올린 글에서 "太祖聖武皇帝께서 천명에 응하여 나라를 세우시자 우리 忠憲王이 앞장서 內附하고 조공을 바쳤습니다"라고 하였고[86] 忠定王즉위년(1348) 12월 새 국왕의 즉위를 요청하기 위해 올린 글에서도 "本國은 太祖 聖武皇帝 때부터 온 나라가 臣服했습니다"라고 하였다.[87] 이와 같이 고려는 칭기스칸 시기 가장 먼저 복속했다는 기억을 만들어 몽골과 교섭할 때 고려 측 주장의 정당성을 뒷받침하는 근거로 내세웠다.

그리고 1320년대부터 고려는 솔선귀부 외에 새로운 기억을 생산하여 몽골에 대한 고려의 공적으로 내보였다. 忠肅王10년(1323) 정월 이제현이 유청신, 오잠의 입성책동을 반대하면서 올린 상소문에서 "己未년(1259)

---

82) 『拙藁千百』 卷2 「國王與中書省請刷流民書」.
83) 『高麗史』 卷36 忠惠王즉위년 윤7월 庚寅.
84) 『高麗史節要』 卷25 忠肅王후4년 12월.
85) 『稼亭集』 卷10 「謝復弓兵馬匹表」.
86) 『高麗史』 卷36 忠惠王복위년 6월 壬辰.
87) 『高麗史』 卷37 忠定王즉위년 12월 己卯.

世祖皇帝께서 강남에서 회군할 때 우리 忠敬王(원종)이 천명이 귀의하고 인심이 복종하는 것을 알고 산 넘고 물 건너 5천여 리를 가서 梁·楚 지역에서 맞아 뵈었습니다"라고 진언했다.[88] 이는 원종이 국왕 신분으로 쿠빌라이에게 복속하기 위해 고려에서 변량지역까지 고난을 무릅쓰고 먼 길을 갔다는 인상을 준다. 그러나 전술했듯이 실제로 원종은 1259년 태자 신분으로 사천에서 남송정벌전을 지휘하던 뭉케를 알현하기 위해 떠났고 육반산 부근에서 그의 사망소식을 듣고 귀환하던 중 변량지역에서 마침 회군하는 쿠빌라이와 회합했다. 즉 당시 태자 왕전은 국왕 신분도 아니었고, 쿠빌라이를 만나기 위해 고려를 출발하여 먼 길을 가지도 않았으며, 그를 만났을 때 확실한 복속의 뜻을 표명하지도 않았다. 따라서 위 이제현의 진언은 '솔선귀부'와 마찬가지로 전혀 사실에 부합하지 않는 것이었다.

그러나 그가 생산한 기억은 忠惠王즉위년(1330) 7월 충혜왕이 장백상의 입성책동을 반대하면서 보낸 서한에서 "己未년 世祖皇帝께서 강남에서 회군할 때 우리 4대조 忠敬王이 여러 신하들을 거느리고 산 넘고 물 건너 6천여 리를 가서 梁·楚 지역에서 맞이하여 예를 올렸습니다"라고 하여 다시 언급되었고[89] 忠惠王복위년(1339) 6월 고려신료들이 충혜왕 복위를 요청하기 위해 올린 글에서도 "憲宗皇帝께서 강남을 정벌하다가 돌아가시고 아릭부케(阿里孛哥)가 북방에서 반란을 일으켰을 때 世祖皇帝께서 襄陽에서 회군하자 우리 忠敬王이 산 넘고 물 건너 모진 고난을 무릅쓰고 梁·楚 지역에 가서 예를 올렸습니다"라고 하여 여전히 되풀이되었다.[90] 이와

---

88) 『高麗史節要』 卷24 忠肅王10년 정월.

89) 『高麗史』 卷36 忠惠王즉위년 윤7월 庚寅.

90) 『高麗史』 卷36 忠惠王복위년 6월 壬辰. 쿠빌라이와 왕전이 회합한 장소인 梁楚之郊에 관해 김호동은 여타 기록에서 그곳이 汴梁之地 또는 汴梁之墟라고 표기된 사실을 근거로 그곳을 황하 남안 開封 부근으로 보고 왕전의 귀국로와 쿠빌라이의 북상로가 접하는 그곳에서 양자가 '우연하게' 조우했다고 추정했다(김호동, 앞의 책, 84~86쪽). 반면 이개석은 그곳을 개봉의 동쪽 130㎞ 정도 떨어진 지점에서 남북을 지나는 역참로의 주요 경유지인 歸德 부근으로 비정하고 양자의

같이 고려는 원종이 쿠빌라이를 처음 만났을 때 정성을 다해 복속했다는 새로운 기억을 만들어 솔선귀부와 함께 몽골에 대한 공훈으로 적극 내세웠다.

그렇다면 쿠빌라이 사후 고려가 생산한 기억이 몽골과 교섭할 때 어느 정도 효력을 발휘했는지 살펴볼 필요가 있다. 이는 그것을 앞세운 고려 측 요청의 수용 여부로서 판단할 수 있을 것이다. 고려는 솔선귀부를 내세워 忠宣王4년(1312), 忠肅王10년(1323), 忠惠王즉위년(1330) 발생한 입성책동을 모두 저지했다. 또한 동일한 논리에 바탕을 둔 이곡의 忠肅王후4년(1335) 고려처녀 공출 중단 요청과 忠肅王후6년(1337) 무기와 말 소유 금지 철회 요청도 수용되었다. 아울러 忠烈王25년(1299) 행성증치 철회 요청과 忠肅王10년(1323), 11년(1324), 忠惠王복위년(1339), 忠定王즉위년(1348) 제출된 고려국왕의 석방, 환국, 즉위에 관한 요청도 일정 시간이 지난 후 모두 가납되었다. 이를 통해 몽골과 교섭할 때 솔선귀부를 앞세운 고려의 외교활동이 상당한 성과를 거두었음을 알 수 있다.

물론 몽골이 고려의 요청을 항상 수용한 것도 아니고 수용했을 경우 그 사유를 '솔선귀부 공적'에서만 찾은 것도 아니다. 고려는 몽골에게 자신의 입장을 표명하면서 솔선귀부 뿐 아니라 조공, 쿠빌라이-원종 회합, 국왕친조, 케식복무, 왕실통혼, 조군, 카이샨 옹립, 일본방어 등 고려의 공훈과 군사적, 지정학적 중요성을 뒷받침하는 여러 근거를 내세웠다. 또한 입성책동 시기 입성의 비실효성을 강조한 몽골관원의 주장도 입성철회 결정에 상당한 영향을 미쳤을 것이다.[91] 그러나 몽골과 교섭할 때 고려가 개진한 대응논리의 핵심은 역시 '누대에 걸친 고려왕실의 공훈'이었

만남이 우연하게 이루어진 것이 아니라 개봉에 머물던 왕전이 일부러 쿠빌라이를 찾아가서 성사되었다고 보았다(이개석, 앞의 책, 207~208쪽).

91) 대표적으로 忠肅王10년(1323) 입성책동 시기 한인관료 王約과 王觀이 주장한 입성반대론을 들 수 있다(『元史』 卷178 王約, 4142쪽 ; 『高麗史』 卷125 柳淸臣).

고, 그것은 칭기스칸 시기 이루어진 솔선귀부에서 시작되기 때문에 그에 관한 기억은 대몽외교에서 성과를 거두는 데 일정하게 기여했다고 평가될 수 있다.

솔선귀부를 앞세운 고려의 주장이 몽골에게 수용된 것은 그것이 몽골 지배층에게 설득력을 발휘하여 그들의 공감을 얻을 수 있었기 때문이다. 사실 고려는 전쟁 시기 전통적 책봉·조공체제 인식 틀 안에서 솔선귀부를 주장했지만 몽골은 상이한 대외관념에 근거하여 국왕친조를 결여한 복속을 인정하지 않았다. 쿠빌라이 시대 고려의 실제적 복속이 이루어졌지만 '오랜 항전'과 '늦은 복속' 기억은 몽골 지배층의 인식 속에서 여전히 유지되었고, 종종 몽골이 고려를 압박하는 수단으로 활용되기도 했다. 그러므로 쿠빌라이 사후에도 몽골 지배층이 스스로 '고려복속'에 관한 기억을 새롭게 만들어야 할 현실적 이유나 계기는 존재하지 않았을 것이다. 그럼에도 불구하고 후대에 그들이 솔선귀부 인식을 수용했다면 그것은 스스로 생산한 기억을 그들에게 주입하려 노력한 고려의 적극적인 외교활동의 결과로 볼 수 있다.

고려가 생산한 솔선귀부 기억의 수용이 그 시기 몽골에게 전혀 무익한 것은 아니었다. 고려의 '기억 만들기'가 처음 시도된 忠烈王20년(1294)은 이미 양국의 전쟁이 종결된 지 35년이 지난 시점이었다. 과거 쿠빌라이는 사망 때까지 줄곧 '고려의 저항'에 관한 기억을 생생하게 갖고 있었지만 至元2년(1265) 출생한 테무르는 생전에 양국전쟁을 직접 경험하지 못했으므로 그에 관한 기억이 쿠빌라이에 비해 선명하지 않았을 것이다. 그러한 현실에서 고려의 솔선귀부를 인정하는 것은 몽골황실의 위상을 드높이고 새로 즉위한 자신의 권위를 확립하는 데 유효하게 활용될 수 있었다. 이는 과거에 쿠빌라이가 카안 위 계승분쟁을 앞두고 태자 왕전을 만났을 때 고려의 '자발적 귀부'를 강조하여 자신의 정통성을 과시하고 카안 즉위 직후 고려사신을 후하게 대우하기 위해 일시적으로 솔선귀부를 인정한 행위와도 맥락을 같이한다. 더욱이 테무르는 고려의 솔선귀부를 인정함으로써 고려에 대한 역대 몽골 카안의 '은혜'를 강조하여 양국 간 우호관계의 강화를 도모하기도 했다. 忠烈王27년(1301) 3월 闊里吉思를 몽골로 소환한 후 다음 달 고려에 내린 조서에서 "왕은 역대 황제(累朝)께서 돌봐준 은혜를 깊이 생각하여 나라 백성들의 안위를 늘 염두에 두어야 할 것이다"라는 구절에서 그 일면을 엿볼 수 있다.[92]

이와 같이 고려가 생산한 솔선귀부 기억은 양국 간 우호관계를 돈독히 하고 몽골 카안과 황실의 권위를 제고하는 효과가 있었으므로 몽골 측에 쉽게 수용될 수 있었다. 충분치 않지만 몽골의 지배층, 지식인이 남긴 저술, 언사에서 그것을 공유한 흔적이 발견된다. 한인관료 姚燧는 「轉運鹽使曹公神道碑」에서 다음과 같이 기록했다.

> 처음에 高麗가 太祖 때부터 대대로 복속했는데 國王 穆呼哩(무칼리)가 군대를 이끌고 매년 끊임없이 동쪽을 정벌하여 백성을 살육하고 그 자녀를 노비로 삼았다. 고려가 그것을 두려워하여 王城을 버리고 그 백성을 江華島로 옮겼다. 世祖께서 그들의 항복을 가엾게 여겨 매년 계속되던 정벌을 멈추고 유시하여 그들의 王城으로 돌아가도록 했다.[93]

위 비문의 주인공인 曹世貴는 大德6년(1302) 사망했으므로 이 글은 그의 사망 직후에 작성되었을 것으로 추정된다. 여기에서 고려가 칭기스칸 시기 이미 복속했고 몽골의 침입을 두려워하여 부득이하게 강화도로 천도했다는 내용은 전쟁 시기 몽골이 항시 침략의 명분으로 내세운 '고려의 불복' 주장과 상반되고 오히려 침략의 부당함을 호소하면서 표명한 고려의 입장과 매우 유사하다. 따라서 위 글은 몽골의 지배층, 지식인이 고려가

---

92) 『高麗史』 卷32 忠烈王27년 4월 己丑.
93) 『牧庵集』 卷24 「轉運鹽使曹公神道碑」.

생산한 솔선귀부 기억을 수용한 첫 번째 사례로서 그 시기 비로소 그들의 인식에 변화가 나타났음을 보여준다. 그리고 忠宣王2년(1310) 7월 카이샨이 내린 고려 선대왕 추증 조서와 한인관료 蘇天爵의 작품에서 그것이 다시 확인된다.

> 지금 천하에서 백성과 사직을 보유하고 왕위를 누리는 것은 오직 三韓뿐이다. 祖宗 이래 신하로 복속한 지 백여 년 간 아버지와 아들이 반복해서 우리와 장인·사위관계를 맺어 훈척이 되었으니 마땅히 부귀를 누려야 한다. 예를 다하여 앞장서 대국을 섬겼으니 추숭하는 의례를 어찌 늦출 수 있겠는가?[94]

> 대체로 高麗라는 나라는 바닷가 한 구석에 치우쳐 있는데 聖朝가 처음 흥기할 때 가장 먼저 복속했다. 世祖皇帝께서 그 공로를 가상하게 여겨 공주를 시집보내니 이로써 小邦을 회유하는 은혜가 매우 두터워졌다.[95]

한편 고려가 생산한 솔선귀부 기억은 양국 간 외교적 현안이 발생했을 때 고려가 자신의 입장을 개진할 때뿐 아니라 몽골관료가 고려 측 주장을 지지할 때에도 동일하게 활용되었다. 忠肅王10년(1323) 입성책동 시기 한인관료 王觀은 입성의 부당성과 비효율성을 조목조목 지적하여 승상 바이주에게 올린 글에서 다음과 같이 진언했다.

> 高麗가 의를 사모하여 聖祖에 귀순한 지 백여 년이 되었습니다. 대대로 서로 이어받아 신하의 예절을 잃지 않았으므로 世祖皇帝께서 그 충성을 가상히 여겨 황제의 딸을 시집보내고, 위계를 親王과 같게 하며, 총애하는

94) 『高麗史』 卷33 忠宣王2년 7월 乙未.
95) 『滋溪文稿』 卷26 「災異告白十事」.

융숭함이 비할 데가 없었습니다.[96]

위 글에서 그는 동시기 입성철회를 주청하는 글을 올린 이제현과 마찬가지로 입성반대 이유로써 고려의 솔선귀부와 충근을 강조했다. 그리고 이 글이 제출된 직후 몽골정부가 입성계획을 철회한 사실에 비춰볼 때 그의 주장이 상당한 설득력을 발휘했다고 판단된다. 이와 같이 쿠빌라이 사후 고려는 몽골 지배층의 세계관과 대외정책 방식을 정확하게 이해하고 그에 부합하는 새로운 기억을 생산하여 몽골과 교섭할 때 적극 활용했다. 뿐만 아니라 몽골 지배층의 인식변화를 효과적으로 유도하여 그들이 고려의 주장을 지지하도록 만드는 성과를 거두었다. 따라서 솔선귀부 기억의 생산과 활용은 몽골의 외교적 압박에 현명하게 대처한 고려의 능동적, 성공적 외교활동 사례로 평가될 수 있다.

6. 맺음말

제국 건립 시기 몽골 지배층은 세상의 모든 지역, 사람들을 정복과 지배의 대상으로 인식하는 독자적인 세계관을 형성했다. 그리고 주변국 군주의 친조를 유일한 복속의 표시로 간주하고, 그 순서에 따라 복속국 군주의 공적과 지위에 차등을 두었다. 이러한 세계관과 대외정책 방식에 입각하여 주변국에게 국왕친조를 조건으로 하는 '실제적 복속'을 요구하고 거부할 경우 혹독한 군사정벌을 단행하여 유라시아 대부분을 정복·지배했다.

몽골은 건국초기 개시된 고려와의 관계에서도 그들의 전통적 세계관과

96) 『高麗史』 卷125 柳淸臣.

대외정책 방식을 그대로 적용했다. 강동성전투 시기 양국의 첫 접촉 후 그들은 줄곧 고려에게 국왕친조를 요구하고 고려가 그것을 회피하자 여러 차례 군대를 일으켜 고려를 침공했다. 전쟁 기간 고려는 전통적 책봉·조공 체제 인식 틀 안에서 강동성전투 시기 이미 복속했다고 주장했으나 몽골은 국왕친조를 결여한 고려의 복속을 인정하지 않았다. 이러한 양측 인식의 괴리가 30년 전쟁의 주된 요인으로 작용했다.

1260년 쿠빌라이와 왕전의 만남 후 원종이 몽골에 친조하여 고려의 '실제적 복속'이 이루어졌다. 그러나 무신집권기 고려가 출륙환도와 조군의 요구를 성실하게 이행하지 않자 몽골은 고려복속의 진정성을 의심했다. 결국 몽골의 지원을 받은 고려왕실이 무신정권을 타도한 후 출륙환도, 삼별초 진압, 왕실통혼, 일본정벌 과정을 겪으면서 고려복속에 대한 몽골 지배층의 의구심과 불신감이 해소되어 비로소 양국관계가 안정되었다. 그러나 쿠빌라이 치세 말기까지 몽골 지배층은 여전히 고려가 오랜 항전 후 늦게 복속했다는 인식을 갖고 있었다.

쿠빌라이 사후 고려는 칭기스칸 시기 몽골에 가장 먼저 복속했다는 '솔선귀부' 기억을 생산하여 몽골과 교섭할 때 적극 활용했다. 몽골 역시 카안과 황실의 위상을 높이기 위해 고려와 우호관계를 유지할 필요가 있었으므로 그것을 쉽게 수용했다. 이러한 고려의 외교활동은 몽골 지배층의 인식을 변화시켜 외교분쟁 때 그들이 고려의 입장을 지지하도록 유도하기도 했다. 솔선귀부 기억은 고려가 몽골과 교섭할 때 자신의 입장을 관철하는 효과적인 수단으로 작용했다. 그러므로 솔선귀부 기억의 생산과 활용은 몽골에 대한 고려의 능동적, 성공적 외교활동 사례로 평가될 만하다.

2장 몽골의 일본인식과 양국관계

1. 머리말

13세기 초 역사의 무대에 홀연히 등장한 몽골제국은 가공할 기마전투력을 앞세워 유라시아 대륙 대부분을 포괄하는 광대한 지역을 정복했다. 그들은 동아시아에서 금나라를 멸망시켜 화북 전체를 차지하고 한편으로 고려를 침공하여 30여 년 간 치열한 전쟁을 벌였다. 그리고 마침내 1260년 쿠빌라이가 고려태자 王倎(훗날 元宗)의 입조를 받아 고려를 복속시켰다. 나아가 그는 1267년부터 바다 건너 일본에게도 사신을 보내 복속을 요구했다. 일본의 막부정권이 이를 거부하자 그는 1274년과 1281년 두 차례 대규모 군대를 일으켜 일본을 침공했다. 그러나 주지하듯이 때마침 불어닥친 태풍으로 말미암아 모두 실패로 끝났다. 이 전쟁으로 인해 몽골, 고려, 일본 모두 경제·군사적으로 큰 타격을 받았다. 몽골과 고려는 전쟁수행에 필요한 군사, 전함, 군량, 병장기를 마련하기 위해 많은 부담을 감당해야 했고 일본 역시 침략군을 성공적으로 격퇴했지만 그 과정에서 막대한 인적, 물적 손실을 입었다.

전쟁 결과 동아시아의 국제질서도 새롭게 재편되었다. 전쟁 이전 남송, 고려, 일본은 비록 친밀하지 않더라도 해로를 통해 일정하게 교류하는 화평관계를 유지했다. 그러나 1276년 몽골이 남송을 병합하고 1281년 2차 일본정벌이 완료된 후 군사동맹국으로서 공동 출병한 몽골-고려 관계는 더욱 긴밀해진 반면 그들과 전쟁의 상대였던 일본의 관계는 매우 소원해졌다. 그나마 몽골과 일본 사이에 여러 상인, 승려가 왕래하는 민간교류가 이루어졌지만 고려와 일본의 관계는 거의 단절된 상태에 놓였다. 그리고 그 형세는 몽골, 고려, 일본에서 모두 왕조, 정권이 교체되는 14세기 후반까지 지속되었다.[1] 따라서 이 같은 시대적 특징으로 인해 13~14세기 동아시아 3국의 국제관계에 관한 연구가 대체로 두 차례 전쟁 시기 각국의 동향에 집중되어 있고 전쟁 종료 후 3국의 외교관계에 관한 연구는 매우 드문 형편이다. 몽골-일본 사이에서 진행된 상인, 승려의 민간교류와 元代문화의 일본전파에 관한 연구가 다소 존재할 뿐이고 고려-일본 관계에서도 14세기 중엽부터 시작된 왜구의 침입을 다룬 성과물 외에는 찾아보기 어렵다.[2]

몽골-고려 외교관계에 관한 선행연구를 검토할 때에도 이러한 공백을 확인할 수 있다. 전쟁 종료 후 군사동맹국으로서 양국관계는 더욱 밀착되었다. 따라서 그 형태, 구조, 성격에 관해 많은 연구가 이루어졌다. 그러나 두 차례 일본정벌이 당시 양국 모두에게 중요한 국가사업이었고 그 실패의 충격이 그들의 의식 속에 분명하게 각인되었음에도 불구하고 그것에 관한 기억과 적국 일본의 건재가 양국관계에 미친 영향에 주목한 연구는 매우 희소하다. 이와 관련하여 일찍이 고병익은 征東行省에 관한 논문에서 2차 정벌 직전 몽골이 고려에 설치한 정동행성이 전쟁 종료 후 적국 일본의 침입을 방어하는 기구로서 기능했음을 지적했다.[3] 또한 근자에 森平雅彦은

---

1) 근래 장동익은 다양한 일본자료를 활용하여 14세기 초중반 몇몇 일본의 구법승들이 몽골을 왕래하던 중 고려에 표착한 사례를 제시했다(장동익, 「14세기의 고려와 일본의 접촉과 교류」, 『대구사학』 100, 2010, 112~114쪽).

2) 몽골의 일본침략에 관해 일본과 국내에서 많은 연구가 진행되었다. 그 연구경향과 현황에 관해 남기학, 「몽골의 일본 침략 : 연구사적 고찰과 교과서 비판」, 『한림일본학』 19, 2011 ; 윤용혁, 「일본에 있어서 '元寇' 연구의 현황(1976~2011)」, 『도서문화』 41, 2013 참조.

3) 고병익, 「麗代 征東行省의 硏究」(上)·(下), 『역사학보』 14·19, 1961·1962 : 『東亞交涉史의 硏究』, 서울대학교출판부, 1970, 222~229쪽.

고려가 행성 설치, 왕실통혼의 방식을 통해 몽골로부터 일본을 방어하는 임무를 부여받고 그 특수한 '기능성'을 자국의 안정과 지위향상을 위해 활용한 모습을 조명한 논고를 발표했다.[4]

위 두 성과물은 일본정벌 실패의 기억과 적국 일본의 존재가 몽골-고려 관계에 미친 영향을 탐색한 것으로 종래 양국에 국한되었던 연구시야를 일본까지 포괄하는 범위로 확대했다는 점에서 큰 의의가 있다. 그러나 모두 고려 측 관점을 주로 채용하여 몽골의 입장을 충분하게 반영하지 못한 한계를 지닌다. 일본정벌을 기획·추진한 주체는 몽골이었고 고려와의 관계에서도 그들이 종주국의 위치에 있었으므로 전쟁의 기억과 일본의 존재가 양국관계에 미친 영향을 올바르게 규명하기 위해서는 우선적으로 그것에 관한 몽골의 입장을 살펴볼 필요가 있다. 그리고 이는 무엇보다 그들의 전통적 세계관 속에서 전쟁과 일본을 바라보는 지배층의 인식을 확인하는 작업에서 출발해야 할 것이다.

13~14세기 몽골의 일본인식에 관해 石原道博이 선구적인 연구성과를 발표했다.[5] 여기에서 그는 元朝의 관원, 지식인이 중국의 전통적 중화사상에 의거하여 일본을 夷狄視하는 관념을 가졌다고 보았다. 이는 다분히 元代 몽골 지배층이 중국문화에 영향을 받아 漢化되었다는 고전적 이론에 기반을 둔 것이다. 그러나 필자는 선행논문에서 몽골이 중화사상과 구별되는 독자적 세계관을 지녔고 그것에 입각하여 대외정책 전반을 수행했음을 논급한 바 있다.[6] 이 견해를 수용하여 그러한 대외관념 속에서 전쟁과 일본에 대한 그들의 인식과 그것이 몽골-고려 외교관계에 미친 영향을 탐색한다면 새로운 해석을 도출할 수 있을 것이다. 이 같은 고찰을 통해

4) 森平雅彦, 「元における高麗の機能的位置 : "帝國東方邊境の守り手"として」, 『モンゴル覇權下の高麗 : 帝國秩序と王國の對應』, 名古屋大學出版會, 2013.

5) 石原道博, 「元代日本觀の一側面」, 『和田博士還曆記念東洋史論叢』, 講談社, 1951.

6) 고명수, 「쿠빌라이 정부의 南海정책과 해외무역의 번영 : 몽골의 전통적 세계관과 관련하여」, 『사총』 72, 2011.

13세기 동아시아 세계의 일대 사건이었던 몽골의 일본정벌이 향후 蒙麗관계에 미친 영향을 입체적으로 파악하고, 그 시기 동아시아 3국의 유기적 관련성을 규명하며, 나아가 고려의 대몽 외교활동에 반영된 주체성, 능동성을 드러내고자 한다.

2. 몽골의 전통적 세계관과 일본인식

1206년 칭기스칸이 몽골제국을 건립했을 때 몽골 지배층은 이미 그가 천명을 받아 세상을 지배하는 유일한 군주라는 인식을 갖고 있었다. 이에 의거하여 그들은 온 세상을 복속(평화)과 전쟁의 대상으로 양분하고 복속하지 않은 지역, 사람을 향후 무력을 동원해서라도 반드시 복속시켜야 할 존재로 규정했다. 즉 그들의 인식 속에 동등한 나라·백성이란 존재하지 않고 오직 실제 지배하는 지역·사람과 전쟁을 통해 반드시 복속시켜야 할 '적대세력'만 있을 뿐이었다. 몽골은 그러한 이분법적 세계관을 제국의 영역을 확장하는 과정에서 예외 없이 적용했다. 그들은 이를 정복활동의 유일한 이유로 표방하고 상대국에게 몽골에 복속하는 것만이 평화를 얻을 수 있는 길이라고 주장했다. 그리고 그들이 복속 요구를 거부할 경우 가공할 기마 전투력을 동원해 철저하게 굴복시켰다. 그 결과 몽골은 건국 70여 년 후 유라시아 대륙 대부분을 포괄하는 광대한 지역을 점령했다.[7]

쿠빌라이 즉위 전까지 몽골은 일본과 접촉할 기회를 얻지 못했다. 일본의 존재에 대해 무지했을 뿐 아니라 유라시아 대륙의 동쪽 끝에 위치한 고려가 해양으로 통하는 길목을 가로막고 30여 년 간 그들에게 강경하게 저항했기 때문이다. 그러나 그의 즉위 즈음 몽골은 비로소 고려를 복속시켜 해양으로

---

7) 몽골의 전통적 세계관과 대외정책에 관해 위의 논문, 237~243쪽 참조.

진출할 수 있는 발판을 마련했다. 그 시기 몽골 지배층은 여전히 쿠빌라이가 제국의 유일한 카안으로서 모든 세상을 지배한다는 천명관, 세계관을 갖고 있었다. 따라서 자신들의 세력범위 밖에 존재하는 일본에게 복속을 요구하는 것은 정해진 수순이었다. "[至元5년(1268)] 東夷가 모두 內屬했는데 오직 日本만 正朔을 받지 않았다. 황제가 隋 시기 일찍이 中國과 통호했음을 알고 사신을 보내 威德으로 깨우치게 했다"라는 기록을 통해 이 같은 그들의 관념을 확인할 수 있다.[8)]

쿠빌라이는 상대국에게 무력을 행사하기에 앞서 평화적으로 복속을 요구하는 몽골의 전통적 관례에 따라 우선 일본에 사신을 파견해 그들을 초유하는 책략을 채택했다. 至元3년(1266) 고려를 경유하여 일본에 보낸 최초의 사행이 고려 측의 비협조로 실패한 후 다음해(1267) 비로소 몽골의 명을 받아 고려에서 파견한 사신 潘阜 일행이 큐슈의 太宰府에 이르렀다. 그때 반부가 일본국왕에게 전달한 다음 몽골의 국서에서 일본에 대한 그들의 인식이 잘 드러난다.

> 大蒙古國 황제가 일본국왕에게 국서를 보낸다. 짐이 생각건대, 예부터 작은 나라의 임금은 경계가 서로 접해 있으면 오히려 믿음을 얻고 화목함을 닦는 데 힘썼다. 하물며 우리 조상은 하늘의 밝은 명을 받아 區夏를 모두 차지하여 먼 곳의 땅에서 위엄을 두려워하고 은덕을 생각하는 자가 모두 셀 수 없을 정도이다. 짐이 즉위한 초기에 고려의 허물없는 백성들이 오래도록 전쟁에 고통스러워하여 즉시 군대를 거두어 그 강역에서 돌아오게 하고 노인과 아이들을 돌려보냈다. 고려의 임금과 신하가 이에 감격하여 來朝하였는데 의리는 비록 군신이었지만 기쁨이 부자와 같았다. 헤아려보면 왕의 군신들도 이미 그것을 알고 있을 것이다. 고려는 짐의 東藩이다.

---

8) 『元史』 卷167 王國昌, 3926쪽.

일본은 고려와 가깝게 지냈고 개국 이래 또한 때때로 중국과 통교하였으나 짐의 시기에 이르러서는 한 번도 사신을 보내 화친을 맺지 않았다. 오히려 왕국이 아는 바가 자세하지 않음이 걱정되어 특별히 사신을 보내 국서를 갖고 가게 하여 짐의 뜻을 포고하니 지금부터 안부를 묻고 화친을 맺어 서로 친목하기 바란다. 또한 성인이 四海를 한 집안으로 만들었는데 서로 화친을 맺지 않으면 어찌 한 집안의 도리라 할 수 있겠는가. 전쟁에 이르는 것을 대체 누가 좋아하겠는가. 왕은 그것을 헤아리도록 하라.[9]

위 서한을 보면 과거 몽골이 주변국에게 복속을 요구하면서 내보인 위협적 언사와 달리 비교적 온화한 문체로 작성되었음을 알 수 있다. 때문에 당대 한인 지식인도 이를 가리켜 "글이 정성스럽고 겸양의 뜻이 簡冊에 넘친다"라고 평가했다.[10] 그러나 글의 말미에서 "전쟁에 이르는 것을 대체 누가 좋아하겠는가"라고 한 언급에는 몽골에 복속하지 않을 경우 무력을 동원해 철저하게 굴복시키는 그들의 전통적 대외정책 방침이 그대로 반영되어 있다. 이는 몽골이 일본과 처음 접촉했을 때부터 고유한 이분법적 세계관에 입각하여 그들을 완전한 복속의 대상으로 인식했음을 나타낸다.

이 같은 몽골의 복속요구에 대해 일본의 가마쿠라 막부는 그들의 국서가 "禮를 缺하고 있다"라고 하여 답서를 보내지 않기로 결정했다. 그러자 쿠빌라이가 至元8년(1271) 측근 趙良弼을 보내 재차 국서를 전했는데 거기에서도 "만약 즉시 사신을 보내 그(조양필)와 함께 오면 이웃나라와 친하게 지내어 나라의 아름다운 일이 될 것이다. 혹이라도 머뭇거려 전쟁에 이르게 된다면 대체 누가 기뻐하겠는가"라고 하였다.[11] 또한 2차 전쟁 후 至元21년

9) 『元史』 卷208 日本, 4625~4626쪽 ; 『高麗史』 卷26 元宗8년 8월 丁丑.
10) 『元文類』 卷41 征伐 日本.
11) 『元史』 卷208 日本, 4627쪽.

(1284) 승려 如智를 보내 전달한 서한에서도 "和好만큼 좋은 것은 없고 전쟁만큼 나쁜 것은 없다"라고 하여 고유한 세계관에 바탕을 둔 종래의 입장을 여전히 고수했다.[12]

이에 일본은 몽골이 동아시아 세계를 제패한 국제정세를 제대로 인지하지 못하고 한편으로 公家(조정)에 대한 막부의 우월적 권한, 지위를 유지하기 위해 줄곧 몽골의 복속 요구에 응하지 않았다. 더욱이 1차 전쟁 후 파견된 몽골의 사신단을 처형하여 그들에게 강경한 저항의지를 내보였다. 몽골의 전통적 세계관에 비춰볼 때 복속을 거부한 나라는 곧 군사정벌의 대상이 되므로 일본에 대한 무력침공은 당연한 귀결이었다.

수차례에 걸친 몽골의 초유시도가 모두 실패한 후 元宗9년(1268) 6월 쿠빌라이가 고려사신 李藏用에게 남송·일본정벌에 협조하라고 명하면서 "짐이 입조하지 않는 나라를 정벌하려 하니 너희 나라는 군대를 내어 도와야 한다"라고 한 발언과[13] 元宗12년(1271) 3월 고려에 보낸 조서에서 "짐이 일찍이 사신을 보내 일본을 깨우치려 했으나 뜻밖에 어리석은 고집을 부리면서 문을 굳게 닫아 좋은 말로 설득하기 어렵게 되었음을 경도 알 것이다. 이제 그들을 다스리기 위해 관청에 지시하여 屯田軍을 보내 그들을 정벌할 계획으로 삼았다"라는 내용[14] 그리고 "[至元20년(1283)] 日本이 입조하지 않아 황제가 阿塔海 등에게 명하여 군사 10만을 이끌고 그들을 정벌케 했다"라는 기록을 통해 몽골의 고유한 세계관에 입각한 그의 일본정벌 의지를 확인할 수 있다.[15]

---

12) 그때 如智가 소지해 간 몽골의 국서는 중국 측 자료에 남아있지 않지만 일본자료 『善隣國寶記』 卷上 弘安9년(1286)條에 기재된 「海觀音寶陀禪寺住持如智海印持待庵記」에 전문이 수록되어 있다(장동익, 『일본 고중세 고려자료 연구』, 서울대학교 출판부, 2004, 242쪽에서 인용).

13) 『高麗史節要』 卷18 元宗9년 6월.

14) 『高麗史』 卷27 元宗12년 3월 丙寅.

15) 『元史』 卷132 昂吉兒, 3215쪽.

또한 至元18년(1281) 2차 정벌을 앞둔 시기 무칼리의 후손 相威가 쿠빌라이에게 올린 글에서 "倭가 職貢을 바치지 않으므로 정벌함이 마땅하고 용서할 수 없습니다"라는 구절과[16] 14세기 초 한인학자 吳萊가 일본에 국서를 보내 복속을 유도하기를 청하면서 조정에 올린 글에 "倭奴는 海東의 작은 나라로 30여 년 간 홀로 조정의 교화를 거스르면서 우리 사신에게 예를 갖추지 않고 험고한 지형에 의지하여 경솔하게 우리와 맞서 싸우니 마땅히 그 흉악한 무리를 절멸하고 그 우두머리를 주살해야 합니다"라는 내용은 그 시기 몽골귀족은 물론 한인 지식인까지 이 같은 인식을 공유했음을 나타낸다.[17] 아울러 오랜 기간 몽골에서 관직을 역임한 고려인 李穀도 後至元4년(1338) 合浦로 출진하는 무장을 전송하기 위해 지은 글에서 "聖元이 천하를 차지하고 만방을 신첩으로 삼았는데 倭人이 유독 입조하지 않아 世祖皇帝께서 장수에게 명하여 그들을 정벌하게 했다"라고 하여 동일한 관념을 드러냈다.[18]

쿠빌라이가 일본을 초유·정벌한 이유와 목적에 관해 크게 두 가지 견해가 존재한다. 하나는 당시 몽골인이 일본을 매우 부유한 나라로 인식하여 그곳에서 산출되는 여러 진귀한 재물을 얻기 위해 통교를 시도했다는 것이고, 다른 하나는 그 시기 몽골의 주 공략대상이었던 남송과의 군사동맹을 차단하기 위해 그들을 복속시키려 했다는 것이다.[19] 그러나 두 견해는 이를 직접적으로 입증할 만한 사료적 근거가 부재할 뿐 아니라 여러 관원들이 쿠빌라이에게 일본복속의 경제적 무익함을 주장하고 그가 남송병합 후에도 여전히 일본정벌의 의지를 포기하지 않은 사실을 해명하기 어렵다. 반면 위와 같이 일본이 '유일하게 복속하지 않았기 때문에' 초유, 정벌을

16) 『元史』 卷128 相威, 3130쪽.
17) 『淵穎集』 卷5 「論倭」.
18) 『稼亭集』 卷9 「送洪密直出鎭合浦序」.
19) 쿠빌라이의 일본정벌 원인에 대한 여러 학자들의 견해에 관해 魏榮吉, 『元·日關係史の硏究』, 教育出版センター, 1985, 28~33쪽 참조.

단행했다는 기록은 다수 발견된다. 그러므로 쿠빌라이가 일본을 초유·정벌한 궁극적인 이유와 목적은 응당 그가 보유한 몽골의 전통적 세계관과 대외정책 방침에서 찾아야 할 것이다.

쿠빌라이는 복속요구에 응하지 않는 일본을 응징하기 위해 1274년과 1281년 두 차례 해상정벌을 시도했으나 모두 실패했다. 그 후 여러 신료들이 일본정벌의 어려움을 절감하여 그에게 단념할 것을 촉구했다. 특히 몽골의 전통적 대외인식을 공유하지 않고 유학이념을 신봉하는 일부 한인관료들이 백성을 피폐하게 하고 또 실패할 경우 국체를 손상한다는 이유로 이를 강하게 반대했다. 그럼에도 불구하고 쿠빌라이는 사망 때까지 포기하지 않고 계속 전쟁을 준비했다. 비록 신료들의 반대, 백성들의 저항, 東北諸王의 반란, 南海諸國과의 전쟁 등 여러 요인으로 인해 3차 정벌은 그의 생전에 실행되지 않았다. 그러나 일본정벌에 대한 그의 단호한 의지와 적극적 태도는 그가 줄곧 몽골의 전통적 세계관과 대외정책 방침을 충실하게 준수했음을 보여준다.

쿠빌라이 사후 몽골조정은 두 차례 원정 실패에 대한 기억과 西北諸王과의 내전, 지배층의 권력투쟁과 같은 내부사정으로 인해 일본정벌을 완전히 포기하고 大德3년(1299) 3월 승려 一山一寧의 사행을 마지막으로 더 이상 초유사신도 보내지 않았다. 일본 역시 끝내 몽골에 입조하지 않아 양국관계는 장기간 외교적 소통이 부재하는 소원한 상태에 놓였다. 그리고 한편으로 몽골 지배층의 의식 속에 일본을 '유일한 적국'으로 보는 관념이 형성되었다. 그들의 고유한 세계관에 비춰볼 때 '입조 불이행'은 곧 '적대행위'를 의미하고 당대 동아시아 세계에서 몽골에 입조하지 않은 나라는 일본이 유일했기 때문이다.

쿠빌라이 시기 몽골의 복속요구를 거부하여 전쟁을 겪은 나라가 단지 일본 뿐은 아니었다. 그는 1276년 남송을 병합한 후 바다로 진출하여 여러 동남아 해상국가들에게 복속을 요구하고 이를 거부한 安南, 占城,

緬, 爪哇에 대해 예외 없이 정벌을 단행했다. 그 나라들은 일본과 마찬가지로 몽골의 침공을 성공적으로 격퇴했으나 전쟁과정에서 몽골군의 위력을 실감하고 재침을 우려하여 결국 13세기 말 모두 사신을 파견해 몽골에 입조했다.[20] 몽골 지배층이 고유한 세계관에 의거하여 그들의 입조를 '복속의 실현'으로 간주했음은 물론이다. 따라서 그들이 자신에게 홀로 입조하지 않은 일본을 '유일한 적국'으로 보게 된 것은 자연스러운 결과였다. 『元史』「日本傳」 말미의 "일본인은 끝내 오지 않았다"라는 구절에서도 이러한 그들의 인식을 엿볼 수 있다.[21]

쿠빌라이 치세 이후 몽골의 패권이 확고하게 수립된 동아시아에서 유일하게 복속하지 않은 일본은 당대인에게 매우 특별한 존재로 비쳤다. 때문에 앞서 제시한 몽골인, 한인의 발언, 저술뿐 아니라 서역인이 남긴 기록에도 그러한 흔적이 발견된다. 쿠빌라이 시기 17년 간 몽골에 체류했던 마르코 폴로는 『동방견문록』에서 일본에 관해 "다른 어느 누구의 지배도 받지 않고 자기들끼리 독립해 있다"라고 증언했고[22] 페르시아에서 편찬된 『집사』(Jâmi' at-tawârîkh)에도 다음과 같이 일본이 동아시아에서 몽골에 복속하지 않은 유일한 나라로서 특별하게 기술되어 있다.

> 카안에게는 동남쪽 방면으로 어떠한 적도 없는데 그것은 환해에 이르기까지 그 쪽에 있는 모든 지방들이 그의 왕국들 안에 편입되어 있기 때문이다. 다만 주르체(여진)와 카울리(고려)의 바다 가까운 곳과 환해 가운데에 지밍구(일본국)라는 큰 섬이 있을 뿐이다. 그 주위는 거의 400파르상이고 수많은 도시, 촌락들이 그곳에 있고 독립적인 군주를 갖고 있으며 전부터 줄곧 불복하고 있다. 그 섬의 사람들은 키가 작고 목이 짧으며 배가

20) 고명수, 앞의 논문, 252~255쪽.
21) 『元史』 卷208 日本, 4630쪽.
22) 김호동 역주, 『마르코 폴로의 동방견문록』, 사계절, 2000, 416쪽.

크다. 그곳에는 수많은 광물이 있다. 동쪽에서 시작하여 그대로 환해의 해변과 키르키즈 지방의 변경에 이르기까지 불복민은 존재하지 않는다.[23]

이와 같이 몽골 지배층은 일본을 '유일한 적국'으로 보았기 때문에 그들의 침입을 엄하게 경계할 필요가 있었다. 따라서 1차 정벌 직후부터 그들의 반격에 대비하여 동남 해안지역에 삼엄한 방어체계를 구축했다. 이와 관련하여 至元16년(1279) "日本 상선 4척과 뱃사공 2,000여 명이 慶元 항구로 오자 카라타이(哈剌歹)가 그들이 다른 뜻이 없음을 염탐하여 알고 行省에 말해 [그들과] 교역하고 돌려보냈다"라는 기록이 주목된다.[24] 그때는 2차 정벌 준비가 시작되면서 일본에 대한 몽골의 적대감, 경계심이 한껏 고조되는 시기였다. 한편 몽골정부는 남송병합 후 정치·군사적 갈등과 무관하게 민간상인의 교역활동을 허용하는 개방적인 대외무역 정책을 시행했다. 위 기사에 등장하는 뱃사공은 상인이 틀림없지만 2천여 명에 달하는 대규모 일본인 상인집단의 도래는 분명 해안경비 담당자에게 큰 위협으로 다가왔을 것이다. 그들을 철저하게 조사하여 침략의 뜻이 없음을 확인한 후 교역을 허가하고 돌려보낸 조처는 그러한 경계의식의 발로라고 볼 수 있다. "[至元18년(1281) 11월] 명을 내려 일본을 정벌하러 갔다가 돌아온 군인 중 나중에 온 자들을 나누어 연해지역을 지키게 했다"라는 기록에서도 2차 정벌 직후 일본의 반격에 대비하여 방어태세를 강화하려는 몽골정부의 방침이 확인된다.[25] 다음 두 기사 역시 그들에 대한 몽골의 적대감, 경계심을 나타낸다.

[大德8년(1304) 10월] 戊戌, 중서성, 어사대, 추밀원의 관원에게 명하여

---

23) 라시드 앗 딘, 김호동 역주, 『칸의 후예들』, 사계절, 2005, 424~425쪽.

24) 『元史』 卷132 哈剌䚟, 3217쪽.

25) 『元史』 卷11 世祖8, 236쪽.

고려국 재상 吳祁와 천호 石天補 등을 국문하게 했다. 祁는 왕 父子를 이간하고 天補는 일본으로 귀순하는 것을 모의했으므로 모두 태형에 처하고 西安으로 유배 보냈다.[26)]

[延祐4년(1317)] 한 吳人이 일본 정벌군을 따라가 倭에게 사로잡혔다가 이때 마침내 中國으로 돌아와 克敬에게 고향으로 보내달라고 호소했는데 어떤 이가 걱정하면서 장차 화를 일으킬 것이라고 하였다. 克敬이 말하기를, "어찌 한 병사가 은덕을 품어 돌아왔는데 받아들이지 않겠는가! 만약 분쟁이 생긴다면 내가 마땅히 죄를 지은 것으로 하겠다"라고 하였다. 이 일을 듣고 조정이 그를 칭찬했다.[27)]

첫 번째 인용문은 죄를 지은 고려의 관원을 몽골로 소환하여 처벌한 사건에 관한 기사로 여기에서 '일본으로 귀순하는 것을 모의했다'는 석천보의 죄목이 주목된다. 고려 측 자료에 吳祁(吳潛)와 石天補는 본래 충렬왕의 측근으로 충렬·충선 부자를 이간하고 충직한 신하를 모함하는 등 많은 악행을 저지른 간신으로 기록되어 있다. 때문에 한 고려신료가 몽골관원에게 석천보 도당이 "전왕(충선왕)이 자기를 해칠까 걱정하여 국왕(충렬왕)을 받들고 장차 섬으로 도망갈 것을 모의하여 몰래 제주도 등지에서 배를 만들고 식량을 저장하라고 명했다"라고 고발했는데[28)] 위 기사는 그 섬이 일본이었음을 말하고 있다. 실제로 그가 충렬왕을 데리고 일본으로 귀순하려 모의했는지 확인하기 어렵다. 그러나 사실여부를 막론하고 몽골정부가 그 죄목으로 그를 몽골로 소환하여 처벌했다는 위 기사는 당대 몽골 지배층이 복속국 고려 관원의 귀순을 막아야 할 만큼 일본을 '적국'으로서 엄하게

26)『元史』卷21 成宗4, 461쪽.
27)『元史』卷184 王克敬, 4232쪽.
28)『高麗史』卷125 吳潛 ; 石胄.

경계했음을 알려준다.

두 번째 인용문은 전쟁 중 일본에 포로로 잡힌 몽골병사가 귀환한 사건에 관한 기사로 그때 관원으로 추정되는 사람이 그를 일본의 첩자로 의심한 사실을 전한다. 그 지역을 관할하는 王克敬이 그의 경고를 물리치고 병사의 귀향요청을 수락했지만 위 기사 역시 그 시기 몽골관원이 일본의 첩자파견과 정탐활동을 매우 경계했음을 나타낸다.

더욱이 13세기 말부터 동남 해안지역에서 일본상인의 약탈행위가 점차 가중됨에 따라 그들에 대한 몽골의 적대감, 경계심도 한층 강화되었다. 전술했듯이 몽골정부의 개방적인 대외정책을 배경으로 많은 일본의 민간 상인들이 강남의 무역항에 도래하여 교역을 행했다. 그러나 그들이 기대했던 수익을 거두지 못하고 지방관에게 부당하게 수탈을 당한 경우 불만을 표출하고 손실을 만회하기 위해 종종 관아를 불태우고 상점과 민가를 약탈하는 소요사건을 일으켰다. 때문에 몽골정부는 "[至元 29년(1292) 10월] 日本 배가 四明에 이르러 互市를 요구했는데 배 안에 무기가 모두 갖추어져 있으므로 다른 마음이 있을까 걱정되어 조서를 내려 都元帥府를 세우고 카라타이(哈剌帶)로 하여금 그것을 맡아 海道를 방어하게 했다."[29] "[大德8년(1304)] 여름 4월 丙戌, 千戶所를 세우고 定海를 지키게 하여 매년 오는 倭船을 방어했다."[30] "[大德10년(1306) 4월] 倭의 상인 有慶 등이 慶元에 이르러 교역하고 金鎧甲을 바쳤다. 알라 앗 딘(阿老瓦丁) 등에게 명하여 그것에 대비하게 했다"[31]라는 기록과 같이 그들의 교역활동에 대한 경계와 단속을 강화했다.

특히 至大2년(1309) 7월 한 樞密院 관원의 진언 중 "작년 日本의 상선이 慶元을 불태우고 약탈했는데 관군이 대적할 수 없었습니다"라는 구절은

---

29) 『元史』 卷17 世祖14, 367쪽.

30) 『元史』 卷21 成宗4, 459쪽.

31) 『元史』 卷21 成宗4, 469쪽.

그들의 무력행위가 관군이 제어하지 못할 만큼 매우 위력적이었음을 증언한다.[32] 그러므로 延祐4년(1317) 王克敬이 그들의 교역활동을 감독하기 위해 四明으로 파견되었을 때 "전에 감독하러 간 자는 外夷의 본성을 헤아릴 수 없는 것을 걱정하여 엄하게 군대를 두어 스스로 방어하는 것이 큰 적을 기다리는 것 같았다"라는 기사에서 보이는 전임감독자의 대처방식도 이해하기 어렵지 않다.[33]

물론 '일본상인'에 대한 경계심과 '일본'에 대한 적국인식은 마땅히 구별되어야 한다. 그러나 그들의 폭동과 약탈행위가 극성을 이루는 1330년대 연해지역을 관할했던 몽골인 바시(拔實)가 그들의 입항금지를 청하면서 조정에 올린 글 중 "倭人이 복속하지 않으니 마땅히 中國에 이르지 못하게 해야 합니다"라는 구절에서[34] 그가 폭동의 주체인 '일본상인'과 미복속국 '일본'을 동일시했음이 확인된다. 그러한 인식이 여타 관원들 사이에서도 공유되었다면 점차 가중되는 그들의 소요행위가 일본에 대한 몽골 지배층의 적국인식을 강화시키는 데 상당한 영향을 미쳤다고 추론해볼 수 있다.

일본 역시 몽골을 매우 적대시했다. 막부정권은 최초 몽골사신이 도래하여 복속을 요구했을 때부터 이를 국가적 위기상황으로 규정하고 그들의 접근을 강하게 견제했다. 더욱이 역사상 처음으로 대규모 외부세력의 침입을 겪으면서 그들의 적개심은 더욱 강화되었다. 이에 따라 지배층과 민간사회에서 침략국인 몽골과 고려를 敵國, 異賊으로 보는 대외관념이 형성되었다.[35] 결국 일본은 끝내 몽골에 입조하지 않고 복속요구에 강하게 저항하면서 견고한 방어태세를 유지했다.

그리고 한편으로 몽골에 첩자를 보내 그들의 상황을 정탐케 했다. "[至元

32) 『元史』 卷99 志47 兵2, 2548쪽.

33) 『元史』 卷184 王克敬, 4232쪽.

34) 『金華黃先生文集』 卷25 「資善大夫河西隴北道肅政廉訪使凱烈公神道碑」.

35) 남기학, 「고려와 일본의 상호인식」, 『일본역사연구』 11, 2000, 84~86쪽.

19년(1282) 9월] 福建宣慰使가 倭國의 첩자를 잡았다. 그를 가두라는 명을 내렸다."[36] "[至元19년(1982) 9월] 戊寅, 新附軍 賈祐에게 의복과 식량을 지급했다. 祐가 말하기를, 자신은 日本國 焦元帥의 사위로서 江南에서 배를 만드는 사실을 알고 이후의 동정을 살피기 위해 파견되었으나 軍馬가 변경지역을 제압하여 먼저 투항하기를 원한다고 했다"라는 기록은 2차 정벌 직후 일본의 첩자가 강남에 파견되어 정탐활동을 행한 사실을 전한다.[37] 또한 至正2년(1342) 한 일본의 승려가 몽골관원 테무르타시(鐵木兒塔識)에게 일본이 첩자를 보내 본국의 사정을 정탐한다고 보고한 사실을 통해 그들의 정탐활동이 몽골시대 후기에도 여전히 계속되었음을 알 수 있다.[38] 그리고 사료적 근거가 부재하지만 정황상 응당 몽골도 일본에 첩자를 보내 동정을 살폈으리라고 추정된다.[39] 쿠빌라이 사후 비록 양국 사이에 직접적인 무력충돌이나 외교적 마찰이 발생하지 않았지만 이처럼 일본의 첩자가 몽골에 잠입하여 정탐활동을 행하고 몽골정부가 그것을 인지·경계하는 현실에서 그들에 대한 몽골의 적국인식은 해소되기 어려웠을 것이다.[40]

이와 같이 몽골 지배층은 일본과 처음 접촉했을 때부터 고유한 이분법적 세계관에 입각하여 집요하게 그들에게 복속을 요구했다. 일본이 응하지 않자 그들은 그것을 '적대행위'로 규정하고 두 차례 단행한 군사정벌의 명분으로 삼았다. 쿠빌라이 사후 복잡한 내부사정으로 인해 초유와 전쟁을

---

36) 『元史』 卷12 世祖9, 245쪽.

37) 『元史』 卷12 世祖9, 246쪽.

38) 『元史』 卷140 鐵木兒塔識, 3373쪽.

39) 石原道博, 「中國における畏惡的日本觀の形成：元代の日本觀」, 『茨城大學文理學部紀要(人文科學)』 3, 1953, 79쪽.

40) 榎本涉은 14세기 초 몽골이 두 차례 倭人의 入城을 금지한 사례를 제시하면서 그 목적이 일본의 정탐활동과 군사행동에 대비하는 것이라고 보았다(榎本涉, 「元朝の倭船對策と日元貿易」, 『東アジア海域と日中交流』, 吉川弘文館, 2007, 117~120쪽).

통한 일본복속 계획은 철회되었지만 몽골 지배층의 관념 속에서 홀로 입조하지 않은 일본을 '유일한 적국'으로 보는 인식이 형성되었다. 몽골은 1차 정벌 실패 후부터 동남해안 지역에서 그들의 반격에 대비하여 방어체계를 구축하고 개방적 대외정책 방침에 따라 허용한 일본상인의 교역활동을 철저하게 감독했다. 더욱이 점차 가중되는 그들의 소요행위와 첩자들의 정탐활동으로 인해 일본에 대한 몽골의 적국인식은 오래도록 유지·강화되었다. 그리고 이는 필연적으로 일본에 가장 인접한 복속국 고려의 지정학적 조건과 역할을 규정짓는 주된 요인으로 작용했다.

3. 고려의 지정학적 조건과 역할

몽골과 고려는 1218년 江東城에 입보한 거란족을 토벌할 때 처음 접촉하여 동맹관계를 맺었다. 이후 몽골이 상국의 입장에서 고려에게 과도하게 많은 공물을 요구하여 양국 사이에 갈등이 고조되었고 1225년 몽골사신 著古與가 피살되는 사건이 발생하여 양국관계가 단절되기에 이르렀다. 그리고 1231년 사르타이(撒禮塔)가 지휘하는 몽골군이 처음으로 고려를 침입한 후 두 나라는 30여 년 간 치열한 전쟁을 벌였다. 고려는 몽골군을 여러 차례 격퇴했지만 오랜 전란으로 인해 국토 전체가 황폐화되고 저항할 여력이 고갈되어 1259년 태자 王倎을 보내 화친을 청하게 했다. 다음해 그가 쿠빌라이를 만나 환대를 받고, 국왕 즉위 후 친히 몽골에 입조하여 화친관계를 새롭게 수립했다.

그 시기 쿠빌라이를 위시한 몽골 지배층은 고유한 세계관에 근거하여 양국의 화친을 고려의 '복속'으로 간주하고, 고려국왕과 백성을 몽골 카안의 臣民, 고려의 강토를 몽골의 영역 안에 포함된 지역으로 인식했다. 물론 고려가 몽골 카안의 직접지배를 받지 않고 '왕조체제 보전'을 허가받은 고려국왕의 관할 아래 두어졌지만 양자가 실제적인 군신관계를 맺었으므로 그러한 인식은 모순 없이 존재할 수 있었다. 더욱이 고려국왕이 몽골의 황족과 통혼하여 황실의 일원인 駙馬 지위를 획득하고 몽골의 내지 행정단위인 行省의 승상에 임명됨에 따라 그러한 인식은 더욱 강고해졌을 것이다. 몽골의 강역에 관한 다음 기록에서 고려에 대한 그들의 인식을 엿볼 수 있다.

> 시험 삼아 그것(우리의 강역)을 논해보겠다. 金은 中原에 있었는데 군대를 보내 일거에 취하여 九州의 腹心을 얻었다. 宋은 江南에 있었는데 믿음을 잃어 그것을 질책하여 여러 길로써 그들을 멸망시켜 四海를 하나로 만들기에 이르렀다. 北庭·回紇 부족, 白霫·高麗 족속, 吐蕃·河西 강토, 天竺·大理 지역 등이 모여들어 복속한 바를 어찌 셀 수 있겠는가. 예로부터 존재한 국가 중 우리와 같이 성대한 나라는 없었다.[41]

> 元은 사막에서 일어나 西域을 병합하고, 西夏를 평정하고, 女眞을 멸망시키고, 高麗를 신복케 하고, 南詔를 평정하고, 마침내 江南을 제압하여 천하를 하나로 만들었다. 그 땅이 북쪽으로 陰山을 넘고, 서쪽으로 流沙에 이르고, 동쪽으로 遼左에 이르고, 남쪽으로 海表를 지난다. [……] 高麗는 東藩을 지키면서 신하의 예를 행하는 것이 매우 신중한데 이 또한 예전에 보지 못한 것이다.[42]

위 글에서 고려가 華北, 江南은 물론 回紇(위구르), 西夏, 吐蕃(티베트), 雲南과 더불어 몽골의 강역을 구성하는 일부로 묘사되고 특히 두 번째 글에서 몽골의 동쪽 끝을 지키는 번병(東藩)으로서 신하의 예를 충직하게

---

41) 『元文類』 卷40 雜著 經世大典序錄 帝號.

42) 『元史』 卷58 志10 地理1, 1345~1346쪽.

수행한 사실이 부각되어 있다. 이는 당대 몽골 지배층이 고려를 자국 영역 안에서 동쪽 끝에 위치한 지역, 나라로 보았음을 나타낸다. 다음 기록도 같은 맥락으로 이해할 수 있다.

> [至元16년(1279)] 守敬이 이로써 상주하기를, "唐의 一行은 開元 년간에 南宮說로 하여금 천하의 日影을 관측하게 했는데 서책에 보이는 것만 13곳입니다. 지금 우리 강역은 唐보다 더욱 크니 만약 먼 곳에서 그것을 관측·조사하지 않는다면 일식·월식의 시각, 낮과 밤의 길이, 해·달·별의 높이가 같지 않을 것입니다. 직접 눈으로 관측·조사하는 사람이 적으니 먼저 남쪽과 북쪽에 表를 세워 일직선으로 日影을 관측할 수 있습니다"라고 하였다. 황제가 그의 주청을 허가했다. 마침내 監候官 14명을 두고 길을 나누어 가게 하여 동쪽으로 高麗, 서쪽으로 滇池, 남쪽으로 朱崖, 북쪽으로 鐵勒에 이르게 했는데 四海의 관측·조사소가 무릇 27곳이었다.[43]

위 글은 천문관 郭守敬이 쿠빌라이의 허가를 받아 몽골의 강역 곳곳에 천문 관측소를 세운 사실에 관한 기사로 그 위치의 극단이 각각 "동쪽으로 高麗, 서쪽으로 滇池, 남쪽으로 朱崖, 북쪽으로 鐵勒"이라고 표기되어 있다. 滇池는 오늘날 雲南의 昆明湖, 朱崖는 海南島, 鐵勒은 막북초원 지역을 가리킨다. 그러므로 천문 관측소가 설치된 지역의 범위는 동아시아에 한정된 쿠빌라이의 직할령 즉 '카안 울루스'에 해당한다. 그때 천문 관측소가 고려에 세워진 것은 몽골 지배층이 고려를 '우리 강역' 즉 카안 울루스의 일부로 인식했음을 짐작케 한다. 실제로 『高麗史』에 忠烈王7년(1281) 정월 몽골이 王通 등을 보내 授時曆을 반포하고 천문을 관측하게 했다는 기사가 전해진다.[44]

---

43) 『元史』 卷164 郭守敬, 3848쪽.
44) 『高麗史』 卷29 忠烈王7년 春正月 戊戌朔.

쿠빌라이가 고려에 보낸 조서와 발언에서도 동일한 인식을 확인할 수 있다. 元宗9년(1268) 5월 그가 고려사신 李藏用에게 군사의 수를 허위로 보고했다고 질책하면서 "임금과 신하는 한 집안이니 너의 나라에서 일이 생기면 짐이 돕지 않겠는가"라고 하였고[45] 元宗11년(1270) 12월 고려 원종에게 남송·일본정벌에 협조하라고 독촉하면서 "짐과 경은 이미 한 집안이 되었으니 우리나라의 힘을 빌려 먼 나라 사람까지도 복속시켜야 한다"라고 하였다.[46] 또한 다음해(1271) 6월 백성들의 고통을 이유로 전쟁준비를 기피하는 고려를 꾸짖으면서 "이미 두 나라가 한 집안이 되어 애초부터 안팎의 구별이 없으니 안정을 되찾은 후에 어찌 백성들의 고통을 좌시하고 그들을 돌보지 않겠는가?"라고 하였고[47] 至元6년(1269) 12월 사신 趙良弼을 통해 일본에 전한 서한에서도 "대개 듣기로 王이라는 자는 안팎의 구분이 없다. 고려와 짐이 한 집안이 되었다"라고 하였다.[48] 아울러 忠烈王6년(1280) 3월 몽골사신 타나(塔納)가 고려재상에게 鷹坊으로 인해 백성들이 고통 받고 있음을 지적하면서 "동방의 백성은 천자의 적자가 아니오. 백성들의 고통이 이 지경에 이르렀는데도 그들을 구휼하지 않으니 조정에서 사신을 보내 문책하면 무슨 말로 대답할 것이오?"라고 한 발언도 그 시기 몽골관원이 양국을 한 나라로 보았음을 나타낸다.[49]

이와 같이 몽골 지배층은 고유한 이분법적 세계관에 근거하여 복속국 고려를 자신들의 지배영역 안에 포함된 존재로 보았다. 그리고 고려가 몽골강역의 동쪽 끝에 위치하여 일본에 가장 인접해 있고 그들과 오래도록 통교하여 그 사정에 정통하다고 여겼으므로 일본을 초유·정벌할 때 자연스럽게 관련업무 전반을 고려에 위임했다. 이에 고려로 하여금 몽골의 사신파

45) 『高麗史』 卷102 李藏用.

46) 『高麗史』 卷26 元宗11년 12월 乙卯.

47) 『高麗史』 卷27 元宗12년 6월 丙申.

48) 『元史』 卷208 日本, 4626쪽.

49) 『高麗史』 卷29 忠烈王6년 3월 壬寅朔.

견을 보좌하거나 직접 사신을 보내 일본을 초유하게 하고 전쟁 시기에는 군사, 군량, 전함, 병장기를 마련하여 전투수행을 돕게 했다. 그러나 일본은 이러한 고려의 외교활동에 대해 강경하게 저항하고 전쟁 때에는 태풍에 의지하여 그들을 성공적으로 격퇴했다. 그 결과 양국 사이에 서로의 침입을 경계하는 첨예한 적대관계가 형성되었다.

1차 전쟁 종료 후 일본은 몽골의 침공에 협력한 고려를 정벌하기 위해 이른바 '異國征伐 계획'을 세우고 준비에 착수했다. 여러 현실적 요인으로 인해 그것이 실행되지 않았지만 당시 긴박한 정세 속에서 양측 간 정탐활동이 활발하게 진행되었던 사정을 감안할 때 몽골과 고려는 분명 그러한 일본의 동향을 감지했을 것이다. 따라서 정벌이 실패하고 일본의 반격 가능성이 상존하는 현실에서 몽골은 자국의 영토를 보호하기 위해 무엇보다 그들과 가장 인접해 있는 고려에 방어체계를 구축할 필요가 있었다. 2차 전쟁 종료 직후 몽골이 고려의 金州, 合浦 등지에 鎭邊萬戶府를 세우고 군대를 배치한 것은 이러한 필요성에 따른 조처였다.

고려 역시 몽골의 강역 안에서 일본을 방어하는 최전선 기지로서 자신에게 부여된 역할과 임무를 분명하게 숙지했다. 따라서 전쟁 종료 후 항시 일본을 경계하면서 그들에 관한 사안을 독자적으로 처리하지 않고 몽골에 충실하게 보고했다. 2차 침공 직전인 至元18년(1281) 정월 충렬왕은 몽골에 왜적의 변경침입을 보고하고 군대를 보내 그들을 격퇴해달라고 청하고[50] 전쟁 종료 직후에는 진변만호부 설치를 요청하여 관철했다.[51] 또한 忠烈王 12년(1286) 8월 고려해안에 정박한 왜인 19명을 붙잡아 몽골로 압송하고[52] 16년(1290) 정월에도 왜적의 변경침입을 몽골에 보고했다.[53] 아울러 "[至正

50) 『元史』 卷11 世祖8, 229쪽.

51) 『元史』 卷99 志47 兵2 鎭戍, 2542쪽.

52) 『高麗史節要』 卷21 忠烈王12년 8월.

53) 『高麗史』 卷30 忠烈王16년 정월 丁未.

2년(1342)] 일본상인 100여인이 바람을 만나 표류하여 고려에 들어오니 고려가 그 재물을 약탈하고 표를 올려 그 사람들을 잡아들여 노예로 삼을 것을 청했다"라는 기록과 같이 14세기 중엽에도 고려는 여전히 일본에 관한 사안을 처결할 때 몽골의 허가를 구했다.[54]

이상 논의한 바와 같이 몽골은 고유한 세계관에 의거하여 복속국 고려를 자국의 강역 안에서 동쪽 끝에 위치한 東藩으로 인식했다. 전쟁 이전 고려는 일본에 가장 인접한 지역이었으므로 자연스럽게 초유, 정벌에 관한 관련업무 대부분을 위임받았다. 그리고 두 차례 정벌이 모두 실패하여 일본이 몽골의 '유일한 적국'으로 남게 된 후에는 그들의 반격을 방어하는 최전선 기지의 역할을 맡게 되었다. 이에 따라 항시 일본의 동향을 살피면서 그들에 관한 제반 사안을 몽골에 보고하여 자신의 임무를 충실하게 수행했다. 그리고 한편으로 몽골과 교섭할 때 '적국' 일본의 건재로 인하여 자신에게 부여된 특유의 존재성을 외교적 수단으로써 유효하게 활용했다.

4. 고려의 일본인식 공유와 대몽외교

고려는 몽골로부터 일본에 대한 초유, 정벌의 사무 전반을 위임받은 후 부단히 보고, 지시 서한을 교환하고 국왕과 대신들이 여러 차례 입조하여 몽골 지배층과 일본에 관한 사안을 논의했다. 그 과정에서 자연스럽게 그들의 고유한 세계관에 바탕을 둔 일본인식을 공유하게 되었을 것으로 여겨진다. 고려가 몽골을 대신하여 일본에 복속을 요구하기 위해 두 차례 보낸 첩장에서 그 일면을 확인할 수 있다. 元宗8년(1267) 8월 전달한 첫 번째 서한에서 여러 나라들이 이미 몽골에게 복속했음을 알리고 "지금

54) 『元史』 卷140 鐵木兒塔識, 3373쪽.

황제께서 귀국과 通好하려는 목적은 공물을 받아 이득을 취하는 것이 아니라 세상의 지배자로서의 명성을 천하에 드높이려고 하는 것일 뿐입니다"라고 초유의 목적을 설명했다.[55] 이는 元宗10년(1269) 7월 쿠빌라이가 몽골사신이 사로잡아온 일본인을 접견하는 자리에서 "지금 짐이 너희 나라의 來朝를 바라는 것은 너희를 핍박하기 위해서가 아니라 후대에 이름을 남기기 위해서일 뿐이다"라고 한 발언과 대체로 일치한다.[56] 이를 통해 당시 고려가 몽골의 천명사상과 세계관 그리고 쿠빌라이의 명예욕을 제대로 파악하고 있었음을 알 수 있다. 忠烈王18년(1292) 10월 발송한 두 번째 서한에서도 과거 남송이 몽골에 복속하지 않았기 때문에 침공을 받아 멸망했음을 지적하고 "만약 큰 바다에 의지하여 입조하지 않으면 존망의 시기를 알 수 없고 예상치 못한 우환이 생긴다면 후회해도 늦을 것입니다"라고 하여 복속을 거부한 나라를 군사정벌의 대상으로 삼는 몽골의 전통적 대외정책 방침을 그대로 전달했다.[57]

고려는 스스로 공유한 몽골의 일본인식과 자신에게 부여된 특유의 존재성을 몽골과 교섭할 때 효과적으로 활용했다. 충렬왕의 능동적인 외교활동이 그 기본 방향을 제시했다. 몽골이 1차 침공을 준비할 때 부왕 원종은 가급적 전쟁에 동원되지 않고 부담을 줄이기 위해 최선의 노력을 다했다. 때문에 쿠빌라이로부터 그러한 비협조적 태도를 여러 번 질책 받은 바 있다. 그럼에도 불구하고 그는 본국에서 많은 군사, 군량, 군수물자를 징발하고 수백 척의 전함을 건조하여 전쟁에 협력할 수밖에 없었다.

출정 직전 즉위한 충렬왕은 1차 정벌 종료 후 몽골로부터 2차 정벌 준비의 사명을 부여받았다. 그는 부왕과 달리 전쟁을 회피하지 않고 적극 참여하여 공을 세움으로써 몽골이 주도하는 세계질서 안에서 자신과 고려

---

55) 『高麗史』 卷26 元宗8년 8월.

56) 『高麗史』 卷26 元宗10년 7월 甲子.

57) 『高麗史』 卷30 忠烈王18년 10월 庚寅.

의 위상을 높이는 전략을 채택했다. 그는 태자시절부터 여러 차례 몽골에 입조하고 장기간 숙위 직무를 수행하면서 카안을 비롯한 여러 지배층 인사들과 활발하게 교류했다. 그 과정에서 자연스럽게 그들의 전통적 세계관과 일본인식을 공유하여 전쟁의 불가피성을 절감하고, 한편으로 전쟁에서 공을 세운 제왕, 장군들이 후한 포상과 높은 지위를 보장받는 모습을 목도했을 것이다. 따라서 전쟁에 임하는 그의 적극적인 자세는 이 같은 교류경험에 기반을 둔 실리적 판단의 결과로 볼 수 있다.

그는 태자시절 몽골에 체류할 때 몰수당한 田民을 되찾으려는 林惟幹의 획책을 저지하기 위해 중서성에 귀국을 요청한 바 있다. 그때 올린 글에서 "오직 저 일본만이 聖化를 입지 못하여 사신을 보내고 계속 군세를 과시해야 하므로 전함과 군량의 확보가 필수적입니다. 그 일을 저에게 맡겨주신다면 심력을 다해 조금이나마 상국의 군대를 돕겠습니다"라고 하여 그 구실을 '일본정벌 협조'에서 구했다. 그리고 이내 카안의 허가를 받아 귀국했다. 이 일화는 고려가 몽골의 일본인식을 제대로 파악하고 자신의 외교·군사적 역할을 내세워 소기의 목적을 달성한 최초의 사례로서 주목할 만하다. 태자가 귀국했을 때 몽골 옷차림에 변발까지 하여 모든 사람들이 탄식했다는 기사를 통해 몽골의 세계질서를 수용하고 그 안에서 의욕적으로 지배층에 편입·동화하려는 그의 지향을 엿볼 수 있다.[58)]

국왕 즉위 후 충렬왕은 이러한 현실인식과 정치적 판단에 따라 여러 차례 몽골에게 일본정벌에 협조하겠다고 자청했다. 忠烈王4년(1278) 7월 입조하여 쿠빌라이를 알현하는 자리에서 "일본은 한낱 島夷에 불과한데 지세의 험고함에 의지하여 입조하지 않고 감히 상국의 군대에 대항하고 있습니다. 신이 생각하기를, 은덕에 보답할 길이 없으니 원컨대 다시 배를 만들고 군량을 비축하여 그들의 죄를 성토하고 토벌에 나선다면 반드시

58) 『高麗史』 卷27 元宗13년 2월 己亥.

성공할 것입니다"라고 하였고,[59] 2차 정벌 직전인 至元17년(1280) 8월 다시 입조하여 군사 3만을 지원하겠다고 하였다.[60] 또한 2차 정벌 실패 후 至元19년(1282) 7월에도 사신을 보내 전함 150척을 만들어 전쟁을 돕겠다고 청했다.[61] 아울러 忠烈王18년(1292) 9월 몽골사신 洪君祥에게 "신이 [몽골에] 복속하지 않은 무리와 이웃하고 있으니 미력이나마 다하여 마땅히 몸소 토벌에 협조하겠습니다"라고 하여 여전히 일본정벌 참여에 대한 강한 의지를 드러냈다.[62]

그가 전쟁에 적극 협력하는 전략을 채택한 이유, 목적에 관해 일찍부터 여러 견해가 제시되었다. 일찍이 青山公亮은 忠烈王4년(1278) 그가 쿠빌라이를 알현하는 자리에게 일본정벌에 협조하겠다고 자청한 것은 당시 2차 정벌 방침이 확정되지 않은 상황에서 제기한 虛言이라고 하였다.[63] 반면 中村榮孝는 그의 견해를 비판하고 그 목적이 당시 고려 남부 해안지역을 위협하는 왜구를 방어하고 나아가 그들의 활동을 근절하는 데 있다고 보았다.[64] 그러나 이 견해는 남기학이 비판한 바와 같이 당시 왜구의 약탈행위가 후대에 비해 심각하지 않았고 전쟁준비 과정에서 지워지는 고려의 부담이 왜구의 침략에 따른 피해보다 더욱 컸으리라 사료되므로 납득하기 어렵다.[65] 한편 池內宏은 위 두 견해를 모두 비판하고 충렬왕의 자청이 당시 고려에서 과도하게 내정간섭을 행하던 洪茶丘를 축출하기 위해 그가 쿠빌라이의 환심을 사려는 목적으로 아부한 것이라고 하였다.[66]

---

59) 『高麗史』 卷28 忠烈王4년 7월 甲申.
60) 『元史』 卷11 世祖8, 226쪽.
61) 『元史』 卷12 世祖9, 244쪽.
62) 『高麗史』 卷30 忠烈王18년 9월 壬午.
63) 青山公亮, 「弘安の役と高麗」, 『史學雜誌』 36-10, 1925, 819~820쪽.
64) 中村榮孝, 「文永·弘安兩役間に於ける日·麗·元の關係」, 『史學雜誌』 37-6·7·8, 1926 : 「文永·弘安兩役間の國際政局」, 『日鮮關係史の硏究(上)』, 吉川弘文館, 1965, 78~82쪽.
65) 남기학, 「몽고침입과 중세 일본의 대외관계」, 『아시아문화』 12, 1996, 474쪽.
66) 池內宏, 『元寇の新硏究』, 東洋文庫, 1931, 196~204쪽.

근래 최윤정도 그가 홍차구의 세력 확대를 견제할 만한 실질적인 駙馬지위를 획득하기 위해 일본정벌에 적극 참여하는 자세를 취한 것으로 보았다.[67] 그러나 森平雅彦이 지적했듯이 실제 전쟁이 벌어지면 고려가 큰 부담을 감당해야 하는데 그가 일개 몽골 무장과의 대립이라는 이유만으로 피폐한 국가 전체를 곤경에 몰아넣는 말을 했다고 보기 어렵다.[68]

그가 이러한 전략을 채택한 주된 요인은 왜구의 위협이나 홍차구의 내정간섭과 같은 당면한 문제보다 전술했듯이 몽골 지배층 안에서 자신의 위상과 정치적 영향력을 제고하려는 목적에서 찾아야 할 것이다. 왜냐하면 그가 일본정벌 뿐 아니라 여타 몽골의 군사활동에 대해서도 동일한 태도를 견지했기 때문이다. 그는 忠烈王4년(1278) 쿠빌라이에게 일본정벌 협조를 자청하면서 한편으로 “지난번 듣기로 황제께서 직접 북방을 정벌하신다고 하기에 제가 표를 올려 본국의 모든 군대를 동원하여 정벌을 돕겠다고 청했는데 폐하께서 지역이 멀다 하여 허락하지 않으셨습니다. 신이 지금 입조했으니 청컨대 몸소 무장하고 나아가 聖德에 보답하겠습니다”라고 하여 당시 쿠빌라이에게 저항하는 西北諸王을 토벌하는 데 참여하겠다고 하였다.[69] 이 요청이 일본정벌 협조와 함께 제기된 사실을 통해 양자가 동일한 목적에서 비롯되었음을 짐작할 수 있다. 또한 忠烈王13년(1287) 5월 東北諸王 나얀(乃顏)이 반란을 일으켰다는 소식을 듣자 장군 柳庇를 보내 토벌을 돕겠다고 청하고 직접 군대를 이끌고 나서고자 하였다.[70] 아울러 忠烈王27년(1301) 9월에도 테무르(成宗)가 친히 서북제왕 토벌에 나설 예정이라는 소식을 접하고 上護軍 高世를 보내 정벌을 돕겠다고 청했다.[71] 이와 같이 그는 일본정벌 외에도 다른 몽골의 군사활동에 협력하려는

---

67) 최윤정, 「駙馬國王과 國王丞相 : 13-14세기 麗元관계와 고려왕조 國體 보존 문제 이해를 위한 새로운 모색」, 『대구사학』 111, 2013, 29~32쪽.

68) 森平雅彦, 앞의 논문, 466쪽.

69) 『高麗史』 卷28 忠烈王4년 7월 甲申.

70) 『高麗史』 卷30 忠烈王13년 5월.

자세를 일관되게 견지했다. 그러므로 일본정벌에 임하는 그의 적극적인 태도는 몽골의 군사활동에 참여하여 공을 세움으로써 자신의 정치적 위상과 영향력을 제고하려는 거시적인 전략의 일환으로 볼 수 있다.

충렬왕의 적극적인 일본정벌 참여 자세에 관해 대부분의 학자들은 본래 원종과 마찬가지로 전쟁에 미온적이었던 그의 태도가 忠烈王4년(1278) 쿠빌라이를 만났을 때 '획기적으로' 변했다고 이해한다. 실제로 그는 忠烈王 원년(1275) 정월 金方慶과 印公秀를 몽골에 보내 올린 표문에서 전쟁으로 인해 피폐해진 고려의 상황을 진술하고 "만약 다시 일본정벌을 행한다면 그 전함과 군량을 실로 小邦이 공급할 수 없습니다"라고 하여 전쟁참여의 어려움을 호소했다.[72] 그러나 이때는 몽골·고려연합군이 1차 정벌에 실패하고 귀환한 지 2개월 밖에 지나지 않은 시점이었다. 따라서 그가 여전히 전쟁에서 군공을 세우려는 의지를 품고 있다 해도 패전 직후 고려의 경제기반과 사회질서가 회복·안정되지 않은 현실에서 곧바로 다시 전쟁준비에 착수하기는 어려웠을 것이다. 그러므로 위 사례에서 드러나는 그의 소극적 태도는 이 같은 특수한 상황에서 나타난 일시적인 모습으로 볼 수 있다. 그때를 제외하고 그가 태자시절부터 줄곧 일본정벌을 포함한 몽골의 대내외 전쟁에 적극 참여하는 자세를 취한 사실에 비춰본다면 본래 소극적이었던 그의 자세가 忠烈王4년에 '획기적으로' 변한 것이 아니라 그가 이미 1차 일본정벌 이전부터 전쟁에서 군공을 세워 자신의 정치적 위상과 영향력을 강화하려는 전략을 수립했다고 이해하는 편이 적절하다.

1294년 쿠빌라이 사망 후 몽골의 일본정벌 계획이 완전히 방기되었지만 '유일한 적국'인 그들의 침입을 경계해야 할 필요성은 여전히 상존했다. 이에 고려는 자신에게 부여된 지정학적 중요성과 군사적 역할을 내세워 과거 몽골에게 탈취되었던 耽羅의 지배권을 환수했다. 탐라는 본래 고려의

71) 『高麗史』 卷32 忠烈王27년 9월.

72) 『高麗史』 卷28 忠烈王원년 정월 庚辰.

영토였으나 삼별초가 거병하여 그곳을 장악하고 元宗14년(1273) 4월 蒙麗연합군이 그들을 토벌한 후 몽골의 군정기관인 招討司, 摠管府가 설치되어 이후 30여 년 간 그들의 직할 아래 두어졌다. 忠烈王27년(1301) 5월 고려는 표문을 올려 탐라가 적국 일본과 인접하여 경계를 강화해야 할 필요가 있음을 강조하고 그곳을 고려에 예속시키고 국왕이 직접 관할하는 合浦鎭邊의 전례에 따라 萬戶府를 설치하여 스스로 방어 임무를 맡겠다고 청했다. 이내 그 주청이 가납되어 고려는 탐라 영유권을 회복했다.[73]

고려는 몽골의 외교적 공세에 직면했을 때에도 동일한 논법을 활용하여 현명하게 위기를 극복했다. 대표적 사례로 1차 立省策動에 대한 충렬왕의 외교활동을 꼽을 수 있다. 忠烈王28년(1302) 遼陽行省이 정동행성을 흡수하고 관사를 東京(遼陽)에 두어 결과적으로 고려왕조를 절멸시키는 소위 '입성책동'을 일으켰다. 이에 충렬왕은 중서성에 서한을 보내 다음과 같이 반대의견을 개진했다.

"잘 아시다시피 小邦은 가장 먼 변방에 위치하고 있으며 아직 귀부하지 않은 日本國과 인접해 있습니다. 至元18년(1281) 대군이 바다를 건너 원정에 나선 후 至元20년(1283) 世祖皇帝의 성지를 받아 行征東省事의 직무를 위임받아 변방을 진무하는 사명을 띠고 경상도 合浦 등지와 전라도 두 지역에 설치된 鎭邊萬戶府를 관할하고 있습니다. 본국의 군관과 군인을 선발하여 合浦, 加德, 東萊, 蔚州, 竹林, 巨濟, 角山, 內禮梁 등 요충지의 길목과 耽羅 등지에 나누어 파견하고 봉수대를 세웠으며 함선과 군사를

73) 『高麗史』 卷32 忠烈王27년 5월 庚戌. 그러나 그 후에도 여전히 몽골의 목마장이 탐라에 존재했고 忠烈王34년(1308) 3월과 元統원년(1333) 12월 몽골이 탐라에 다루가치를 파견한 사실에 비춰볼 때(『高麗史』 卷32 忠烈王34년 3월 壬戌 ; 『元史』 卷38 順帝1, 819쪽) 탐라에 대한 몽골의 지배력이 상당부분 유지되었다고 여겨진다. 이에 관해 이개석, 「몽골의 고려변경 지배 : 탐라총관부를 중심으로」, 『고려-대원 관계연구』, 지식산업사, 2013 참조.

매복시켜 밤낮으로 감시하고 순찰하면서 전심을 다해 일본국을 방어하고 있는데 이 임무를 맡은 후 지금까지 절차를 어긴 적이 없습니다. 일찍이 일본인 해적을 붙잡았을 때에도 중서성과 추밀원에 공문을 보내 아뢰었습니다. 지금 듣기로 遼陽行省 관원이 장차 요양행성과 본국 征東行省을 혁파하고 遼陽府에 지휘부를 두고 합병하여 새로운 행성을 세울 것을 도성에 공문을 보내 가부를 결정하도록 건의했다고 합니다. 이에 대해 자세히 말씀드리면 본국 합포 등의 변방은 요양부와 상당히 떨어져 있어 거리가 매우 멀고, 탐라는 합포 등지보다도 훨씬 더 먼 곳에 있습니다. 만약 변방에서 긴급한 공무를 보고해야 한다면 왕래가 지체되어 일을 그르치지 않을까 매우 걱정됩니다. [……] 더욱이 본성은 본래 세조황제의 성지를 받들어 세워졌습니다. 만약 공문을 내려 저에게 옛 行征東省事의 직무를 그대로 맡겨 동쪽 끝 변방에서 귀부하지 않은 일본국을 진무하는 일을 전적으로 위임해주신다면 변방에 관한 사무가 착오 없이 이루어심을 기대할 수 있을 것입니다.[74]

위 서한에서 그는 우선 고려가 몽골에 복속하지 않은 일본과 인접하여 쿠빌라이로부터 그들의 침입을 방어하는 임무를 위임받아 충실하게 수행해왔음을 역설하고 요양, 정동 두 행성이 합병되고 치소가 요양에 두어지면 해안 방어시설과 거리가 멀어져 일본의 변경 침입에 기민하게 대처하기 어려우므로 입성논의를 철회하고 자신에게 본래의 직무를 그대로 맡게 해달라고 요청했다. 즉 '적국 일본의 침입을 방어하기 위해 고려왕조의 존속이 필요하다'는 논리를 고안하여 입성반대 주장을 뒷받침하는 근거로 활용했다. 이에 몽골이 그 요청을 수용하여 고려는 왕조체제를 보전할 수 있었다.

---

74) 『高麗史』 卷32 忠烈王28년 12월.

그 후에도 고려는 재삼차 발생한 입성책동에 저항하고 국왕의 환국이나 즉위를 요청할 때 몽골의 대외인식에 입각한 외교적 논법을 개발하여 효과적으로 활용했다. 이는 대체로 다음과 같은 세 방향으로 구사되었다. 첫 번째는 전쟁에서 고려가 세운 공훈을 강조하는 것이다. 주지하듯이 몽골이 단행한 두 차례 일본정벌은 모두 실패로 끝났다. 그러나 당시 몽골 지배층은 적어도 외면적으로 그것을 인정하지 않은 듯하다. 1차 전쟁에 관한 『元史』 「日本傳」의 기록 중 “그 나라에 들어가 그들을 패배시켰다”라는 구절에 이 같은 그들의 입장이 다분히 반영되어 있다.75) 또한 1차 전쟁 직후인 至元12년(1275) 2월 “일본과 전쟁하여 공을 세운 征東元帥府에게 錦絹, 弓矢, 鞍勒을 상으로 내렸다”라는 기사와76) 2차 전쟁 직후인 忠烈王7년(1281) 9월 쿠빌라이가 충렬왕에게 칙령을 내려 “왕이 전쟁에서 수고했으니 입조하지 말라”라고 하여 그의 공로를 치하한 기사도 동일한 맥락으로 이해된다.77) 아울러 忠烈王3년(1277) 발생한 金方慶 무고사건에 관한 기록에서 “[김방경이] 倭를 정벌한 군공을 정하는데 벼슬과 포상이 자못 공평하지 못해 많은 사람들이 원망했다”라는 내용은 당시 고려에서도 전쟁을 성공으로 평가하여 논공행상을 시행했음을 알려준다.78)

물론 몽골 지배층이 일본을 확실하게 굴복시키지 못했을 뿐 아니라 도합 20여 만의 군사와 5천 5백여 척의 전함을 잃은 전쟁을 진정 성공으로 평가했다고 보기 어렵다. 그러나 패전을 스스로 인정하는 것은 결국 정벌계획을 주도적으로 수립·추진한 쿠빌라이의 위엄을 대내외적으로 손상하는 것과 진배없었다. 따라서 그들은 종군한 장군과 군사들의 공로를 치하하고 포상을 행하여 이를 승전으로 포장할 필요가 있었다. 그러므로 고려에서

75) 『元史』 卷208 日本, 4628쪽.
76) 『元史』 卷8 世祖5, 162쪽.
77) 『高麗史』 卷29 忠烈王7년 9월 乙亥.
78) 『高麗史節要』 卷19 忠烈王3년 12월.

전쟁준비를 총지휘한 충렬왕은 이 같은 방침에 의거하여 응당 높은 공훈을 인정받을 수 있었다.

이후 고려는 몽골과 교섭할 때 자신의 입장을 관철하기 위한 수단으로써 그것을 적극 내세웠다. 忠烈王23년(1297) 10월 충렬왕은 傳位에 대한 허가를 요청하기 위해 올린 표문에서 "[至元]18년 辛巳年에 관군이 일본으로 출정할 때 무릇 전함, 군량에서 군사와 뱃사공에 이르기까지 일체 인원과 물자를 모든 노력을 다하여 조달했습니다"라고 하였고,[79] 忠肅王10년(1323) 정월 柳淸臣, 吳潛이 입성책동을 일으켰을 때 이제현이 중서성에 올린 반대서한에서 "일본을 정벌할 때 우리의 모든 군사를 동원하여 [도왔으며]"라고 하였다.[80] 또한 忠惠王후4년(1343) 11월 몽골사신이 충혜왕을 압송하는 사건이 발생했을 때 이제현이 그의 사면과 환국을 요청하기 위해 올린 글에서도 "忠烈王 때에는 世祖께서 두 번 일본을 정벌할 때 왕이 金方慶 등을 보내 그 전함을 수리하면서 매번 선봉이 되게 했습니다"라고 하여 고려왕실의 군공을 강조했다.[81]

두 번째는 고려국왕의 환국이나 즉위를 요청할 때 적국 일본과 인접해 있는 지정학적 중요성과 쿠빌라이로부터 부여받은 일본방어 역할을 환기하는 논법으로 앞서 살펴본 1차 입성책동 시기 충렬왕이 개진한 반대논리를 계승한 것이다. 忠肅王11년(1324) 고려신료들이 충숙왕의 환국을 요청하기 위해 중서성에 올린 글에서 "小邦은 일본과 인접해 있는 극변의 중요한 지역으로 中原에서 4천리 거리에 있습니다. 국왕이 오래 부재한 상황에서 만약 예상치 못한 일이 발생하면 보고할 방법이 없어 피해가 클 것이므로 이로써 신 등이 밤낮으로 걱정하고 마음을 놓을 수 없습니다"라고 하였고[82]

79) 『高麗史』 卷31 忠烈王23년 10월 丙申.
80) 『高麗史節要』 卷24 忠肅王10년 정월.
81) 『益齋亂藁』 拾遺 「上征東省書」.
82) 『高麗史』 卷35 忠肅王11년 5월 壬辰.

忠惠王복위년(1339) 6월 충혜왕의 복위를 요청하기 위해 올린 글에서 "아직 [몽골에] 복속하지 않은 인접국 일본이 변란을 일으키는 것을 걱정하지 않을 수 없습니다"라고 하였다.[83] 또한 忠定王즉위년(1348) 12월 忠穆王 사망 후 새 국왕의 즉위를 요청하기 위해 보낸 표문에서도 "본국은 [몽골에] 복속하지 않는 일본과 같은 나라와 인접하여 하루도 국왕의 자리를 비워둘 수 없습니다"라고 하여 여전히 고려국왕의 일본방어 역할을 강조했다.[84] 특히 忠肅王후2년(1333) 몽골의 권신 엘테무르(燕帖木兒)가 조정에 "고려가 倭國과 인접해 있는데 지금 그 왕이 오래도록 도성에 머물러 있으니 환국시켜 주기를 청합니다"라고 한 발언은 그 논리가 고려 측에서 일방적으로 제기한 것이 아니라 몽골 지배층 사이에서도 공유되었음을 증언한다.[85]

세 번째는 입성책동에 대한 반대논리로서 '고려의 국체보전이 일본의 복속을 유도하는 길'이라고 주장하는 것이다. 忠肅王10년(1323) 정월 유청신, 오잠의 입성책동에 대해 이제현이 올린 반대표문에서 "倭國의 백성들과 바다를 사이에 두고 서로 마주보고 있습니다. 만일 그것을 듣는다면 우리를 경계로 삼은 것을 스스로 좋은 계책이라고 하지 않겠습니까"라고 하여 고려왕조의 독자성을 부정하는 입성정책이 일본으로 하여금 몽골에 복속하지 않았음을 잘된 일로 여기게 할 것이라고 역설했다.[86] 또한 忠惠王즉위년(1330) 7월 충혜왕이 蔣伯祥의 입성책동을 반대하며 올린 표문에서 과거 쿠빌라이가 安南과 日本에게 복속을 요구하기 위해 보낸 국서에서 고려의 국체를 보전시켜준 사실을 명기했다고 지적하고 입성이 실현되면 "일본과 안남에 보낸 조서는 어떻게 되겠습니까"라고 하여 그것이 곧 몽골이 스스로 천명한 약속을 위반하는 셈이라고 주장했다.[87]

83) 『高麗史』 卷36 忠惠王복위년 6월 壬辰.
84) 『高麗史』 卷37 忠定王즉위년 12월 己卯.
85) 『高麗史』 卷35 忠肅王후2년 3월.
86) 『高麗史節要』 卷24 忠肅王10년 정월.
87) 『高麗史』 卷36 忠惠王즉위년 윤7월 庚寅.

이 반대논리의 골자는 향후 일본의 복속을 유도하고 그들에게 몽골의 고매한 위신을 변함없이 내보이기 위해 고려왕조의 독자성이 보장되어야 한다는 것이다. 쿠빌라이 사후 몽골 지배층은 비록 일본에 대한 군사정벌 계획은 포기했지만 고유한 세계관에 입각하여 여전히 그들을 향후 반드시 복속시켜야 할 대상으로 보았다. 그러므로 이 같은 일본인식이 유지되는 한 위 논리는 충분히 그들의 공감을 이끌어낼 수 있었다. 이후 이제현이 忠惠王후4년(1343) 11월 몽골로 압송된 충혜왕의 사면과 환국을 요청하기 위해 정동행성에 올린 글에서도 "小邦은 일본과 바다를 사이에 두고 인접해 있습니다. 우리가 복을 받으면 그들은 귀화가 늦은 것을 부끄러워하겠지만 우리가 죄를 받으면 그들은 고집 세고 미혹한 허물을 만족스럽게 여길 것이니 형세가 반드시 그러합니다. [국왕의 죄를 사면하고 국체를 보전케 해 주신다면] 복속하지 않은 일본의 백성이 고집 세고 미혹한 허물을 고쳐 귀화를 바라는 뜻이 어찌 더욱 도타와지지 않겠습니까"라고 하여 동일한 논법을 재차 활용했다.[88]

지금까지 몽골의 일본인식에 의거하여 고려가 개발·활용한 세 가지 외교적 논법을 살펴보았다. 그렇다면 앞서 제시한 사례들의 결과를 검토하여 그러한 고려의 외교활동이 어느 정도 성과를 거두었는지 짚어볼 필요가 있다. 고려는 忠烈王28년(1302) 요양행성의 입성책동을 비롯해 忠肅王10년(1323) 유청신·오잠, 忠惠王즉위년(1330) 장백상의 입성책동을 모두 저지했다. 또한 忠烈王23년(1297) 충렬왕의 전위, 忠肅王11년(1324)과 후2년(1333) 충숙왕의 환국, 忠惠王복위년(1339) 충혜왕의 복위, 忠定王즉위년(1348) 새 고려국왕 즉위 요청도 모두 몽골의 허가를 받아 1년 안에 실현했다. 그러므로 몽골의 대외인식을 적극 활용한 고려의 외교활동은 忠惠王후4년(1343) 11월 충혜왕이 몽골로 압송되었을 때 고려신료들이 그의 환국을

88) 『益齋亂藁』 拾遺 「上征東省書」.

요청했으나 다음해(1344) 정월 그가 사망하여 성사되지 못한 사례를 제외하면 모두 소기의 성과를 거두었다.

물론 고려가 몽골과 교섭할 때 자신의 주장을 뒷받침하는 근거로서 앞서 제시한 세 가지 논리만 강조한 것은 아니다. 그 외에도 칭기스칸 시기 率先歸附, 누대에 걸친 朝貢, 국왕親朝, 케식복무, 삼별초·나얀의 반란 토벌에 助軍, 카이샨(武宗) 옹립 등 몽골에 대한 고려왕실의 여러 공훈을 내세워 그들을 설득했다. 특히 입성책동 시기에는 그 비실효성을 조목조목 지적한 몽골관원의 간언도 입성철회 결정에 큰 영향을 미쳤을 것이다.[89] 그러나 이 세 논리 역시 고려가 유효하게 활용한 외교적 수단의 주요한 일부를 구성하므로 고려의 실리적 외교활동에 일정하게 기여했다고 볼 수 있다.

이와 같이 고려는 몽골의 고유한 세계관에 바탕을 둔 일본인식과 자신에게 부여된 존재성을 정확하게 인지하고 그것에 부합하는 논법을 개발하여 몽골과 교섭할 때 효과적으로 활용했다. 그 결과 엘테무르가 동일한 주장을 펼친 일화가 상징적으로 보여주듯이 몽골 지배층의 공감을 얻는 데 성공하여 소기의 외교적 목적을 달성할 수 있었다. 그러므로 이러한 논법의 개발과 활용은 고려의 능동적·성공적인 대몽 외교활동의 한 사례로 평가될 만하다.

5. 맺음말

제국 성립 시기 몽골 지배층은 지상의 모든 지역과 사람들을 복속과 전쟁의 대상으로 양분하고 복속하지 않은 민족, 나라를 향후 무력을 동원하

---

89) 대표적으로 忠肅王10년(1323) 입성책동 시기 한인관료 王約과 王觀이 주장한 입성반대론을 들 수 있다(『元史』 卷178 王約, 4142쪽 ; 『高麗史』 卷125 柳淸臣).

여 반드시 복속시켜야 할 '적국'으로 인식했다. 이러한 이분법적 세계관에 입각하여 그들은 쿠빌라이 시기 일본에 여러 차례 사신을 보내 집요하게 복속을 요구했다. 일본이 이에 응하지 않자 미복속국을 정벌의 대상으로 삼는 전통적 대외정책 방침에 따라 두 차례 일본을 침공했으나 모두 실패로 끝났다. 그 후 쿠빌라이 사망을 계기로 일본정벌 계획이 완전히 방기되었지만 몽골 지배층의 관념 속에서 미복속국 일본을 '유일한 적국'으로 보는 인식이 형성되었다. 이에 따라 그들은 일찍부터 동남해안 지역에 방어체계를 구축하여 항시 일본의 침입을 경계했다. 또한 개방적 대외무역 정책에 의거하여 입항을 허용한 일본 민간상인의 약탈·방화행위가 점차 심해지고 일본첩자의 정탐활동이 그치지 않음에 따라 일본에 대한 그들의 적국인식은 오래도록 유지·강화되었다.

이러한 몽골의 일본인식은 일본에 가장 인접한 복속국 고려의 지정학적 조건과 역할을 규정짓는 주된 요인으로 작용했다. 쿠빌라이 즉위 시기 고려의 복속이 이루어졌을 때부터 몽골 지배층은 고유한 영토관념에 근거하여 고려를 자국의 영역 안에서 동쪽 끝에 위치한 번병으로 간주하고 일본에 대한 초유, 정벌 사무 전반을 위임했다. 그리고 전쟁 종료 후 고려에 방어체계를 구축하여 일본의 침입에 대비한 최전선 군사기지로 삼았다. 이에 고려는 자신에게 부여된 역할과 임무를 정확하게 인지하여 항시 일본의 동향을 주시하면서 그들에 관한 사안을 몽골에 충실하게 보고했다.

고려는 일찍부터 몽골과 일본초유, 정벌에 관한 사안을 논의하는 과정에서 자연스럽게 그들의 고유한 세계관과 일본인식을 수용했다. 그리고 몽골과 교섭할 때 '유일한 적국' 일본의 존재와 그로 인해 자신에게 부여된 특유의 존재성을 외교적 수단으로써 유효하게 활용했다. 충렬왕은 몽골 지배층 사이에서 자신의 정치적 위상과 영향력을 제고하기 위해 일본정벌에 적극 협력하는 전략을 채택했다. 이후에도 고려는 자주성을 위협하는 입성책동에 저항하거나 국왕의 즉위, 환국에 대한 몽골의 허가를 구할 때 그들의 일본인식에 부합하는 논법을 개발하여 자신의 입장을 관철하는 데 적극 활용했다. 이에 그것이 몽골 지배층의 공감을 얻는 데 성공하여 고려는 소기의 외교적 목적을 달성할 수 있었다. 그러므로 이러한 논법의 개발과 활용은 고려의 능동적·성공적인 대몽 외교활동의 한 사례로 평가될 만하다.

4부

征東行省을 통해 본 양국관계의 성격

1장 정동행성의 置廢경위와 성격변화

1. 머리말

13~14세기는 미증유의 거대제국 몽골이 유라시아 대륙 대부분을 정복·지배하던 시대였다. 고려는 비록 몽골에 의해 절멸되는 운명을 면했지만 1260년 화친수립 후 백여 년 간 그들에게 강하게 예속되어 정치적 간섭과 경제적 수탈을 감내해야 하는 처지에 놓였다. 몽골은 양국의 종속관계와 결속을 공고히 하기 위해 세 가지 방법을 고안·시행했는데, 첫째, 고려국왕을 복속국 군주로 책봉하고, 둘째, 왕실 간 혼인관계를 맺어 고려국왕에게 駙馬 지위를 부여하며, 셋째, 고려에 征東行省을 설치하고 국왕을 승상에 임명하여 몽골의 행정체계 안에 편입시키는 것이다. 그 결과 고려국왕은 몽골이 주도하는 국제질서 안에서 제후, 부마, 행성승상 지위를 동시에 보유하게 되었다. 역대 고려국왕이 몽골카안에게 수여받은 征東行中書省(右·左)丞相·駙馬·高麗國王이라는 책봉호가 그 특별한 위상을 단적으로 보여준다.

전근대 동아시아 국제관계 전통에 비춰볼 때 그 중 가장 특이한 요소는 정동행성 설치와 고려국왕의 승상 임명이다. 일반적으로 조공관계와 왕실통혼은 중국왕조나 유목제국이 주변국을 회유하고 화친을 도모하기 위해 빈번하게 구사한 외교방식이다. 물론 그들이 주변국 군주에게 형식적으로 자국의 행정체계 소속 관작을 내리는 경우가 있었지만 독자적인 왕조체제가 온존하는 현실에서 실제로 그곳에 별개의 행정관청을 설치한 사례는 찾아보기 어렵다. 그런 점에서 몽골시대 고려에 설치된 정동행성과 고려국왕이 겸직한 승상 지위는 양국관계의 특징을 대변하는 중요한 지표라고 할 수 있다.

그동안 국내외 몇몇 연구자들이 정동행성의 연혁, 성격, 기능, 구조, 위상에 주목하여 괄목할 만한 성취를 이루었다.[1] 그러나 아직 그 성과물이 충분하게 축적되었다고 평가하기 어렵다. 지금까지도 정동행성에 관한 일반적 이해가 그들의 고전적 업적에서 그다지 진전되지 못했다고 판단된다. 그러므로 이제는 근래 국내외에서 활발하게 진행된 蒙元史 연구 성과를 바탕으로 정동행성에 관한 종래 성과를 엄밀하게 점검하고 연구영역을 확장하는 데 노력을 기울일 필요가 있다.

본 장에서는 정동행성의 置廢경위와 성격변화에 관해 기존연구를 비판적으로 검토하고 나름의 견해를 제시해보려 한다. 본 주제에 관해 일찍이 池内宏이 '정동행성은 몽골의 2차 일본정벌에 대비한 군사기구로 至元17년(1280) 처음 설치되었고, 정벌 실패 후 전쟁준비 재개, 철회에 따라 세 차례 치폐를 반복했으며, 至元24년(1287) 일본정벌과 무관한 새로운 성격의 행성이 출현했다'라는 견해를 제시한 바 있다. 이후 고병익, 北村秀人, 장동익이 이를 부분적으로 수정·보완하는 연구를 진행했으나 아직 만인에게 수용될 만한 유력한 통설은 등장하지 않은 것 같다. 실제로 몽골, 고려 사서에 수록된 관련기록이 대부분 단편적이고, 상당수 내용이 매우 모호하며, 양 측 자료의 기술이 일치하지 않거나, 심지어 동일 자료의 기사도

---

1) 정동행성에 관한 대표적 연구성과는 다음과 같다. 池内宏, 「高麗に於ける元の行省」, 『東洋學報』 20-3, 1933 : 『滿鮮史研究(中世3)』, 吉川弘文館, 1963 ; 고병익, 「麗代征東行省의 研究」(上)·(下), 『역사학보』 14·19, 1961·1962 : 『東亞交涉史의 研究』, 서울대학교출판부, 1970 ; 北村秀人, 「高麗における征東行省について」, 『朝鮮學報』 32, 1964 ; 丁崑健, 「元代征東行省之研究」, 『史學彙刊』 10, 1980 ; 장동익, 『高麗後期外交史研究』, 일조각, 1994 ; 薛磊, 「征東行省與元麗政治關係」, 『元代東北統治研究』, 社會科學文獻出版社, 2012.

모순·충돌하는 경우가 있어 그 문제를 규명하는 데 적잖은 곤란함이 따른다. 그러므로 이에 관해 연구자들이 각자 상이한 결론을 내놓은 사정도 이해하기 어렵지 않다. 본 장에서 그들의 견해와 관련기록을 면밀하게 검토하여 정동행성의 치폐경위와 성격변화에 관해 새로운 해석을 시도해볼 것이다.

2. 至元24년(1287) 이전 置廢경위

정동행성의 치폐경위에 관해 처음으로 專論을 발표한 연구자는 池內宏이다. 그는 고려에 설치된 행성을 존속시기, 목적, 성격에 따라 前期와 後期로 구분하고 전자를 征日本行省, 후자를 征東行省이라 칭했다. 그리고 정일본행성이 세 차례 치폐를 반복했다고 하여 그 존속기간을 1차[至元17년(忠烈王6년, 1280) 8월~至元18년(忠烈王7년, 1281) 말 또는 至元19년 초], 2차[至元20년(忠烈王9년, 1283) 1월~至元21년(忠烈王10년, 1284) 5월], 3차[至元22년(忠烈王11년, 1285) 10월~至元23년(忠烈王12년, 1286) 1월]로 구분했다. 이러한 그의 시기구분은 오늘날까지 대다수 연구자들에게 수용되고 있다.

그는『元史』「本紀」至元17년(1280) 8월 "范文虎·忻都·洪茶丘를 中書右丞, 李庭·張拔突을 參知政事로 삼아 行中書省事를 겸하게 했다"라는 기사가 1차 행성의 설치를 가리킨다고 보았다. 이어 행성은 오직 하나이고 그 일부가 고려에 존재했으며 사료에서 정동행성과 정일본행성 명칭이 혼용되었다고 하였다.[2)]

반면 장동익은 강남과 고려 두 곳에 각각 별개의 행성이 설립되었고 그 명칭이 전자가 日本行省, 후자가 征東行省이며『元史』「本紀」至元17년(1280) 2월 쿠빌라이가 "征日本行省 阿剌罕, 范文虎 등에게 西錦衣, 銀鈔,

---

2) 池內宏, 앞의 책, 134~137쪽.

幣帛을 각각 차등 있게 하사했다"라는 기사에 의거하여 그때 이미 일본행성이 존재했다고 보았다. 그리고 『元史』「本紀」에 至元18년(1281) 12월 일본행성 폐지 기사와 至元19년(1282) 정월 정동행성 폐지 기사가 별도로 등장하는 사실을 두 행성의 병존을 입증하는 근거로 제시했다.[3] 실제로 동일 사료에서 두 행성의 치폐 기사가 일치하지 않고, 호칭도 명확하게 구별되며, 행성장관 아랄한과 충렬왕이 각각 강남과 고려에서 동등하게 우승상에 임명된 점에 비춰볼 때[4] 그의 견해가 합당하다고 판단된다.[5]

그런데 『高麗史』「世家」 忠烈王6년(1280) 10월 "征東行省이 者毛兒蘭을 보내 군량과 무기를 갖추고 군사를 징발하며 두목을 선임했다"라는 기사는 설립 초기 행성의 치소가 고려에 두어지지 않았음을 짐작케 한다. 이어 동월 "이 달에 元의 行中書省이 征東軍事에 관해 공문을 보냈다." 忠烈王7년(1281) 1월 "行省이 공문을 보내 新簽軍 1만 5천의 식량과 대군이 岊嶺에서 合浦縣까지 가는 동안에 필요한 말의 사료를 준비하라고 통보했다"라는 기사에 등장하는 行省(行中書省)도 정황상 정동행성으로 추정된다. 이 기사들은 忠烈王6년 말~7년 초 정동행성이 고려 외부에 존재했음을 강하게 시사한다.

---

3) 장동익, 앞의 책, 14~23쪽.

4) 『元史』「本紀」에 至元17년(1280) 10월 충렬왕이 좌승상, 12월 우승상에 임명되었다는 기사가 있다. 이는 그가 처음 좌승상에 임명되고 두 달 후 우승상으로 승진했음을 의미한다. 한편 『高麗史』「世家」에 忠烈王6년(1280) 12월 그가 좌승상에 임명되고 인신을 받았다고 기재되어 있지만 이후 우승상으로 승진했다는 기록은 발견되지 않는다. 그런데 다음해(1281) 3월 몽골에서 귀국하는 사신 盧英을 통해 쿠빌라이가 충렬왕에게 征東行中書省印을 보냈다는 기사가 있다. 전년 12월 이미 좌승상 인신을 받았으므로 그가 새롭게 수령한 인신은 우승상 인신일 가능성이 크다.

5) 몽골에서 행성제도가 완비되기 전 하나의 행성에 동등한 두 명의 승상이 임명된 경우가 없었던 것은 아니다. 至元11년(1274) 3월 몽골이 남송에 대한 총공세를 개시하기 직전 荊湖行省을 설립하고 伯顏, 史天澤을 동시에 좌승상에 임명한 사례가 있다(『元史』 卷8 世祖5, 154쪽). 그러나 곧바로 사천택이 병환을 이유로 사직하여 伯顏이 유일한 승상으로 남게 되었다.

앞서 인용한 『元史』「本紀」 至元17년(1280) 8월 기사에서 범문호, 이정, 장발돌은 모두 강남에서 활동하는 무장이었으므로 이미 존재하던 일본행성에 소속되었을 것이다. 그렇다면 정동행성은 흔도, 홍차구가 행성관에 임명되면서 처음 설립되었다고 볼 수 있다. 주지하듯이 두 인물은 1차 일본정벌 때 고려에 수립된 東征元帥府(征東元帥府)의 지휘관이었다. 정벌실패 후 동정원수부는 한동안 고려에 존속하다가 至元15년(1278) 9월 東京(遼陽)으로 이전했다.[6] 『元史』「本紀」 至元17년(1280) 2월 "征東元帥 忻都, 洪茶丘가 스스로 군대를 이끌고 [일본을] 토벌하러 가겠다고 청했다"라는 기사는 그 시기 여전히 동정원수부가 존재했음을 알려준다. 그러므로 그해 8월 그들이 정동행성 우승에 임명된 사실은 요양에 소재한 동정원수부가 행성으로 확대·개편되었음을 의미한다. 따라서 설립 당시 정동행성의 치소는 요양에 존재했다고 판단된다. 10월 충렬왕이 행성승상에 임명된 후 다음해(1281) 1월 행성이 고려에 공문을 보낸 위 기사를 통해 그때에도 여전히 요양에 위치했음을 알 수 있다. 3월 흔도, 홍차구가 군대를 이끌고 고려에 입경했을 때 비로소 정동행성이 고려로 이동했을 것으로 추정된다.

2차 일본정벌 실패 후 강남과 고려의 두 행성은 모두 폐지되었다. 至元20년(1283) 정월 몽골은 阿塔海를 승상에 임명하여 행성을 복치하고, 4월 충렬왕도 좌승상에 임명하여 아탑해와 함께 행성업무를 주관케 했다. 이에 관해 장동익은 고려에서 충렬왕을 제외한 모든 행성관 임명이 배제되고 행성 설립 후 고려가 일본정벌 준비에 적극 가담하지 않았으므로 2차 행성이 전쟁준비가 실제 진행된 강남 한 곳에만 설치되었고 그 명칭도 日本行省이 아닌 征東行省이라고 하였다.[7] 그러나 행성이 설치되지 않은 상태에서 승상이 임명되었다는 점은 납득하기 어려우므로 이때에도 강남, 고려 두 곳에 각각 행성이 설치되었다고 보는 편이 온당하다.

---

6) 『元史』 卷10 世祖7, 205쪽 "戊子, 以征東元帥府治東京."

7) 장동익, 앞의 책, 23~27쪽.

그런데 2차 행성 설립에 관한 『高麗史』「世家」 기록에 석연치 않은 내용이 있다. 몽골은 행성을 설치하기 전 이미 일본정벌과 관련하여 고려에 많은 부담을 강요했다. 至元20년 정월 강남에 행성을 설치하기 직전 고려에 군량 20만 석을 마련하라고 명하고,[8] 4월 塔納과 阿孛禿剌을 파견하여 전함수리를 직접 감독하게 했다. 그런데 5월 鄭仁卿이 몽골에서 돌아와 쿠빌라이가 일본정벌 계획을 철회했다고 보고했다. 이에 충렬왕은 전국에서 진행되던 전함수리와 군사징발을 즉시 중단했다. 그런데 다음 달 趙仁規가 돌아와 충렬왕을 좌승상에 임명하고 아탑해와 함께 행성사무를 주관하라는 쿠빌라이의 명을 전달했다. 일본정벌 중단 직후 고려에 행성이 설치되고 국왕이 승상에 임명되는 모순적 상황이 발생한 것이다.

일찍이 丁崑健은 『元史』「本紀」 至元20년 5월 "征東行中書省을 세워 高麗國王과 阿塔海로 하여금 함께 업무를 주관하게 했다"라는 기사에 의거하여 이 문제에 대한 해명을 시도했다.[9] 대다수 연구자들은 이 기사를 『元史』 편찬자의 杜撰에 따른 오류로 간주한다. 그해 정월, 4월에 각각 강남, 고려에 행성이 설치되었으므로 5월에 다시 행성이 설립되었을 리 없기 때문이다. 그러나 丁崑健은 이를 앞서 제시한 『高麗史』「世家」의 모순적 기사와 관련지어 4~5월 사이에 쿠빌라이가 일시적으로 일본정벌 계획을 중단했다고 주장했다. 즉 충렬왕의 승상 임명 직후 돌연 정벌계획을 철회하여 행성을 폐지했다가 곧바로 복치했는데 이러한 두 차례 급격한 정책선회가 『高麗史』에 반영되어 모순적인 두 기사가 함께 기재되었다는 것이다.[10]

그러나 『元史』「本紀」에 그가 제기한 행성의 폐지 관련 기사가 부재하고 『高麗史』「世家」에도 충렬왕이 단 한번 승상에 임명된 기사만 등장하는 점에 비춰볼 때 그의 견해를 수긍하기 어렵다. 이와 관련하여 6월 충렬왕을

8) 『元史』 卷12 世祖9, 250쪽.
9) 『元史』「高麗傳」에도 동일한 기사가 있다(『元史』 卷208 高麗, 4621쪽).
10) 丁崑健, 앞의 논문, 165~166쪽.

승상에 임명한다는 쿠빌라이의 명이 전달된 후 고려에서 전쟁준비가 일체 진행되지 않은 사실이 주목된다. 『元史』, 『高麗史』의 2차 행성 관련 기록을 검토하면 그 시기 오로지 몽골에서만 전쟁준비가 추진되었음을 확인할 수 있다. 따라서 쿠빌라이가 일본정벌을 중단했다는 정인경의 보고는 적어도 고려에게만큼은 충분히 믿을 만한 정보였다. 이는 쿠빌라이가 정벌계획을 전면 철회한 것이 아니라 전쟁준비에서 고려를 배제했다고 이해하는 편이 적절하다. 그해 정월 몽골이 고려에 군량 20만 석을 마련하라고 명하자, 3월 고려는 사신을 보내 부담의 경감을 강하게 요구한 바 있다.[11] 쿠빌라이가 전쟁준비에서 고려를 배제한 것은 이 같은 강경한 대응에 직면하여 고려를 회유하는 방향으로 정책을 선회한 결과라고 이해된다.[12]

그렇다면 쿠빌라이가 고려를 전쟁준비에서 배제했음에도 행성을 설치하고 충렬왕을 승상으로 임명한 까닭은 무엇일까? 2차 정벌 실패 직후 양국에서 일본의 반격에 대비해야 할 필요성이 제기되었다. 이에 忠烈王7년(1281) 10월 몽골은 고려의 金州에 鎭邊萬戶府를 설치하고 印侯를 鎭邊萬戶, 張舜龍을 鎭邊管軍摠管으로 임명하여 해안을 방어하게 했다. 2차 행성이 설치되고 충렬왕이 승상에 임명되었을 때 그가 몽골로부터 부여받은 임무는 실제 전쟁준비가 아니라 진변만호부를 관할하여 일본의 침공으로부터 변경을 방어하는 것이었다고 생각된다.

---

11) 『高麗史』 卷29 忠烈王9년 3월 甲戌.

12) 『元史』「本紀」 至元21년(1284) 2월 "고려가 일본정벌에 필요한 함선 만드는 것을 중지시켰다"라는 기사와 『高麗史』「世家」 忠烈王10년(1284) 5월 "郎將 高世가 元에서 돌아와 황제께서 병장기 만드는 것을 면제하고 種田軍을 보내지 않기로 했다고 보고했다"라는 기사는 그때까지 고려에서 전쟁준비가 추진되었을 개연성도 존재했음을 나타낸다. 한편 『元史』「本紀」 至元20년(1283) 12월 "茶忽이 관할하는 군사 6천으로 하여금 일본정벌에 대비하게 했다"라는 기사를 통해 1차 행성 우승이었던 홍차구가 그때 여전히 요동지역에서 전쟁준비에 관여했음을 알 수 있다.

그동안 정동행성과 진변만호부의 소속관계에 관해 다양한 의견이 제시되었다. 일찍이 고병익은 2차 정벌 실패 후 몽골이 진변만호부를 설치하고 정동행성에 귀속시켜 그 지휘를 받게 했다고 하였다.[13] 반면 北村秀人은 진변만호부를 정동행성의 예하관부로 볼 수 없다는 입장을 피력했다.[14] 권영국도 몽골의 군사제도상 진변만호부가 정동행성에 귀속되었다고 생각되지만 실제로 지휘를 받은 사례가 드러나지 않는다고 하여 그 소속관계와 지휘계통에 의문을 제기했다.[15]

양자의 소속관계는 남송정벌 시기 몽골행성의 군사기능 강화 현상과 관련지어 살필 수 있다. 『元史』「兵志」 서두에 몽골 군사제도의 기본체계와 변천과정이 다음과 같이 서술되어 있다.

> 우리나라 초창기를 보면 군사를 지휘하는 관원은 병력 수의 多寡에 따라 관직의 崇卑를 정했다. 만 명의 군사를 지휘하는 자를 萬戶, 천 명의 군사를 지휘하는 자를 千戶, 백 명의 군사를 지휘하는 자를 百戶로 삼았다. 世祖 때 관제를 크게 개편하여 안으로 五衛를 세워 모든 宿衛軍을 통솔하게 하고 각 衛에 親軍都指揮使를 두었다. 밖으로 萬戶 아래 總管, 千戶 아래 總把, 百戶 아래 彈壓을 두고 樞密院을 세워 그들을 지휘하게 했다. 어떤 곳에 긴급한 일이 생기면 行樞密院을 설치하고 해결되면 즉시 폐지했다. [후에] 이를 都鎭撫司로 바꾸고 行省에 귀속시켰다.[16]

위 글은 몽골 초기부터 점령지 곳곳에 설립된 만호부가 쿠빌라이 시기 중앙 최고 군사기구 樞密院과 파견기관 行樞密院의 지휘를 받고 이후 行樞密

13) 고병익, 앞의 책, 222~229쪽.
14) 北村秀人, 앞의 논문, 70쪽 주석77.
15) 권영국, 「高麗後期 軍事制度 硏究」, 서울대학교 박사논문, 1995, 72~73쪽.
16) 『元史』 卷98 兵1, 2507~2508쪽.

院이 都鎭撫司로 전환되어 행성에 귀속되는 변화에 따라 행성에 최종 배속되었음을 알려준다. 그러한 현상은 다음과 같이 몽골의 남송정벌 시기에 이미 시작되었다.

> [至元11년(1274) 3월 辛卯] 荊湖, 淮西 두 行樞密院을 行中書省으로 승격시켰다. 伯顔·史天澤을 左丞相, 阿朮을 平章政事, 阿里海牙를 右丞, 呂文煥을 參知政事에 임명하여 荊湖에서 行中書省을 맡게 하고 合答을 左丞相, 劉整을 左丞, 塔出·董文炳을 參知政事에 임명하여 淮西에서 行中書省을 맡게 했다.[17)]

이 글은 몽골이 남송에 대한 총공세를 개시하기 직전 荊湖, 淮西 두 행추밀원을 행중서성으로 승격시켰음을 전한다. 당시 행추밀원이 파견지역의 실제 군정사무를 총괄했으므로 이 기관이 행성으로 승격된 것은 기존 행추밀원의 군사지휘권이 행성으로 이관되었음을 의미한다. 그 결과 해당지역의 모든 만호부가 새롭게 행성의 지휘를 받게 되었다. 이러한 행성의 군사기능 강화 추세는 남송멸망 후 몽골이 荊湖行省의 體例에 따라 江淮行省(1276), 江西行省(1277), 福建行省(1280), 湖廣行省(1281), 四川行省(1286)을 잇달아 설립하면서 강남 전역으로 확대되었다. 『元史』「本紀」 元貞원년(1295) 정월 "行樞密院을 모두 폐지하고 行中書省 장관에게 虎符를 내려 그 군사를 통솔하게 했다"라는 기사는 그러한 변화가 최종 완료되었음을 나타낸다.[18)]

고려에 정동행성이 설치된 때는 행성의 군사기능 강화 현상이 강남 전역으로 확대되던 시기에 해당한다. 따라서 정동행성 역시 그 추세에 조응하여 유사한 위상과 기능을 갖추었다고 짐작된다. 진변만호부 설립 시기 고려에 행추밀원이 존재하지 않았으므로 정동행성이 새롭게 개편된

---

17) 『元史』 卷8 世祖5, 154쪽.
18) 『元史』 卷18 成宗1, 390쪽.

몽골의 군사지휘 체계에 따라 진변만호부에 대한 지휘권을 장악했다는 추정이 가능하다.[19] 그러므로 몽골이 직접적인 전쟁준비 부담을 면제하는 대신 고려에 행성을 설치하여 진변만호부를 관할케 함으로써 새롭게 해안을 방어하는 임무를 부여한 것으로 볼 수 있다. 이에 따라 충렬왕은 승상 임명 다음해(1284) 정월 宰樞로서 만호를 겸할만한 자에게 東邊을 수비하라 명하고, 5월·12월 金周鼎·印侯를 각각 鎭邊萬戶로 임명하여 자신의 소임을 충실하게 수행했다.[20]

『元史』「本紀」에서 2차 행성 폐지가 명시된 기사는 발견되지 않는다. 그러나 至元22년(1285) 10월 "征東行省을 다시 세워 阿塔海를 左丞相, 劉國傑·陳巖竝을 左丞, 洪茶丘를 右丞으로 삼아 일본을 정벌하게 했다"라는 3차 행성 설치 기사가 존재하므로 2차 행성이 폐지되었음은 분명하다.[21] 대다수 연구자들은 至元21년(1284) 5월 "拘征東省印" 구절을 쿠빌라이가 때마침 입조한 충렬왕으로부터 승상 인신을 거두어 2차 행성을 폐지한 기사로 간주한다. 그러나 『高麗史』「世家」에는 1차 때와 달리 2차 행성 폐지 기사가 등장하지 않아 이 해석에 의문을 갖게 한다.

이 문제를 해명하기 위해 당시 강남, 고려 두 곳에 별개의 행성이 존재했다는 점을 상기할 필요가 있다. 기실 앞서 제시한 "拘征東省印" 구절에서 인신을 빼앗긴 당사자가 누구였는지 확인되지 않는다. 당시 고려뿐 아니라 강남의 행성도 '정동행성'이라 호칭되었으므로 인신을 빼앗긴 주체를 오직 충렬왕으로만 볼 필요는 없다. 다시 말해 쿠빌라이가 승상 아탑해의

---

19) 忠烈王27년(1301) 5월 고려가 耽羅摠管府를 혁파하고 그곳에 萬戶府를 설치하여 고려에 예속시켜줄 것을 몽골에 요청했을 때 중서성이 보내온 공문의 "征東省이 경상·전라도 鎭邊萬戶府 전례에 의거하여 탐라에 萬戶府를 설립하는 사안에 대해 요청에 따라 시행하라는 聖旨를 받았습니다"라는 문장도 정동행성이 진변만호부를 예하에 두었음을 시사한다(『高麗史』 卷32 忠烈王27년 5월).

20) 『高麗史』 卷29 忠烈王10년 정월 丁卯 ; 5월 庚戌 ; 12월 甲寅.

21) 『元史』「劉國傑傳」에 2차 행성 폐지를 가리키는 "[至元]二十二年, 罷征東省" 기사가 있다(『元史』 卷162 劉國傑, 3808쪽). 22년은 21년의 오기로 보인다.

인신을 거두어 강남의 행성을 폐지하고 고려의 행성을 존치했을 가능성이 있다. 이 추론을 긍정한다면 『高麗史』 「世家」에 2차 행성 폐지 기사가 부재한 연유를 이해할 수 있다.

3차 행성 설립에 관해 대다수 연구자들은 양국 자료에 공히 충렬왕의 승상 임명 기사가 등장하지 않고 행성관에 등용된 인물이 모두 강남에서 활동하던 무장이었으므로 3차 행성이 오직 강남에만 설치되었고 3개월 후 정벌 중단과 동시에 폐지되었다고 본다. 반면 고병익은 그 시기 고려에도 행성이 설치되었고 몽골이 정벌계획을 철회한 기사만 존재하고 행성 폐지가 명시된 기사가 발견되지 않으므로 정벌 중단이 곧 행성 폐지를 의미하지 않는다고 하여 고려의 행성이 존속했다고 주장했다.[22] 그러나 그는 고려에 3차 행성이 설치되었음을 나타내는 사료적 근거는 제시하지 못했다. 더욱이 훗날 北村秀人이 좌승 유국걸의 신도비에서 3차 행성 폐지가 명기된 기록을 발견하여 그의 주장을 비판했다.[23]

2차 때와 달리 3차 행성 설립 직후 몽골이 고려를 전쟁준비에 적극 참여시킨 사실이 주목된다. 몽골은 고려에 사신을 보내 군사 1만, 함선 650여 척을 마련하여 일본정벌에 협조하라 명하고, 江淮에서 생산된 미곡 백만 석을 合浦로 운반하여 저장케 했으며, 군량미 10만 석을 징발하고, 직접 함선 건조 감독관과 화살 제조 기술자를 파견하기도 했다.[24] 과거에 고려가 전쟁준비 부담을 일체 면제받고 오로지 해안방어 책무만을 위임받았을 때에도 행성이 설치된 바 있다. 하물며 방어뿐 아니라 실제적인 전쟁준비에 적극 가담했다면 응당 행성이 존재했다고 보는 편이 자연스럽다. 양국 사서에 충렬왕의 승상 임명 기사가 부재한 것은 앞서 논의했듯이 2차 행성 설립 후 그의 승상직이 유지된 사실을 통해 이해할 수 있다.

---

22) 고병익, 앞의 책, 193~194쪽.

23) 北村秀人, 앞의 논문, 6쪽 ; 61~62쪽 주석12.

24) 『元史』 卷13 世祖10, 281쪽 ; 『高麗史』 卷30 忠烈王11년 11월 丙戌.

즉 몽골이 강남에 3차 행성을 설치할 때 고려에 이미 행성이 존재했으므로 그를 재차 승상에 임명할 필요가 없었던 것이다.

3차 행성 우승에 임명된 홍차구의 행적은 그 시기 고려에 행성이 존재했음을 시사한다.[25] 과거에 그는 고려에 설치된 1차 행성 우승에 임명된 바 있다. 장동익은 3차 행성 폐지 후 그가 江浙等處에 파견되었다는 『元史』 「洪福源傳」의 기록에 의거하여 행성 설립 시기 이미 강남에서 활동했으리라 추측하고 1차 때와 달리 강남의 행성에 소속되었다고 보았다.[26] 그러나 행성 설치 다음 달인 至元22년(1285) 11월 "일본을 토벌하기 위해 阿八剌을 보내 江淮行省의 군수를 감독하게 하고 察忽을 보내 遼東行省의 군수를 감독하게 했다"라는 기사는 그가 여전히 요동지역에서 활동했음을 증언한다.[27] 그러므로 그가 강남의 행성관에 임명되었을 가능성은 크지 않다. 1차 때와 마찬가지로 고려의 행성에 소속되있다고 보는 편이 더욱 합리적이다. 이러한 그의 행적을 통해 강남에 3차 행성이 설립되었을 때 고려에 이미 행성이 존재했다는 추정이 가능하다.

또한 앞서 北村秀人이 유국걸 신도비에서 3차 행성 폐지 기록을 발견했다고 언급했는데 유국걸은 강남의 행성관이었으므로 그 기록 역시 강남의 행성에만 해당되고 고려의 행성 폐지와는 관련이 없다. 따라서 고병익의 주장과 같이 강남의 행성 폐지 후에도 고려의 행성은 존속했다고 볼 수 있다.

---

25) 『元史』 「洪福源傳」에 홍차구가 3차 행성 우승에 임명된 시기가 至元21년 11월이라 기재되어 있으나(『元史』 卷154 洪福源, 3630쪽) 至元22년 10월의 오기로 보인다.

26) 장동익, 앞의 책, 30쪽.

27) 『元史』 卷13 世祖10, 281쪽. 이 기사에 등장하는 遼東行省의 실체는 분명치 않다. 당시 요동지역에 요동행성이라는 관청이 설치되었다는 기록이 없고 『高麗史』에 그때 홍차구가 고려에 왔다는 기사가 없으므로 이를 征東行省의 오기로 볼 수 없으며, 遼陽行省의 전신인 東京行省도 다음해(1286) 2월 설립되었으므로 이를 동경행성의 오기로 보기도 어렵다. 아마도 그 시기 요동지역에 행성이 존재했다고 오해한 『元史』 편찬자의 착오인 듯하다.

3. 至元24년(1287) 이후 성격변화

池內宏은 『元史』「本紀」 至元24년(1287) 5월 "고려왕 賰을 行尙書省 平章政事에 임명했다"라는 기사에 주목하여 이미 폐지되었던 고려의 행성이 그때 다시 설치되었고 이는 과거 일본정벌을 위한 군사기구와 전혀 다른 새로운 성격의 행성이라고 하였다. 동년 윤2월 쿠빌라이는 중앙에 尙書省을 설치하고 桑哥와 鐵木兒를 平章政事에 임명하여 그들에게 행정·재정권을 일체 위임하며 전국의 行中書省을 行尙書省, 六部를 尙書六部로 개칭하는 대대적인 개혁을 단행했는데 고려에 행상서성을 설치하고 충렬왕을 평장정사에 임명한 것도 새롭게 수립된 관제를 고려에 적용한 결과라고 보았다.

그리고 다음해(1288) 2월 충렬왕을 征東行尙書省 左丞相에 임명한 것은 때마침 발생한 나얀과 카이두의 반란세력을 토벌하는 데 고려의 협조를 얻기 위해 충렬왕의 지위를 과거 행성장관의 지위와 동등하게 승격시킨 조처라고 하였다. 아울러 至元24년 5월 설치된 행성이 일본정벌과 무관하므로 그 명칭을 高麗行尙書省이라 추정하고, 다음해 2월 반란세력을 진압한다는 의미에서 征東 명칭을 복구했다고 보았다. 즉 그때 征東의 대상이 일본이 아니라 나얀, 카이두의 반란세력이라는 것이다.[28]

이 같은 견해에 대해 몇몇 연구자들이 반론을 제기했다. 우선 고병익은 전술했듯이 고려에 설치된 3차 행성이 폐지되지 않았으므로 至元24년 5월 충렬왕의 행상서성 평장정사 임명은 새로운 행성의 출현이 아니라 몽골의 관제개편에 따라 기존 행성의 명칭이 변화되고 장관 지위가 격하된 현상에 불과하다고 보았다. 또한 그 행성이 일본정벌과 무관하다는 견해를 부인하고 당시 쿠빌라이가 여전히 일본정벌 의지를 갖고 있었으므로 비록 전대에 비해 약화되었지만 행성의 일본정벌 기능, 책무가 유지되었다고

28) 池內宏, 앞의 책, 140~146쪽.

하였다. 아울러 그 명칭 역시 征東行尙書省이라 하여 이를 高麗行尙書省이라 추측한 池內宏의 해석을 근거 없는 억측이라 혹평했다.[29]

한편 北村秀人은 至元24년 5월 고려에 새로운 성격의 행성이 설치되었다는 점에서 池內宏의 주장에 동의하지만 그 설립취지에 관해 다른 견해를 제시했다. 그는 행성 설치 1개월 전 요동지역에서 나얀의 반란이 발생한 사실을 지적하고 쿠빌라이가 고려에 행성을 설치한 것은 반란세력 확대를 저지하기 위해 고려의 예속적 지위를 확정하고 반란진압에서 협조를 얻기 위한 조처라고 하였다. 따라서 그때 행성의 명칭도 征東行尙書省이라 하여 고병익과 동일한 입장을 내보였다.[30]

이와 같이 고병익을 제외한 대다수 연구자들은 至元24년 5월 고려에 일본정벌과 무관한 정동행성이 새롭게 설립되고, 나얀, 카이두의 반란세력 토벌을 주요 사명으로 위임받았으며, 몽골 내지행성의 지방행정관청화 경향에 따라 일부 그와 유사한 성격을 띠게 되었다고 이해한다. 실제로 그때부터 전대 행성에서 보이지 않는 지방행정관청의 면모가 간취된다. 고려정부와 별도로 몽골에 賀聖節使, 賀正使를 파견하고, 유학진흥을 위해 몽골의 내지행성에 설립된 儒學提擧司가 忠烈王15년(1289) 9월 정동행성에 설치되었으며, 左右司, 理問所와 같은 소속관서와 員外郞, 郞中, 都事, 掾史와 같은 소속관원의 존재도 확인된다. 따라서 정동행성이 쿠빌라이 치세 후반기 몽골 내지행성의 성격, 기능을 일부 갖추었음을 부정하기 어렵다. 그러나 이는 여러 연구자들이 지적했듯이 고려왕조의 독자성을 훼손하는 것이 아니라 고려 국가체제의 유지, 존속 아래에서 진행된 형식적, 의례적 변화에 불과했다.[31]

---

29) 고병익, 앞의 책, 192~197쪽.

30) 北村秀人, 앞의 논문, 6~10쪽.

31) 池內宏, 앞의 책, 146~149쪽 ; 고병익, 앞의 책, 197~200쪽 ; 北村秀人, 앞의 논문, 10~12쪽 ; 장동익, 앞의 책, 39~42쪽. 다만 忠穆王3년(1347)~恭愍王5년(1356) 刑獄을 담당하는 理問所가 奇氏일가의 이익을 대변하는 기관으로 변질되어

또한 至元24년 5월을 기점으로 정동행성의 일본정벌 기능, 역할이 일체 방기되었다고 보기도 어렵다. 물론 그 후 수년간 정동행성이 일본정벌보다 나얀, 카이두의 반란세력을 토벌하는 데 주력했던 것은 사실이다. 나얀의 반란 소식을 접한 충렬왕은 즉시 몽골에게 반란토벌을 돕겠다고 통보한 후 직접 군대를 이끌고 출정하는 적극성을 내보였고, 忠烈王15년(1289) 카이두의 군대가 몽골의 북방변경을 침범했을 때에도 지원군을 파견했으며, 忠烈王17년(1291) 몽골군과 함께 당시 고려에 입경한 카단의 반란군을 격퇴했다. 그러나 이러한 정동행성의 군사활동은 몽골 내지에서 발생한 시급한 문제를 우선 해결하기 위해 공략대상을 일시적으로 바꾸었을 뿐 본연의 일본정벌 역할을 완전히 포기했음을 의미하지 않는다.

이는 쿠빌라이가 반란세력을 평정하여 변방을 안정시킨 후 재차 일본정벌 계획을 수립하고 어김없이 고려에 전쟁준비 협조를 요구한 사실을 통해 확인된다. 忠烈王19년(1293) 8월 몽골은 일본정벌에 대비하여 萬戶 洪波豆兒와 寶錢庫副使 瞻思丁을 고려에 보내 전함건조와 군량조달을 주관케 했다. 이에 고려는 金之淑을 충청도, 崔有渰을 전라도, 金琿을 경상도에 각각 파견하여 전함과 군량을 준비하게 했다.[32] 이때 재개된 쿠빌라이의 일본정벌 계획은 다음해(1294) 정월 그의 사망 때까지 지속되었다. 정동행성의 일본정벌 책무는 그의 사망 후 후계정권이 정벌계획을 전면 철회함으로써 비로소 면제되었다. 다수의 연구자들은 至元24년 5월 일본정벌과 무관한 새로운 행성이 출현했다고 하여 이때를 정동행성 성격변화의 기점으로 간주한다. 그러나 위와 같이 정동행성의 일본정벌 기능이 쿠빌라이 사망 때까지 유지되었다는 점을 인정한다면 그 성격변화의 기점을 至元31년 정월로 보는 편이 온당하다.

이상 논의내용을 종합하여 정동행성의 치폐경위와 성격변화에 관해

整治都監의 개혁정치를 좌절시키는 등 막강한 영향력을 행사한 사례가 있다.
32) 『高麗史』 卷30 忠烈王19년 8월.

다음과 같은 해석을 이끌어낼 수 있다. 정동행성은 2차 일본정벌에 대비한 군사기구로서 至元17년(1280) 요양(이듬해 고려로 이동)과 강남에 각각 설치되었고 정벌실패 후 모두 폐지되었다. 至元20년(1283) 다시 두 곳에 설치되고 강남의 행성이 정벌계획 철회에 따라 폐지된 반면 고려의 행성은 유지되었고, 至元22년(1285) 강남에 설치된 3차 행성과 함께 다시 일본정벌 준비에 적극 참여했다. 강남의 행성 폐지 후에도 고려의 행성은 존속하다가 至元24년(1287) 5월 行尙書省으로 개칭되고, 4년 후 行中書省 명칭을 회복했으며,[33] 나얀, 카이두의 반란세력 토벌에 주력하고, 몽골 내지행성의 성격이 일부 이입되는 변화를 겪었지만 본연의 일본정벌 기능, 역할은 줄곧 유지되었다. 至元31년(1294) 정월 쿠빌라이 사망을 계기로 후계정권이 일본정벌 계획을 전면 철회했을 때 비로소 정동행성의 일본정벌 책무가 면제되는 근본적인 성격변화가 이루어졌다.

至元20년(1283) 고려와 강남에 각각 2차 행성이 설치된 후 강남의 행성이 폐지－복치－폐지를 겪은 반면 고려의 행성이 줄곧 유지된 까닭은 그때부터 고려의 행성에 군사정벌 외에 해안방어 책무가 부가되었다는 점에서 찾을 수 있다. 몽골 지배층은 고유한 세계관에 의거하여 수차례 초유 시도에도 불구하고 복속하지 않는 일본을 '적국'으로 규정하고 두 차례 대규모 침공을 단행했으므로 향후 그들의 반격에 대비할 필요가 있었다. 이에 일본에 인접한 고려에 진변만호부를 설치하고 그 관할권을 정동행성에 위임하여 그들을 방어하게 했다.[34] 이후 충렬왕이 고려관원에서 직접 진변만호를 선발하여 東邊으로 파견하고, 忠烈王12년(1286) 8월 해안에 정박한 왜인 19명을 붙잡아 몽골로 압송하며,[35] 16년(1290) 정월 왜적의

---

33) 『元史』 卷16 世祖13, 347쪽 "[至元28년 5월] 征東行尙書省左丞相·駙馬高麗國王王賰爲征東行中書省左丞相."

34) 몽골의 일본에 대한 敵國인식과 해안방어에 관해 고명수, 「몽골의 일본인식과 蒙麗관계」, 『사총』 83, 2014 참조.

35) 『高麗史節要』 卷21 忠烈王12년 8월.

변경침입을 몽골에 보고한 조처는[36] 모두 행성승상으로서 자신에게 부여된 해안방어 임무를 충실하게 수행한 사례로 볼 수 있다.

이러한 해안방어 역할은 쿠빌라이 치세기뿐 아니라 그의 사망을 계기로 일본정벌이 포기된 후에도 정동행성이 유지될 수 있었던 주요한 존립근거가 되었다. 忠烈王28년(1302) 遼陽行省이 정동행성을 흡수하고 관사를 東京(遼陽)에 두어 고려왕조를 절멸시키려는 立省策動을 일으켰을 때 충렬왕이 중서성에 보낸 반대서한의 다음 내용이 이를 뒷받침한다.

> 잘 아시다시피 小邦은 가장 먼 변방에 위치하고 있으며 아직 귀부하지 않은 日本國과 인접해 있습니다. 至元18년(1281) 대군이 바다를 건너 원정에 나선 후 至元20년(1283) 世祖皇帝의 성지를 받아 行征東省事의 직무를 위임받아 변방을 진무하는 사명을 띠고 경상도 合浦 등지와 전라도 두 지역에 설치된 鎭邊萬戶府를 관할하고 있습니다. 본국의 군관과 군인을 선발하여 合浦, 加德, 東萊, 蔚州, 竹林, 巨濟, 角山, 內禮梁 등 요충지의 길목과 耽羅 등지에 나누어 파견하고 봉수대를 세웠으며 함선과 군사를 매복시켜 밤낮으로 감시하고 순찰하면서 전심을 다해 일본국을 방어하고 있는데 이 임무를 맡은 후 지금까지 절차를 어긴 적이 없습니다. 일찍이 일본인 해적을 붙잡았을 때에도 중서성과 추밀원에 공문을 보내 아뢰었습니다.[37]

위 글에서 충렬왕은 至元20년(1283) 고려에 2차 행성이 설치되고 승상에 임명되었을 때 쿠빌라이로부터 부여받은 사명이 진변만호부 관할을 통한 해안방어였음을 명시하고 20여 년 간 줄곧 그 임무를 충실하게 수행했다고 역설했다. 이를 통해 그 시기 정동행성이 몽골로부터 군사정벌 외에 새롭게

36) 『高麗史』 卷30 忠烈王16년 정월 丁未.

37) 『高麗史』 卷32 忠烈王28년 12월.

일본방어 책무를 위임받고 그 역할을 담당하면서 14세기 초까지 존속했음을 알 수 있다. 그리고 이 같은 해안방어 기능은 아마도 고려 말까지 정동행성의 유지를 가능케 하고 그 독자적 위상, 양태를 규정하는 핵심 요인으로 작용했을 것이다.[38]

4. 『元史』「百官志」 관련기사 검토

『元史』「百官志」 行中書省條에 다음과 같은 정동행성 관련 기사가 있다.

> 征東等處行中書省. 至元20년(1283) 일본국을 정벌하기 위해 고려왕에게 명을 내려 省을 설치하여 군사업무를 맡게 하고 군대가 돌아온 후 폐지했다. 大德3년(1299) 행성을 다시 세워 중국의 법제로 그곳(고려)을 다스리게 했다. 그 즉시 왕이 불편을 호소하여 행성을 폐지하고 그들의 國俗을 따르라고 명했다. 至治원년(1321) 다시 [행성을] 설치하고 고려왕으로 하여금 승상을 겸임하여 스스로 屬官을 선발하여 아뢰고, 瀋陽에 치소를 두고, 2府, 1司, 5道를 관할하게 했다.[39]

몽골 측 자료에 정동행성 관련 기록이 충분치 않은 현실에서 정부의

---

38) 이명미는 요양행성의 合省論에 대해 충렬왕이 정동행성 승상 지위를 유지하기 위해 그 일본방어 기지로서의 군사적 기능을 부각했고 이를 계기로 정동행성이 양국 간 외교적 '담론의 영역'에서 군사기구로서의 위상을 재구축하게 되었다고 보았다(이명미, 「14세기 초 遼陽行省의 合省 건의와 고려-몽골 관계 : 고려국왕권 기반의 변화와 정동행성 위상의 재정립」, 『한국중세사연구』 51, 2017).

39) 『元史』 卷91 百官7, 2307~2308쪽 "征東等處行中書省. 至元二十年, 以征日本國, 命高麗王置省, 典軍興之務, 師還而罷. 大德三年, 復立行省, 以中國之法治之. 旣而王言其非便, 詔罷行省, 從其國俗. 至治元年, 復置, 以高麗王兼領丞相, 得自奏選屬官, 治瀋陽, 統有二府·一司·五道."

공식입장을 반영하는 「百官志」에 수록된 위 기사는 그동안 여러 학자들의 주목을 받아 연구에 적극 활용되었다. 그러나 위 기사 역시 여타 관련기록과 마찬가지로 적잖은 오류를 안고 있다. 그러므로 정동행성의 치폐경위와 성격을 올바르게 규명하기 위해서는 이 기사를 정밀하게 검토할 필요가 있다.

우선 행성의 정식명칭으로 표기된 征東等處行中書省을 살펴보려 한다. 『元史』「百官志」 行中書省條에 河南江北, 江浙, 江西, 湖廣, 陝西, 四川, 遼陽, 甘肅, 嶺北, 雲南, 征東 도합 11개 행성의 연혁과 하위 행정기관에 관한 정보가 기재되어 있는데 그 정식명칭이 모두 ○○等處行中書省 형식으로 되어 있다. 정동행성을 제외한 10개 행성이 모두 관할구역의 고유지명을 행성의 명칭으로 채택했으므로 그 정식명칭을 ○○等處行中書省으로 삼았다는 점은 이해하기 어렵지 않다. 반면 征東은 지명이 아니라 최초 행성 설립 목적인 '일본정벌'을 의미하므로 征東等處行中書省 명칭은 사리에 맞지 않는다.

征東等處行中書省이 과연 행성의 정식명칭이었는지 여부를 판별하기 위해 그 용례와 빈도를 점검해볼 필요가 있다. 먼저 몽골시대 문헌에 정동행성을 제외한 10개 행성이 ○○等處行中書省이라 표기된 용례는 수없이 많이 등장한다. 따라서 그 행성들의 정식명칭이 ○○等處行中書省이었다는 점은 부인하기 어렵다. 반면 征東等處行中書省이라 표기된 용례는 『元史』「地理志」, 「百官志」의 관련기록을 제외하고 어디에서도 찾아볼 수 없다.[40] 심지어 행성의 정식명칭이 온전하게 명시되어야 마땅한 고려국왕의 책봉호에도 모두 征東行省 또는 征東行中書省이라 표기되어 있다. 이러한 검토결과는 그 시기 征東等處行中書省 명칭이 존재하지 않았음을 입증하기에 충분하다. 이에 필자는 그것이 征東을 지명으로 오해한 『元史』 편찬자의

40) 다만 14세기 초 袁桷이 찬술한 『清容居士集』 卷28 「周隱君墓誌銘」에 征東等處儒學提擧라는 관직명이 등장한다.

착오의 결과였을 가능성에 무게를 두고 싶다.

다음 "至元20년(1283) 일본국을 정벌하기 위해 고려왕에게 명을 내려 省을 설치하여 군사업무를 맡게 하고 군대가 돌아온 후 폐지했다"라는 문장을 살펴보겠다. 이에 관해 일찍이 池內宏이 至元20년 정동행성이 최초 설립되고 몽골이 고려왕으로 하여금 행성을 설치하게 했다는 내용은 사실과 다르다고 지적한 바 있다.[41] 그러나 최근 이강한은 위 문장을 긍정하여 至元18년(1281) 2차 일본정벌 직전 고려에 설치된 행성이 독자적인 군사·행정관청이 아니라 강남에 소재한 征日本行省의 지부에 불과했고 至元20년 3차 일본정벌을 앞두고 고려에 처음으로 정식 행성이 설치되었다고 보았다.[42] 그러나 이 견해는 문장 말미에 있는 "군대가 돌아온 후 폐지했다"라는 구절을 해명하지 못한다. 주지하듯이 쿠빌라이는 至元11년(1274) 1차 일본 정벌 실패 후 사망 때까지 20년 간 줄곧 일본정벌을 기도했지만 실제로 정벌을 실행에 옮긴 경우는 至元18년 한 차례에 불과하다. 따라서 至元20년 행성 설치 후 정벌을 단행하고 회군 후 폐지했다는 위 문장은 사실에 부합하지 않는다. 『元史』 편찬자가 2차 정벌 직전 설치된 행성을 최초의 정동행성으로 인식했다면 위 문장의 '至元20년'은 오류가 분명하다.

마지막으로 "至治원년(1321) 다시 [행성을] 설치하고 고려왕으로 하여금 승상을 겸임하여 스스로 屬官을 선발하여 아뢰고, 瀋陽에 치소를 두고, 2府, 1司, 5道를 관할하게 했다"라는 문장을 검토해보자. 앞장에서 논의했듯이 정동행성은 至元20년 재차 설치된 후 고려 말까지 폐지되지 않았다. 따라서 "다시 [행성을] 설치하고(復置)" 구절이 폐지된 행성을 다시 세웠음을 의미하지 않는다. 『元史』「本紀」, 「地理志」, 「百官志」에 大德3년(1299) 몽골정부가 고려에 행성관 고르기스(闊里吉思)를 파견하여 행성을 '증치'한

41) 池內宏, 앞의 책, 145~146쪽.

42) 이강한, 「征東行省官 闊里吉思의 고려제도 개변 시도」, 『한국사연구』 139, 2007, 85~91쪽.

사실이 復, 立, 復立이라 표기되었으므로 위 문장의 復置도 행성의 '증치'로 볼 만한 여지가 있다. 그러나 고려, 몽골 측 사서에서 모두 至治원년(忠肅王8년) 몽골이 고려에 행성관을 보내 정동행성을 '증치'했음을 전하는 기록은 발견되지 않는다. 다만 그해 양국관계에서 시데발라(英宗)의 명에 따라 충숙왕이 몽골에 입조하고 전년 티베트로 유배된 상왕(충선왕)이 측근신료들에게 자신의 석방, 환국을 몽골조정에 요청하도록 종용한 사실이 확인될 뿐이다.[43] 이는 至治원년 정동행성이 복치(증치)되었다는 위 기록의 사실성에 의문을 갖게 한다.

필자는 위 문장의 '至治원년'이 '至大원년'의 오기일 가능성을 제기하고 싶다. 이를 뒷받침할 만한 두 가지 근거를 제시해 보겠다. 첫 번째는 '至治원년' 다음 "고려왕으로 하여금 승상을 겸임하고"라는 구절이다. 이는 고려국왕이 새롭게 행성승상에 임명되었음을 가리킨다. 주지하듯이 충렬왕 이후 우왕 때까지 역대 고려국왕은 몽골카안에 의해 국왕으로 책봉됨과 동시에 정동행성 승상에 임명되었다. 이는 실제로 이미 존재하던 행성의 장관이 교체되었음을 의미하지만 한편으로 다른 장관이 관할하는 행성이 새롭게 출현했음을 나타내기도 한다. 『元史』 편찬자가 행성 '증치'를 새 행성의 '설립'으로 표기한 바와 같이 고려의 왕위교체도 행성의 '복치'로 간주될 만한 개연성이 충분하다. 그러므로 위 문장의 "다시 [행성을] 설치하고 고려왕으로 하여금 승상을 겸임하여"라는 구절은 새 고려국왕이 즉위하여 정동행성 승상에 임명된 사실을 가리킨다고 볼 수 있다. 『元史』「百官志」 관련기사에서 행성관 고르기스의 파견, 소환이 행성의 復立, 罷라고 표기되고 충렬왕 사망 때까지 재차 정동행성이 '증치'되지 않았으므로 고르기스

43) 장동익은 몽골의 구류, 체포, 유배로 인해 고려왕권이 추락하고 입성책동이 계속 일어나는 등 몽골의 통제력이 강하게 작용하는 상황에서 행성의 운영이 실무 주축관서인 3所(左右司, 理問所, 儒學提擧司)를 중심으로 이루어지는 변화가 나타났는데 그것이 『元史』「百官志」, 「地理志」에 復置, 復立으로 표기되었다고 하였다(장동익, 앞의 책, 47~48쪽).

소환 이래 행성의 '복치'로 간주될 만한 가장 우선적인 사건은 至大원년(1308) 충선왕의 고려국왕 즉위와 정동행성 우승상 임명이다. 그런 점에서 위 문장의 '至治원년'이 '至大원년'의 오기일 가능성이 있다.

두 번째는 "瀋陽에 치소를 두고"라는 구절이다. 至元20년 2차 정동행성 설치 후 치소가 줄곧 開京에 두어졌으므로 이 구절은 오류가 분명하다. 그렇다면 『元史』 편찬자는 어째서 이 같은 오류를 범하게 되었을까? 이는 至大원년 즉위 후 충선왕이 보유한 특별한 지위와 관련 있다고 생각된다. 大德11년(1307) 테무르 사후 몽골조정에서 발생한 카안위 계승 분쟁에 충선왕이 적극 개입하여 카이샨(武宗)을 옹립하는 데 크게 기여했다는 사실은 잘 알려져 있다. 즉위 후 카이샨은 충선왕의 공적을 인정하여 至大원년(1308) 5월 그를 瀋陽王(2년 후 瀋王으로 進封)에 책봉하여 심양지역에 대한 일정한 통치권을 부여했다.[44] 그리고 7월 충렬왕이 사망하자 충선왕은 즉시 귀국하여 8월 고려국왕에 즉위했다. 이로써 그는 몽골제국 지배체계 안에서 특별하게 두 개 왕위를 보유한 존재가 되었다. 그러나 그의 심왕 책봉으로 인해 근거지에서 정치·경제적 기득권을 침해당한 洪重喜가 몽골조정에 한 명이 두 왕위를 겸하는 것이 옳지 않다고 이의를 제기하여 결국 그는 皇慶2년(1313) 3월 고려왕위를 장자 王燾(충숙왕)에게 물려주고, 延祐3년(1316) 3월 심왕위도 조카 王暠에게 전수했다. 그러므로 至大원년(1308) 8월부터 皇慶2년(1313) 3월까지 4년 7개월 간 충선왕은 고려국왕 중 유일하게 심왕과 고려국왕 지위를 겸임하는 자리에 있었다. 이때 그는 정동행성 승상직도 보유했으므로 심왕, 고려국왕, 행성승상 세 지위를 겸했던 셈이다.

---

44) 심왕 책봉 후 충선왕이 심양지역에서 보유한 정치적 영향력에 관해 김혜원, 「高麗後期 瀋王 硏究」, 이화여대 박사논문, 1999, 30~38쪽 ; 森平雅彦, 「高麗王位下の基礎的考察 : 大元ウルスの一分權勢力としての高麗王家」, 『朝鮮史硏究會論文集』 36, 1998, 70~75쪽 참조.

『元史』「百官志」는 1331년 편찬된 『經世大典』 기록을 바탕으로 서술되어 그 이전 어느 시점의 내용을 반영한다고 알려져 있다. 정동행성이 치소를 심양에 두었다는 위 구절은 『元史』 편찬자가 행성승상이 심양지역에서 통치권을 행사했다고 보았음을 짐작케 한다. 앞서 언급했듯이 역대 고려국왕 중 그러한 지위, 자격, 능력을 보유한 인물은 충선왕이 유일하다. 그러므로 위 구절은 충선왕이 행성승상과 심왕 지위를 겸임했던 4년 7개월간의 상황을 가리킨다고 판단된다. 『元史』 편찬자가 충선왕이 심왕에 책봉되어 심양지역을 통치하게 됨으로써 행성 치소를 심양에 두었다고 오해한 결과로 볼 수 있다. 그러므로 위 구절도 '至治원년'이 충선왕이 심왕, 고려국왕, 행성승상에 차례로 임명된 '至大원년'의 오기일 가능성을 나타낸다.

정동행성의 치폐 연혁과 관련하여 『新元史』 「地理志」에 "至大元年, 復置"라는 기사가 있다.[45] 이 구절이 저자 柯劭忞이 위 논의내용과 동일한 판단에 근거하여 『元史』 「百官志」, 「地理志」의 '至治원년'을 바로잡은 것인지는 알 수 없으나 몇몇 연구자들에게 『元史』의 疏漏를 보완할 만한 신뢰성 높은 기사로 받아들여진다. 특히 고병익은 『元史』 「本紀」에 수록된 다음 기록과 관련지어 『新元史』 기사를 적극적으로 해석했다.

> [至大원년 4월] 丙辰, 고려국왕 王璋이 말하기를, "폐하께서 臣에게 환국하여 다시 행성관을 설치하여 정동행성 사무를 맡으라고 명했습니다. 고려는 수년 간 흉년이 계속되어 백성들이 굶주리는데 다시 수 백 명이 그 토지에서 기식하면 백성들이 그 빈곤함을 극복하지 못할 것이니 이 또한 世祖舊制가 아닙니다"라고 하였다. 황제가 말하기를, "먼저 [행성관] 설치를 청한 것이 경의 말에 따른 것이고 지금 그 폐지를 청한 것도 경의 말에 따른 것이다. 世祖舊制에 의거하여 속히 사신을 보내 그것을 폐지하겠다"라고

---

45) 『新元史』 卷51 地理6.

하였다.[46]

大德11년(1307) 정월 테무르가 사망하자 차기 카안위 계승 문제를 둘러싸고 황후 불루간, 安西王 아난다, 좌승상 아쿠타이 세력과 테무르의 조카 아유르바르와다, 그의 생모 다기, 우승상 카라카순 세력 간 투쟁이 본격화되었다. 결국 3월 아유르바르와다 세력이 정변을 일으켜 반대세력을 제압하고 몽골의 중앙권력을 장악했다. 이 거사에 충선왕이 직접 개입하여 큰 공을 세움으로써 당시 大都에서 첨예하게 대립하던 충렬왕과의 경쟁에서 승기를 잡고 즉시 고려에 사람을 보내 자신의 지지세력을 대거 중용하는 인사개편을 단행하는 한편 충렬왕의 당여를 숙청하고 그를 慶壽寺에 구금하여 자신의 우위를 확정했다. 4월 몽골조정은 충렬왕에게 환국하여 행성업무를 주관하라는 명을 내리고,[47] 5월 平章 撤勒帖木兒와 學士 郭貫을 보내 국왕과 함께 국정을 주관하게 했다. 그리고 같은 달 대군을 이끌고 上都에 입성한 아유르바르와다의 친형 카이샨이 몽골의 새 카안으로 추대되었다.

고병익은 충렬왕의 환국과 동시에 파견된 몽골관원이 고르기스와 같은 행성관으로서 충렬왕과 함께 정동행성 사무를 처결하는 임무를 부여받았다고 보았다. 그리고 이는 권력투쟁에서 승리한 충선왕이 환국하는 충렬왕

46) 『元史』 卷22 武宗1, 498쪽 “丙辰, 高麗國王王章言, ‘陛下令臣還國, 復設官行征東行省事. 高麗歲數不登, 百姓乏食, 又數百人仰食其土, 則民不勝其困, 且非世祖舊制.’ 帝曰, ‘先請立者以卿言, 今請罷亦以卿言, 其準世祖舊制, 速遣使往罷之.’”

47) 『高麗史』 卷32 忠烈王33년 4월 “是月, 元勑王還國, 因署行省, 以鎭撫.” 한편 동일한 기사가 『元史』「本紀」 大德10년(忠烈王32년) 5월조에 기재되어 있다(“遣高麗國王王昛還國, 仍署行省以鎭撫之”). 두 기록 사이에 11개월의 시간적 격차가 존재하는데 『高麗史』「世家」에서 忠烈王33년 4월 이전 충렬왕이 몽골에 체류한 사실이 확인되고 다음 달 고려에 도착한 일자도 명기되어 있으므로 『高麗史』 기사가 정확하다고 판단된다(고병익, 앞의 책, 230~231쪽 각주74). 이에 관해 北村秀人은 후자의 내용을 충렬왕이 환국을 ‘명받은’ 것으로 파악하여 두 기사를 별개의 실재사건으로 보았으나(北村秀人, 앞의 논문, 20~21쪽) 내용상 충렬왕이 환국한 ‘사실’이 명백하므로 수긍하기 어렵다.

을 견제하기 위해 몽골조정에 건의하여 시행된 결과로 이해했다. 이에 따라 위 인용문 중 “폐하께서 臣에게 환국하여 다시 행성관을 설치하여 정동행성 사무를 맡으라고 명했습니다”라는 문장의 臣(충선왕)을 王(충렬왕)의 오기라고 지적했다. 즉 至大원년(1308) 몽골에 체류하던 충선왕이 카이샨과 대화하는 자리에서 전년 자신의 요청에 따라 카이샨이 충렬왕에게 환국하여 몽골관원과 함께 정동행성 사무를 맡아보라고 명했는데 1년 후 행성관 무리가 고려에서 많은 문제를 일으키자 그들의 소환을 청하여 관철했다는 것이다. 아울러 그 시기 행성관 파견을 통한 정동행성 ‘증치’가 위 인용문에 ‘설치’라고 표기되었으므로 『新元史』의 “至大元年, 復置” 기사가 이 사건을 가리킨다고 보았다.[48] 北村秀人을 비롯한 대다수 연구자들도 그의 견해에 대체로 동의하는 입장을 피력했다.[49]

그러나 그의 견해는 두 가지 측면에서 재고의 여지가 있다. 첫 번째는 정변 직후 몽골조정이 고려에 파견한 두 관원이 과연 행성관이었는지 즉 그들의 파견이 곧 행성의 ‘증치’를 의미하는지에 관한 문제다. 실제로 그들이 행성관에 임명되었음을 알려주는 사료적 근거는 찾을 수 없다. 『高麗史』「世家」에 그들의 신분이 각각 平章과 學士로 표기되어 있는데 『元史』「郭貫傳」 “[大德]8년 集賢待制로 전임하고, 翰林直學士로 승진했으며, 조서를 받들어 遼陽行省 平章政事 別速台徹里帖木兒와 함께 고려에 가서 그들을 안정시켰다”라는 문장을 통해 그것이 파견 당시 몽골에서 재임하던 직위였음을 알 수 있다.[50] 과거 福建行省 평장정사에 재임하던 고르기스가 파견을 앞두고 정동행성 평장정사에 임명된 사실이 몽골, 고려 사서에 공히 기록된 사례와 매우 대조적이다. 또한 至大원년 4월 충선왕의 요청에

48) 고병익, 앞의 책, 229~238쪽.

49) 北村秀人, 앞의 논문, 20~23쪽 ; 장동익, 앞의 책, 42~47쪽 ; 丁崑健, 앞의 논문, 171~172쪽.

50) 『元史』 卷174 郭貫, 4060쪽.

따라 행성증치가 철회되었다면 즉시 그들이 소환되어야 하는데 이에 관한 기록도 발견할 수 없다. 게다가 그들이 파견된 시기가 정변 성공 직후인 大德11년 5월이므로 행성 '복치(증치)' 시기도 응당 '大德11년'으로 표기되어야 한다. 그러나 『新元史』에는 그 시기가 '至大원년'으로 명시되어 있다.[51] 이러한 점들은 정변 직후 몽골관원의 고려 파견을 행성 '증치'로 간주하여 『新元史』 기사, 위 인용문과 관련지은 고병익의 견해를 납득하기 어렵게 한다.

두 번째는 위 인용문 중 "폐하께서 臣에게 환국하여 다시 행성관을 설치하여 정동행성 사무를 맡으라고 명했습니다"라는 문장에서 카이샨에게 환국을 명받은 주체에 관한 문제다. 전술했듯이 고병익은 위 문장의 臣을 王의 오기로 파악하여 그 대상을 전년 고려로 귀환한 충렬왕으로 보았다. 그는 大德11년 4월 몽골조정으로부터 환국을 명받아 귀국길에 오른 후 다음 달 丁丑日(14일) 개경에 도착했다.[52] 고려국왕이 개경과 대도를 오가는 노정이 통상 30일을 넘지 않은 점을 감안할 때 충렬왕이 환국을 명받은 시기는 4월 중순이거나 늦어도 하순으로 추정된다.[53]

한편 아유르바르와다 세력이 대도에서 정변을 일으켜 정권을 장악한 시기는 그해 3월 丙寅日(2일)이다. 그 직후 일부 측근신료들이 그에게 즉위를 권했으나 그는 카이샨의 막강한 군사력을 의식하여 그에게 카안위를 양보하기로 결정하고 사신을 보내 거사의 성공을 알리고 즉위를 청했다. 당시 카이샨은 테무르 사망 소식을 접한 후 카안에 즉위하기 위해 알타이지역 주둔지를 떠나 카라코룸으로 이동하고 있었다. 그 달 막북의 野馬川에서

51) 이에 관해 北村秀人은 『元史』 편찬자가 행성이 '복치'된 '大德11년'을 '至大원년'으로 착각하고 다시 그것을 「百官志」에 '至治원년'으로 잘못 표기한 결과라고 지적했으나(北村秀人, 앞의 논문, 64쪽 주석43) 「百官志」 기사를 大德11년 몽골관원 파견 사실과 무리하게 관련지으려는 아전인수격 해석에 불과하다.

52) 『高麗史』 卷32 忠烈王33년 5월 丁丑.

53) 고병익, 앞의 책, 230~231쪽 각주74.

아유르바르와다의 사신을 접견하고, 다시 남하하여 5월 乙丑日(2일) 상도에 이르러 자신을 영접하러 온 아유르바르와다, 다기와 회합했으며, 甲申日(21일) 그곳에서 카안에 즉위했다.[54]

카이샨이 5월 초순 상도에 도착했으므로 충렬왕이 대도에서 환국을 명받은 4월 중순이나 하순은 그가 카라코룸에서 상도로 귀환을 준비하거나 귀환 도중 시기에 해당한다. 즉 그가 아직 카안에 즉위하지 못했을 뿐 아니라 대도는커녕 상도에도 입성하지 않은 시점이었다. 그때 카안 즉위라는 大事를 준비하던 카이샨이 직접 대도에 사신을 보내 충렬왕에게 환국하여 행성업무를 맡아보라는 '사소한' 명을 내렸다고 보기 어렵다. 더욱이 충렬왕의 환국에 충선왕의 의지가 크게 작용했으므로 카이샨이 충렬왕에게 환국을 명했다면 반드시 충선왕과의 소통이 선행되어야 한다. 그러나 카안에 즉위하기 위해 상도로 남하하는 중대한 시기에 그가 비록 대업의 공신이라 해도 집권세력의 중추에서 다소 벗어나 있는 충선왕과 그 경쟁자의 환국 문제에 관해 의견을 교환했을 가능성은 매우 희박하다.

정변 직후 대도에서 몽골의 중앙권력을 장악한 인물은 아유르바르와다였다. 그가 다기, 신료들과 함께 카이샨을 영접하기 위해 상도로 출발한 시기는 5월 초순 양자가 상도에서 회합한 사실에 비추어 대략 4월 중순이나 늦어도 하순으로 추정된다. 따라서 3월 초 거사 성공 후 1개월 반 남짓한 기간 중 그는 대도에서 집권세력 수장으로서 모든 정무를 주도적으로 처결하는 실질적 카안 지위에 있었다. 그 시기 충선왕이 부왕과의 경쟁에서 승리한 것도 그의 지원에 힘입은 바 크다. "[忠烈王33년 3월] 전왕이 太子(아유르바르와다)의 旨를 받들어 王惟紹, 宋邦英, 宋璘, 韓愼, 宋均, 金忠義, 崔涓 및 악행을 저지른 일당을 체포하여 자택에 수감하고 왕을 慶壽寺로 옮기게 했다. 이때부터 왕이 실권을 잃고 국정이 전왕에게 귀속되었다"라는 기록은

54) 아유르바르와다의 궁정 쿠데타와 카이샨의 즉위 과정에 관해 『元史』 卷22 武宗1 ; 卷24 仁宗1 ; 卷136 哈剌哈孫 ; 阿沙不花 참조.

충선왕의 승리와 고려정권 장악의 배후에 그가 존재했음을 증언한다.[55] 그러므로 4월 충선왕의 요청을 받아 충렬왕에게 환국을 명하고 행성관을 파견한 장본인은 카이샨이 아니라 아유르바르와다일 가능성이 농후하다. 충렬왕이 환국을 명받은 4월 중순이나 하순이 아유르바르와다가 상도로 출발한 시기와 일치하므로 그가 북상하기 직전 이러한 명을 내렸다고 볼 수 있다. 그러므로 위 인용문에서 카이샨에게 환국을 명받은 당사자를 충렬왕으로 파악한 고병익의 견해는 수긍하기 어렵다.

위 인용문을 전년 충렬왕의 환국 사실과 관련지을 필요는 없을 듯하다. 다시 말해 카이샨에게 환국을 명받은 대상을 충선왕으로 볼 만한 여지도 적지 않다. 카이샨 즉위 후 위 인용문의 시점까지 충선왕이 고려로 귀환하지 않았으므로 카이샨이 명한 그의 환국은 과거의 사건이 아니라 훗날 예정된 일이었다는 추정이 가능하다. 그렇다면 위 글은 '카이샨 즉위 1년 후 충선왕이 몽골의 행성관과 함께 환국하여 직접 행성사무를 맡겠다고 청하여 허가를 받았으나 후에 그에 따른 극심한 폐해를 예견하고 다시 행성증치 계획 철회를 요청하여 관철했다'라고 해석할 수 있다. "다시 수 백 명이 그 토지에서 기식하면 백성들이 그 빈곤함을 극복하지 못할 것이니"라는 구절도 행성증치가 지난일이 아니라 예정된 계획이었음을 시사한다. 충선왕의 환국과 행성장관 부임은 고려왕위의 교체를 의미한다. 당시 몽골카안의 명에 의한 왕위교체 전례가 없지 않고 충선왕이 몽골의 지원을 배경으로

55) 『高麗史』 卷32 忠烈王33년 3월. 고병익은 이 기록에 등장하는 太子를 2개월 후 즉위하는 武宗(카이샨)으로 파악하고 충선왕이 그의 후원을 받아 고려정권을 장악했다고 하였으나(고병익, 앞의 책, 233쪽) 정황상 그 인물은 아유르바르와다가 확실하다. 정변 직후 아유르바르와다의 측근 諸王 闊闊出, 阿忽都 등이 그에게 "지금 죄인들이 모두 체포되었고 太子께서는 실로 世祖의 자손이니 마땅히 조속히 황제에 즉위하셔야 합니다"라고 한 발언과(『元史』 卷24 仁宗1, 536쪽) 동시기 막북으로 파견된 阿沙不花가 카이샨을 만난 자리에서 "太子께서 다른 변고를 방비하고 폐하를 기다리기 위해 監國을 행한 것입니다. 臣이 목숨 걸고 다른 뜻이 없음을 보증하겠습니다"라고 한 언급에서도(『元史』 卷136 阿沙不花, 3298쪽) 그를 太子라고 칭했다.

실세한 73세 고령의 부왕을 대신하여 고려의 정권을 장악했으므로 그와 카이샨의 타협에 따른 왕위교체는 얼마든지 가능한 일이었다.

그러므로 충선왕의 행성증치 철회 요청을 받은 카이샨이 "속히 사신을 보내 그것(행성)을 폐지하겠다"라고 한 언급에서 사신의 종착지도 고려가 될 수 없다. 그 시기 카이샨은 전 달 충선왕과 함께 북상하여 상도에 체재하고 있었다. 이에 황명의 전달 대상을 대도에서 행성증치 사무를 위임받은 관청이나 파견이 예정된 행성관으로 짐작해볼 수 있다. 당시 행성관의 임명과 파견 사이에 일정한 시간적 격차가 존재했던 것 같다. 『元史』「本紀」에 大德3년(1299) 5월 고르기스가 정동행성 평장정사에 임명되었다고 기록되어 있는데[56] 그는 5개월 후인 10월 비로소 고려에 파견되었다. 또한 皇慶원년(1312) 祿守와 耶律希逸이 정동행성 관원으로 임명되었다가 宦者 方臣祐가 황태후 다기에게 청하여 파견을 철회시켰다는 기사도 존재한다.[57] 이 사례에 비춰볼 때 위 인용문도 충선왕과 카이샨이 일찌감치 행성증치 계획을 수립하고 일정 시간이 지난 후 철회를 결정한 것으로 이해하면 무리가 없을 것이다.

5. 맺음말

정동행성은 至元18년(1281) 몽골의 2차 일본정벌 직전 처음으로 고려와 강남 두 곳에 설치되었고 정벌 실패 후 모두 폐지되었다. 이후 전쟁준비 재개에 따라 至元20년(1283) 다시 두 곳에 설치되었고 강남의 행성이 실제적인 전쟁준비를 전담한 반면 고려의 행성은 그 부담에서 제외되었다. 그리고 정벌계획 철회에 따라 至元21년(1284) 5월 강남의 행성이 폐지되었으나

56) 『元史』 卷23 成宗3, 427~428쪽.

57) 『益齋亂藁』 卷7 碑銘「光祿大夫平章政事上洛府院君方公祠堂碑」.

고려의 행성은 존치되었다. 이는 고려의 행성이 실질적 전쟁준비 대신 2차 정벌 실패 직후 설립된 진변만호부를 관할하여 일본의 반격으로부터 동남해안을 방어하는 새로운 임무를 떠안았기 때문이다. 이후 至元22년(1285) 전쟁준비 재개에 따라 다시 강남에 설치된 행성과 함께 군사, 함선, 군량, 무기를 조달하는 역할을 위임받고 강남의 행성 폐지 후에도 여전히 존속했다.

그러므로 至元24년(1287) 5월 충렬왕이 행상서성 평장정사에 임명되어 고려에 일본정벌과 무관한 새로운 성격의 정동행성이 출현했다는 일반적 견해는 인정하기 어렵다. 그때 이미 행성이 존재했으므로 이는 마침 단행된 몽골의 관제개편에 따라 명칭과 장관지위가 변화된 결과에 불과하다. 이후 정동행성은 한 때 나얀, 카이두의 반란세력을 토벌하는 데 주력했지만 至元30년(1293) 재개된 일본정벌 준비에 적극 협력한 바와 같이 본연의 역할을 방기하지 않았다. 至元31년(1294) 정월 쿠빌라이 사망을 계기로 후계정권이 일본정벌 계획을 전면 철회했을 때 비로소 일본정벌 책무가 면제되는 근본적인 성격변화가 이루어졌다.

이러한 결론을 도출하고 아울러 『元史』 「本紀」, 「百官志」의 정동행성 관련 기사를 다방면으로 분석하여 그에 대한 종래의 통설을 비판하고 새로운 해석을 시도해보았다. 이 글이 정동행성의 치폐경위와 성격변화라는 다소 협소한 주제를 다루었는데 그 기능, 위상, 구조, 권력, 영향 등 개척과 재검토가 필요한 영역은 아직 광범위하게 존재한다. 향후 그동안 정체되었던 정동행성에 관한 연구가 다시 왕성하게 진행되기를 희망한다.

2장 정동행성 기능의 변천 : 시기구분을 겸하여

1. 머리말

13세기 후반 몽골이 고려에 설치한 征東行省이 이후 백여 년 간 양국관계를 매개하는 중요한 관부로 기능했다는 점은 주지의 사실이다. 따라서 20세기 초부터 양국관계를 탐구하는 국내외 여러 학자들이 이에 주목하여 괄목할 만한 성취를 이루었다. 그러나 행성 설치의 목적과 구체적 기능 그리고 고려왕조와의 관계에 관해 아직까지 연구자들의 의견이 일치하지 않는다. 특히 정동행성이 고려를 감시·통제하고 내정에 개입했는지 여부에 따라 크게 두 가지 견해가 존재한다.

우선 池內宏은 고려에 국정을 총괄하는 독자적 정부가 온존했으므로 정동행성은 고르기스(闊里吉思) 파견을 통한 增置 시기를 제외하고 대체로 형식적으로만 존재했다고 보았다. 그러나 그의 연구는 고르기스 소환 이후 시기를 다루지 못했다는 점에서 한계를 지닌다.[1] 고병익도 정동행성이 고려에 대한 감시·감독기관이었다는 견해를 부정하고 몽골의 세력범위 안에서 고려의 지위를 규정하기 위해 설치되었으며 양국 간 공적 연락기관으로 작용했다고 하였다.[2] 丁崑健 역시 정동행성이 고려 감독기관이었다는

1) 池內宏, 「高麗に於ける元の行省」, 『東洋學報』 20-3, 1933 : 『滿鮮史研究(中世3)』, 吉川弘文館, 1963.

2) 고병익, 「麗代 征東行省의 研究」(上)·(下), 『역사학보』 14·19, 1961·1962 : 『東亞交

학설을 부인하고 그 기능이 양국교섭, 倭寇방어, 사법, 교육 측면에 한정되었다고 보았다.[3)]

반면 北村秀人은 몽골이 평상시 고려에 정동행성을 두고 국왕을 승상에 임명하여 예속적 지위를 명확히 규정하고 고려에 대한 감시·감독을 강화할 필요가 있을 때 수시로 행성관을 파견하여 주도적으로 내정을 처리케 함으로써 행성을 고려통제기관으로 전환했다고 보았다.[4)] 장동익도 이와 동일한 견해를 피력했다.[5)]

정동행성의 기능·성격에 관해 학자들의 견해가 엇갈리는 주요인은 한 세기에 걸친 존속기간 중 시기에 따른 기능·성격의 변화를 포착하지 못한 데 있다고 여겨진다. 다시 말해 행성의 여러 모습 중 특정시기의 현상을 확대해석하여 그 성격을 단선적으로 규정한 결과라고 판단된다. 그러므로 통시적 관점에서 정동행성에 대한 시기구분이 이루어진다면 그 실제모습과 성격을 보다 명확하게 파악할 수 있을 것이다.

물론 이제까지 그러한 시도가 없었던 것은 아니다. 일찍이 장동익은 선학들의 연구성과를 수렴하고 자신의 견해를 덧붙여 다음과 같이 정동행성에 대한 시기구분을 시도했다.[6)]

단계	기간	성격
初期段階	忠烈王13년(1287) ?월~ 忠烈王24년(1298) 5월	丞相 예하 고려인 行省官으로 구성된 독자적 운영기
增置期	忠烈王24년(1298) 5월~ 忠宣王4년(1312) ?월	元人 宰相 파견에 의한 내정간섭이 심화된 시기
左右司體制期	忠肅王8년(1321) ?월~ 恭愍王5년(1356) 5월	元의 강력한 통제 하에 左右司를 주축으로 한 行省三所 중심기

涉史의 硏究』, 서울대학교출판부, 1970.

3) 丁崑健, 「元代征東行省之硏究」, 『史學彙刊』 10, 1980.

4) 北村秀人, 「高麗における征東行省について」, 『朝鮮學報』 32, 1964.

5) 장동익, 『高麗後期外交史硏究』, 일조각, 1994.

6) 위의 책, 49쪽 <표 2> 征東行省의 變遷.

縮小體制期	恭愍王5년(1356) 5월~高麗末	고려정부 영향 하의 左右司 중심의 형식적 존재기

그러나 위 시기구분에서 초기단계와 증치기의 분기점을 忠烈王24년(1298) 5월로 정하고[7] 고려에 파견되지도 않은 祿守·耶律希逸이 행성관에 임명된 忠宣王4년(1312)을 증치기의 종점으로 잡은 까닭을 이해할 수 없고, 후술하겠지만 2단계를 '증치기'로 설정할 만큼 행성관이 여러 번 파견되었다는 견해에도 동의하기 어렵다. 또한 좌우사체제기의 기점으로 표기된 至治원년(忠肅王8년, 1321)이 실제 『元史』「百官志」에서 至大원년(忠宣王즉위년, 1308)이 오기되었을 가능성이 있다는 점은 필자가 선행논문에서 이미 지적한 바 있다.[8] 이에 본 장에서 정동행성 기능·성격의 변화를 통시적으로 고찰하고 그 결과를 바탕으로 새롭게 시기구분을 시도할 것이다.

2. 몽골의 정벌활동과 정동행성의 군사기능

정동행성은 至元17년(1280) 8월 東征元帥府의 지휘관 忻都, 洪茶丘가 行中書省 右丞에 임명되면서 처음 설치되었다. 이어 10월 충렬왕이 행성장관인 左丞相에 제수되고 12월 右丞相으로 승진했다. 이듬해(1281) 3월 흔도, 홍차구가 일본정벌을 위해 고려에 입경했을 때 본디 東京(遼陽)에 소재했던 정동행성이 비로소 고려로 이전했다. 이후 정동행성은 2차 일본정벌에서 주도적 역할을 담당하고 정벌 실패 후 至元19년(1282) 정월 폐지되었다.

7) 장동익은 北村秀人과 마찬가지로 忠烈王24년(1298) 9월 고려에 파견된 쿠쿠추(闊闊出)와 카산(哈散)을 행성관으로 간주하여 그때 처음 행성증치가 단행되었다고 하였다. 따라서 그가 증치기의 기점으로 표기한 '5월'은 '9월'의 오기인 듯하다.

8) 고명수, 「征東行省의 置廢경위와 성격변화 再考」, 『한국중세사연구』 43, 2015, 338~347쪽.

얼마 후 몽골은 일본정벌 준비를 재개하고 至元20년(1283) 4월 충렬왕을 좌승상에 임명함으로써 다시 고려에 정동행성을 설치했다. 그때 정동행성은 비록 정벌준비에 직접 참여하지 않았으나 2차 정벌 실패 직후 金州(金海)에 설립된 鎭邊萬戶府를 관할하여 일본의 반격을 방어하는 임무를 새롭게 위임받았다.

일반적으로 정동행성은 至元20년(1283) 2차 설치 후 폐지-복치-폐지를 반복하고 至元24년(1287) 5월 충렬왕이 行尙書省 平章政事에 임명됨으로써 일본정벌과 무관하고 내지행성과 유사한 형태의 새로운 행성이 설립되었다고 이해된다.[9] 그러나 필자는 선행논문에서 至元20년 복치 후 정동행성이 존속하고, 충렬왕의 행상서성 평장정사 임명은 몽골의 관제개편에 따라 일시적으로 기존 행성의 명칭이 변경되고 장관 지위가 격하된 현상에 불과하며, 至元31년(1294) 정월 쿠빌라이 사망 때까지 본연의 일본정벌 기능이 유지되었다고 주장한 바 있다.[10]

충렬왕은 至元24년(1287) 행상서성 평장정사 임명 때부터 至元30년(1293) 일본정벌 준비 재개 전까지 몽골내부에서 발생한 반란을 진압하는 데 적극 협력했다. 至元24년 5월 東北諸王 나얀(乃顔)의 반란 소식이 전해지자 즉시 몽골에 사신을 보내 토벌을 돕겠다고 통보한 후 직접 군대를 인솔하여 출정하고, 忠烈王15년(1289) 7월 카이두(海都)의 군대가 몽골의 북방변경을 침범했을 때에도 병력을 지원했으며, 다음해(1290) 5월 카단(哈丹)의 반란군이 고려에 입경하자 몽골군과 함께 그들을 격퇴했다.

당시 충렬왕은 복속국 군주, 카안의 駙馬, 정동행성 승상이라는 세 지위를 겸하고 있었다. 그리고 기본적으로 각 직책에는 모두 몽골의 정벌활동에 병력을 지원하는 책무가 부과되었다. 그렇다면 그는 세 지위 중 어떠한

9) 池內宏, 앞의 논문, 140~149쪽 ; 고병익, 앞의 논문, 195~200쪽 ; 北村秀人, 앞의 논문, 10~12쪽 ; 장동익, 앞의 책, 37~52쪽.

10) 고명수, 앞의 논문, 331~336쪽.

자격으로 몽골의 반란토벌에 참여했을까? 이와 관련하여 그가 군사행동에 나설 때 휘하 무장을 萬戶에 임명하거나 이미 만호직을 보유한 인물을 출정시킨 사실이 주목된다.

忠烈王13년(1287) 나얀의 반란 때 그는 韓希愈를 左翼萬戶, 朴之亮을 左翼副萬戶, 羅裕를 中翼副萬戶, 印侯를 中軍萬戶로 삼아 함께 출정했고, 忠烈王15년(1289) 카이두가 몽골의 북변을 침범했을 때에도 萬戶 金忻으로 하여금 군사를 이끌고 遼陽行省으로 가게 했으며, 忠烈王16년(1290) 카단의 반란군이 고려에 입경했을 때 中軍萬戶 鄭守琪를 禁忌山洞, 左軍萬戶 朴之亮을 伊川, 帳前萬戶 韓希愈를 雙城, 右軍萬戶 金忻을 豢猳, 萬戶 羅裕를 通川에 주둔시켜 그들을 방어하고, 다음해(1291) 中翼萬戶 印侯, 左翼萬戶 韓希愈, 右翼萬戶 金忻으로 하여금 몽골군과 연합하여 그들을 격퇴하게 했다.

이처럼 충렬왕이 반란토벌에 참여하기 직전 휘하 장수를 만호에 임명하거나 이미 만호직을 보유한 인물을 출정시킨 사실은 그가 상위에서 만호를 통솔할 수 있었음을 의미한다. 주지하듯이 만호제는 유목민족의 십진제적 군대편성 방식에 바탕을 두고 수립된 몽골의 고유한 군사제도다. 2차 일본정벌 직전 처음으로 고려에 만호제가 도입되어 정벌군 편성에 적용되었다. 忠烈王6년(1280) 11월 충렬왕이 中書省에 서한을 보내 만호제에 의거하여 頭領官(都元帥) 1인, 萬戶 2인, 摠管·千戶 각 10인, 摠把 20인을 지휘관으로 추천하자 쿠빌라이는 다음 달 조서를 보내 충렬왕을 征東行省 左丞相에 제수하고 金方慶을 都元帥, 朴球·金周鼎을 副都統(萬戶), 朴之亮 등 10인을 千戶, 趙抃·金仲成 등 30인을 摠把로 임명했다. 이로써 충렬왕은 정동행성 승상 자격으로 만호를 포함한 휘하 무관에 대한 지휘권을 장악했다.

행성승상의 만호에 대한 지휘권 장악은 몽골의 남송정복 후 진행된 행성의 군사기능 강화 추세와 관련이 있다. 본래 만호는 몽골카안으로부터 직접 임명되고 중앙 최고 군사기구 樞密院에 귀속된 무관직이다. 그러나 남송정벌 후 행성장관이 만호 후보자를 카안에게 천거하고 임명된 만호에게 통솔권을 행사하는 경향이 점차 확대되었다. "밖으로 萬戶 아래 總管, 千戶 아래 總把, 百戶 아래 彈壓을 두고 樞密院을 세워 그들을 지휘하게 했다. 어떤 곳에 긴급한 일이 생기면 行樞密院을 설치하고 해결되면 즉시 폐지했다. [후에 행추밀원 휘하의] 都鎭撫司를 行省에 귀속시켰다." "[元貞원년(1295) 정월] 行樞密院을 모두 폐지하고 行中書省 장관에게 虎符를 내려 그 군사를 통솔하게 했다"라는 기록도 본래 행추밀원이 보유하던 만호에 대한 지휘권이 행성으로 이관되었음을 의미한다.[11]

이 같은 몽골의 군사지휘 체계 안에서 만호에 대한 통솔권은 행성장관이 장악하고 궁극적으로 카안에게 귀속되었다. 충렬왕이 고려의 무장을 몽골의 무관직인 만호에 임명한 까닭은 그들을 행성승상인 자신과 함께 카안이 정점에 위치한 군사지휘 체계 안으로 편입시켜 그 권위를 배경으로 지휘권을 용이하게 행사하려 의도한 데 있다고 판단된다. 그가 스스로 만호를 천거·임명한 후 수 차례 카안에게 그 지위를 보증하는 佩符를 지급하도록 요청한 행위도 같은 맥락으로 이해된다. 그러므로 충렬왕이 보유한 세 지위 중 실질적으로 상위에서 만호를 통솔할 수 있는 직책은 오직 정동행성 승상뿐이다. 즉 그가 행성승상 자격으로 휘하 무장을 만호에 임명하거나 이미 만호직을 보유한 인물을 출정시켜 반란토벌에 참여했다고 볼 수 있다. 至元25년(1288) 4월 몽골이 그의 직위를 행상서성 평장정사에서 좌승상으로 승격시킨 것도 반란진압에서 정동행성의 군사지원을 용이하게 이끌어내기 위해 그를 독려·포상한 조처로 이해된다.

전술했듯이 대다수 연구자들은 至元24년(1287) 5월 정동행성이 새롭게 설치되고 내지행성의 지방관청화 경향에 따라 일부 그와 유사한 성격을

---

11) 『元史』 卷18 成宗1, 390쪽 ; 卷98, 兵1, 2507~2508쪽. 행성의 지방군사권 장악 과정에 관해 村上正二, 「元朝の行中書省と都鎭撫司について」, 『加藤博士還曆記念東洋史集說』(加藤博士還曆記念論文集刊行會 編), 富山房, 1941 : 『モンゴル帝國史硏究』, 風間書房, 1993, 47~50쪽 참조.

띠게 되었다고 이해한다. 실제로 그때부터 전대 행성에서 보이지 않는 지방행정 관청의 면모가 간취된다. 고려정부와 별도로 몽골에 賀聖節使·賀正使를 파견하고, 유학진흥을 위해 몽골 내지행성에 설립된 儒學提擧司가 忠烈王15년(1289) 9월 정동행성에 설치되었으며, 左右司·理問所와 같은 소속 관서와 郎中·員外郎·都事·掾史와 같은 소속관원의 존재도 확인된다.

그러나 至元24년(1287) 5월 이후 정동행성이 군사활동 외에 몽골의 내지행성으로서 수행한 구체적 역할은 찾아볼 수 없다. 忠烈王19년(1293) 7월 몽골 추밀원에서 보낸 공문을 고려의 都僉議使司에 전달한 외교업무가 한 차례 확인될 뿐이다.[12] 이는 정동행성이 비록 屬司·屬官을 보유했음에도 내지행성으로서 지방행정 역할을 온전하게 수행하지 못했음을 의미한다. 환언하면, 정동행성은 여전히 일본에 대한 정벌·방어, 몽골의 내부반란 진압 협조와 같은 군사활동을 주된 임무로 삼았다.

쿠빌라이는 요동에서 반란세력을 일소한 후 至元30년(1293) 일본정벌 준비를 재개했다. 그러나 다음해(1294) 정월 그가 사망함으로써 정벌계획 역시 전면 철회되었다. 그리고 후계정권은 몽골의 멸망 때까지 재차 일본정벌을 기도하지 않았다. 大德7년(1303) 동서화해가 이루어지기 전까지 몽골의 북변에서 카이두를 위시한 西北諸王의 군사활동이 계속되었지만 그들은 쿠빌라이 때처럼 고려에 지원군을 요청하지 않았다. 그러므로 쿠빌라이 사망을 계기로 종래 정동행성과 관련된 몽골의 군사활동이 모두 종료되고 이에 따라 자연스럽게 정동행성 본연의 군사지원 책무가 면제되었다고 볼 수 있다.[13] 따라서 至元31년(1294) 정월 쿠빌라이의 사망은 몽골의

12) 『高麗史』 卷30 忠烈王19년 7월 甲戌.

13) 다만 향후 몽골이 일본정벌을 재개하고 내부반란 진압에 협력을 요청할 경우 정동행성이 이에 응해야 할 당위성은 여전히 존재했다. 이는 忠烈王27년(1301) 9월 金長守가 몽골에서 돌아와 테무르 카안이 서북제왕 정벌에 나설 예정이라고 보고하자 즉시 충렬왕이 上護軍 高世를 보내 정벌을 돕겠다고 청하고, 다음해(1302) 요양행성이 입성책동을 일으켰을 때 충렬왕이 올린 표문에서 "만약

대외정책과 정동행성의 기능·성격을 일변시키는 중요한 기점이 될 만하다.

3. 정동행성의 특수성 보전

1) 行省增置와 立省策動 저지

쿠빌라이 사후 정동행성은 몽골의 대외정책 전환에 따라 군사정벌 책무가 면제되고 지방행정 기능이 일부 이입되는 변화를 겪었지만 기본적으로 몽골 내지행성과 구별되는 특수성을 유지했다. 충렬왕이 행성승상을 겸직하면서 스스로 모든 속관을 保擧하고 몽골의 간섭 밖에서 능동적으로 행성을 운영했다. 그러나 장성한 세자(충선왕)가 급속하게 세력을 확대하고 忠烈王24년(1298) 발생한 重祚사건을 겪으면서 양자의 대립이 격화되자 몽골은 이를 계기로 정동행성을 직접 통제하려 시도했다. 다음해(1299) 정월 충선왕의 측근 印侯, 金忻, 元卿이 충렬왕 측근 韓希愈, 李英柱를 체포하고 반란을 도모했다고 무고하는 사건이 발생하자 몽골은 고르기스(闊里吉思), 耶律希逸, 王思廉을 각각 정동행성 平章政事, 右丞, 參知政事에 임명하고 고려에 파견하여 행성사무를 맡게 했다. 극심한 내홍을 목도하고 귀국한 몽골사신 카산(哈散)이 “고려국왕이 그 무리를 통제하지 못하니 조정에서 마땅히 관원을 보내 함께 다스려야 합니다”라고 건의한 데 따른 이례적 조처였다.[14] 이로써 정동행성은 출범 20여 년 만에 처음으로 고유한 특수성이 침해당하는 위기에 놓였다.

이 사건 외에도 대다수 연구자들은 忠烈王24년(1298) 9월 파견된 쿠쿠추

酋(일본)를 정벌한다면 조금이나마 황제의 위엄을 떨치는 데 도움이 되겠습니다” 라고 한 언급에 잘 드러난다(『高麗史』 卷32 忠烈王27년 9월 ; 忠烈王28년).

14) 『高麗史』 卷31 忠烈王25년 10월 甲子.

(闊闊出), 카산(哈散), 忠烈王33년(1307) 5월 파견된 차르테무르(徹勤帖木兒), 郭貫을 행성관으로 간주하여 적어도 한두 차례 더 行省增置가 단행되었다고 이해한다.[15] 더욱이 장동익은 忠烈王30년(1304) 4월 吳祁, 石天補 당여의 준동을 저지하기 위해 파견된 쿠린(忽憐), 林元 역시 행성관으로 파악하고, 必宰牙라는 몽골인의 직위가 정동행성 좌승에 이르렀다는『元史』「塔出傳」의 기록과 忠宣王4년(1312) 6월 경 祿守, 耶律希逸이 비록 파견되지 않았지만 정동행성관에 임명되었다는「方臣祐祠堂碑」의 문장을 적극 수용하여 忠烈王24년(1298)부터 忠宣王4년(1312)까지 14년 간을 행성의 增置期로 규정했다.[16]

그러나 고르기스 일행 외에 쿠쿠추·카산, 쿠린·임원, 차르테무르·곽관을 행성관으로 보기에는 무리가 있다. 그 까닭을 제시하면 다음과 같다. 첫째, 어떠한 기록에서도 그들이 정동행성관에 임명되었거나 그 직함이 정동행성관이라고 명시된 근거를 찾을 수 없다. 단지 平章事 쿠쿠추와 左丞 카산, 參知政事 쿠린과 翰林直學士 임원, 平章 차르테무르와 學士 곽관이라고 기재되어 있을 뿐이다. 이는 몽골·고려 측 사서에 공히 고르기스 일행의 직함이 정동행성관이라고 명기된 사례와 매우 대조적이다.

쿠쿠추, 카산에 대해 北村秀人은『高麗史』「印侯傳」의 '行省左丞哈散' 구절을 근거로 그들을 정동행성관으로 추단했다.[17] 그러나 그들이 여타 행성의 관원이었을 가능성도 얼마든지 존재한다. 이와 관련하여『元史』「本紀」元貞원년(1295) 7월 壬午條 "肇州屯田萬戶府를 세우고 遼陽行省 左丞 阿散으로

15) 고병익, 앞의 논문 ; 北村秀人, 앞의 논문 ; 장동익, 앞의 책. 薛磊도 차르테무르, 곽관이 정동행성 직무를 전담하지 않았지만 몽골고관 신분으로 행성사무에 참여했으므로 그들의 파견을 행성증치로 간주해도 무방하다고 보았다(薛磊, 「征東行省與元麗政治關係」,『元代東北統治研究』, 社會科學文獻出版社, 2012, 309~310쪽).

16) 장동익, 앞의 책, 56~63쪽.

17) 北村秀人, 앞의 논문, 14~15쪽.

하여금 그 업무를 맡게 했다"라는 기사가 주목된다.[18] 이는 행성좌승 카산이 고려에 파견되기 3년 전 요양행성 좌승에 재임하던 동명인의 존재를 알려준다. 일반적으로 몽골사신에 관한 고려 측 기록에 그들의 본래 직위가 그대로 표기되고 요양행성이 고려에 인접하여 여러 행성관이 사신으로 파견되었던 사실에 비춰볼 때 행성좌승 哈散도 요양행성 좌승 阿散과 동일인이었을 가능성이 충분하다.

『高麗史』「世家」에 쿠린, 임원의 직책이 참지정사, 한림직학사라고 표기되어 있다. 장동익은 『元史』「本紀」 大德8년(1304) 11월조 "制用院使 忽鄰, 翰林直學士 林元을 보내 고려를 撫慰하게 했다"라는 기사를 들어 쿠린의 본래 관직이 제용원사였으므로 『高麗史』에 표기된 참지정사는 파견 직전 임명된 정동행성관을 가리킨다고 보았다.[19] 경청할 만한 주장이지만 몽골이 두 관원 중 오직 한 명만 행성관에 임명한 까닭을 이해할 수 없다. 더욱이 쿠린이 파견 직전 행성관에 임명되었다면 고르기스 사례와 마찬가지로 그의 부임에 관한 몽골 측 기록에도 그 직함이 표기되는 편이 자연스럽다. 『元史』와 『高麗史』에 그의 직위가 다르게 기재된 연유는 알 수 없으나 『高麗史』에 등장하는 그의 참지정사직이 정동행성관을 가리킨다는 견해는 선뜻 받아들이기 어렵다.

아울러 고병익은 『高麗史』「世家」의 차르테무르, 곽관의 파견 기사를 『元史』「本紀」 至大원년(1308) 4월 丙辰條 정동행성 관련 기사와 연계하여 그들을 행성관으로 간주했다.[20] 필자는 선행논문에서 그 견해를 상세하게 비판한 바 있으므로 본 장에서 재언하지 않겠다.[21]

둘째, 고려에서 그들의 부임에 반발하거나 이를 저지하려 시도한 모습을

18) 『元史』 卷18 成宗1, 395쪽.
19) 장동익, 앞의 책, 45~46쪽.
20) 고병익, 앞의 논문, 229~238쪽.
21) 고명수, 앞의 논문, 341~347쪽.

찾아볼 수 없다. 몽골정부의 직접적인 행성관 임명·파견은 그동안 유지되었던 고려국왕의 독자적 保擧權을 크게 훼손하는 조처이므로 분명 거센 저항을 불러일으켰을 것이다. 때문에 충렬왕은 고르기스 일행의 행성관 부임 소식을 접하고 즉시 표문을 올려 누대에 걸친 충근을 강조하면서 이를 강하게 반대했고, 14세기 전반 녹수·야율희일이 행성관에 임명되었을 때에도 宦者 方臣祐가 황태후 다기(答己)에게 고려의 공훈과 不改土風을 보장한 쿠빌라이의 조서를 거론하면서 극력 호소하여 그들의 파견을 좌절시켰다.[22] 반면 쿠쿠추·카산, 쿠린·임원, 차르테무르·곽관의 파견 때에는 고려에서 어떠한 동요와 반발도 일어나지 않았다. 그들이 모두 행성관이었다면 고려가 유독 고르기스 일행에 한해서만 노골적으로 반감을 드러낸 까닭을 이해하기 어렵다.

셋째, 그들이 고려에서 체류한 기간이 지나치게 짧다. 忠烈王24년(1298) 9월 파견된 쿠쿠추·카산은 전자가 11월, 후자가 다음해(1299) 2월 귀국했고, 忠烈王30년(1304) 4월 파견된 쿠린·임원은 다음해(1305) 2월 전자가 사망, 후자가 귀국했으며, 忠烈王33년(1307) 5월 파견된 차르테무르·곽관의 귀환시기는 확인되지 않는다. 그러므로 귀국시기가 명확한 쿠쿠추, 카산, 임원의 체류기간은 각각 2개월, 5개월, 10개월에 불과하다. 반면 忠烈王25년(1299) 10월 부임한 고르기스는 소임을 제대로 수행하지 못해 忠烈王27년(1301) 3월 파직·소환되었고 5월 야율희일도 귀국했다. 그들의 재임기간은 각각 1년 5개월, 1년 7개월로 위 사례에 비해 적어도 두 배 가까이 길다. 만약 몽골이 행성증치를 철회하지 않았다면 그들은 더욱 오랫동안 고려에 체류했을 것이다. 몽골의 일반적 행성관의 임기 규정이 부재하고 실제 행성관의 재임기간 역시 제각각이지만[23] 고르기스와 같이 재임 중 돌연 파직된 경우가 아님에도 불구하고 행성관이 임기를 1년도 채우지 못하고

22) 『益齋亂藁』 卷7 碑銘 「光祿大夫平章政事上洛府院君方公祠堂碑」.

23) 李治安, 『元代行省制度(上)』, 中華書局, 2011, 148~151쪽.

귀국했다는 점은 쉽게 납득하기 어렵다. 이 같은 단기 체류기간은 그들이 정식 행성관이 아니라 특정 목적에 따라 일시적으로 파견된 임시관원이었음을 강하게 시사한다.

넷째, 그들이 행성관으로서 고려의 정사에 간여하거나 권한을 행사한 모습이 발견되지 않는다. 사서에는 그들이 모두 고려의 國政을 관할하는 임무를 띠고 파견되었다고 기록되어 있지만 실제로 그러한 흔적은 찾아볼 수 없다. 다만 카산이 파견기간 중 발생한 한희유 무고사건 때 충렬왕과 함께 반란모의 혐의자를 국문한 사례가 한 차례 확인될 뿐이다. 이는 고르기스가 고려의 내정에 깊이 개입하여 몽골의 법식으로 국정을 운영하려 시도하고 전통적 제도·관습 전반에 대한 改變을 강행하며, 야율희일이 고려지배층에게 국정방향에 관해 적극 조언하고 儒風을 진작시키려 노력한 모습과 매우 대조적이다. 그러므로 이 같은 미약한 활동상은 그들이 행성관이 아니었음을 뒷받침하는 근거가 될 만하다. 이를 통해 몽골이 행성중치 방침에 따라 고려에 파견한 정동행성관은 오직 고르기스 일행뿐이라는 해석을 도출할 수 있다.

평장정사 고르기스에게는 고려국왕에 버금가는 막강한 위상·권한이 부여되었다. 부임 5개월 후인 大德4년(1300) 3월, 그가 몽골조정에 올린 "僉議司가 民戶版籍과 州縣疆界를 보고하려 하지 않습니다. 本國(고려)은 [세금을] 수시로 부과하고 함부로 거두며, 백성은 적은데 관원은 많고, 형벌도 한결같지 않습니다. 만약 本俗에 의거하여 [통치를] 행하면 실로 다스리기 어려울 것입니다"라는 보고내용은 그가 철저하게 고려정부의 상위에서 몽골의 법식에 따라 고려를 통치하려 의도했음을 나타낸다.[24] 더욱이 그는 고려의 고유한 노비법을 혁파하려 했다가 지배층과 큰 마찰을 빚었다. 이에 고려는 몽골에 서한을 보내 쿠빌라이가 보장한 불개토풍

24) 『元高麗紀事』 大德4년 3월.

원칙을 내세워 노비법 혁파를 저지하고 나아가 고르기스를 파직·소환케 하여 설립 초기 부여된 정동행성의 특수성을 보전했다.

이후 고려는 끊임없는 정치상 혼란을 배경으로 몇몇 몽골·고려관원이 자신의 권익 확대를 위해 7차례 일으킨 立省策動에 직면했다. 주지하듯이 입성책동은 정동행성을 철폐하고 고려에 일반 행성과 유사한 새로운 행성을 설치하여 결과적으로 고려왕조를 말살하고 강토를 몽골의 내지로 완전히 편입시키려는 시도를 의미한다. 비록 몽골정부가 직접 입성책동을 주창·주도하지 않았으나 그 실현 여부는 온전히 그들의 결정에 달려 있었으므로 고려는 입성을 저지하기 위해 대몽외교에 적극적으로 나설 수밖에 없었다.

忠烈王28년(1302) 요양행성이 정동행성을 흡수·통합하려는 1차 입성책동을 일으켰을 때 충렬왕은 몽골에 서한을 보내 애당초 쿠빌라이에게 위임받은 일본방어 책무를 강조하여 그것을 좌절시켰고, 忠宣王4년(1312) 이전 洪重喜가 2차 입성책동을 일으켰을 때에도 충선왕이 '누대에 걸친 臣服의 공적'을 내세워 몽골정부의 입성중지 결정을 이끌어냈다.[25] 또한

25) 『高麗史』「世家」忠宣王4년 6월 戊辰條 "元이 명을 내려 고려에 행성을 두지 않게 했다. 애초에 홍중희가 중서성에 건의하여 행성을 두려 했으나 왕이 祖宗臣服의 공을 아뢰니 황제가 그러한 명을 내린 것이다"라는 기사는 그 시기 입성논의가 종료되었음을 나타낸다. 홍중희가 입성을 건의한 시기에 관해 北村秀人은 忠惠王즉위년(1330) 윤7월 충혜왕이 엘테무르에게 보낸 서한에서 "大德末 저의 조부 太尉王이 仁宗皇帝를 도와 내란을 평정하고 央骨에 이르러 武宗皇帝를 옹립하여 일등공신이 되었습니다. 그때 遼陽人 중희가 小邦에 省을 세우기를 청하니 황제께서 크게 노해 중희를 매질하고 먼 곳으로 유배보냈습니다"라는 문장을 근거로 그 시점을 충선왕이 瀋陽王에 책봉되고 고려국왕으로 즉위한 그의 복위년(1308)으로 추측했다(北村秀人, 「高麗末における立省問題」, 『北海道大學文學部紀要』 14-2, 1965, 132~133쪽). 『元史』「洪福源傳」에 홍중희가 至大2년(1309) 漳州·杭州 등지로 유배되고 다음해(1310) 사망했다고 기록되어 있으므로(『元史』卷154 洪福源, 3634쪽) 그 시기를 忠宣王복위년(1308)~忠宣王원년(1309)으로 추측해볼 수 있다. 그런데 忠宣王원년(1309) 카이샨(武宗)이 홍중희를 처벌하고 다음해(1310) 그가 사망했음에도 忠宣王4년(1312) 아유르바르와다(仁宗)가 뒤늦게 그의 입성건의를 불허하는 명을 내린 연유를 이해하기 어렵다. 4차 입성책동 때 충숙왕이 金怡에게

忠肅王10년(1323) 柳淸臣, 吳潛이 3차 입성책동을 일으켰을 때 李齊賢이 중서성에 글을 올려 고려의 功勳, 쿠빌라이의 詔書, 경제적 不利, 풍속의 相異 등을 거론하면서 극력 반대하고, 한인관료 王約·王觀도 입성의 무익함을 역설하여 三韓省이라는 구체적 명칭까지 확정된 단계에서 입성계획을 철회시켰다. 이어 그해 12월 경 柳淸臣, 倒剌沙 등이 4차 입성책동을 일으켰을 때 金怡, 李齊賢, 崔誠之, 崔有渰, 方臣祐 등이 舊制의 보전을 극력 요청하여 이를 저지하고, 忠惠王즉위년(1330) 蠻人 蔣伯祥이 5차 입성책동을 일으켰을 때에도 충혜왕이 몽골의 권신 엘테무르(燕帖木兒)에게 서한을 보내 앞서 이제현과 동일한 논법을 구사하여 입성논의를 중단시켰다. 아울러 忠肅王후5년(1336) 10월 漢人 盧康忠 등이 6차 입성책동을 일으켰을 때 충숙왕이 즉시 몽골에 입조하여 1년 간 체류한 사실을 통해 위와 유사한 방식으로 몽골과 직접 교섭하여 그것을 차단했다고 심작해볼 수 있다. 반면, 忠惠王후4년(1343) 8월 李芸, 曹益淸, 奇轍 등이 7차 입성책동을 일으켰을 때에는 3개월 후 충혜왕이 몽골사신에 의해 강제 폐위·압송되고 곧바로 책동의 주역인 기철이 權征東省에 임명되어 행성을 장악한 점에 비춰볼 때 고려가 적절하게 대응하지 못했다고 판단된다.

이처럼 고려는 國體와 정동행성을 말살하려는 입성책동에 맞서 스스로 ① 누대에 걸친 공훈 ② 일본방어 필요성 ③ 쿠빌라이의 불개토풍 보장 ④ 경제적 무익 ⑤ 풍속의 상이 등과 같은 논리를 고안·활용하여 몽골정부에 입성의 불필요와 폐단을 역설함으로써 외교적으로 현명하게 대처했다.

"예전 皇慶初에 叛臣의 후예 홍중희 등이 황제에게 행성을 세우고 국호를 없앨 것을 건의했다. 경이 祖宗臣服의 공을 두루 아뢰어 황제의 명을 받아 마침내 행성을 없앴다"라고 한 발언에도 皇慶원년(1312) 홍중희가 입성책동을 일으켰다고 기술되어 있다(『高麗史』 卷108 金怡). 이에 관해 北村秀人은 위 문장의 皇慶初를 입성론이 철회된 시점으로 해석하고 「方臣祐祠堂碑」 중 "皇慶初 [……] 祿守·耶律希逸이 정동행성관이 되어 이미 명을 받았다"라는 문장이 皇慶원년 입성책동이 재차 발생했음을 나타내고 忠宣王4년(1312) 중지된 입성책동이 이를 가리킨다고 보았다(北村秀人, 위의 논문, 133~134쪽).

7차를 제외하고 6번에 걸친 입성책동이 모두 실패한 사실을 통해 그 논리가 몽골지배층에게 상당한 설득력을 발휘했다고 볼 수 있다.

2) 제한적 기능

몽골의 행성은 일반적으로 丞相 이하 平章政事, 右丞, 左丞, 參知政事와 같은 宰執이 배치되고, 左右司, 檢校所, 照磨所, 架閣庫, 理問所, 都鎭撫司, 儒學提擧司와 같은 屬司가 설치되는 형태를 지닌다. 물론 사정에 따라 일부 재집·속사가 결여되는 경우가 있지만 통상 그 모습에서 크게 벗어나지 않았다. 반면 정동행성은 고려국왕이 겸직한 승상직 이외 모든 재집과 좌우사, 이문소, 도진무사, 유학제거사 외에 어떠한 속사도 설치되지 않았다.[26] 郎中, 員外郎, 都事와 같은 관원이 실제 좌우사의 속관이고 도진무사가 비록 존재했으나 유명무실한 관서에 불과했다는 점은 선행연구에서 이미 밝혀졌다. 그러므로 정동행성은 실제로 승상 휘하에서 行省三所(좌우사, 이문소, 유학제거사)를 중심으로 운영되었다고 볼 수 있다.[27]

이처럼 일반 행성과 비교하여 정동행성의 조직·구성이 불완전했으므로 그 기능 역시 매우 제한적이었다. 본래 좌우사는 행성의 내부행정 전반을 관할하는 부서지만 고려에서 그 역할을 都僉議使司가 담당했으므로 자연스럽게 대몽외교 업무만을 맡게 되었다.[28] 그리고 이문소가 刑獄, 유학제거사

26) 「朴全之墓誌銘」의 "丙戌(1286) 上國이 조칙을 내려 [公을] 將仕郎 征東行中書省 照磨 兼 儒學敎授 同 提擧로 삼았다"(김용선 편저, 『高麗墓誌銘集成』(제5판), 한림대학교출판부, 2012, 455쪽)라는 문장과 『高麗史』 「世家」 恭愍王2년(1353) 2월 乙卯條 "元에서 前 征東省 照磨 石林時用을 보내 왕에게 의복과 술을 하사했다"라는 문장에서 照磨가 확인되는데 어디에서도 그 관서·관원의 구체적 활동상이 보이지 않는다. 또한 恭愍王5년(1356) 10월 고려가 몽골에 보낸 서한에서 醫學提擧司가 존재한다고 서술되어 있으나 이에 관한 기록도 발견할 수 없다(『高麗史』 卷39 恭愍王5년 10월 戊午).

27) 장동익, 앞의 책, 38~42쪽.

가 教育·科擧 사무를 담당했는데 이 관서들이 고려의 내정에 간여한 흔적은 발견되지 않는다. 일시적으로 고려에 파견된 평장정사 고르기스가 내정에 깊이 개입한 사실은 행성의 재집에게 그러한 권한이 부여되었음을 짐작케 한다. 그때를 제외하고 줄곧 재집이 충원되지 않았으므로 정동행성이 고려 내정에 관여하지 못했음은 물론이다.[29]

행성장관으로서 고려국왕의 독자적 위상·권한 역시 온전히 보전되었다. 『元史』「本紀」 英宗즉위년(1320) 4월조 "行中書省 丞相을 없앴다. 河南行省丞相 也先鐵木兒, 湖廣行省丞相 朵兒只的斤, 遼陽行省丞相을 모두 平章政事로 강등했으나 오직 征東行省丞相 高麗王만 강등하지 않았다"라는 기사와 5차 입성책동 시기 충혜왕이 엘테무르에게 보낸 서한에서 "각 처에 행성을 설치할 때에도 오직 小邦에는 설치하지 않았고 후에 일본정벌로 인해 비록 명칭은 있었으나 일반적인 법식에 구애되지 않았습니다." 崔瀣의 글에서 "天子께서는 東國이 가장 먼저 귀화하여 대대로 공주와의 혼인을 허락하고 국왕에게 행성의 권한을 위임하여 그 幕屬을 모두 직접 선발하게 하고 조정에서 임명하지 않았습니다"라는 문장은 몽골로부터 보장받은 정동행성의 특수

28) 복위 직후 충혜왕이 洪彬을 郞中으로 천거하면서 "무릇 天子를 섬기는 일은 行省이 실로 주관하는데 左右司에서 적임자가 아니라면 일이 방만해지거나 예를 잃어도 책망해봤자 소용없습니다"라고 한 발언은 좌우사의 외교적 기능을 잘 보여준다(『牧隱文藁』 卷19 「唐城府院君洪康敬公墓誌銘」).

29) 忠肅王후6년(1337) 정동행성 理問에 제수된 揭以忠이 동시기 左右司 員外郞에 임명된 李穀에게 "지금 四海가 한 집안이 되었는데 어찌 中朝의 법이 東國에 행해지지 않는가?"라고 물었을 때 그가 "通制를 집행하려는 행성관은 '하늘 아래 왕의 땅이 아닌 곳이 없다'라고 하고 舊法을 유지하려는 우리나라 신료는 '世皇께서 土風을 바꾸지 말라고 분부하셨다'라고 한다. 그래서 저 법을 쓰지 말고 이 법을 쓰자고 하거나 가벼운 법을 취하고 무거운 법을 버리자고 하는데 모든 주장을 따를 수 없다. 중국의 법이 행해지지 않는 것은 이 때문이 아니겠는가?"라는 답변은 그 시기 정동행성에서 몽골의 법령을 시행하자는 주장이 제기되었음을 알려준다(『稼亭集』 卷9 「送揭理問序」). 그러나 게이충의 질문과 이곡 답변의 마지막 문장은 결국 고려에서 몽골제도가 시행되지 않았음을 보여주는데 그 요인을 당시 충숙왕이 정동행성을 능동적으로 통제했다는 점에서 찾을 수 있다.

성과 고려국왕의 특별한 위상·권한을 여실히 보여준다.[30)]

쿠빌라이 사후 충혜왕대까지 50여 년 간 고르기스의 재임기간을 제외하고 정동행성은 고려정부와 비견될 만한 독자적 권한을 행사하거나 내정에 간여하지 못했다. 몇몇 범죄자를 심문, 처벌, 수감하는 장소로 활용되고, 忠肅王원년(1314)부터 시행된 몽골의 鄕試가 유학제거사의 관할 아래 두어졌다고 추정될 뿐이다. 다만 양국 정부를 매개하는 좌우사의 외교적 기능은 충실하게 작동했던 것 같다. 14세기 초반까지 정동행성이 고려정부와 별도로 몽골에 하정사, 하성절사를 파견하고, 충렬왕복위 후 閔萱이 東京人 金天錫의 죄상을 고발하자 중서성이 정동행성에 자문을 보내 그를 소환케 하며, 충혜왕복위 후 정동행성이 內豎 申靑의 죄상을 고발하는 충혜왕의 소장을 중서성에 전달했다는 기사가 존재하는데 모두 좌우사의 소관이었다고 추측된다.[31)]

정동행성은 종종 대몽관계에서 고려의 권익보호·향상을 위해 봉사하기도 했다. 忠肅王후6년(1337) 5월 몽골에서 고려관인의 무기·말 소유 금지 명령을 내리자 정동행성은 즉시 不改土風을 보장한 쿠빌라이의 조서에 의거하여 百官에게 말을 탈 수 있도록 허가해줄 것을 요청했다. 또한 忠肅王후8년(1339) 3월 충숙왕 사망 직후 좌우사가 세자(충혜왕)에게 왕위를 계승한다는 유언을 중서성에 전달하고, 6월 충혜왕의 복위를 요청하는 고려신료들의 서한을 중서성에 전달했으며, 9월에도 행성 원외랑 한테무르부카(韓帖木兒不花) 등이 몽골에 가서 충혜왕의 복위를 요청했다. 당시 몽골의 집권자 바얀(伯顔)이 평소 撥皮(무뢰배)라 부르면서 혐오하던 충혜왕의 즉위를 극도로 꺼려하던 상황에 비춰볼 때 이러한 행동은 정동행성이 고유한 특수성을 배경으로 몽골의 통제를 받거나 고려정부와 충돌하지

30) 『元史』 卷27 英宗1, 601쪽 ; 『高麗史』 卷36 忠惠王즉위년 윤7월 庚寅 ; 『拙藁千百』 卷1 「送盧教授西歸序」.

31) 『高麗史』 卷123 閔萱 ; 卷124 申靑.

않고 국익에 부합하는 방향으로 기능했음을 나타낸다.

한편 忠烈王9년(1283) 부여받은 일본방어 기능은 여전히 작동했다.[32] 상술했듯이 1차 입성책동 시기 충렬왕이 쿠빌라이로부터 위임받은 일본방어 역할을 역설한 바 있고, 忠肅王11년(1324) 5월 崔有渰이 충숙왕의 환국을 요청하기 위해 올린 글에서 "小邦은 일본과 인접해 있는 극변의 중요한 지역으로 中原에서 4천리 거리에 있습니다. 국왕이 오래 자리를 비운 상황에서 만약 예상치 못한 일이 발생하면 보고할 방법이 없어 피해가 클 것이므로 이로써 臣 등이 밤낮으로 걱정하고 마음을 놓을 수 없습니다"라고 했으며,[33] 忠惠王복위년(1339) 6월 고려신료들이 충혜왕의 복위를 요청하기 위해 올린 글에서도 "아직 [몽골에] 복속하지 않은 인접국 일본이 변란을 일으키는 것을 걱정하지 않을 수 없습니다"라고 하였다.[34] 더욱이 忠肅王후2년(1333) 3월 엘테무르가 몽골조정에 "고려가 倭國과 인접해 있는데 지금 그 왕이 오래도록 도성에 머물러 있으니 환국시켜 주기를 청합니다"라고 한 발언은 당시 고려의 일본방어 기능이 실제 작동하고 있으며 그 중요성이 몽골지배층 사이에서 공히 인정되었음을 증언한다.[35] "[至正2년(1342)] 일본상인 100여 인이 바람을 만나 표류하여 고려에 들어오니 고려가 그 재물을 약탈하고 표를 올려 그 사람들을 잡아서 노예로 삼을 것을 청했다"라는 기록과 같이 14세기 중엽 고려가 여전히 일본에 관한 사안을 몽골에 보고하고 그 처분을 구한 사실도 정동행성의 일본방어 역할과 무관하지 않다.[36]

忠烈王27년(1301) 5월 고려는 표문을 올려 일본방어에서 차지하는 耽羅의

---

32) 忠烈王9년(1283) 정동행성에 일본방어 역할이 부여된 사정에 관해 고명수, 앞의 논문, 325~328쪽 참조.

33) 『高麗史』 卷35 忠肅王11년 5월 壬辰.

34) 『高麗史』 卷36 忠惠王복위년 6월 壬辰.

35) 『高麗史』 卷35 忠肅王후2년 3월.

36) 『元史』 卷140 鐵木兒塔識, 3373쪽.

지정학적 중요성을 강조하면서 摠管府를 혁파하고 萬戶府를 세워 그 관할권을 정동행성에 귀속시켜줄 것을 요청했다. 몽골이 이를 수용함으로써 정동행성은 새롭게 일본방어 책무를 위임받은 탐라만호부를 관할하게 되었다. 이와 관련하여 忠肅王10년(1323) 정월 정동행성이 濟州萬戶 林淑을 수감 직후 석방하자 행성 정문에 "左右司郎中 烏赤이 林淑에게 뇌물을 받고 불법적으로 그를 석방했다. 省府(정동행성)가 이를 제대로 조사·처벌하지 않는다면 우리 1천명은 마땅히 上省(중서성)에 고발하겠다"라는 방문이 붙은 사건이 주목된다.[37] 그 즉시 행성이 임숙을 파직한 사실을 통해 그 방문내용이 상당한 위력을 발휘했음을 알 수 있다. 이 사건은 정동행성이 아래로 탐라만호부를 관할하고 위로 중서성의 통제를 받는 지휘체계 안에 위치했음을 나타낸다. 다시 말해 정동행성이 비록 몽골의 통제권 밖에서 특수성을 유지해도 탐라만호부를 관할하여 일본을 방어하는 역할만큼은 몽골정부의 지휘 아래 놓였다. 『元史』「本紀」延祐5년(1318) 4월 己亥條 "耽羅의 捕獵戶 成金 등이 도적이 되자 征東行省에게 군사를 지휘하여 그들을 잡으라고 명했다"라는 기사도 그러한 지휘체계의 존재를 시사한다.[38)]

이처럼 쿠빌라이 사후 50여 년 간 정동행성은 일반 행성과 달리 관할구역 즉 고려의 내부행정에 일체 간여하지 않고 대몽외교, 일본방어 역할을 주로 수행했는데 그러한 제한적 기능이야말로 정동행성이 몽골로부터 보장받은 특수성의 실체였다. 그리고 이는 고려가 탁월한 외교활동을 통해 여러 차례 발생한 행성증치, 입성책동을 효과적으로 저지함으로써 온전하게 수호될 수 있었다. 그러므로 쿠빌라이 사후 충혜왕대까지 50여 년 간은 고려가 정동행성의 특수성을 침해하는 외부의 '도전'을 물리치고 그것을 성공적으로 보전한 시기로 규정될 수 있다.

---

37) 『高麗史』卷35 忠肅王10년 정월 己酉.

38) 『元史』卷26 仁宗3, 583쪽.

4. 奇氏一家의 득세와 정동행성 기능·권한 강화

忠惠王복위년(1339) 고려 여인 기울제이쿠투(奇完者忽都)가 몽골의 황자 아유시리다라(愛猷識理達臘)를 출산하고 다음해(1340) 4월 제2황후로 책봉되자 고려에서 그녀의 일족이 외척 신분으로 급속하게 세력을 확대했다. 그러나 충혜왕은 그들을 능동적으로 견제할 수 있었던 듯하다. 충혜왕이 총애하는 상인 林信이 奇輪을 구타하자 충혜왕이 그의 편을 들어 직접 가서 기륜의 집을 훼손하고, 기씨 일족인 田子由의 처를 강간했을 때 이에 불만을 표시한 田麻頗를 수색했으며, 기철의 매제 廉敦紹의 家奴가 남의 처를 빼앗자 충혜왕이 그를 국문해 자백을 받고 杖流刑에 처한 사례가 이를 뒷받침한다.[39]

그럼에도 기씨일가의 성장은 부단히 진행되었다. 忠惠王후3년(1342) 6월 몽골은 高龍普와 박테무르부카(朴帖木兒不花)를 보내 이미 사망한 황후의 부친 奇子敖에게 秉德承和毓慶功臣을 추증하고 榮安王으로 책봉하며 莊獻이라는 시호를 내리고, 그의 처 李氏를 榮安王大夫人으로 봉하고, 奇轍을 行省參知政事, 奇轅을 翰林學士로 임명했다. 이에 충혜왕은 기철을 政丞으로 임명하고 德城府院君으로 봉하며 기원을 德陽君으로 봉했다.

그때 몽골이 기철을 행성참지정사에 임명한 사실이 주목된다. 일반적으로 그 행성은 정동행성으로 추정되지만 "[至正15년(1355) 정월] 遼陽行省左丞 奇伯顔不花(기철)를 本省 平章政事로 승진시켰다"라는 기록과 같이 후대 그가 요양행성 좌승에 재직했던 점에 비춰볼 때[40] 충혜왕대 수여받은 참지정사가 요양행성 관직이었을 가능성도 존재한다. 대다수 연구자들은 그가 참지정사 임명 후 공민왕대 초반까지 줄곧 고려에 체재했다는 점을 들어 그것을 정동행성의 관직으로 이해한다. 그러나 『高麗史』「奇轍傳」에

---

39) 『高麗史』 卷109 李兆年 ; 卷131 奇轍.

40) 『元史』 卷44 順帝7, 921쪽.

공민왕 초기 그가 요양행성 평장정사에 임명되고, 공민왕에게 죄를 지은 監察糾正에 대한 처벌을 만류하며, 모친을 뵈러 遼陽에서 왔다가 공민왕에게 祝詩를 올렸다는 기사가 잇달아 등장한다. 이는 그가 요양행성 평장정사 임명 후에도 고려에 체류하면서 정사에 간여하고 이후 어느 때 요양에 갔다가 귀국했음을 알려준다. 그러므로 그가 충혜왕대부터 요양행성과 고려의 관직을 겸하고 두 곳을 왕래하면서 활동했을 개연성이 충분하다. 따라서 아직까지는 그가 제수 받은 참지정사가 정동행성의 관직이라고 단언하기 어렵다.

충혜왕대 기씨일가가 급속하게 성장해도 정동행성에 대한 통제권을 장악하지는 못한 것 같다. 즉 당시 정동행성은 여전히 충혜왕의 통솔 아래 놓여 있었다고 판단된다. 忠惠王후4년(1343) 2월 그가 左右司郎中 金永煦와 술을 마신 후 취한 김영후를 말에 태우고 그의 종자에게 "너희 낭중이 이미 타던 말을 나에게 선물했다"라고 하자 김영후가 다음날 즉시 그 말을 국왕에게 바치고, 11월 충혜왕이 몽골로 압송될 때 신료들이 모두 도망쳐 숨었는데 좌우사낭중 김영후가 그를 호위하다가 창에 찔렸다는 기사를 통해 국왕과 행성관의 강고한 종속관계를 엿볼 수 있다.[41]

따라서 그해 8월 기철이 이운, 조익청과 함께 중서성에 충혜왕의 貪淫不道한 죄상을 고발하면서 일으킨 7차 입성책동은 종래 고려국왕에게 귀속된 정동행성에 대한 통제권을 탈취하기 위한 시도였다고 볼 수 있다. 그러므로 입성이 실현될 경우 새 장관으로 기철이 예정되었다는 견해는 매우 타당하다.[42] 그는 비록 입성을 관철하지 못했지만 3개월 후 충혜왕을 폐위하고 곧바로 洪彬과 함께 權征東省事에 임명되어 행성의 관할권을 장악했다. 충혜왕이 몽골로 압송되었을 때 李齊賢은 고려의 재상·원로들과 함께

41) 『高麗史』 卷36 忠惠王후4년 2월 庚辰 ; 11월 甲申.

42) 김혜원, 「원 간섭기 立省論과 그 성격」, 『14세기 고려의 정치와 사회』(14세기 고려사회 성격 연구반 편), 민음사, 1994, 66쪽.

국왕의 사면·환국을 요청하는 글을 정동행성에 전달했는데 그 서두와 말미에 "고려국의 원로 관원들은 삼가 목욕재계하고 征東省의 相公執事께 글을 올립니다." "엎드려 생각건대 執事께서는 저의 하잘 것 없는 말씀을 굽어 살피시어 황제께 전달해 주시기 바랍니다"라는 문장이 있다.[43] 여기에서 정동성의 상공집사는 권정동성사 기철과 홍빈을 가리킨다. 이제현을 위시한 고려의 고관들이 스스로 몽골에게 외교활동을 펼치지 못하고 권정동성사에게 정중하게 글을 올려 건의사항을 카안에게 전달해주기를 요청한 사실을 통해 당시 정동행성의 장관이 몽골에 대한 핵심 외교라인을 확보하고 있었음을 알 수 있다.

다음해(1344) 4월 충혜왕의 장자 王昕이 征東行省左丞相·高麗國王(충목왕)에 책봉됨으로써 기철, 홍빈은 권정동성사직에서 물러났다. 그런데 이후 정동행성의 기능·권한이 전대에 비해 대폭 강화된 점이 눈에 띈다. 충목왕 즉위 직후 이제현이 국정에 관한 여러 건의사항을 담은 글을 都堂에 올렸는데 여기에 백성들로부터 수취한 베를 돌려줄 것을 요청하고 말미에 "行省에서 이미 문서를 보냈으니 조속히 시행해야합니다"라고 서술한 문장이 있다.[44] 이는 당시 정동행성이 이례적으로 고려의 국정에 개입하여 대민정책에 관해 명을 내리고 고려정부가 그것을 따라야 했던 상황을 보여준다. 상술했듯이 전대 정동행성이 고려의 국내행정에 일체 간여하지 못한 점을 감안한다면 충목왕대 이르러 그 위상·권한이 크게 강화되었음이 분명하다.

整治都監이 고려조정에 올린 건의문에서도 그러한 현상이 확인된다. 주지하듯이 정치도감은 그동안 누적된 고려의 폐정을 개혁하기 위해 忠穆王 3년(1347) 2월 토곤테무르(惠宗)의 명에 따라 설치된 관청이다. 출범 직후부터 整治官들은 고려사회 각 분야의 실정을 철저하게 조사하고 그 결과와 개혁방안을 조정에 보고했는데 다음과 같이 정동행성에 관한 사안도 포함

43) 『高麗史』 卷110 李齊賢.
44) 『高麗史』 卷110 李齊賢.

되었다.

行省, 巡軍, 忽赤 등이 긴급하지 않은 공무에도 驛馬를 타고 제멋대로 행동하니 [그들에게] 鋪馬文字를 거두고 職名을 보고하게 해야 합니다.[45]

行省에서 지방으로 문서를 보내는 공무는 [먼저] 都評議使에게 보고하고 그로 하여금 문서를 存撫使, 按廉使에게 전달하여 시행케 하는 것이 상례입니다. 그러나 몇 년 전부터 행성이 宣使, 螺匠 등에게 牌字를 주고 [지방으로] 보내 백성들을 괴롭히고 있습니다. 이후로 宣使, 螺匠을 칭하면서 부정을 일삼는 자는 형틀에 묶어 개경으로 압송해야 합니다.[46]

行省三所, 忽只, 巡軍, 波吾赤投屬에서 무리지어 제멋대로 행동하는 자를 조사하여 差帖을 거두고 본래 정해진 役으로 돌려보내야 합니다.[47]

위 글은 당시 정동행성 관원이 충혜왕 폐위 후 한층 강화된 위상·권한에 기대어 함부로 驛馬를 사용하고, 고려정부에 공무를 보고하지 않으며, 각종 불법·월권을 자행했음을 나타낸다. 따라서 그들이 정치도감의 개혁 대상으로 지목되는 것은 당연한 결과였다. 정치도감은 고려의 정치·사회에 만연한 각종 부조리와 모순을 바로잡는다는 취지에 따라 행성관을 포함한 여러 혐의자를 구속하여 엄하게 심문·처벌했는데 그 과정에서 타인의 토지를 강탈했다는 죄목으로 장형을 받은 기철의 族弟 奇三萬이 옥중에서 사망하는 사건이 발생했다. 그의 처가 정동행성에 호소하자 이문소는 즉시 정치관 徐浩·田祿生을 수감했다. 이는 정동행성이 기삼만의 사망을

45) 『高麗史』 卷82 志36 兵2 站驛.
46) 『高麗史』 卷84 志38 刑法1 職制.
47) 『高麗史』 卷85 志39 刑法2 禁令.

구실로 삼아 권한을 제한하려는 정치도감에 반격을 가한 것으로 해석된다. 또한 기삼만 처의 신속한 고발과 이문소의 기민하고 적극적인 대응은 정동행성과 기씨일가의 친연관계를 연상시키기에 충분하다.[48]

기삼만의 사망 소식을 접한 몽골정부는 즉각 사신을 보내 정치관 수십 명을 심문·처벌하여 정동행성의 반격에 힘을 실어주었다. 정치도감은 몽골카안이 고려의 폐정을 개혁하기 위해 설립을 명한 관청이므로 그가 고작 기삼만의 사망을 문제 삼아 스스로 지시한 정치도감의 활동을 규제했다고 보기 어렵다. 그러므로 몽골정부의 개입에는 자신의 親弟를 처벌하고[49] 族弟를 사망에 이르게 함으로써 기씨일가를 견제하는 정치도감을 무력화하려는 기황후의 의지가 반영되었을 가능성이 농후하다.[50] 이에 따라 정치도감은 출범 3개월 만에 활동이 정지되었고 유명무실한 상태로 존속하다가 忠定王원년(1349) 10월 최종 폐지되었다. 이는 고려정국의 주도권을 둘러싼 정치도감과 정동행성의 투쟁에서 후자가 승리했음을 의미한다.

기삼만 사건 후 정치도감의 활동이 위축된 반면 정동행성의 막강한 위세·권한은 그대로 유지되었다. 이와 관련하여 忠穆王4년(1348) 2월 정동행성 都事 岳友가 조정에 글을 올려 "곡식을 바친 자에게 관직을 내리는

---

48) 당시 이문관에 재임하며 정치관을 탄압한 인물은 河有源이다. 김난옥은 그와 함께 정치도감의 개혁을 좌절시켰다고 비난받은 康允忠과 충정왕대 그의 후임으로 이문에 제수된 裵佺이 모두 덕녕공주의 측근이었다는 점을 들어 그 역시 덕녕공주 세력에 포함되었을 가능성이 크고 이를 통해 충목·충정왕대 이문관이 기철보다 덕녕공주와 더 밀착했다고 보았다(김난옥, 「여원관계의 전개와 征東行省理問所의 위상」, 『한국사연구』 174, 2016, 60~61쪽).

49) 『高麗史』 「奇轍傳」에 기황후의 형제 奇輪가 자신의 죄를 알고 楊廣道로 달아났는데 按廉使 金玶가 그를 체포하여 압송하니 정치도감에서 그를 장형에 처했다는 기사가 있다. 한편 『高麗史節要』 忠穆王3년 4월조에는 그 인물이 기황후의 친족 奇柱라고 표기되어 있어 「奇轍傳」과 차이를 보인다.

50) 이강한, 「整治都監 운영의 제양상에 대한 재검토」, 『역사와 현실』 67, 2008, 208~210쪽.

법을 시행하십시오. 관직이 없는 몸으로 종9품이 되려는 자에게는 쌀 5석을 바치게 하고, 매 등급마다 5석을 더하며, 관직이 있는 자에게는 쌀 10석에 한 등급을 올리도록 하십시오"라고 건의한 사실이 주목된다.[51] 본래 도사는 정동행성 좌우사의 속관인데 이제까지 좌우사가 오로지 대몽 외교 업무만을 담당했다는 점은 앞서 지적한 바 있다. 그러므로 종래 좌우사 관원에게 고려의 내부행정에 간여할 수 있는 권한은 부여되지 않았고 실제로 그러한 사례도 찾아볼 수 없다. 그러나 위 인용문은 그때 처음으로 좌우사 관원이 내정에 개입하여 자신의 정견을 개진했음을 나타낸다.

이와 같이 충목왕대 정동행성은 전대와 달리 여러 불법·월권을 자행하고, 정치도감의 개혁활동을 무산시키며, 고려의 내정에 직접 간여할 만큼 기능·권한이 강화되었다. 당시 명목상의 행성 수장은 국왕책봉과 동시에 좌승상에 임명된 충목왕이었지만 미약한 연령·실권을 감안할 때 그가 선대왕과 같이 능동적으로 행성을 통제했다고 보기 어렵다. 그렇다면 다른 유력 인물이나 정치세력이 행성을 장악하고 국왕과 고려정부에 비견되는 막강한 위상·권세를 부여했다고 이해하는 편이 적절하다. 관련기록에 당시 정동행성을 장악한 주체가 명확하게 드러나지 않지만 정황상 그 장본인은 충혜왕대부터 기황후의 지원을 배경으로 급속하게 성장한 기철로 보는 편이 옳을 듯하다. 충혜왕 폐위 직후 權征東省事에 임명되고, 族弟의 사망이 정치도감에 대한 정동행성 반격의 구실로 작용했으며, 나아가 기황후의 개입을 유도하여 정치도감을 무력화하고, 忠穆王4년(1348) 12월 충목왕 사망 후 재차 權行省事에 임명된 사실은 행성의 실권자로서 그의 위세를 입증하기에 부족함이 없다.[52]

51) 『高麗史』 卷75 志29 選擧3 鬻爵之制.

52) 이강한은 당시 기싸일가와 그 측근 세력뿐 아니라 그들과 불편한 사이였던 康允忠과 같은 충혜왕대 舊臣도 정동행성에 포진되었다고 보았다(이강한, 앞의

忠定王3년(1351) 10월 충정왕이 폐위되고 江陵大君 王祺(공민왕)가 새 고려국왕으로 책봉되었는데 그때 기황후를 위시한 기씨일가가 그의 즉위를 지원했다는 사실은 잘 알려져 있다. 이에 따라 공민왕 치세 초기 기씨일가는 국왕 앞에서 무례하고 방자한 태도를 노골적으로 드러냈다. 恭愍王원년(1352) 4월 "왕이 聖節을 하례하기 위해 行省으로 행차하는데 奇轅이 말머리를 나란히 하고 이야기하려 하자 왕이 衛士에게 명해 앞뒤로 나누어 호위하게 하여 접근하지 못하게 했다"라는 기사가 그 일면을 나타낸다.[53] 더욱이 다음해(1353) 6월 기황후의 소생 아유시리다라가 황태자에 책봉됨으로써 기씨일가의 위상·권세가 한층 신장되었다. 恭愍王4년(1355) 8월 황태자가 우룩테무르(月魯帖木兒)를 보내 외조모 이씨를 위해 베푼 잔치에서 공민왕과 그녀가 함께 남쪽을 향해 앉고 기황후 동생의 처가 동쪽, 기철과 우룩테무르가 서쪽, 재추들이 층계 위에 앉았다는 기사와 그해 정월 요양행성 평장정사에 제수된 기철이 모친을 만나기 위해 요양에서 왔다가 왕에게 축시를 지어 올리면서 신하를 칭하지 않았다는 기록, 아울러 공민왕이 기철을 주살한 직후 반포한 교서에서 "奇轍 등이 임금을 능가하는 위세를 휘두르고 국법을 뒤흔들어 제 기분에 따라 관리의 선발을 멋대로 행하니 이로써 政令이 함부로 변경되었고 백성의 토지와 인민이 침탈되었다"라는 문장은 당시 기씨일가의 막강한 권세와 횡포를 여실히 보여준다.[54]

이 같은 현실에서 공민왕은 여전히 정동행성에 대한 지휘권을 확보하지 못했다. 이와 관련하여 "당시 行省官이 州郡에서 [조세를] 많이 징구했는데 宣使 嚴淑이 永州, 河陽에 이르러 公廨田稅를 거두고 또 綜布 600필을 징수하여 역마로 개경으로 운반했다. 왕이 그것을 듣고 金鏞을 불러 '省吏가 밖으로

논문, 204~206쪽). 그 점을 인정하더라도 그 중 최대 계파는 역시 기철세력이었을 것이다.

53) 『高麗史節要』 卷26 恭愍王원년 4월.

54) 『高麗史』 卷38 恭愍王4년 8월 癸亥 ; 卷131 奇轍 ; 卷39 恭愍王5년 6월 乙亥.

나가 [조세를 징수하는 것을] 금지한 지 이미 오래되었는데 어찌하여 법을 어겨 백성들을 괴롭히는가?'라고 질책하고 엄숙을 巡軍獄에 가두었다가 곧바로 풀어주었다"라는 기사가 주목된다.[55] 즉위 직후 공민왕은 몽골의 허가를 받아 측근 김용을 行省 員外郎에 임명했는데 위 기사는 그가 하급관원의 불법행위를 제대로 규제하지 못했음을 알려준다. 게다가 공민왕이 직접 그 관원을 투옥한 후 즉시 석방했다는 구절도 행성관에 대한 국왕의 처벌 권한이 제한적이었음을 시사한다. 또한 恭愍王원년(1352) 10월 趙日新 주살 직후 고려의 백관이 그 당위성을 주장하기 위해 정동행성에 올린 글의 말미에서 "엎드려 바라건대 [이 사건을] 황제에게 보고 드려 법을 바르게 집행함으로써 후대에 이런 일이 없도록 해 주십시오"라는 구절은 정동행성이 여전히 몽골조정과 직결되는 외교라인을 확보하고 고려관원이 카안과 소통하기 위해 행성에 의존해야 하는 현실을 보여준다.[56] 이처럼 정동행성이 국왕의 통제권 밖에서 독자적 기능·권한을 발휘할 수 있었던 것은 배후에 막강한 기씨일가가 존재했기 때문이다.

그러므로 재위 5년(1356) 5월 공민왕이 기씨일가를 척결할 때 정동행성을 타도의 대상으로 삼은 것은 필연적 수순이었다. 그는 기철 주살 직후 이문소를 혁파하고 다음 달 내린 교서에서 "역적들과 행성이 점탈한 사람들을 추쇄하여 신원이 명확하지 않은 자는 모두 驛戶에 충원하고 급하지 않은 鋪車, 鋪馬를 일체 금지한다"라고 하여 종래 기씨일가의 비호 아래 자행된 정동행성의 무분별한 호구점탈 행위를 엄하게 단속했다.[57] 아울러 10월 기씨일가 처단의 사유를 진술하기 위해 몽골에 올린 표문의 다음 인용문에서 국왕의 통제권에서 이탈한 정동행성의 독자적 기능·권한이 잘 드러난다.

---

55) 『高麗史』 卷131 金鏞.

56) 『高麗史』 卷131 趙日新.

57) 『高麗史』 卷82 志36 兵2 站驛.

간절히 생각건대 世祖皇帝께서 동방을 정벌할 때 행성의 관리를 국왕이 保擧하는 권한을 위임하여 상례와 다르게 하였으니 여타 행성에 비할 바가 아니었습니다. 그 후 都鎭撫司, 理問所, 儒學提擧司, 醫學提擧司를 잇달아 세웠는데 근래 행성관이 모두 婦寺에게 청탁하여 조정의 명을 함부로 받아 威福을 제멋대로 행하고 있습니다. 小邦에는 監察司, 典法司가 있어 형벌과 소송을 관할하여 비리를 바로잡는데 행성관이 사람들의 거짓 소송을 듣고 여러 관청에서 판단한 문건을 빼앗아 옳은 것을 그르다고 하는데도 누구도 감히 어찌하지 못하니 사람들이 狼虎처럼 서로 미워하고 있습니다. 하물며 현재 행성관 중에는 역적과 함께 [반란을] 도모한 자도 있습니다. 이제부터 左右司 관원을 臣으로 하여금 保擧하게 하시어 과거의 폐단을 답습하지 않고 理問所 등 관사를 모두 폐지해 주시기 바랍니다.58)

위 글은 공민왕대 초기 정동행성 관원이 강한 권세에 기대어 본래 고려국왕에게 보장된 보거권과 고려정부의 고유한 사법권을 침해하고 그 안에 기씨일가와 밀접하게 연계된 자들이 포진되었음을 알려준다. 이에 공민왕은 도진무사, 이문소, 유학제거사와 같은 諸屬司를 모두 혁파하고 오직 좌우사만을 남겨둔 채 그 속관에 대한 보거권을 장악하여 충혜왕 폐위 후 기씨일가의 비호 아래 급속하게 확대된 행성의 기능·권한을 축소하고 통솔권을 회복했다. 위 표문에 대해 몽골에서 어떠한 반응도 보이지 않은 사실을 통해 그들이 정쟁과 내란으로 인해 쇠약해진 상황에서 부득이하게 공민왕의 '도발행위'를 암묵적으로 승인했다고 볼 수 있다.

이상 논의에 의거하여 충혜왕이 폐위되고 기철이 권정동성사에 임명된 忠惠王후4년(1343) 11월부터 기씨일가가 타도되고 좌우사를 제외한 행성 제속사가 혁파된 恭愍王5년(1356) 5월까지 12년 6개월간은 정동행성이

---

58) 『高麗史』 卷39 恭愍王5년 10월 戊午.

이례적으로 고려국왕의 통제권에서 벗어나 기씨일가의 휘하에서 기능·권한이 대폭 강화된 시기로 규정될 수 있다.

5. 몽골의 쇠퇴와 정동행성 기능 축소

공민왕이 기씨일가를 척결하고 정동행성을 혁파하는 과정에서 오직 좌우사만을 남겨둔 것은 고려의 안위와 왕권을 보전하기 위해 여전히 몽골과의 연계가 필요하다고 판단했기 때문이다. 그 후 수차례 몽골에 신년과 카안, 황후, 황태자의 생일을 축하하는 사신을 파견한 점에서 양국의 우호관계를 유지하려는 그의 의지가 엿보인다. 『高麗史』「世家」 恭愍王8년(1359) 11월 癸丑條 "[국왕이] 太子의 千秋節을 축하하면서 신하들에게 잔치를 베풀었는데 그때 비록 元과 통교하지 않더라도 갑자기 외교관계를 단절하고 싶지 않았기 때문이다"라는 기사도 이를 뒷받침한다. 따라서 좌우사가 전담하는 정동행성의 외교적 역할은 그대로 유지되었다. 恭愍王6년(1357) 8월 고려정부에서 정동행성에 글을 보내 기씨일가와 결탁했던 역적의 무리와 접촉하지 않도록 요양행성에 자문을 보낼 것을 요청한 사례는 고려정부와 몽골행성의 교섭을 매개하는 정동행성의 외교기능이 변함없이 작동했음을 보여준다.[59]

『高麗史』「世家」 恭愍王10년(1361) 9월 癸酉條에 "復置征東省官"이라는 기사가 있다. 고병익은 이를 공민왕이 행성 제속사 혁파 후 얼마 지나지 않아 남아 있던 행성관을 모두 파직했다가 왜구·홍건적의 침략에 직면하여 몽골과 제휴하기 위해 행성을 복치한 것으로 보았다. 반면 北村秀人은 그가 좌우사를 존속시킨 상태에서 이미 폐지한 이문소, 도진무사, 유학제거

---

59) 『高麗史』 卷39 恭愍王6년 8월 戊午.

사 등 제속사를 다시 세워 행성을 恭愍王5년(1356) 이전 상태로 되돌린 것으로 이해했다.[60)]

이와 관련하여 恭愍王8년(1359) 7월 "江浙省 平章 火尼赤이 풍랑을 만나 黃州 鐵和江으로 표류해오자 쌀 100석, 苧布 20필을 하사하고 行省員外郎 申仁適의 딸과 혼인시켰다"라는 기사는 행성관 복치 2년 전에 좌우사의 속관인 원외랑이 존재했음을 나타낸다.[61)] 따라서 北村秀人의 견해가 사실에 부합한다고 여겨진다. 그는 고병익과 마찬가지로 행성관 복치가 공민왕이 홍건적, 왜구의 침략을 격퇴하고, 왕권을 보전하며, 기황후와 연계된 叛徒들의 준동을 저지하기 위해 대몽관계를 개선하고 이를 내외에 과시할 필요성을 절감하여 단행한 것으로 추측했다. 하지만 그 역시 지적했듯이 이후에도 좌우사의 외교업무를 제외한 여타 속사·속관의 활동이 전혀 드러나지 않으므로 그것은 다분히 형식적인 조처에 불과했다고 여겨진다.

恭愍王17년(1368) 8월 明의 북벌군이 大都로 진격하자 카안을 위시한 몽골지배층이 長城 이북 초원지대로 도주함으로써 한 세기 이상 지속된 몽골의 중국지배가 종말을 고했다. 그간 대륙의 정세를 예의주시하던 공민왕은 몽골의 패주 소식을 접한 직후 명에 稱臣事大하고 몽골을 철저히 배척하는 외교정책을 채택했다. 이에 따라 이듬해(1369) 5월 몽골의 至正 연호 사용을 중단하고, 11월 瑞原君 盧旹이 카안의 조서를 갖고 黃州에 이르렀을 때 대장군 宋光美를 보내 그를 살해했으며, 동·서북면 요충지에 만호·천호를 다수 설치하고, 元帥를 보내 東寧府를 공격하여 몽골과 단절하려 시도하고, 그 다음해(1370) 7월 명의 洪武 연호를 쓰기 시작했다.[62)]

그러나 恭愍王22년(1373) 2월 몽골에서 사신을 보내 군사지원을 요청했을 때 공민왕이 그들을 살해하려 했으나 모든 신료들이 극력 반대하면서

60) 고병익, 앞의 논문, 280쪽 ; 北村秀人, 앞의 논문, 1964, 55~56쪽.

61) 『高麗史』 卷39 恭愍王8년 7월 甲寅.

62) 『高麗史』 卷41 恭愍王18년 5월 辛丑 ; 11월 辛未 ; 卷42 恭愍王19년 7월 乙未.

放還을 주장한 일화는 고려의 대다수 신료들이 그의 강경한 반몽정책에 동조하지 않았음을 짐작케 한다.[63] 그러한 현실에서 고려가 몽골과의 외교관계를 완전히 단절하기는 어려웠을 것이다. 이에 따라 정동행성의 외교역할도 변함없이 유지되었다.

당시 몽골은 명의 공세를 저지하고 중원을 회복하기 위해 오랜 동맹국이었던 고려의 군사지원을 절실하게 필요로 했다. 이에 그들은 행성승상에 대한 카안의 고유한 인사권을 활용해 고려를 회유하려 시도했다. 즉 초원으로 퇴각한 이듬해(1369) 3월 정동행성 좌승상에 재임하던 공민왕을 우승상으로 승진시키고 禑王3년(1377) 2월에도 우왕을 征東省左丞相·高麗國王으로 책봉하여 행성승상에 대한 임명권을 행사했다. 특히 후자는 전년(1376) 10월 몽골의 실권자 쿠케테무르(擴廓帖木兒)가 고려에 사신을 보내 명을 협공하기 위한 군사지원을 요청한 사실과 무관하지 않다고 추측된다.[64] 이처럼 14세기 후반 정동행성은 고려가 몽골과 소통하는 매개 역할을 담당했을 뿐 아니라 몽골에게도 행성승상에 대한 인사권 행사를 통해 고려와 동맹관계를 유지하고 군사지원을 얻기 위한 수단으로 활용되었다.

사서에는 정동행성의 폐지 시기가 명확하게 기재되어 있지 않다. 이에 관해 고병익과 北村秀人은 모두 禑王14년(1388) 6월 위화도회군의 성공을 계기로 이성계를 위시한 親明反蒙 세력이 집권하고 對明事大 일변도의 외교정책을 채택함으로써 자연스럽게 정동행성이 존재이유를 상실하고 폐지되었다고 보았다.[65]

시기상 정동행성에 관한 마지막 기사는 『高麗史』「列傳」禑王4년(1378) 7월 丁丑條 "北元의 사신이 와서 그 군주 투구스테무르(豆叱仇帖木兒)의 즉위를 알렸다. 禑가 병을 핑계로 맞으려 하지 않았으나 사신의 강요로

63) 『高麗史』 卷44 恭愍王22년 2월 乙亥.

64) 『高麗史』 卷133 辛禑2년 10월.

65) 고병익, 앞의 논문, 281~282쪽 ; 北村秀人, 앞의 논문, 1964, 57~58쪽.

行省에 나가 맞이했다"라는 문장이다. 그러나 이후에도 수차례 양국이 교섭한 사례가 확인되므로 정동행성은 변함없이 존속했으리라고 추정된다. 우왕대 명은 공민왕 시해, 명 사신 살해, 우왕의 출신, 몽골과의 통교를 문제 삼아 오랫동안 그에 대한 책봉을 거부하고 과도한 歲貢을 요구하면서 고려를 강하게 압박했다. 이에 고려는 명을 견제하기 위해 몽골과의 연계를 단절하지 않았다. 그러나 禑王11년(1385) 9월 마침내 명이 그를 고려국왕으로 책봉하여 양국관계를 개선하고, 禑王14년(1388) 4월 藍玉이 지휘하는 명군이 동몽골 부이르호(捕魚兒海) 부근에서 몽골의 주력군을 대파하여 사실상 몽골정권을 절멸시켰으며, 동시기 고려에서 위화도회군이 성공하여 친명세력이 집권한 후 정동행성의 유용성은 더 이상 지속될 수 없었다. 그러므로 위화도회군 직후 정동행성이 폐지되었다는 선학의 견해는 타당하다고 판단된다.

이상 논의를 통해 기씨일가 척결과 정동행성 혁파가 단행된 恭愍王5년(1356) 5월부터 위화도회군이 성취된 禑王14년(1388) 6월까지 32년 간은 정동행성의 기능이 오직 대몽외교에 한정되고, 그 외 역할·권한이 모두 소멸되었으며, 몽골의 쇠퇴에 따라 외교기능이 점차 축소되어 종국에 행성 폐지로 귀결되는 시기로 규정될 수 있다.

이제까지 논의내용을 종합하여 기능의 변화에 따른 정동행성의 시기구분을 <표>로 나타내면 다음과 같다.

<표> 정동행성 기능의 변천

단계	기간	기능
성립기	忠烈王6년(1280) 8월~ 忠烈王20년(1294) 정월	몽골의 대외정벌, 반란진압에 군사지원
유지기	忠烈王20년(1294) 정월~ 忠惠王후4년(1343) 11월	행성증치·입성책동 저지하여 특수성 보전 대몽외교. 일본방어
굴절기	忠惠王후4년(1343) 11월~ 恭愍王5년(1356) 5월	기씨일가 휘하에서 독자적 기능·권한 강화 고려내정에 간섭. 각종 불법·월권 자행
쇠퇴기	恭愍王5년(1356) 5월~ 禑王14년(1388) 6월	대몽외교 제외한 모든 기능·권한 소멸

위 <표>를 통해 알 수 있는 중요한 사실은 정동행성이 고려를 감시·통제하거나 내정에 간섭한 기간이 매우 짧다는 점이다. 실제로 총 108년에 걸친 존속기간 중 그 시기는 고르기스가 행성관으로 재임한 1년 5개월과 위 <표>의 굴절기에 해당하는 12년 6개월 도합 14년 정도에 불과하다. 그 외 대부분의 존속기간에 정동행성은 고려내정에 간여하지 못한 채 국왕의 통제 아래에서 상당히 제한적인 역할만을 수행하면서 유지되었다. 특히 전술했듯이 행성관 파견에 의한 행성증치는 13세기 말 단 한차례 단행되었고 위 <표>의 굴절기에서 정동행성의 급격한 기능·권한 강화도 몽골정부가 의도한 바가 아니라 고려에서 기씨일가가 급속하게 성장하고 정동행성을 장악함으로써 초래된 이례적 현상이다. 그러므로 몽골이 고려를 감시·통제하기 위해 수시로 행성관을 파견하여 행성을 증치했다는 일부 학자들의 주장은 인정하기 어렵다. 앞서 논의했듯이 정동행성의 실제 기능은 군사지원, 대몽외교, 일본방어 측면에 국한되었고, 내정간섭을 비롯한 일체의 권한이 제한되었으며, 몽골도 그러한 특수성을 인정했다. 이에 따라 고려는 정동행성의 감시·통제를 받지 않고 고유한 정치적 독자성을 보전했다.

6. 맺음말

정동행성은 13세기 후반 최초 설치 때부터 쿠빌라이 사망 때까지 몽골의 대내외 정벌활동에 대한 군사지원을 주된 임무로 삼았다. 즉 두 차례 일본정벌에 주도적으로 참여하고 정벌실패 후 일본의 반격을 방어하는 책무를 위임받았다. 또한 충렬왕은 행성승상 자격으로 나얀, 카이두의 반란 진압에 지원군을 파견하고 카단의 침입 때에는 몽골군과 연합하여 그들을 격퇴했다. 至元31년(1294) 정월 쿠빌라이 사망을 계기로 정동행성과 관련된 몽골의 군사활동이 모두 종료됨으로써 비로소 행성의 군사지원 책무가 면제되었다.

정동행성은 몽골의 내지행성과 달리 몽골정부의 직접적인 통제력이 미치지 못하고 고려국왕이 행성승상을 겸직하면서 스스로 속관을 선발하고 능동적으로 행성을 운영하는 특수성이 보장되었다. 비록 쿠빌라이 사후 충혜왕대까지 행성증치, 입성책동과 같은 외부의 '도전'이 수차례 발생했으나 고려는 이를 성공적으로 격퇴하고 행성의 고유한 특수성을 보전했다. 이에 따라 정동행성은 고려국왕의 통제 아래 국체를 훼손하거나 내정에 간여하지 못하고, 대몽외교, 일본방어와 같은 제한적 역할만 수행했으며, 종종 고려의 권익보호·향상을 위해 봉사하기도 했다.

충혜왕 사후 고려에서 연소한 국왕의 즉위로 인해 왕권이 크게 약화된 현실에서 기씨일가가 급속하게 성장하여 종래 고려국왕에게 귀속되었던 정동행성에 대한 지휘권을 장악했다. 이에 따라 그들의 비호 아래 행성의 기능·권한이 대폭 강화되어 온갖 불법·월권을 자행하고, 정치도감의 개혁을 무산시켰으며, 고려의 내정에 간섭했다. 그러한 상황은 공민왕이 몽골의 쇠퇴를 기회로 삼아 기씨일가를 척결하고 좌우사를 제외한 행성 제속사를 혁파하고 종전의 지휘권을 회복함으로써 비로소 종식되었다.

그 후 정동행성의 기능·권한이 대부분 소멸되었지만 좌우사가 담당하는 대몽외교 역할은 변함없이 유지되었다. 고려가 국체와 왕권을 보전하고 명 건국 후 그들의 외교적 공세에 맞서 초원으로 후퇴한 몽골과의 연계를 유지할 필요가 있었기 때문이다. 몽골 역시 행성승상에 대한 인사권 행사를 통해 고려와 동맹관계를 유지하고 군사지원을 얻고자 했다. 그러나 14세기 말 몽골이 명의 공략을 받아 패망하고 고려에서 위화도회군의 성공을 계기로 친명반몽 세력이 집권함으로써 정동행성은 존재이유를 상실하고 마침내 폐지되었다.

이와 같이 정동행성은 한 세기에 걸친 존속기간 중 고르기스 파견,

기씨일가 집권 시기를 제외하고 대체로 군사지원, 대몽외교, 일본방어 역할만을 담당하면서 여타 기능·권한이 제한된 특수성을 유지했다.

5부

양국관계를 매개한 인물들

1장 고려 원종대 이장용의 외교활동

1. 머리말

고려 元宗代(1260~1274)는 몽골, 고려가 30여 년에 걸친 오랜 전쟁을 끝내고 새롭게 우호·협력관계로 진입하는 역사적 전환기다. 高宗46년(1259) 쿠빌라이와 王倎이 汴梁에서 회합하고, 다음해(1260) 동시에 보위에 올라 양국 간 화친을 재개했다. 그러나 고려에서 反蒙 무신정권이 몽골의 出陸, 六事 이행 요구를 끈질기게 거부하여 이를 둘러싼 외교 갈등이 점차 심화되었다. 또한 무신세력을 견제하고 왕권을 회복하려는 국왕과 왕권을 제약하고 자신의 권력을 유지·확대하려는 무신집권자 사이의 대립, 알력이 계속되었고, 이는 스스로 책봉한 고려국왕을 적극 지원하는 몽골과의 외교 문제와 결부되어 매우 복잡한 양상으로 전개되었다. 따라서 당시 고려조정에서는 불안한 내정에 깊이 개입하여 영향력을 확대하는 몽골과의 외교 문제가 가장 중요한 현안으로 대두했다.

그러한 현실에서 동요하는 정국을 안정시키고, 전란으로 파괴된 경제기반, 사회질서를 회복하며, 전쟁의 재발을 방지하기 위해 몽골과의 화친을 유지·강화할 수 있는 뛰어난 외교적 역할이 요구되었는데 그 적임자로 등장한 인물이 바로 李藏用이다. 그는 고려가 중요한 외교적 결정을 내려야 하는 순간에 항시 최선책을 제시하고 스스로 네 차례 몽골에 입조하여 카안을 비롯한 고위인사들과 능란하게 교섭함으로써 양국 간 화친을 돈독히 하고 많은 외교적 성과를 거두었다. 따라서 원종대 고려의 정국동향과 밀접하게 연관된 대몽관계의 양상, 특징과 고려의 주체적, 능동적 외교역량을 올바르게 이해하기 위해서는 대몽 실리외교를 선도했던 그의 외교활동을 살펴볼 필요가 있다.

이제까지 이장용의 외교활동은 그 중요성과 의의에 비해 연구자들의 관심을 크게 받지 못했다. 무신정권과 대몽항쟁의 시대상 속에서 그의 정치·외교활동을 개략적으로 살핀 민현구의 논고가 유일하고[1] 원종대 대몽외교를 고찰한 글에서 특정사안에 관한 활동상이 단편적으로 언급되었을 뿐이다.[2] 이는 그 시기 고려정국과 대몽관계에 관한 연구의 초점이 대체로 정권의 주체인 국왕과 무신집권자에게 치중되어 그들 휘하에서 묵묵히 진행된 그의 외교활동이 상대적으로 주목받지 못했기 때문이다. 또한 林衍의 원종폐위에 동조했다는 후대의 부정적 평가도 이와 무관하지 않은 듯하다.

원종대 고려는 성공적인 외교활동을 통해 몽골의 지원을 받아 復政于王을 이루고 나아가 출륙환도－삼별초진압－왕실통혼－일본정벌 과정을 거쳐 마침내 그들과 안정적인 우호·협력관계를 수립했다. 그런 점에서 혼돈의 시기에 빛나는 외교적 성취를 견인한 이장용의 외교활동은 충분히 조명받을 만한 가치가 있다. 이에 본 장에서 그의 대몽 외교활동을 총체적으로 조망하고 나름의 의미를 부여해 보려 한다.

---

1) 민현구, 「李藏用 小考」, 『한국학논총』 3, 1980.

2) 원종대 대몽외교에 관한 연구성과물은 다음과 같다. 강성원, 「원종대의 권력구조와 정국의 변화」, 『역사와현실』 17, 1995 ; 윤용혁, 「원종조의 대몽관계」, 『고려 삼별초의 대몽항쟁』, 일지사, 2000 ; 이명미, 「몽골 복속기 권력구조의 성립 : 원종대 고려-몽골 관계와 권력구조의 변화」, 『한국사연구』 162, 2013 ; 이강한, 「고려 원종대 대원 교섭에서의 송의 의미」, 『지방사와 지방문화』 17, 2014 ; 강재광, 「김준정권의 몽고육사 이행 추이와 정권의 향배 : 고려무인집권기 김준정권 연구(2)」, 『한국중세사연구』 39, 2014.

2. 정치적 성장과 외교활동 개시

이장용은 神宗4년(1201) 樞密院使를 지낸 李儆의 아들로 태어났다. 그의 집안은 文宗代 門下侍中을 역임한 李子淵으로 대표되는 慶源 李氏로 고려 최고의 문벌가문에 속했다. 부친 이경이 청렴하고 검소하며 經史에 정통했다는 『高麗史』「李藏用傳」의 기록에 비추어 그는 엄격한 사대부 집안에서 자연스럽게 학문을 가까이하며 성장기를 보냈으리라고 추측된다.[3] 그는 고종대 과거에 급제하여 西京司錄에 임명되고 곧바로 중앙정부에 진출하여 校書郎兼直史館을 역임했다. 고려 측 자료에 그의 급제 시기가 명시되어 있지 않지만 13세기 중엽 한인관료 王惲이 찬술한 『中堂事記』에 그가 "18세에 詞賦로 장원급제 했다"라는 구절이 있다.[4] 이를 긍정한다면 그는 高宗5년(1218) 과거에 합격해 관직활동을 시작한 셈이다.

그가 관원으로 활동하면서 청·장년기를 보낸 40여 년 간은 고려가 몽골과 치열하게 전쟁을 겪던 시대였다. 高宗6년(1219) 양국 군대가 江東城에 입보한 거란족을 협공·토벌하고 화친을 맺은 후 몽골의 과도한 공물요구를 둘러싸고 마찰을 빚다가, 高宗12년(1225) 공물을 수취하여 돌아가던 사신 著古與가 압록강변에서 피살되는 사건이 발생하여 외교관계가 단절되었다. 高宗18년(1231) 8월 몽골은 저고여 살해의 책임을 묻는다는 명분으로 고려를 침공했고 이를 제대로 방어하지 못한 고려는 몽골의 요구사항을 모두 수용한다고 약속하면서 그들과 화친을 맺었다. 그리고 다음해(1232) 6월 집권자 崔瑀는 항전방침을 세우고 강화도로 천도했다. 그때 開京에서 관직에 재임하던 이장용도 가솔을 이끌고 강화도로 이주했다.

전쟁 초기 고려는 몽골의 군사행동에 적극 대응하는 강경노선을 취했으나 점차 그들의 군사력을 감당하기 어려움을 절감하고 高宗25년(1238)

---

3) 민현구, 앞의 논문, 74쪽.

4) 『秋澗集』 卷82「中堂事記 下」.

12월 우구데이 카안과 몽골군 지휘관 唐古에게 화친을 요청하는 서한을 보내 결국 다음해(1239) 4월 철군을 성사시켰다.[5] 그 후 국경부근에서 여전히 몽골군이 진주했으므로 재침 가능성이 완전히 해소된 것은 아니었다. 그 지휘관 唐古와 吳悅이 고려에 서한을 보내 여러 사항을 요구하자 고려는 정중하게 거절하는 답서를 전달하며 양해를 구했다.[6] 高宗26년(1239) 6월 몽골에 파견된 고려사신 盧演, 金謙이 다음해(1240) 3월 귀환했는데 두 답서에서 모두 그들의 귀국 사실을 언급하고 있으므로 그 직후 작성된 것으로 보인다. 『高麗史』「世家」에 그해 6월 堂後 金守精을 唐古의 군영에 보냈다는 기록이 있는데[7] 아마도 그때 두 답서가 그들에게 전달되었을 것이다. 그 중 吳悅에게 보낸 서한의 작성자가 바로 이장용이다.[8] 당시 그의 나이 40세였고 어떤 직위에 있었는지 알 수 없으나 그가 몽골군 지휘관을 상대로 외교서한을 작성하는 중대한 임무를 맡은 사실은 고려조정에서 그의 문장이 높게 평가되었음을 짐작케 한다.

이 서한은 전반부에 고려가 줄곧 정성을 다해 몽골을 상국으로 섬겼음을 강조하고 후반부에 이전 우야르가 요구한 두 가지 사항에 대해 답변하는 내용으로 구성되어 있는데 후반부 내용을 全載하면 다음과 같다.

> 그 使臣과 官人을 매번 바로 거처하는 곳으로 들이라는 일에 대해 말씀드리겠습니다. 생각해보니 거처하는 곳이 좁고 누추하여 공경하여 맞을 수

5) 『高麗史』 卷23 高宗25년 12월 ; 『東國李相國集』 卷28 「送唐古官人書」.

6) 『東文選』 卷62 「答唐古官人書」 ; 「與吳悅官人書」.

7) 『高麗史』 卷23 高宗27년 6월.

8) 吳悅은 칭기스칸 때부터 몽골의 화북, 요동공략에 적극 참여하고, 우구데이 치세기 사르타이(撒禮塔)와 唐古를 좇아 1~3차 고려침공에 가담한 몽골인 무장 우야르(吾也而)를 가리킨다. 그는 3차 침공 시기 고려가 화친을 청했을 때 “만약 태자를 인질로 보내면 마땅히 철병할 것이다”라고 일깨우고, 高宗28년(1241) 4월 고려가 永寧公 王綧을 왕자로 속여 몽골에 보낼 때 그를 인솔하여 우구데이를 알현케 했다(『元史』 卷120 吾也而).

없습니다. 그런 까닭에 좋은 곳에 별도로 관사를 세웠는데 이는 황제의 명을 따르는 것일 뿐 어찌 감히 다른 마음이 있겠습니까? 지금 밝은 가르침을 받들어 이미 거처하는 곳에서 접대를 마쳤습니다. 그리고 '萬戶 관하에 있는 우리나라 사람이 매번 죄를 짓고 말을 타고 작년 12월에 도주하여 그곳으로 갔으니 반드시 잡아서 돌려보내라'라고 요구한 일에 관해 말씀드리겠습니다. 작년 이래 이 나라 사람으로서 도주해 온 자는 없으며 설령 탈출해 왔다고 해도 이미 죄를 범했으므로 반드시 상국에서 잡아들일 것을 알고 종적을 감춰 사람이 없는 곳으로 갔을 테니 어찌 그 도주자를 적발해 찾아낼 수 있겠습니까? 엎드려 바라건대 帥府께서 이 실정을 밝게 살펴 더욱 저희를 가련히 여겨 영원히 정성껏 상국을 섬기게 해 주신다면 그야말로 小邦의 행복이 될 것입니다. 변변치 못한 토산물을 별록과 함께 갖추었으니 받아주시기 바랍니다.[9]

이 글에서 이장용은 이전 우야르가 몽골의 사신, 관인을 고려국왕의 거처에 머물게 하고 몽골에서 죄를 짓고 고려로 도주한 자를 돌려보내라고 요구한 두 가지 사항에 대해 형편상 어렵다고 해명하면서 정중하게 거절하는 자세를 취했다. 이 답서를 받고 우야르가 어떠한 반응을 보였는지는 알 수 없으나 이후 그 사안과 관련하여 특별한 문제가 발생하지 않은 점에 비춰볼 때 그 서한이 양국의 긴장관계를 완화하는 데 일정한 효력을 발휘했다고 생각된다. 이처럼 그는 3차 전쟁 종결 직후 고려가 몽골군 지휘관에게 보내는 서한을 작성하는 막중한 임무를 맡으면서 처음으로 대몽 외교활동에 발을 들여놓게 되었다.

그는 조정에서 승진을 거듭하여 高宗40년(1253) 國子監大司成 자격으로 國子試를 주관하고, 高宗43년(1256) 12월 樞密院副使에 임명되어 재추 반열

9) 『東文選』 卷62 「與吳悅官人書」.

에 올랐다. 그런데 高宗45년(1258) 3월 柳璥, 金俊 등이 집권자 崔竩를 주살하여 60여 년 간 국가권력을 독점하고 대몽항쟁을 주도했던 최씨 무신정권을 타도하는 정변을 일으켰다. 이 같은 급격한 정치적 변혁, 혼란 속에서 이장용은 어떠한 처지에 있었을까? 이와 관련하여 「崔沆墓誌銘」의 "하물며 집안을 이을 아들로 內侍將軍 竩가 있으니 李副樞 藏用의 사위이다"라는 문장은 그가 최씨 가문과 혼인관계를 맺었음을 증언한다.[10] 그러나 최씨정권 붕괴 시기 그는 숙청대상에서 제외되었고, 12월 더욱 승진하여 政堂文學에 올랐다. 이는 이장용이 최의 집안과 사돈관계를 맺었음에도 그들과 일정한 거리를 두었음을 시사한다.[11]

최씨정권 붕괴는 고려의 대몽정책이 획기적으로 바뀌는 계기가 되었다. 당시 고려는 몽골의 6차 침공을 받아 결사항전 방침을 고수했다. 이에 몽골은 고려를 무력으로 제압하기 어렵다고 판단하고 최씨정권 붕괴 2년 전부터 국왕친조를 요구하던 종래의 태도를 바꿔 태자입조를 촉구하기 시작했다. 고려조정에서도 몽골의 침공에 더 이상 맞서기 어려운 현실에서 그들이 완화된 조건을 제시하자 이를 수용하여 화친을 맺자는 주장이 강하게 제기되었다. 마침내 高宗46년(1259) 4월 태자 王倎이 입조하기 위해 길을 나섰다. 그가 陝西의 六盤山에서 뭉케 카안의 사망 소식을 접하고 귀환하던 중 汴梁에서 마침 남송정벌군을 이끌고 북상하던 皇弟 쿠빌라이를 만나 후한 대우를 받고 그의 책봉을 받아 즉위함으로써 양국 간 화친이 재개되었다.

元宗2년(1261) 4월 그는 아릭부케 평정을 하례하기 위해 태자 王諶을

---

10) 김용선 편저, 『高麗墓誌銘集成』(제5판), 한림대학교출판부, 2012, 389쪽.

11) 민현구는 최씨정권 붕괴 시기 이장용이 숙청대상에서 제외된 요인을 그가 庸隷輕躁 무리가 들끓는 崔竩 주변으로부터 상당한 거리를 두고 있었고, 최씨정권 붕괴가 崔怡와 崔沆의 恩遇를 입은 측근세력이 정치적 역량이 부족한 최의와 그를 둘러싼 세력을 거세시킴으로써 이루어졌기 때문에 숙청범위가 비교적 좁았다는 점에서 찾았다(민현구, 앞의 논문, 78쪽).

보내 표문을 바치게 했는데 그때 參知政事에 재임하던 이장용이 태자를 수행하여 開平을 방문했다. 고려 측 자료에는 사행기간 중 태자일행의 활동상이 드러나지 않는다. 그러나 『中堂事記』에 그들이 개평에서 참석한 연회 장면과 그곳에서 몽골지배층과 이장용이 주고받은 대화 내용이 상세하게 기록되어 있다.[12] 태자일행은 6월 10일 쿠빌라이를 알현하고, 다음날 그들을 위로하기 위해 마련된 연회에 참석했다. 여기에 中書省 右丞相 史天澤(史公), 左丞相 쿠르부카(忽魯不花), 燕京行省 平章政事 王文統(王平章), 中書省 右丞 張易(張右丞), 左丞 張文謙(張左丞), 參知政事 楊果(楊參政), 東平路宣撫使 姚樞(姚宣撫) 등 새로이 수립된 쿠빌라이 정부의 고관들이 대거 참석했다.[13] 그들과 태자일행은 말이 통하지 않아 글로써 대화했는데 그들이 던진 여러 질문에 이장용이 답변하는 역할을 맡았다.

먼저 사천택이 "듣건대 너희 나라는 일찍부터 宋人과 通好했다고 하는데 그러한가?"라고 묻자 그는 "단지 商船이 왕래할 뿐이오"라고 답했다. 또 왕문통이 "듣건대 너희 나라가 宋人의 正朔을 쓴다고 하는데 그러한가?"라고 묻자 그는 "단지 상인이 사사로이 갖고 왔으나 우리나라에서 실제로 쓰지 않을 뿐이오"라고 답했다. 그들의 질문은 당시 남송정벌을 계획하던 쿠빌라이 정부가 고려와 송의 反蒙 군사동맹 가능성을 우려했음을 나타낸다. 이에 이장용은 고려가 일정한 민간통교만 허용할 뿐 송과 공식 외교관계를 맺지 않은 점을 주지시켜 그들의 의혹을 불식했다.

또한 양과가 "듣건대 너희 나라에서도 과거를 시행한다고 한다"라고 하자 그가 "그렇소"라고 답했다. 이어 "올해의 試題는 무엇인가?"라고 묻자 그는 "賦는 某題이고, 論은 西門豹爲政其炎如火이며, 詩는 天砥礱兆民이

12) 『秋澗集』 卷82 「中堂事記 下」.

13) 쿠빌라이 집권 초기 중앙·지방관정의 고위관원과 그 성향에 관해 고명수, 「쿠빌라이 집권 초기 관리등용의 성격 : 漢人儒士 중용 문제에 대한 비판적 검토」, 『동국사학』 55, 2013 참조.

오"라고 답하고 "詩賦와 論策 외에도 과목명이 매우 많소. 經學, 陰陽, 醫方, 武擧, 算學과 같은 부류가 모두 그것이오"라고 하였다. 몽골은 1234년 金을 멸망시켜 화북 전체를 차지한 후 과거를 시행하지 않았고 그러한 상황은 쿠빌라이 즉위 후에도 계속되었다. 양과의 질문은 그 역시 金代 進士 출신 한인 사대부로서 과거시행에 대한 향수와 염원을 드러낸 것으로 볼 수 있다. 이에 대해 이장용은 고려에서 다양한 과목으로 과거가 시행되고 있음을 알려 학문을 존숭하고 사대부를 우대하는 '문명국'의 면모를 과시했다. 요추가 "전해 듣건대 너희 나라에는 『古文尙書』와 해외의 異書가 있다고 한다"라고 하니 그가 "중국의 책과 다르지 않소"라고 응대한 대화내용도 같은 맥락으로 이해된다.

다음날 쿠빌라이는 연회에서 오간 대화내용을 듣고 매우 기뻐했다고 한다. 그리고 태자일행의 환국 때 내린 制詞에서 "출륙하여 위험을 없애고 평안한 곳으로 간다면 마땅히 漢法의 구속을 관대히 할 것이다. [개경에] 궁궐 짓는 사안을 의논하라"라고 명했다. 이에 대해 왕운은 "[中統]원년 [고려가] 먼저 주청한 백성을 편안케 하는 청을 따른 것이다"라고 설명했다. 고려는 전년(1260) 4월 永安公 王僖를 보내 올린 표문에서 몽골의 출륙요구에 대해 개경이 장기간 폐허로 방치되어 단시일에 궁궐을 짓기 곤란하다고 호소한 바 있다.[14] 위 制詞 내용은 쿠빌라이가 그 요청을 수용하여 형편에 맞게 출륙하도록 허용한 것으로 해석된다.

왕운은 이장용에 대해 "그 李顯甫의 낯빛은 보름달처럼 밝고 수염은 백발이었다. 18세에 詞賦로서 장원급제하고 지금은 61세로 禪學에 통달하고, 시를 잘 지었으며, 세자의 장인(岳翁)이다"라고 기술하여 그의 학문수준을 높게 평가했다. 그가 이장용에게 「和高麗參政李顯甫」라는 시를 지어준 것도 그러한 학문적 존경심의 발로였다.[15]

---

14) 『高麗史』 卷25 元宗원년 4월 丙寅.

15) 『秋澗集』 卷15 「和高麗參政李顯甫」.

이와 같이 이장용은 元宗2년(1261) 태자를 보필하여 몽골에 입조한 첫 번째 사행에서 고관들과의 대담을 통해 그들이 품고 있던 송-고려 군사동맹에 대한 의구심을 해소하고, 학문을 존숭하는 문명국의 면모를 과시하며, 출륙기한을 일정부분 지연시키고, 몽골지배층과 사적 친분을 쌓는 성과를 거두었다. 이로써 그는 화친재개 후 고려에 새롭게 주어진 여러 외교난제 앞에서 대몽외교의 적임자로 부상했다.

3. 元宗5년(1264) 몽골입조와 외교활동

원종 즉위 후 이장용의 정치적 성장은 계속되었다. 元宗원년(1260) 參知政事에 임명되고, 곧이어 守太尉·監修國史·判戶部事가 되었으며, 元宗3년(1262) 中書侍郎平章事로 승진하고, 이듬해(1263) 守太傅·判兵部事·太子太傅에 제수되었다. 1260년대 전반기 쿠빌라이는 선대 카안과 달리 고려에 매우 유화적인 정책을 취했다. 그는 일찍이 왕전과 함께 개평에 이르렀을 때 고종의 부음이 전해지자 왕전을 고려국왕으로 책봉하고 호위하여 안전하게 귀국시켰다. 그 직후 세 차례 조서를 보내 그의 국왕지위를 보증하고 不改土風과 다루가치, 군대 철수를 포함한 고려의 요청을 모두 수용했다.[16]

쿠빌라이가 고려에 대해 이례적으로 회유책을 시행한 것은 그 시기 동생 아릭부케와 치열하게 카안위 계승분쟁을 겪고 있었기 때문이다. 기실 그는 내전을 개시하기 전부터 여러 난관에 봉착해 있었다. 우선 개평에서 측근들만 소집한 채 독자적인 쿠릴타이를 열어 즉위한 그는 監國 신분으로 수도 카라코룸에서 카안 직무를 대행하고, 뭉케의 장례를 주관하며, 대다수 황금씨족의 지지를 받는 아릭부케에 비해 정통성에서

16)『高麗史』卷25 元宗원년 4월 丙午 ; 辛酉 ; 8월 壬子.

열세를 면치 못했다. 또한 東北諸王, 五投下, 일부 漢人世侯 군대를 제외한 몽골주력군 전체가 아릭부케 수중에 있었으므로 군사력의 우세도 장담할 수 없었다. 그때 30년 항전을 통해 막강한 군사력이 입증된 고려의 태자가 찾아와 예를 표하자 그는 이를 고려의 '자발적 복속'으로 포장하여 자신의 정통성을 만방에 과시하고 한편으로 고려를 내전에 대비한 배후세력으로 삼으려 했다. 이에 따라 고려를 정치·군사적으로 압박하는 종래방식을 지양하고 가급적 회유하여 충직한 藩國으로 만드는 전략을 채택했다.

쿠빌라이는 여러 난제를 극복하고 아릭부케를 효과적으로 공략하여 至元원년(1264) 7월 마침내 그의 투항을 받아 몽골의 유일한 카안 지위를 확립했다. 한편 2개월 전 승리가 확정적인 상황에서 돌연 고려에 조서를 보내 원종의 親朝를 요구했다. 군주친조는 몽골이 온 세상을 복속, 지배 대상으로 인식하는 고유한 세계관에 의거하여 상대국의 복속을 확약 받는 유일한 징표였다. 이에 따라 제국성립 초기부터 군사활동을 개시하기에 앞서 주변국에게 군주친조를 강하게 요구했는데 그 대상에서 고려도 제외될 수 없었다.[17] 몽골은 高宗6년(1219) 강동성전투 직후 양국이 최초 화친을 맺었을 때부터 줄곧 고려에 국왕친조를 요구했다. 그러나 고려는 전례가 없고 국왕신변의 안전이 우려된다는 이유로 그것을 이행하지 않았다. 몽골의 전통적 대외관념 속에서 군주친조의 불이행은 '불복'을 의미하고 몽골에 불복한 나라는 곧 군사정벌의 대상이 되었으므로 고려에 대한 무력침공은 자연스러운 귀결이었다. 그러므로 고려의 끈질긴 친조 불이행은 양국전쟁을 촉발·장기화시키는 주된 요인이 되었다고 볼 수 있다.[18]

일찍이 양국 군주는 변량에서 한차례 회합을 가진 바 있다. 그런데

17) 몽골의 고유한 세계관과 주변국에 대한 군주친조 요구에 관해 고명수, 「쿠빌라이 정부의 南海정책과 해외무역의 번영 : 몽골의 전통적 세계관과 관련하여」, 『사총』 72, 2011 참조.

18) 고명수, 「몽골의 '복속' 인식과 蒙麗관계」, 『한국사학보』 55, 2014, 54~56쪽.

그들 모두 군주 신분이 아니었으므로 쿠빌라이는 그 만남을 고려국왕의 친조로 인정하지 않은 것 같다. 왕전이 귀국할 때 그가 고려에 보낸 서한 중 "지금 천하에 [우리에게] 복속하지 않은 나라는 오직 너희 나라와 송나라뿐이다 [……] 그대는 애초에 세자로서 공물을 받들고 정성을 다해 입조했다"라는 구절이 이를 뒷받침한다.[19] 따라서 그는 카안 지위 확립 후 원종으로 하여금 정식으로 친조를 이행케 하여 고려의 복속을 공식 확정할 필요가 있었다. 원종이 친조를 요구받은 직후 발송한 답서 중 "지난번 제가 폐하를 뵙고 돌아갈 때 [폐하께서] 갑자기 다시 입조하는 일에 대해 말씀하셨습니다. 신이 아뢰기를, '돌아가 흩어진 피폐한 백성들을 다독여 모두 옛 강토에 나가 살게 하여 안정을 되찾은 후 다시 오겠습니다'라고 하였습니다"라는 문장도 그들이 처음 만났을 때 이미 쿠빌라이가 왕전에게 즉위 후 다시 입조하라고 명했음을 알려준다.[20]

이에 고려조정에서 국왕친조 문제가 논의되었는데 대다수 신료들이 몽골의 저의를 의심하면서 극력 반대했다. 그때 이장용이 홀로 "주상께서 친히 입조하시면 화친이 이루어지고 그렇지 않으면 불화가 생길 것입니다"라고 하여 친조의 필요성을 역설했다.[21] 내전승리 후 쿠빌라이가 완전한 복속대상으로 설정한 고려에 대해 국왕친조를 요구하는 것은 당연한 행보였고 고려는 그 부담에서 결코 자유로울 수 없었다. 그는 至元13년(1276) 남송병합 후 전통적 대외정책 방식에 따라 동남아, 인도양의 여러 나라에게 군주친조를 요구하고 거부할 경우 그것을 이유로 수차례 군사정벌을 단행했다.[22] 그러므로 고려 역시 국왕친조를 이행하지 않는다면 필시 그들의

---

19) 『高麗史』 卷25 元宗원년 4월 丙午.

20) 『高麗史』 卷26 元宗5년 5월 己丑.

21) 『高麗史』 卷102 李藏用.

22) 『元史』 「本紀」 "[至元25년 11월] 命李思衍爲禮部侍郎充國信使, 以萬奴爲兵部郎中副之, 同使安南, 詔諭陳日烜親身入朝, 否則必再加兵"라는 문장과 『元史』 「安南傳」 "[至元30년] 廷臣以日燇終不入朝, 又議征之"라는 구절은 군주친조 불이행을 군사정벌의

무력침공을 피할 수 없었다. 당시 대다수 고려신료들이 국왕친조에 부정적 반응을 보였다는 점에서 40여 년 간 몽골과 접촉·교류했음에도 여전히 그들의 대외정책 방식을 제대로 파악하지 못했음을 알 수 있다.

반면 이장용은 몽골의 패권이 확정된 동아시아 국제질서 안에서 그들의 외교방식에 순응해야만 전쟁을 예방하고 평화를 보장받을 수 있음을 간파하여 국왕친조를 강하게 주장했다. 집권자 김준이 "저들의 부름에 응했다가 만약 변고가 생기면 어찌할 것인가?"라고 묻자 그는 "저는 반드시 무사할 것이라 생각하오. 만약 변고가 생기면 처자식을 죽이는 형벌을 달게 받겠소"라고 하여 결연하게 국왕신변의 안전을 확신했다.[23] 결국 그의 주장이 가납되어 元宗5년(1264) 8월 처음으로 고려국왕의 몽골친조가 이루어졌다. 그의 예견대로 원종은 쿠빌라이로부터 환대를 받고, 12월 무사히 귀국했다.

원종이 입조할 때 이장용이 그를 수행하여 3년 만에 두 번째 몽골을 방문했다. 첫 사행의 행선지가 開平이었던 바와 달리 이번에는 燕京으로 갔다. 그때 몽골조정에서 고려의 군사동원 문제를 둘러싸고 당시 투르칵(禿魯花) 신분으로 체류하던 永寧公 王綧과 이장용 사이에 논쟁이 벌어졌다. 왕준은 조정에 "고려에 38領이 있는데 각 영은 1천 명이니 모두 3만 8천이 됩니다. 저를 [고려로] 보내주시면 마땅히 모두 인솔해 와서 조정이 활용하도록 하겠습니다"라고 요청했다.[24] 그 시기 아릭부케가 이미 평정되었고 일본에 대한 초유, 정벌도 착수되기 전이므로 그가 지목한 몽골의 정벌대상은 숙적 남송이었다. 즉 그의 요청은 고려가 오랜 전란으로 파괴된 사회·경

명분으로 삼는 쿠빌라이 정부의 대외정책을 여실히 보여준다(『元史』 卷15 世祖12, 317쪽 ; 卷209 安南, 4649쪽).

23) 『高麗史』 卷102 李藏用.

24) 『高麗史』 卷102 李藏用. 이정신은 왕준이 몽골조정에서 그러한 건의를 한 까닭이 이전 洪茶丘의 참소를 받아 安撫高麗軍民摠管 지위를 박탈당하자 이를 되찾기 위해 쿠빌라이에게 충성심을 보여야 하는 사정에 있다고 보았다(이정신, 「永寧公 王綧을 통해 본 고려와 몽고관계」, 『고려시대의 정치변동과 대외정책』, 경인문화사, 2004, 242~243쪽).

제기반을 복구해야 하는 시급한 현실에서 다시 남송정벌에 동원되어 대규모 인적, 물적 손실을 입게 됨을 의미한다.

우승상 사천택이 이장용을 중서성으로 불러 의견을 구하자 그는 "우리 太祖 때의 제도는 그러했으나 근래 병란으로 죽은 자가 많아 비록 [한領이] 1천 명이라 해도 실제로 그렇지 못합니다. 이는 상국 萬戶, 牌子頭의 인원수가 반드시 채워지지 않는 것과 같습니다"라고 하여 왕준의 건의를 반박했다. 이어 "청컨대 왕준과 함께 고려로 돌아가 [병력을] 점검하여 왕준의 말이 옳으면 저를 베고 저의 말이 옳으면 왕준을 베십시오"라고 하여 이번에도 목숨을 내걸고 자신의 진언을 확신했다. 그러자 곁에 있던 왕준이 감히 다시 말하지 못했다고 한다.[25]

이 논쟁에서 이장용이 몽골 萬戶制에 관한 해박한 식견을 적극 활용한 점이 주목된다. 만호제는 유목국가의 십진제적 사회·군사조직 전통에 의거하여 모든 유목민을 萬戶－千戶－百戶－十戶로 조직하고 각 단위에 지휘관을 임명하여 해당 구성원을 통솔케 하는 몽골의 고유한 군사제도다. 이장용의 위 발언에서 만호와 함께 언급된 牌子頭는 十戶를 가리키는데, 그가 몽골의 군사단위 중 오직 만호, 십호만 지목했다고 보기 어렵다. 이는 만호부터 패자두까지, 즉 천호, 백호를 포함한 모든 군사단위를 일컬은 것으로 이해하는 편이 적절하다.

그가 몽골에서 만호제의 원칙과 실제가 일치하지 않는다고 한 지적은 당시 그 운영실상을 적시한 것이다. 몽골은 금 정벌 후 화북의 모든 백성을 대상으로 만호제에 의거하여 군대를 조직했는데 유목민에게 적용했던 방식과 동일하게 한 민호 당 군사 1인 징발을 원칙으로 삼았다. 그러나 오랜 전란에 따른 인명손실과 빈곤으로 인해 사실상 그 원칙이 엄격하게 지켜지지 않아 실제 편성된 군대 각 단위의 인원수가 충족되지 못하는

25) 『高麗史』 卷102 李藏用.

경우가 많았다.[26] 至元21년(1284) 몽골정부가 전국에 배치된 만호부를 규모에 따라 上, 中, 下로 구분하고 上萬戶府가 7천 이상, 中萬戶府가 5천 이상, 下萬戶府가 3천 이상의 군사를 통솔하도록 군제를 개편한 것은 이 같은 현실을 감안한 조처였다.[27] 그런 점에서 이장용의 발언은 그가 몽골 만호제의 원칙과 실제운영의 괴리 현상을 정확하게 파악하고 고려의 군사 현황이 이와 다르지 않음을 주지시켜 몽골지배층의 이해를 구한 것으로 볼 수 있다.

사천택이 고려의 호구수에 관해 물었을 때에도 그는 노련한 화술로 현명하게 대처했다. 본래 몽골은 정복지, 복속국에서 부세징수와 군사동원을 손쉽게 하기 위해 예외 없이 호구조사를 시행했다. 이에 따라 그들은 전쟁기간 줄곧 고려에 호구조사를 강하게 요구하고 쿠빌라이 즉위 후에도 이를 六事에 한 조항으로 포함시켰다. 그러므로 사천택의 질문에서 호구수 정보를 토대로 고려에서 징세, 징병을 수월하게 진행하려는 몽골지배층의 의도가 감지된다. 이장용이 모른다고 답하자 그는 "그대는 일국의 재상인데 어찌 모르는가?"라고 힐난했다. 그러자 이장용은 창살을 가리키며 "승상께서는 저것이 몇 개인 것 같소?"라고 반문했다. 그가 모르겠다고 하자 이장용은 "小國 州郡의 호구수는 해당관청에서 맡은 일이니 비록 재상이라도 어찌 다 알 수 있겠소?"라고 하였다. 그러자 사천택이 아무 말도 못했다고 한다.[28] 이처럼 이장용은 몽골의 최고위관원 앞에서 전혀 위축되지 않고 능란한 화술로 현명하게 교섭하여 고려에 대한 그들의 경제·군사적 압박을 일정부분 완화·지연하는 성과를 거두었다.

그는 연경에서 여러 고위인사들과 교류하여 친분을 쌓고 그들로부터

---

26) 몽골 지배 아래 화북지역에서 만호제의 운영 실태에 관해 大葉昇一, 「モンゴル帝國=元朝の軍隊組織：とくに指揮系統と編成方式について」, 『史學雜誌』 95-7, 1986 참조.

27) 『元典章』 卷9 吏部 官制3 軍官.

28) 『高麗史』 卷102 李藏用.

두터운 존경, 신망을 받았다. 특히 쿠빌라이의 한인측근이자 翰林學士承旨에 재임하던 王鶚과의 교류가 대표적이다. 입조시기 그가 이장용을 집으로 초대하여 잔치를 베풀었을 때 한 歌人이 한어로 된 곡조를 불렀는데 이장용이 그 곡을 정확히 따라 부르자 "그대는 華言을 모르는데도 이 곡을 알고 있으니 필시 음률에 조예가 깊은 분이오"라고 찬탄하며 더욱 그를 존경하고 귀하게 여겼다고 한다.[29] 이장용이 왕악에게 지어준 「投元朝王百一學士鶚」이라는 시도 이 같은 교류와 친분의 징표였다.[30] 그의 외손자 朴全之의 묘지명 중 "일찍이 文眞公(이장용)이 입조했을 때 王鶚은 금나라 壯元 출신으로 公을 보고 옛 친구를 만난 것처럼 여겨 마침내 사귀게 되었다"라는 문장과 왕악의 외손자인 한림학사 王之綱이 박전지를 집으로 초대하여 극진하게 대우하고 박전지가 그에게 시를 지어주었다는 기록도 양자의 특별한 교류, 친분을 증언한다.[31]

쿠빌라이도 이장용의 진언을 듣고 감탄하여 그를 阿蠻滅兒里干(aman mergen, 화술의 달인) 李宰相이라 불렀고, 그를 만나본 사람들도 海東賢人이라 일컬었으며, 심지어 그의 초상을 그려 놓고 예를 표하는 자도 있었다고 한다. 李穀이 지은 奇子敖 行狀의 다음 인용문도 당시 그가 뛰어난 학식, 인품으로 쿠빌라이를 위시한 여러 지배층인사들로부터 후대, 존경을 받았음을 알려준다.

---

29) 『高麗史』 卷102 李藏用.

30) 『東文選』 卷14 「投元朝王百一學士鶚」. 민현구는 元宗5년(1264) 입조 때 이장용이 이 시를 지었다고 추정했으나(민현구, 앞의 논문, 81쪽 각주52), 至元8년(1271) 11월 大元 국호가 제정되었으므로 詩題에 비추어 그 후에 지었다고 볼 만한 여지가 있다. 하지만 그는 같은 해(1271) 정월 임연의 원종폐위에 동조했다는 이유로 파직되어 1년 간 칩거하다가 사망했으므로 大元 국호 제정 후 몽골에서 왕악을 만날 기회를 얻지 못했다. 그러므로 위 시제는 후대 개작·삽입되었을 개연성이 크다.

31) 『高麗墓誌銘集成』, 455쪽.

公(기자오)의 모친인 延興郡夫人 朴氏는 典法判書 暉의 딸이고 侍中 文眞公 李藏用의 외손이다. 至元원년(1264) 조칙에 "올해 王公, 群牧이 모두 上都에 모이니 왕은 역마를 타고 입조하라"라고 하였다. 문진공이 平章 신분으로 忠烈王[元宗]을 따라 입조하여 [황제의] 특별한 총애를 받고 그의 덕업과 문장이 중국에 널리 알려졌다. 당시 右丞相 東平忠憲王이 문진공을 매우 중하게 여겨 특별한 예로 대우하고 앉을 때 반드시 오른쪽 자리를 비워 두었다. 翰林 王學士(왕악)를 비롯해 여러 신료들도 그의 풍모를 흠모하여 모두 교제하기를 원했다. 그리하여 임금의 명을 선양하고 본국의 이익을 도모하고 해를 제거하여 백성들이 지금까지도 그 덕을 입게 하였다.[32]

이와 같이 이장용은 元宗5년(1264) 국왕을 수행하여 두 번째 몽골에 갔을 때 만호제에 관한 해박한 지식을 십분 발휘하여 왕준의 고려병력 동원 건의를 효과적으로 반박하고 사천택이 던진 호구수 질문에도 노련한 화술로 대처하여 고려에서 부세, 병력을 징발하려는 그들의 의도를 무산시켰다. 또한 여러 고위인사들과 활발하게 교류하고 뛰어난 학식과 인품으로 그들로부터 두터운 존경과 신망을 얻었다. 이를 통해 쌓은 친분과 명망은 향후 그가 외교활동을 원활하게 수행하는 데 귀한 자산으로 활용되었다. 위 인용문 말미의 "그리하여 임금의 명을 선양하고 본국의 이익을 도모하고 해를 제거하여 백성들이 지금까지도 그 덕을 입게 하였다"라는 문장은

32) 『稼亭集』 卷12 「高麗國承奉郎揚部散郎賜緋魚袋贈三重大匡僉議政丞判典理司事上護軍奇公行狀」. 이 글에 등장하는 右丞相 東平忠憲王이 누구인지 분명치 않다. 쿠빌라이 치세 전반기 우승상을 역임하고 사후에 東平忠憲王이라는 시호를 받은 인물은 무칼리의 후손으로 장기간 몽골정권의 핵심에 위치했던 安童을 가리킨다. 그러나 그가 우승상에 임명된 시기는 원종친조 다음해인 至元2년(1265) 8월이다. 당시 우승상은 사천택이었고 안동은 쿠빌라이 케식의 일원으로 공식 외교활동에 나서기 어려운 위치에 있었다. 따라서 그때 우승상 안동이 이장용을 극진하게 대우했다는 위 구절은 오류가 분명하다. 이곡이 사천택을 안동으로 혼동했거나 훗날 이장용이 안동에게 받은 후대를 그때의 일로 착각했을 가능성이 크다(『元史』 卷126 安童 ; 卷155 史天澤).

그가 혁혁한 외교적 성과를 거둬 고려의 민생을 안정시키는 데 크게 기여했음을 나타낸다.[33] 귀국 직후 원종은 그를 門下侍郞同中書門下平章事·慶源郡開國伯으로 승진시키고, 식읍 1천호, 식실봉 1백호를 하사하며, 太子太師를 더하여 그 공적을 포상했다.

4. 몽골의 助軍, 出陸 요구에 대응

元宗7년(1266) 11월 쿠빌라이는 고려에 黑的, 殷弘을 보내 그들을 일본까지 인도하고 일본이 몽골에 귀부하도록 협조하라고 명했다. 그는 온 세상을 지배·복속대상으로 간주하는 몽골의 전통적 세계관을 계승했으므로 고려 복속 후 일본에 대한 초유는 필연적인 수순이었다.[34] 다음해(1267) 정월 고려는 宋君斐, 金贊으로 하여금 몽골사신을 인도하여 일본으로 가게 했으나 그들이 거센 풍랑을 보고 겁을 내어 거제도에서 되돌아왔다. 그 직후 원종은 송군비를 몽골에 보내 일본에 가지 못한 이유를 해명했다. 그러나 8월 쿠빌라이는 다시 조서를 보내 고려가 핑계를 대며 고의로 가지 않았다고 질책하고 일본에 관한 사무를 일체 원종에게 위임하니 반드시 그들의 복속을 받아오라고 명했다. 그때 이장용이 사신단 대표 흑적에게 다음 서한을 보내 일본초유를 적극 만류했다.

일본은 바다로 만 리나 떨어져 있고 비록 가끔 중국과 서로 통교했으나

33) 동시기 李承休도 이장용에게 바친 求官詩에서 “거북과 같은 모략으로 이적의 땅에 가니, 이적은 봉황의 빼어난 색채에 경악하네(龜謀曾向龍沙幹, 鴃舌驚呼鳳彩殊)”라고 하여 몽골에서 펼친 그의 탁월한 외교활동에 찬사를 보냈다(『動安居士行錄』 卷1 「慶源李侍中公諱藏用」).

34) 일본에 대한 몽골의 인식과 외교정책에 관해 고명수, 「몽골의 일본인식과 蒙麗관계」, 『사총』 83, 2014 참조.

일찍이 해마다 공물을 바치는 일은 없었습니다. 때문에 중국도 그들에게 뜻을 두지 않아서 오면 그들을 위무하고 가면 그들과 단절했습니다. 이는 그들을 얻어도 王化에 이득이 없고 버려도 황제의 위엄이 손상되지 않는다고 여겼기 때문입니다. 지금 황제의 덕이 위에 있어 해와 달이 비치는 곳이 모두 신하가 되었는데 저 무지하고 하찮은 오랑캐가 감히 복종하지 않겠습니까? 그러나 벌이나 전갈의 독을 어찌 염려하지 않을 수 있겠습니까? 국서를 내리는 일 역시 결코 옳지 않습니다. 隋文帝 때 [그들이] 국서를 올려 말하기를, "해 뜨는 곳의 천자가 해 지는 곳의 천자에게 글을 보낸다"라고 하여 그 교만하고 명분을 모르는 것이 이와 같았으니 어찌 옛 버릇이 남아있지 않음을 알겠습니까? 국서를 보냈는데 만약 [그들이] 교만한 답변에 불경한 언사를 쓸 경우 내버려두면 조정의 허물이 되고, 정벌하면 바람과 파도가 험난하여 황제의 군대가 안전하지 못할 것입니다. 저는 상국이 관대한 정책으로 반드시 그들을 복속시키는 것이 아니라 우연히 어떤 이의 건의에 따라 잠시 그들을 시험할 뿐이라는 것을 잘 알고 있습니다. 그러나 사정이 이와 같으니 [황제께서] 조서를 내리지 않는 편이 득이 될 것입니다. 또한 저들이 어찌 상국이 이룩한 공덕의 성대함을 듣지 못했겠습니까? 그것을 들었으면 마땅히 입조하는 계획을 세웠겠지만 그럼에도 입조하지 않는 것은 바다로 멀리 떨어져 있음을 믿기 때문일 뿐입니다. 그러므로 세월을 두고 천천히 그들의 행위를 관망하다가 內附하면 칭찬하고 그렇지 않으면 도외시하여 무지한 채로 모르는 곳에서 스스로 살게 하는 편이 좋을 것입니다. [이는] 실로 성인의 천하에 고루 미치는 지극한 덕입니다. 저는 두 번이나 황제폐하를 뵈어 큰 은덕을 입었으니 지금 비록 먼 곳에 있어도 정성의 만분의 일이라도 바치려는 마음일 뿐입니다.[35)]

35) 『高麗史』 卷102 李藏用.

이 글에서 그는 일본은 본래 무지몽매하고 불경한 夷狄으로 몽골이 국서를 보내 복속을 요구할 경우 그들이 거부하면 상국의 체면이 손상되고 그들을 정벌한다 해도 험한 풍파로 인해 승리를 장담할 수 없으니 복속을 요구하지 않고 그들이 스스로 입조하면 받아들이고 그렇지 않으면 내버려두는 것이 상책이라고 주장했다. 그는 일본이 필경 몽골의 복속요구를 거부할 테고 몽골이 미복속국을 반드시 정벌하는 고유 정책에 따라 일본을 침공하면 고려에 막대한 군사지원을 요구할 것이라 예견했다. 오랜 전쟁으로 피폐해진 사회·경제기반을 하루속히 복구해야하는 현실에서 몽골의 대외정벌에 동원되는 것은 고려의 위정자로서 반드시 저지해야 할 사안이었다. 이전에 그가 왕준과 격렬하게 논쟁하여 그의 병력동원 기도를 좌절시킨 것도 이 때문이다.[36]

원종이 사사로이 흑적에게 편지를 보낸 이장용의 행위를 의심하여 그를 해도로 유배 보내려 했을 때 흑적이 만류하며 "내가 돌아가서 [황제께] 이 글대로 아뢰어 다행히 들어주시면 천하의 복이 될 것이고 들어주시지 않더라도 너희 나라에 무슨 죄가 있겠는가?"라고 한 발언은 그가 이장용의 건의에 설득되었음을 짐작케 한다.[37] 그러나 원종은 쿠빌라이의 명을 재차 거스를 수 없었으므로 결국 9월 潘阜로 하여금 입조를 종용하는 양국의 국서를 소지하고 일본으로 가게 했다. 반부는 太宰府에 도착하여 국서를 전달하고 한동안 체류했으나 아무런 소득 없이 이듬해(1268) 7월 귀환했다. 일본이 몽골의 복속요구를 거부할 것이라는 이장용의 예측이

36) 민현구는 이장용이 흑적에게 서신을 보낸 시점을 元宗7년(1266) 송군비, 김찬이 몽골사신단과 함께 일본으로 출발하기 직전으로 보고 흑적 일행이 거제도에서 되돌아온 행위에 그의 서신이 큰 영향을 미쳤다고 하였다(민현구, 앞의 논문, 82~83쪽). 그러나 『高麗史』「李藏用傳」에 그가 서신을 보낸 시점이 흑적이 재차 파견된 元宗8년(1267)이라 명기되어 있으므로 전년(1266) 몽골, 고려 사신단이 거제도에서 귀환한 사건과 그의 서신은 관련이 없다.

37) 『高麗史』 卷102 李藏用.

정확하게 들어맞은 셈이다.

그해(1267) 11월 고려는 安慶公 淐을 몽골에 보내 신년을 하례하고 반부의 파견 사실을 보고했다. 그때 쿠빌라이는 왕창에게 고려가 군사·군량 지원, 다루가치 요청, 호구조사 보고를 이행하지 않고, 출륙약속을 준수하지 않으며, 일본과 통교하지 않는다는 말로 자신을 속였다고 엄하게 질책했다. 이는 고려에 대한 몽골의 정책 전환을 알리는 신호탄으로 해석된다. 계승분쟁 시기 쿠빌라이는 고려를 배후세력으로 확보하기 위해 부득이하게 유화정책을 시행했지만 내전에서 승리하여 카안 지위를 확립한 후 더 이상 그러할 필요성을 느끼지 못한 듯하다. 당시 쿠빌라이는 선제의 유업을 계승하여 남송정벌에 대비한 교두보를 확보하기 위해 襄陽, 樊城 공략 계획을 수립하고 일본에 대한 초유를 개시하는 등 다시금 적극적·공세적인 대외정책을 채택했다. 이에 따라 고려에 대한 종래의 회유책도 강경책으로 전환될 수밖에 없었다.

元宗9년(1268) 3월 쿠빌라이는 于也孫脫, 孟甲을 고려에 파견하여 출륙 불이행을 책망하고, 六事를 즉시 이행하라고 촉구하며, 김준과 이장용을 보내 그 실정을 보고하라고 명했다. 그가 무신정권 수장 김준과 2개월 전 門下侍中에 오른 이장용이 고려의 문무관원을 대표하는 실권자임을 인지하여 입조주체로서 그들을 지목한 것이다. 김준이 신변안전 문제를 우려해 사행을 거부하자 원종은 4월 이장용만 파견하여 출륙과 육사의 이행을 약속하는 표문을 올리게 했다. 이로써 그의 세 번째 몽골입조가 이루어졌다. 사료에 그 행선지가 드러나지 않지만 쿠빌라이가 매년 2~3월 연경에서 북상하여 上都에 체류하다가 8~9월 돌아오는 兩都巡幸을 충실하게 이행한 점과[38] 그해 9월 그가 상도에서 귀환했음을 알리는 기사에

38) 葉新民, 『元上都研究』, 內蒙古大學出版社, 1998, 332~342쪽 <元朝皇帝巡幸上都日期表> 참조. 中統4년(1263) 5월 쿠빌라이는 開平을 승격시켜 上都라 개칭했다(『元史』 卷5 世祖2, 92쪽).

비춰볼 때 목적지는 상도였을 가능성이 크다.[39)]

알현 자리에서 쿠빌라이는 이장용에게 이전에 왕준이 고려에 4만 병력이 있다고 했는데 고려가 그 말을 부정할 뿐 실제 병력수를 알리지 않는다고 힐난하면서 조속히 동원 가능한 병력수를 보고하고 남송·일본정벌에 필요한 전함 1천 척을 건조하라고 지시했다. 이장용이 명을 따르겠으나 너무 서두르면 제때에 전함을 마련할 수 없다고 답변하자 그는 칭기스칸이 回回(호레즘)를 정벌할 때 河西(西夏) 국왕이 군사지원 약속을 지키지 않아 멸망시킨 고사를 운운하면서 고려가 명을 따르지 않을 경우 동일한 운명을 겪게 될 것이라고 위협했다. 이에 이장용은 본래 고려에 4만 군사가 있었으나 전쟁으로 인해 거의 소진되어 현재 그만한 병력을 징발하기 어렵다고 주장했다. 그럼에도 쿠빌라이가 의심을 거두지 않고 왕준까지 개입하려 하자 그는 사람을 보내 군사현황을 점검하도록 청하여 논쟁을 종결지었다.

결국 쿠빌라이는 6월 吾都止를 이장용과 함께 귀국시켜 고려의 전함, 병력 현황을 조사하게 했다. 8월 고려는 崔東秀를 吾都止와 함께 몽골에 보내 병력 1만과 전함 1천을 마련할 수 있다고 보고했는데 그 내용이 오도지의 조사결과에 근거하고 있음은 의심할 바 없다. 실사를 통해 이장용의 주장이 진실로 밝혀지자 쿠빌라이는 10월 脫朶兒, 王國昌, 劉傑을 보내 고려가 보고한 병력, 전함의 준비상황을 검열케 하여 사실상 그의 진언을 수용했다. 이처럼 이장용은 쿠빌라이 앞에서 굳건한 자세로 과도한 병력동원의 부당함을 역설하고 실제 군사점검을 통해 자신의 주장을 입증하여 그가 애당초 징발하려 계획한 4만 병력을 1만으로 감축하는 성과를 거두었다.

이장용은 몽골의 출륙요구에 대처할 때에도 남다른 기지를 발휘했다. 몽골은 통상 주변국이 투항 후 안전한 곳으로 천도하는 행위를 '저항'으로

---

39)『元史』卷6 世祖3, 119쪽.

간주하여 무력침공을 통해 반드시 응징하는 방식을 취했다. 칭기스칸 시기 금이 투항 후 도읍을 中都에서 汴梁으로 옮기자 몽골이 그것을 이유로 다시 침공하여 황하 이북을 모두 점령한 사실은 잘 알려져 있다.[40] 高宗18년(1231) 몽골의 1차 침공 때 고려가 투항 후 즉시 강화도로 천도하자 그들은 어김없이 이를 반역으로 규정하고 재침의 명분으로 삼았다. 이후 장기간 전쟁을 겪는 과정에서 줄곧 고려에 출륙을 요구했다.

물론 쿠빌라이도 그 방침을 답습하여 元宗원년(1260) 4월 조서를 보내 조속한 출륙을 촉구했다. 전술했듯이 고려가 오랜 전란으로 인해 개경이 파괴되어 즉시 환도할 수 없다고 하자 그는 일정기간 유예를 허가했으나 출륙요구 의지를 완전히 포기한 것은 아니었다. 元宗8년(1267) 11월 그는 입조한 안경공에게 "너희 왕이 말하기를, '우리나라의 땅이 협소하므로 지금 西京에 들어와 屯田하는 軍民을 모두 귀환시켜 주시면 즉시 남아있는 백성을 불러 모아 3년 간 힘써 농사지은 후 옛 수도로 돌아가겠습니다'라고 했는데 둔전하는 軍馬를 모두 불러들인 지금 과연 옛 수도로 돌아갔는가?"라고 하여 고려의 출륙지연 행위를 힐책했다.[41]

이장용은 출륙 불이행이 종국에 몽골의 재침을 초래할 것이라 예견하고 일찍부터 출륙을 강하게 주장했다. 김준이 반대의사를 표명하자 그는 "단번에 옮기기 어렵다면 궁실을 지어 여름에 松京에 머무르고 겨울에 江都로 돌아와 上國이 두 도읍을 둔 것과 같이 하면 좋을 것이오"라고 건의했다.[42] 김준이 이 제안을 수락하여 元宗9년(1268) 3월 개경에 出排都監

---

40) "이 모든 사건들은 칭기스칸이 키타이와 주르체 지방 대부분을 정복하고 돌아간 뒤 알탄칸(금 황제)이 다시 반란을 일으키자 아미르들과 백성들은 주저하면서 때로는 이쪽으로 때로는 저쪽으로 기울었기 때문에 발생한 것이다"라는 『집사』의 기록도 몽골이 금의 천도를 '반란'으로 인식했음을 나타낸다(라시드 앗 딘, 김호동 역주, 『칭기스칸기』, 사계절, 2003, 286쪽).

41) 『高麗史』 卷26 元宗9년 2월 壬寅.

42) 『高麗史』 卷102 李藏用.

을 설치하고 출륙사무를 맡게 했다.

그때 이장용이 몽골의 兩都制를 언급한 점이 주목된다. 뭉케 사망 후 쿠빌라이는 남송정벌군을 이끌고 북상하여 당시 아릭부케 세력권이었던 연경을 장악하고 그곳에 근거지 개평에 준하는 지위, 기능을 부여했다. 이후 계절에 따라 이동하는 유목민의 습속을 준용하여 매년 兩都를 순행하는 제도를 수립했다. 일찍이 이장용은 몽골에 두 차례 입조하면서 개평과 연경을 차례로 방문한 경험이 있으므로 양도제를 누구보다 잘 알고 있었다. 이에 출륙을 반대하는 김준에게 몽골의 양도제를 원용하여 계절에 따라 강도와 개경을 왕래하는 절충안을 제시했다. 김준도 점차 거세지는 몽골의 출륙요구에 직면하여 강도체제를 더 이상 지속하기 어려운 상황에서 이장용이 합리적인 방책을 제시하자 출배도감 설치를 허가한 것으로 보인다.

출배도감 설치 직후 출륙, 육사 이행을 촉구하는 쿠빌라이의 조서가 전달되었다. 사료 상 확인되지 않지만 그때 고려는 분명 그의 의구심을 해소하기 위해 몽골사신에게 개경에서 출배도감이 주관하는 궁궐축조 현장을 보여주었을 것이다. 다음 달 이장용을 통해 올린 표문에서 "출륙사안에 대해 말씀드리면, 저희는 이미 옛 도읍에서 거처할 곳을 짓고 있습니다"라고 호언할 수 있었던 것도 그러한 대처와 무관하지 않다.[43] 이를 통해 고려의 출륙 불이행에 대한 쿠빌라이의 의혹이 조금이나마 해소되었다면 이는 몽골사신 도래 직전 출배도감 설치를 이끌어낸 이장용의 수완에 힘입은 바 크다.

---

43)『高麗史』卷26 元宗9년 4월 丙戌.

5. 임연의 원종폐위 사건에 대한 처신

元宗9년(1268) 12월 林衍이 김준을 주살하고 무신정권을 장악하는 정변을 일으켰다. 이후 새롭게 등장한 무신집권자로서 권력을 강화하려는 임연과 몽골의 위세에 기대어 무신세력을 견제하고 실추된 왕권을 회복하려는 원종 사이에 갈등이 증폭되었다. 결국 다음해(1269) 6월 임연은 원종을 폐위하기로 결정하고 재추들을 불러 모아 "내가 왕실을 위해 권신을 제거했는데 왕은 金鏡 등과 모의하여 나를 죽이려 한다. 가만히 앉아서 죽을 수 없으니 내가 큰일을 저지르거나 그렇지 않으면 그를 섬으로 유배 보내려는데 어떠한가?"라고 물었다.[44] 이 언사에서 "내가 큰일을 저지르거나"라는 구절은 그가 원종에 대한 시해를 염두에 두었음을 추측케 한다. 과거 무신난의 주역 李義方이 毅宗을 폐위한 후 李義旼으로 하여금 시해케 한 전례가 있으므로 그것이 전혀 불가능한 일은 아니었다.[45]

그때 이장용은 조정신료의 수장인 문하시중으로서 반드시 입장을 표명해야 하는 상황에 놓였다. 대다수 신료들이 임연을 두려워하여 반대하지 못하는 분위기에서 그는 홀로 양위를 주장했다. 그는 임연의 국왕폐위 의지를 꺾을 수 없다고 판단했고 한편으로 쿠빌라이에게 책봉 받은 원종을 함부로 폐위하면 필시 그의 질책과 보복이 뒤따른다는 점도 충분히 예측했을 것이다.[46] 그러한 현실에서 무신집권자의 의지에 순응하고, 국왕의

---

44) 『高麗史』 卷130 林衍.

45) 『高麗史』「李藏用傳」의 관련기록에서 "이장용도 사태를 중지할 수 없다고 판단하고 또 예상치 못한 변고가 생길까 두려워하여 遜位시키자고 말했다"라는 문장도 그가 임연의 원종시해를 우려했음을 짐작케 한다.

46) 쿠빌라이는 고려의 무신이 자신이 책봉한 국왕을 함부로 폐위하는 것을 카안 권위에 도전하는 불경한 행위로 규정했다. 원종복위 후 임연을 토벌한 사유를 유시하기 위해 보낸 조서에서 "생각건대 王植은 실로 짐이 세운 [국왕인데] 최근 갑자기 임연에 의해 폐위되었다. 어찌 [임연을] 용서하고 주살하지 않을 수 있겠는가"라는 문장에 그러한 인식이 잘 드러난다(『元高麗紀事』, 至元7년

신변을 보호하며, 몽골의 무력개입을 최소화하기 위해 선택할 수 있는 방책은 평화로운 형식의 양위가 최선이었다. 마침내 임연은 그의 건의를 수용하여 안경공 창을 새 국왕으로 옹립하고 원종을 太上王으로 올렸다. 즉위식 직후 임연은 이장용의 양위계책이 마음에 들어 그에게 절을 올렸다고 한다. 이어서 7월 몽골에 표문을 보내 원종이 위중한 질병 탓에 국정을 돌볼 수 없어 마지못해 양위하게 되었다고 해명했다.

그러나 마침 태자 왕심이 입조를 마치고 귀국하던 중 국경부근에서 폐위소식을 접하고 되돌아가 쿠빌라이에게 사건의 전말을 고하고 부왕의 복위를 요청했다. 태자의 귀환을 알아챈 임연은 진상이 알려질까 두려워, 8월 이장용을 節日使로 삼아 몽골에 보내 태자를 설득하여 돌아오게 했다. 이로써 그의 네 번째 몽골입조가 이루어졌다.[47] 임연은 그가 몽골지배층과 친분이 두텁고 양위계책을 고안한 장본인이었으므로 필시 쿠빌라이에게 양위의 정당성을 설파하리라고 기대했을 것이다. 그러나 이장용은 몽골조정에서 임연의 강제 국왕폐위 사실을 적나라하게 폭로했다. 여기에서 그가 사건 직전 미봉책으로 양위를 제시하고 차후 몽골의 지원을 받아 원종을 복위시키려 기도했음을 엿볼 수 있다.

태자와 이장용이 차례로 국왕폐위 사건을 고소하자 쿠빌라이는 임연의 해명이 거짓이라 확신하고, 11월 黑的, 徐仲雄을 보내 원종, 임연, 왕창에게 모두 입조하여 직접 진술하라고 명했다. 동시에 頭輦哥國王의 군대를 국경으로 보내 임연을 압박했다. 결국 임연은 강대한 몽골의 위세에 굴복하여 원종을 복위시켰다. 12월 원종이 입조할 때 임연은 강제폐위 사실을 발설할까 우려해 아들 林惟幹과 심복들로 하여금 그를 수행케 했다. 도중에 원종이

정월).

47) 이장용이 몽골로 출발한 시기는 8월 甲戌日(1일)이다. 양국을 왕래하는 사신단의 노정이 대체로 30일을 넘지 않았으므로 그는 8월 중 목적지에 도착했으리라 여겨진다. 『元史』 「本紀」에 9월 하순 쿠빌라이가 上都에서 연경으로 귀환했다는 기사가 있으므로 그의 행선지는 上都였다고 추측된다(『元史』 卷6 世祖3, 123쪽).

호종신료들에게 "東京行省에서 만약 폐립사건에 관해 물으면 어떻게 답변해야 하는가?"라고 묻자 許珙, 李汾禧, 康允紹 등이 임연의 뜻에 따라 일전에 올린 표문대로 답해야 한다고 하고 나머지가 모두 임연을 두려워하여 감히 한마디도 못했다는 기록은 원종복위 후에도 여전히 신료들이 그의 위세에 압도되어 폐위사건의 진실을 발설하지 못했음을 알려준다.[48)]

알현 자리에서 쿠빌라이가 임유간에게 "세자와 이장용이 이미 모두 진술했으므로 짐이 상세히 알고 있다. 너의 아비가 함부로 왕을 폐위한 것이 사실인가?"라고 묻자 그는 "이는 이장용의 소행이므로 그에게 하문하시기 바랍니다"라고 답했다. 태자와 이장용의 고발로 인해 자신의 해명이 부질없음을 깨닫고 양위계책을 제시한 이장용에게 모든 책임을 전가하려는 속셈이었다. 쿠빌라이가 이장용을 불러 사건에 관해 다시 묻자 그는 주저 없이 동일한 답변을 되풀이했다. 이에 임유간이 변명하려 하자 쿠빌라이는 "너의 말은 모두 거짓이다"라고 일축하여 이장용의 증언에 대한 신뢰를 내보였다.[49)]

다음해(1270) 2월 원종이 출륙과 권신제거를 위해 파병을 요청하자 쿠빌라이는 두련가국왕으로 하여금 군사 3천을 이끌고 원종을 호위하여 귀국케 했다. 몽골의 강력한 군사적 압박에 직면한 임연은 두려움에 떨다가 등창으로 사망하고 아들 林惟茂가 그 자리를 계승했다. 몽골의 든든한 후원을 받은 원종은 강도에 들어가지 않고 측근신료들을 종용하여, 5월 洪文系, 宋松禮가 임유무를 주살하는 결과를 이끌어냈다. 이로써 마침내 고려는 백여 년 간 지속된 무신정권을 타도하고 復政于王을 이루었다. 임연의 보복이 도사리는 가운데 고려신료들 중 유일하게 쿠빌라이에게 사건의 진상을 고발한 이장용의 증언이 그 주요인으로 작용했음은 물론이다.

---

48) 『高麗史節要』 卷18 元宗11년 2월.

49) 『高麗史』 卷130 林衍.

한편 몽골에게는 이 사건을 좌시할 수 없는 나름의 절박하고 현실적인 사정이 있었다. 전술했듯이 몽골은 강한 군사력을 보유한 고려를 그들의 정복활동을 지원하는 배후세력으로서 매우 중요시했다. 그러나 반몽 성향을 지닌 무신세력이 카안에게 순종하는 국왕을 폐위하고 정권을 장악한다면 목전에 둔 남송·일본정벌에서 고려의 협조를 이끌어낼 수 없음은 자명한 일이다. 게다가 고려가 남송, 일본과 연합하여 몽골에 공동으로 저항할 가능성도 배제할 수 없었다. 임연사건 직후 한인관료 馬希驥는 "만약 小國의 권신이 흉악하게 반역하고 산과 물에 의지하면서 宋과 연횡하여 섬을 방어하면 우리 조정에서 비록 뛰어난 군사 백만이 있어도 금세 함락하지 못할 것이니 실로 大國에 이롭지 않습니다"라고 하여 송-고려 군사동맹의 위험성을 경고했다.[50] 이처럼 임연사건은 쿠빌라이가 의욕적으로 추진하는 대외정책의 성패와 직결되는 중대한 사안이었다. 따라서 그는 양국 군사동맹을 유지하고 반몽 국제연대를 차단하기 위해 고려의 무신세력을 타도하고 국왕의 지위, 권한을 보장해줄 필요가 있었다. 元宗11년(1270) 6월 삼별초가 거병했을 때 몽골이 신속하게 군대를 보내 주도적으로 토벌한 사실도 맥락을 같이한다.

고려는 몽골의 군사지원을 받아 무신정권을 타도하고 왕권회복을 이루었지만 혹독한 대가를 치러야 했다. 임유무 주살 직후 40여 년 간 유지했던 강도체제를 청산하고 출륙을 단행했다. 이어 다루가치와 몽골군의 주둔을 허용하고 태자와 의관자제를 투르칵(質子)으로 파견하여 실로 그들에게 강하게 예속된 반식민지 상태에 놓였다. 그리고 몽골의 영향력이 가중되는 가운데 斷事官 不花 등이 임연사건에 가담한 이장용의 죄를 물어야 한다고 건의하자 쿠빌라이는 고려에 조서를 보내 그를 면직하라고 명했다. 결국 元宗12년(1271) 정월 이장용은 문하시중에서 파직되었다. 이때 그는 "당시

50) 『元高麗紀事』, 至元6년 11월.

죽지 못했으니 어찌 죄가 아니겠는가"라고 하여 자신의 과오를 인정했다고 한다.[51]

시해 또는 유배를 의도했던 무신집권자에게 양위를 건의하여 국왕의 신변을 보호하고 몽골입조 후 두 차례 카안에게 사건의 진상을 보고하여 그의 지원을 받아 무신정권을 타도하고 복정우왕을 이루는 데 공헌했으나 사건 처리 과정에서 조정신료의 수장으로서 국왕폐위에 동조한 책임을 피할 수 없었다. 전란 종식 후 새롭게 몽골과 화친을 도모해야 하는 중대한 시기에 십여 년 간 비범한 외교활동을 통해 그들의 침공위협과 과중한 요구를 완화하고, 고려의 안위와 자주성을 보전하며, 양국의 우호관계를 다지는 데 누구보다 크게 기여한 老宰相의 쓸쓸한 퇴진이었다. 이후 그는 1년 간 칩거하다가 元宗13년(1272) 정월 72세로 타계했다.[52]

그의 사망 후 일련의 긴박한 과정을 거치면서 양국 간 결속이 한층 강화되었다. 元宗14년(1273) 4월 삼별초를 공동 진압하여 잔여 무신세력을 소탕하고, 다음해(1274) 5월 태자 왕심과 쿠빌라이의 딸 쿠틀룩켈미시(忽都魯揭里迷失)가 혼인하여 왕실 간 사돈관계를 맺으며, 10월 일본정벌에 함께

---

51) 『高麗史』 卷102 李藏用.

52) 임연사건에 대한 이장용의 처신은 후대인에게 혹독하게 비판받았다. 고려 말 鄭道傳은 昌王을 옹립한 李穡에 대한 처벌을 주청하기 위해 조정에 올린 글에서 "예전에 林衍이 원종을 폐위하고 그 친동생 淐을 옹립할 때 자신이 먼저 모략을 결정하고 후에 시중 李藏用에게 보고하자 이장용은 어찌할 바를 모르고 그저 '네 네'라고만 했을 뿐입니다. 후에 원종이 복위하자 이장용이 上相의 지위에 있으면서도 모략을 저지하고 반란을 막지 못했다 하여 면직시켜 庶人으로 삼았습니다"라고 하였고(『高麗史』 卷119 鄭道傳), 조선전기 편찬된 『東國通鑑』에서 修史官 崔溥는 "지금 林衍이 불궤한 마음을 품고 공연히 회의를 열었는데 李藏用이 당시 首相이었음에도 順逆을 명확하게 진술하여 흉악한 모략을 꺾지 못하고 먼저 王淐에게 손위시키자고 말해 군주의 폐위를 손바닥 뒤집듯 [쉽게] 했으니 首惡者는 임연이고 助惡者는 이장용입니다. 예전에 趙盾이 正卿이었음에도 도망가다가 국경을 넘지 않고 돌아와 역적을 토벌하지 못했으니 『春秋』에서 오히려 [그를] 弑逆의 죄로 연좌시켰습니다. 이장용 같은 자가 어찌 임금을 쫓아낸 죄를 면할 수 있겠습니까"라고 하였다(『東國通鑑』 卷35 元宗2).

출정하여 군사동맹을 공고히 하고, 忠烈王4년(1278) 7월 몽골이 고려에서 군대, 다루가치를 소환하고 호구조사 책무를 면제하여 정치·경제·군사적 압박을 대폭 경감했다. 이로써 양국은 해묵은 갈등을 청산하고 안정적인 동맹관계를 수립하여 새로운 화평시대로 진입했다. 생전에 이장용이 열망했던 이상적인 우호·협력관계가 그때 비로소 완성된 것이다.

6. 맺음말

이장용은 원종대 대몽외교의 담당자로서 60대 노구를 이끌고 네 차례 몽골에 입조하여 탁월한 교섭활동을 통해 전란을 방지하고, 병력동원 부담을 최소화하며, 양국 간 화친을 돈독히 하고, 몽골의 지원을 받아 왕권을 회복하는 데 크게 공헌했다. 그리고 고려정부가 몽골을 상대로 중대한 외교적 결정을 내려야 하는 순간에 항상 최선책을 제시하고 이를 몸소 실천하는 모범을 보였다.

그는 13세기 중엽 몽골이 동아시아 세계를 제패한 현실을 인정하고 그들의 외교방식을 간파하여 고려가 이를 수용해야만 안보와 자주성을 보전할 수 있다고 판단했다. 이에 따라 대다수 신료들의 반대 속에서 홀로 국왕친조를 주장하여 관철하고 무신집권자에게 출륙의 필요성을 역설했다. 또한 만호제에 관한 지식을 적극 활용하여 몽골의 병력동원 요구를 완화하고 출륙에 반대하는 무신집권자에게 그들의 양도순행 습속을 환기시켜 일정한 양보를 이끌어냈다. 아울러 몽골과 교섭할 때 항시 정연하고 빈틈없는 논리를 앞세워 큰 성과를 거두었다. 쿠빌라이가 그를 가리켜 '화술의 달인'이라 부른 것은 그의 뛰어난 식견과 논리에 대한 칭송임에 틀림없다.

또한 그는 몽골지배층과 대화할 때 항시 담대한 자세로 교섭을 주도하여 실리를 취했다. 첫 입조 때 가진 연회에서 고위관원의 질문에 당당하고 막힘없이 답변하여 그들을 만족시켰고, 두 번째 입조시기 사천택이 병력과 호구수에 관해 물었을 때 의연하게 대처하여 그들의 군사동원 의도를 저지했으며, 세 번째 입조시기 쿠빌라이가 병력, 전함의 징발을 요구했을 때에도 강건한 입장, 자세를 견지하여 고려의 부담을 최소화했다.

아울러 그는 뛰어난 학식과 인품으로 몽골지배층으로부터 존경과 후대를 받았다. 당대 최고 문인 왕악이 그를 흠모하여 정성스럽게 대우하고, 많은 이들이 그를 海東賢人이라 일컬었으며, 임연사건 때 임유간의 변명을 일축하고 이장용의 증언을 신뢰한 쿠빌라이의 태도 역시 그에 대한 두터운 호감, 신임에서 기인한다. 몽골지배층과 활발한 교류를 통해 쌓은 친분과 명망은 그가 외교활동을 성공적으로 수행하는 데 소중한 밑거름이 되었다.

일반적으로 한 나라가 외적의 무력침공이나 정치적 압박에 직면했을 때 평화적으로 교섭을 주도한 온건파의 업적보다 이에 강하게 저항한 강경파나 전쟁영웅의 공적이 더욱 높이 평가되는 경향이 있다. 몽골군 수괴를 사살한 金允侯, 대몽항쟁을 지휘한 최씨정권, 몽골에 대항하여 봉기한 삼별초에 대한 높은 관심과 평가가 그 일면을 보여준다. 그러나 수많은 인명이 살상되는 전란을 피하기 위해 비겁자, 사대주의자라는 오명을 감수하고 대화로써 난국을 타개하려 한 온건파의 노력은 실로 강경파보다 더 깊고 힘겨운 고뇌의 산물이며 때로 한 사람의 뛰어난 외교역량이 수만 군사보다 더 큰 위력을 발휘할 수 있다는 점도 엄연한 역사의 교훈이다. 그런 점에서 초강대국 몽골을 상대로 투철한 소명의식과 비범한 식견, 수완으로 고려의 실리외교를 선도한 이장용의 공로는 응당 높이 평가되어야 한다. 나아가 그의 탁월한 외교역량은 강대국의 세력균형과 민족통일의 과제를 안고 있는 오늘날 우리에게 훌륭한 귀감이 될 만하다.

2장 고려 주재 다루가치의 置廢경위와 존재양태

1. 머리말

13세기 초 역사의 무대에 홀연히 등장하여 유라시아 대부분을 정복한 몽골은 점령지 곳곳에 행정관을 파견하고 별도로 다루가치(達魯花赤)라고 호칭되는 監官을 설치하여 그들의 통치를 감시·감독케 했다. 이는 소수의 몽골지배층이 광대한 영토와 수많은 속민을 효과적으로 다스리기 위해 고안한 제도로서 그들의 정복지 통치 방식의 특성을 나타내는 핵심적인 요소라고 할 수 있다. 이에 따라 일찍부터 여러 학자들이 다루가치에 주목하여 활발하게 연구를 진행했다.[1)]

몽골은 정복전쟁을 통해 획득한 영토뿐 아니라 자발적 혹은 부득이하게 복속한 나라에게도 토착군주의 통치권과 고유한 행정체제를 온존시키는 한편 다루가치를 파견해 국정을 감독케 했는데 그 대상에 고려도 포함되었

1) 다루가치에 관한 주요 연구성과는 다음과 같다. 箭內亘, 「元代社會の三階級」, 『蒙古史硏究』, 刀江書院, 1930；丹羽友三郎, 「達魯花赤に關する一考察：とくにその任務と設置の理由とについて」, 『三重法經』 5, 1956；原山仁子, 「元朝の達魯花赤について」, 『史窗』 29, 1971；札奇斯欽, 「說元史中的達魯花赤」, 『蒙古史論叢(上)』, 學海出版社, 1980；潘修人, 「元代達魯花赤用人述論」, 『內蒙古民族師院學報』(哲社版) 1992-4；潘修人, 「元代達魯花赤的職掌及爲政述論」, 『內蒙古社會科學』 1993-6；趙秉崑, 「達魯花赤考述」, 『北方文物』 1995-4；趙阮, 「蒙元時期達魯花赤制度硏究」, 北京大學博士論文, 2012；Elizabeth Endicott-West, *Mongolian Rule in China：Local Administration in the Yuan Dynasty*, Harvard University Press, 1989.

다. 13세기 초 몽골은 고려와 최초 화친을 맺은 후 고유한 세계관에 입각하여 고려를 완전한 '복속국'으로 규정하고 줄곧 다루가치를 설치하려 기도했다. 이에 反蒙정책을 고수하는 고려의 무신정권과 그 문제를 둘러싸고 치열한 외교적 공방을 벌였다. 그리고 1270년 무신정권 붕괴 후 마침내 다루가치를 파견하여 8년 간 고려를 철저하게 감시하고 몽골조정의 통치력을 전달케 했다. 그런 점에서 다루가치 설치에 대한 양국의 입장, 정책과 실제 파견된 다루가치의 위상, 역할은 양국관계의 실제상을 반영하는 중요한 연구주제가 될 수 있다.

그러나 오늘날 전해지는 고려 주재 다루가치에 관한 연구 성과물은 많지 않다. 일찍이 池內宏이 그 관원의 구성, 교체, 활동을 검토한 글이 있지만 매우 소략하고 논의의 수준도 피상적인 단계에 머물러 있다. 이후 주채혁이 1차 전쟁 직후 몽골의 다루가치 설치와 고려의 대응을 양국의 군사전략 측면에서 분석한 논문을 발표했다. 그러나 논의의 범위가 특정 시기, 주제에 고정되어 고려 주재 다루가치의 전모를 파악하는 데 한계를 보인다. 최근 김보광이 다루가치의 置廢과정, 존재양상, 고려의 반응에 주목하여 일련의 성과물을 내놓았는데 그동안 논의되지 못한 여러 분야를 본격적으로 다루었다는 점에서 의의가 있다. 하지만 다분히 고려 측 관점에서 다루가치 설치와 그 활동에 대한 반응에 초점이 맞추어져 몽골의 입장이 충분히 반영되지 못한 아쉬움이 있다. 또한 여전히 검토되지 않은 영역이 존재하고 동의하기 어려운 견해도 눈에 띈다.[2)]

다루가치는 몽골이 종주국 위치에서 양국의 종속관계를 확정, 유지하기

---

2) 池內宏, 「高麗に駐在した元の達魯花赤について」, 『東洋學報』 18-2, 1929 : 『滿鮮史研究(中世3)』, 吉川弘文館, 1963 ; 주채혁, 「撒禮塔 2~3차 침공기의 高麗 內地 達魯花赤 置廢 문제」, 『몽·려전쟁기의 살리타이와 홍복원』, 혜안, 2009 ; 김보광, 「고려-몽골 관계의 전개와 다루가치의 置廢過程」, 『역사와 담론』 76, 2015 ; 김보광, 「고려 내 다루가치의 존재 양상과 영향 : 다루가치를 통한 몽골 지배방식의 경험」, 『역사와 현실』 99, 2016.

위해 파견한 관원이다. 그러므로 양국관계의 형태, 성격을 균형적으로 파악하기 위해서는 몽골의 입장에서 그 문제에 접근할 필요가 있다. 이에 본 장에서 몽골 측 자료를 적극 활용하고 필요에 따라 동시기 安南에 설치된 다루가치와 비교하여 고려 주재 다루가치의 치폐경위와 존재양태를 총체적으로 고찰하고자 한다.

2. 다루가치를 둘러싼 외교갈등과 설치경위

高宗5년(1218) 12월 江東城에 입보해 있던 거란족을 토벌하기 위해 카친(哈眞), 자라(札剌)가 지휘하는 몽골군이 고려에 입경했다. 다음해(1219) 정월 그들은 고려군과 함께 강동성을 협공·함락하고 5만 거란족의 투항을 받아냈다. 그 직후 양국 사이에 처음으로 화친이 수립되었다. 몽골은 온 세상을 지배, 복속의 대상으로 인식하는 전통적 세계관에 입각하여 이를 고려의 완전한 '복속'으로 간주하고 이후 철저하게 종주국의 입장에서 고려국왕의 親朝와 막대한 공물을 요구했다.

주지하듯이 몽골은 정복지, 복속국을 효과적으로 관할하기 위해 그곳에 다루가치를 파견하여 내정을 감독하는 정책을 시행했다. 그러나 강동성전투 종결 후 그들은 '복속국' 고려에 다루가치를 파견하지 않았다. 그 까닭은 당시 몽골의 다루가치 설치 정황에 비추어 살필 수 있다. 다루가치는 건국 직후 몽골이 金을 공략할 때 처음 등장하여 점령지 곳곳에 설치되었다.[3] 몽골과 고려의 최초 화친 시기는 다루가치 등장 초창기에 해당하는데

3) 『집사』에 1210년 칭기스칸이 西夏를 점령하고 그곳에 監官(shahna)과 군대를 주둔시켰다는 기록이 있다(라시드 앗 딘, 김호동 역주, 『부족지』, 사계절, 2002, 234~235쪽), 趙秉崑은 그 감관을 몽골이 정복지에 파견한 최초 다루가치로 보았다(趙秉崑, 앞의 논문, 64쪽).

그때까지 몽골의 막남, 화북 점령지에 설치된 다루가치 현황은 아래 <표 1>과 같다.[4)]

<표 1> 1219년 이전 막남, 화북의 다루가치

인명	종족	시기	치소	직위	출처
俺木海	몽골	1214년		隨路炮手達魯花赤	『元史』卷122 俺木海
札八兒火者	서역	1215년	中都	黃河以北鐵門以南天下都達魯花赤	『元史』卷120 札八兒火者
石抹也先	거란	1215년	北京	北京達魯花赤	『元史』卷150 石抹也先
耶律天佑	거란	1216년	滄州, 棣州	滄·棣州達魯花赤	『元史』卷193 忠義1

양국의 최초 화친 이전 막남, 화북에 파견된 다루가치는 4인으로 모두 몽골이 금을 공략할 때 점령한 군사 요충지에 설치되었다는 공통점이 있다. 처음 등장한 隨路炮手達魯花赤은 공성전을 수행하는 포병의 지휘관을 의미하고 여타 3인은 몽골군이 금의 中都(北京), 北京(內蒙古 寧城), 滄州(河北省 滄州), 棣州(山東省 惠民)를 점거하고 파견한 鎭守官으로 군대를 통솔하면서 점령지를 진무하고 반란행위를 방지하는 역할을 담당했다. 이처럼 몽골 건국 초창기 등장한 다루가치는 오로지 정복지에 설치되었고 그 임무도 군사적 측면에 한정되었다. 그러므로 당시 몽골에게 직접 투항·복속하거나 고려와 같이 그들이 '복속국'으로 설정한 나라에 다루가치를 파견하여 軍政, 民政을 감독케 하는 제도는 미처 마련되지 못한 것으로 보인다.

몽골의 인식과 달리 고려는 양국의 화친을 중국적 세계질서 이념에 바탕을 둔 事大관계 정도로 이해했다. 따라서 그들이 '복속'의 징표로 요구하는 국왕친조와 공물납부를 충실하게 이행하지 않았다. 그 결과 양국 간 갈등이 심화되었고 마침내 高宗12년(1225) 정월 공물을 수취해 돌아가던 몽골사신 著古與가 국경 부근에서 살해되는 사건이 발생하여

4) 이 <표>는 趙阮, 앞의 논문, 31~32쪽 <表一> : 史料中所見成吉思汗時期的達魯花赤을 참조하여 작성했다.

외교관계가 단절되기에 이르렀다.

高宗18년(1231) 8월 사르타이(撒禮塔)가 지휘하는 몽골군이 그 사건의 책임을 묻는다는 명분을 내세우며 고려를 침공했다. 고려는 사력을 다해 저항했으나 그들의 막강한 공세를 감당하지 못해 결국 모든 요구사항을 이행한다고 약속하면서 화친을 청했다. 몽골이 이를 수락하여 다음해(1232) 정월 군대를 돌이키고 開京, 西京 및 북계 각 처에 처음으로 다루가치 72인을 설치했다.

몽골이 최초 화친 때와 달리 고려에 다루가치를 설치한 것은 당시 확산되었던 다루가치 역할 변화 추세와 관련이 있다. 전술했듯이 건국 초기 몽골은 오로지 막남, 화북 점령지에 군사적 임무만을 담당하는 다루가치를 파견했다. 이후 그들은 1219년부터 약 7년 간 중앙아시아 정벌을 성공적으로 수행하여 광대한 지역을 영토로 편입했다. 그 결과 행정질서가 파괴된 정복지에서 '진수'뿐 아니라 실제적인 '통치'의 필요성이 대두했다. 이에 칭기스칸은 중앙아시아 및 화북 점령지에 처음으로 '민정'을 담당하는 다루가치를 파견했다.[5]

1229년 즉위한 우구데이는 오랜 전란으로 말미암아 무정부상태에 놓인 화북 점령지를 효과적으로 관할하기 위해 중앙집권적 행정체제를 수립하고 지방관청 곳곳에 '민정' 다루가치를 설치했다.[6] 1234년 몽골을 견문한 南宋使臣 徐霆이 사행기 『黑韃事略』에서 "管民則曰達魯花赤"이라 기재한 것도 그러한 경향을 반영한다. 그리고 이에 조응하여 그 시기 처음으로 '점령지' 뿐 아니라 '복속국'에도 다루가치를 파견하는 제도가 마련되었다고 추측된

---

5) 유원수 역주, 『몽골비사』, 사계절, 2004, 274~275쪽.

6) 原山仁子는 본래 다루가치의 임무가 軍政, 民政, 財政 방면에 걸쳐 있었는데 우구데이 시기 화북 각지에 十路徵收課稅使와 徵收課稅所가 설치되고 探馬赤軍이 주둔함으로써 재정, 군정 권한이 상실되고 민정 역할만 남게 되었으며, 금 멸망 후 본격적으로 시행된 州縣制度에 조응하여 민정 다루가치가 곳곳에 파견되었다고 하였다(原山仁子, 앞의 논문, 37쪽).

다. 1차 전쟁 종결 후 고려에 다루가치가 설치된 것은 이 같은 정황과 관련이 있다.

『高麗史』「世家」에 그해(1232) 2월 淮安公 王侹이 사행을 마치고 귀국할 때 몽골사신 都旦과 함께 왔다는 기사가 있다. 여기에서 도단의 직책이 단지 '사신'이라 표기되어 있지만 "고려의 國事를 都統하는 임무를 띠고 이곳에 왔다"라고 자처한 그의 발언에 비춰볼 때 終戰 직후 개경에 파견된 다루가치로 추정된다.[7] "都旦은 본래 거란인인데 성질이 매우 간교하여 과거에 몽골군을 강동성에 이르게 하여 자국의 군대를 전멸시킨 자였다"라는 관련기사도 승전에 공헌한 현지인을 다루가치에 임명하여 점령지를 관할케 하는 몽골의 보편적 정책과 상통한다.[8] 그는 도성에서 정복자와 진배없는 오만한 태도로 국왕과 함께 대궐 안에 거처하겠다고 고집하고, 연회에서 국왕과 나란히 앉으려 하며, 내집이 소홀하다는 이유로 담당관원을 몽둥이로 때려 살해하는 등 온갖 횡포를 자행했다. 다루가치가 대체로 부임지 행정관보다 높은 위치에서 한층 강력한 권한을 행사한다는 점을 감안하면 그의 행동을 납득하기 어렵지 않다. 북계 각 처에 배치된 다루가치의 모습도 이와 크게 다르지 않았을 것이다.[9]

승전 후 몽골은 고려에 다루가치를 설치했을 뿐 아니라 막대한 공물과 더불어 왕족·고관의 자녀, 장인·농민, 군사·전함까지 마련해 보내라고

---

7) 『高麗史』 卷23 高宗19년 2월 丁丑. 그해 9월 고려가 사르타이에게 보낸 서한의 "또 [장군께서] '다루가치가 죽은 자는 죽었어도 지금까지 남아있는 자들을 너희가 붙잡아 가두었다'라고 하신 일에 대해 해명하겠습니다. [……] 그 상국의 使臣을 잡아 가두었다는 일은 근거가 없으니 후에 조사하면 알 수 있을 것입니다"라는 문장에서도 다루가치를 使臣이라 칭했다(『東國李相國集』 卷28 「答蒙古官人書」).

8) 『高麗史』 卷23 高宗19년 3월 丙戌.

9) 동시기 고려가 몽골에 보낸 국서 중 "그 변방의 여러 성에 설치된 다루가치를 대접하는 일도 하나하나 명을 받들겠습니다"라는 구절은 일전에 몽골로부터 북계 각 처에 배치된 다루가치를 후하게 대접하라는 명을 받고 이를 충실히 따르겠다고 약속했음을 나타낸다(『東國李相國集』 卷28 「國銜行答蒙古書」).

요구했다. 그러나 고려는 비록 몽골에 투항했지만 정치·군사적 자주성과 경제기반을 크게 훼손하는 그들의 요구를 온전하게 이행할 수 없었다. 그 결과 다루가치의 횡포와 무리한 요구를 둘러싸고 양국 간 갈등이 증폭되었다. 마침 그해(1232) 6월 고려사신 宋得昌이 돌아와 몽골이 장차 대군을 이끌고 침입할 것이라 보고하자 고려는 즉시 강화도로 천도하고 다루가치를 모두 살해하여 항전의지를 천명했다.[10] 몽골은 어김없이 이를 '반역'으로 규정하고 그 후 수차례 단행한 무력침공의 구실로 삼았다.[11]

高宗40년(1253) 11월 몽골의 5차 침공을 지휘하던 예쿠(也窟)가 고려에 사신을 보내 군대주둔, 강화도성 해체와 더불어 다루가치 설치를 촉구했다. 이에 고려는 즉시 답서를 보내 "지금 대왕의 편지를 보고 군사 1만을 잔류시키고 다루가치를 설치하려 한다는 사실을 알게 되었습니다. 만약 그렇게 된다면 어떻게 후환이 없으리라는 것을 보장하고 옛 도읍으로 돌아갈 수 있겠습니까"라고 하여 여전히 다루가치 설치를 용인하지 않았다.[12]

전쟁 시기 줄곧 화친의 최우선 조건으로 국왕친조를 요구하던 몽골은

10) 14세기 李齊賢은 『經世大典』의 "太宗3년(1231) 撒塔(사르타이) 등을 보내 고려를 토벌하여 그 국왕이 항복하니 京, 府, 縣에 다루가치 72인을 두고 회군했다. 4년(1232) [고려가] 다루가치를 모두 죽이고 배반하여 海島로 들어가 지켰다"라는 기록에 대해 다루가치를 모두 죽였다는 기술은 사실과 다르고, 몽골의 고려침입도 사르타이와 洪大宣이 고려의 공적을 은폐하고 오히려 무고하여 발생했는데 편찬자 虞集이 이를 자세히 살피지 못했다고 지적했다(「櫟翁稗說」 前集1). 주채혁은 이를 이제현이 그 시대 고려의 이해와 자신의 사명 수행을 전제로 아전인수격으로 창작한 것으로 보고 일고의 가치도 없다고 혹평했다(주채혁, 앞의 논문, 51~55쪽).

11) "[高宗19년 8월] 西京巡撫使 대장군 閔曦가 司綠 崔滋溫과 함께 몰래 장교들에게 다루가치 살해를 모의하게 했다. 西京사람들이 이를 듣고 '그렇게 되면 우리 西京은 반드시 平州와 같이 몽골군에게 전멸될 것이다'라고 하면서 반란을 일으켰다"라는 기록은 당시 서경인들이 다루가치 살해가 곧 몽골의 보복을 초래한다고 예견했음을 알려준다(『高麗史』 卷23 高宗19년 8월 己酉朔).

12) 『高麗史』 卷24 高宗40년 11월 戊戌.

高宗43년(1256)부터 태도를 바꿔 태자의 입조를 요구하기 시작했다. 이는 그들이 장기간 전쟁을 겪으면서 결사항전하는 고려를 무력으로 제압하기 어렵다고 판단했기 때문이다. 마침 고려에서도 高宗45년(1258) 3월 그간 대몽항쟁을 주도했던 최씨 무신정권을 타도하는 정변이 일어났다. 이를 계기로 입지가 강화된 講和派를 중심으로 몽골의 제안을 받아들여 화친을 맺자는 주장이 강하게 제기되었다. 그 결과 마침내 다음해(1259) 4월 태자 王倎의 입조가 성사되었다. 몽골에 입경한 그는 陝西지역 六盤山에서 뭉케의 사망 소식을 접하고 귀환하던 중 汴梁에서 남송정벌군을 이끌고 북상하던 皇弟 쿠빌라이를 만나 환대를 받고 고종 사망 후 그의 책봉을 받아 귀국하여 새 고려국왕(元宗)으로 즉위했다. 이로써 양국은 오랜 전쟁을 끝내고 화친을 재개했다.

元宗원년(1260) 2월 쿠빌라이는 수르다이(束里大)와 康和尙을 다루가치로 임명하여 왕전과 함께 고려에 파견했다. 이로써 30여 년 만에 다시 고려에 다루가치가 설치되었다. 그런데 그들이 수행한 역할을 살펴보면 오로지 고려의 출륙을 독려하고 그 사무를 감시·감독하는 데 국한되었음을 알 수 있다. 3월 그들이 원종에게 "쿠빌라이 대왕이 우리를 보낸 것은 섬 안에서 음식이나 축내라는 뜻이 아니었으니 어찌하겠습니까"라고 하자 왕이 문무양반들과 각 領府로 하여금 개경을 왕래하게 하여 遷都 의지를 내보였다는 기록과 6월 수르다이가 金寶鼎에게 "너희 왕이 환국할 때 황제께 '臣이 환국하는 즉시 松京으로 돌아가겠습니다'라고 아뢰었는데 지금 이미 몇 개월이 지났는데 왜 태평하게 아무 걱정도 하지 않는가"라고 한 발언이 이를 뒷받침한다.[13)]

또한 3월 "수르다이가 크게 노하여 들판에 군영을 차렸다." 4월 "수르다이가 개경에 가기 위해 昇天府 북쪽 교외에 군영을 차렸다." 6월 "김보정을

---

13) 『高麗史』 卷25 元宗원년 3월 乙未 ; 6월 庚戌.

수르다이의 군영으로 보내 잔치를 베풀게 했다." 7월 "왕이 수르다이의 군영에 행차했다"라는 기사는 그들이 고려 주둔군을 통솔하는 군사지휘관이었음을 알려준다.[14)]

더욱이 元宗원년(1260) 7월 수르다이가 국왕에게 "옛 도읍의 궁실과 민가가 거의 다 지어졌으니 저는 西京으로 가겠습니다. 만약 永安公이 오면 마땅히 함께 돌아오고 그렇지 않으면 즉시 귀국하겠습니다"라고 한 언설과 며칠 후 원종이 그의 둔영으로 찾아가 귀국을 만류했을 때 그가 "귀국 일정이 이미 정해졌으니 머무를 수 없습니다"라고 한 답변은 그들이 고려의 출륙사무를 감시·감독하는 임무를 마친 후 귀환하기로 예정된 임시관원이었음을 추측케 한다.[15)] 8월 쿠빌라이가 보낸 조서의 "가을까지 주둔군을 철수시키고 이미 설치된 다루가치 보르카바르(孛魯合反兒), 바투르(拔覩魯) 일행에게도 모두 환국하도록 명했다"라는 문장에도 그들의 소환이 언급되어 있다.[16)] 조서 전달 직후 수르다이와 강화상은 몽골로 돌아갔다. 따라서 그들은 몽골제국 초창기 점령지를 진무하고 반란행위를 방지하는 역할을 담당한 管軍 다루가치와 유사하다. 즉 고려의 내정에 관여하지 않으면서 오직 출륙사무만을 감시·감독하고 임무완수 후 귀환이 예정된 임시적 군사지휘관으로 볼 수 있다. 그리고 이는 애당초 쿠빌라이가 고려에 장기 주재 '민정' 다루가치를 설치하려 의도하지 않았음

---

14) 『高麗史』 卷25 元宗원년 3월 甲申 ; 4월 庚子 ; 6월 庚戌 ; 7월 己丑.

15) 『高麗史』 卷25 元宗원년 7월 丁亥 ; 己丑.

16) 『高麗史』 卷25 元宗원년 8월 壬子. 이 문장에서 보르카바르(孛魯合反兒), 바투르(拔覩魯)는 정황상 수르다이, 강화상을 가리킨다고 추측된다. 『高麗史』 「世家」 元宗원년 4월조에 수르다이와 波透가 원종의 즉위식에 참석했다는 기사가 있는데 여기에서 강화상으로 여겨지는 波透(바투)는 위 문장의 拔覩魯(바투르)와 상통한다. 한편 이제현이 찬술한 「忠憲王世家」의 "본국에서 高王(고종)의 사망소식을 고하자 이에 [황제께서] 忽伯反에게 명하여 그를 호위하여 귀국케 했다"라는 문장에서 忽伯反은 수르다이(孛魯合反兒)와 동일인으로 추정된다(『益齋亂藁』 卷9 「有元贈敦信明義保節貞亮濟美翊順功臣太師開府儀同三司尙書右丞相上柱國忠憲王世家」).

을 나타낸다.

당시 쿠빌라이는 카안위 계승분쟁을 앞두고 여러 난관에 봉착해 있었다. 우선 개평에서 측근들만 소집한 채 독자적인 쿠릴타이를 열어 즉위한 그는 監國 신분으로 수도 카라코룸에서 카안 직무를 대행하고, 뭉케의 장례를 주관하며, 대다수 황금씨족의 지지를 받는 아릭부케에 비해 정통성에서 열세를 면치 못했다. 또한 東北諸王, 五投下, 일부 漢人世侯 군대를 제외한 몽골주력군 전체가 아릭부케 수중에 있었으므로 군사력의 우세도 장담할 수 없었다. 그때 30년 항전을 통해 막강한 군사력이 입증된 고려의 태자가 찾아와 예를 표하자 그는 이를 고려의 '자발적 복속'으로 윤색하여 자신의 정통성을 만방에 과시하고 한편으로 고려를 내전에 대비한 배후세력으로 삼으려 했다. 이에 따라 종전의 압박정책을 지양하고 고려를 회유하여 충직한 藩國으로 만드는 전략을 채택했다. 일찍이 고려가 기설된 다루가치를 일소하여 저항의지를 표명하고 그 후에도 몽골의 설치 요구를 한사코 거부했으므로 다루가치가 부임할 경우 그들의 반발은 충분히 예견되었다. 때문에 불필요한 갈등의 소지를 없애고 동맹관계를 유지하기 위해 다루가치를 두지 않은 것이다.

쿠빌라이는 여러 난관을 극복하고 아릭부케를 효과적으로 공략하여 至元원년(1264) 7월 그의 투항을 받아 몽골의 유일한 카안 지위를 확립했다. 그 후 선대 정권의 적극적·공세적인 대외정책을 계승하여 남송정벌과 일본초유에 착수했다. 이에 따라 고려에 대한 회유책도 강경책으로 전환되었다. 元宗8년(1267) 11월 쿠빌라이는 입조한 安慶公 淐에게 "너희나라가 진실로 투항했다면 마땅히 군사, 군량을 보내 전투를 돕고, 다루가치를 청하고, 민호 수를 점검해 [보고해야] 하는데 어째서 그렇게 하지 않는가?"라고 질책하고,[17] 다음해(1268) 3월에도 조서를 내려 다루가치 설치가

17) 『高麗史』 卷26 元宗9년 2월 壬寅.

조항에 포함된 六事의 이행을 거듭 촉구했다. 이에 고려는 즉시 답서를 보내 "다루가치와 호구조사에 관한 사안은 이제 막 육지로 나와 도성을 건설하는 데 너무 바쁜 터라 공사가 끝나는 대로 마땅히 분부를 따르겠습니다"라고 하여 즉각적인 이행의 곤란함을 호소했다.[18] 이처럼 내전 승리 후 쿠빌라이가 고려에 대한 정책을 강경 일변도로 전환하자 다루가치 설치를 둘러싼 양국의 갈등이 다시금 표면화되었다.

元宗10년(1269) 6월 고려의 권신 林衍이 원종을 폐위하고 안경공을 새 국왕으로 옹립하는 사건이 발생했다. 당시 원종과 대다수 신료들은 임연을 두려워하여 감히 몽골에 진상을 보고하지 못했는데 마침 입조해 있던 태자 王諶과 사건 직후 파견된 문하시중 李藏用이 쿠빌라이에게 그 전말을 진술함으로써 몽골의 무력개입을 이끌어냈다. 결국 임연은 그들의 군사적 위협에 굴복하여 11월 원종을 복위시켰다.

이 사건은 다루가치가 고려에 설치되는 결정적 계기로 작용했다. 12월 복위에 대한 하례를 위해 입조한 원종은 다음해(1270) 2월 쿠빌라이에게 다루가치와 함께 귀국시켜줄 것을 요청했다. 이에 쿠빌라이는 톡토르(脫朶兒)를 다루가치에 임명하여 원종과 함께 파견했다. 이로써 10년 만에 또다시 고려에 다루가치가 설치되었다. 원종이 종래 입장을 바꿔 먼저 다루가치 파견을 요청한 것은 폐위, 복위를 겪는 과정에서 발휘된 몽골의 막강한 위세를 실감하여 그들의 지원을 받아 무신정권을 타도하고 復政于王을 이루려 결심했기 때문이다. 그는 다루가치를 통해 몽골과 유대관계를 유지하고 무신세력을 견제할 수 있다고 판단한 것 같다. 몽골 역시 목전에 둔 남송·일본정벌에서 고려의 협조를 얻기 위해서는 반몽 무신세력을 제거하고 철저한 감시를 통해 그 발호 가능성을 근절할 필요가 있었다. 이 같은 양자의 이해관계가 합치되어 고려에 다루가치가 설치되었다.

---

18)『高麗史』卷26 元宗9년 4월 丙戌.

元宗11년(1270) 5월부터 忠烈王4년(1278) 9월까지 8년 간 7명의 다루가치가 고려에 부임했는데 그 구체적 사항을 제시하면 아래 <표 2>와 같다.[19]

<표 2> 고려 주재 다루가치

인명	종족	재임기간	직위
脫朶兒	몽골	元宗11년(1270) 5월~元宗12년(1271) 10월(卒)	達魯花赤
焦天翼	한인	元宗11년(1270) 5월~元宗14년(1273) 8월	副達魯花赤
李益	한인	元宗13년(1272) 4월~忠烈王즉위년(1274) 12월	達魯花赤
周世昌	한인	元宗14년(1273) 12월~忠烈王원년(1275) 2월(卒)	副達魯花赤
黑的	몽골	忠烈王즉위년(1274) 12월~忠烈王원년(1275) 7월	達魯花赤
石抹天衢	거란	忠烈王원년(1275) 12월~忠烈王4년(1278) 9월	副達魯花赤
張國綱	한인	? ~忠烈王4년(1278) 9월	達魯花赤經歷

3. 다루가치의 존재양태

1) 위상

다루가치는 본래 부임지역 행정관보다 높은 위치에서 그의 통치를 감시·감독하는 역할을 담당했다. 일찍이 도단이 지극히 오만한 자세로 온갖 횡포를 자행하고 수르다이가 왕전과 함께 입국했을 때 "어찌 영접이 이렇게 늦은가? 지난번 于琔의 말이 진실로 거짓이 아니로구나"라고 불평한 사례는 모두 다루가치가 관할구역 최고위 통치자라는 그들의 공통된 인식에서 기인한다.[20]

즉위 초 쿠빌라이는 화북 농경지대를 효과적으로 다스리기 위해 중국식

19) 엄밀하게 말하면 達魯花赤經歷 張國綱은 다루가치가 아니라 그 屬官이지만 본 논문이 고려 주재 다루가치의 全貌를 살피는 데 목적을 두었으므로 그 범주 안에 포함시키고자 한다.

20) 『高麗史』 卷25 元宗元年 2월 乙丑.

州縣制度를 채택하고 위상, 권한이 한층 강화된 다루가치를 각 행정단위에 고루 설치하여 중앙정부의 통치력을 전달케 했다. 이에 따라 다루가치는 변함없이 부임지 행정관보다 높은 지위, 권한을 발휘했다. "國朝의 官制에서 路, 府, 州, 縣에 모두 다루가치 1인을 두고 長吏 위에 위치시켜 그 통치를 감독케 했다"라는 기록이 그러한 현실을 여실히 보여준다.[21)]

이 같은 그들의 높은 위상은 고려 주재 다루가치에게도 동일하게 보장되었으리라고 추측된다. 다음 기록을 통해 그 일면을 엿볼 수 있다.

> [忠烈王원년] 12월 丁酉. 부다루가치가 개경에 들어오자 왕이 군복을 입은 채로 侍臣을 거느리고 宣義門 밖에 나가 [그를] 맞이하고 沙坂宮에 들어가 조서를 열어보았다. 다루가치가 공관으로 돌아가자 백관이 모두 그곳에 가서 알현했는데 3품 이상은 계단 위에서 揖禮를 행하고 4품 이하는 계단 아래에서 拜禮했다.[22)]

위 기사는 忠烈王원년(1275) 12월 부다루가치 石抹天衢가 부임했을 때 국왕, 신료들이 그를 영접하는 장면을 묘사한 글이다. 그때 충렬왕은 직접 성문 밖으로 나가 그를 맞이하는 정성을 보였고 특히 그가 공관에 들어갔을 때 모든 신료들이 그곳에 가서 예를 올렸다는 구절은 그에게 적어도 고려신료들보다 높은 위상이 부여되었음을 짐작케 한다. 다루가치 톡토르가 마음대로 재상 金鍊의 딸을 며느리로 삼고 열병 때 모든 재추에게 군관에게

---

21) 『中庵集』 卷14 「鄒平監縣布延君去思碑」. 『元史』 「百官志」와 『元典章』의 행정·군사기구 속관에 관한 기록에 따르면 각 행정관과 다루가치는 동일한 관품을 수여받았다. 이에 관해 丹羽友三郎은 비록 품계가 같아도 각 관서의 실제 장관은 다루가치이고 행정관이 차관 역할을 맡았다고 보았다(丹羽友三郎, 앞의 논문, 30~33쪽). 趙阮도 元初 몽골의 의정 회의제도인 圓署에서 다루가치가 掌印權을 보유함으로써 封記를 담당하는 행정관보다 우위에 있었음을 지적했다(趙阮, 앞의 논문, 139~143쪽).

22) 『高麗史』 卷65 志19 禮7 賓禮 迎大明無詔勅使儀.

지급할 말을 내도록 명했음을 알리는 다음 기록도 고위관원보다 우월한 그의 위상, 권한을 재차 확인시켜준다.

> [元宗12년 2월] 이 달에 脫朶兒가 반드시 재상 집안에서 며느리를 구하려 하자 딸을 둔 자들이 두려워하여 앞 다퉈 사위를 맞아들였다. 나라에서 재상집 두세 곳을 적어주고 스스로 선택하게 하니 톡토르가 자색을 보고 金鍊의 딸을 며느리로 삼으려 했다. 그 집은 이미 데릴사위를 들였는데 그 사위가 두려워하여 집을 나갔다. 김련이 그때 [몽골에] 입조하여 돌아오지 않았으므로 그 집에서 [그를] 기다렸다가 혼례를 치르자고 요청했으나 [톡토르는] 듣지 않았다.[23]

> [元宗12년 5월] 이 날에 脫朶兒가 재추와 함께 교외에서 군사 5백여 명을 열병했다. 그 都領, 指諭에게 말 1필을 지급하고 군졸 열 명당 말 1필을 지급했는데 행군이 시작되자 군졸들이 행인의 말을 다수 빼앗았다. 톡토르가 "재추의 자제 중 종군하는 자가 있는가?"라고 묻자 [누군가] "없습니다"라고 답했다. 톡토르는 이에 재추에게 명하여 각자 말을 내어 군관에게 지급하게 했다.[24]

다루가치와 고려국왕이 지닌 위상의 우열관계를 명확하게 나타내는 사료적 근거는 찾기 어렵다. 그러나 통상 다루가치가 관할구역의 실제 통치자보다 높은 위상을 지닌 점에 비추어 고려국왕과의 관계도 크게 다르지 않다고 추측해볼 수 있다. 이와 관련하여 동시기 安南에 파견된 다루가치에 관한 다음 기록이 주목된다.

---

23) 『高麗史』 卷27 元宗12년 2월.
24) 『高麗史』 卷27 元宗12년 5월 癸亥朔.

至元6년(1269) 安南이 제때 입공하지 않아 庭珍을 朝列大夫 安南國達魯花赤으로 삼아 金符를 차고 吐蕃, 大理의 諸蠻을 지나 안남에 이르게 했다. [……] [陳光昺이] 곧이어 정진에게 말하기를, "성스러운 천자께서는 나를 가련히 여기시나 사신들이 오면 매우 무례하다. 너의 관직은 조열이고 나는 왕이다. 서로 동등하게 대하는 일이 예부터 있었는가?"라고 했다. 정진이 말하기를, "있었다. 천자가 파견한 관료는 비록 보잘 것 없어도 제후의 윗자리에 위치한다"라고 했다. 광병이 말하기를, "너는 鄯州를 지날 때 雲南王을 보고 절했는가 안했는가?"라고 했다. 정진이 말하기를, "운남왕은 천자의 아들이고 너희는 오랑캐 작은 나라다. [천자께서] 특별히 왕호를 사용하도록 허가하셨으나 어찌 운남왕과 비교할 수 있겠는가? 하물며 천자께서 명을 내려 나를 안남의 수장으로 삼고 너의 윗자리에 위치하게 했다"라고 했다. 광병이 말하기를, "이미 대국을 칭했는데 어찌 우리의 무소뿔과 상아를 찾는가?"라고 했다. 정진이 말하기를, "토산품을 바치는 것은 藩臣의 직무다"라고 했다. 광병이 대응하지 못하고 더욱 부끄럽고 분해하며 호위병으로 하여금 칼을 뽑고 둘러싸게 하여 정진을 위협했다. 정진이 차고 있던 활과 칼을 내려놓고 침실 안에 누워 말하기를, "네 마음대로 하라"라고 했다. 광병과 신하들이 모두 굴복했다. 다음해(1270) [광병이] 사신을 보내 정진을 따라 가서 입공하게 했다. 정진이 황제를 뵙고 광병과 대화한 말을 아뢰니 황제가 매우 기뻐하여 翰林承旨 王磐에게 명해 그것을 기록하게 했다.[25]

위 인용문은 至元6년(1269) 한인관료 張庭珍이 다루가치로서 안남에 부임했을 때 국왕 陳光昺과 대면한 상황을 묘사한 글이다.[26] 여기에서

25) 『元史』 卷167 張庭珍, 3920쪽.

26) 위 인용문과 관련하여 『元史』「安南傳」에 "至元5년(1268) 9월 訥剌丁을 대신하여 忽籠海牙를 達魯花赤, 張庭珍을 副達魯花赤으로 삼았다." 『安南志略』 卷3 大元奉使에

진광병이 장정진을 포함한 몽골관원이 자신을 무례하게 대한다고 불평하자 그는 철저하게 종주국의 입장에서 "천자가 파견한 관료는 비록 보잘 것 없어도 제후의 윗자리에 위치한다." "천자께서 명을 내려 나를 안남의 수장으로 삼고 너의 윗자리에 위치하게 했다"라고 하여 안남국왕에 대한 자신의 우위를 내세우면서 무력위협에도 아랑곳하지 않고 시종일관 당당한 자세를 견지했다. 이를 통해 복속국의 다루가치에게 토착군주보다 높은 지위를 부여하는 몽골의 정책을 확인할 수 있다. 다음해(1270) 쿠빌라이가 그 대화내용을 전해 듣고 매우 기뻐했다는 마지막 문장도 이를 뒷받침한다. 또한 至元12년(1275) 정월 진광병이 다루가치 폐지를 청하기 위해 올린 표문 중 "또한 다루가치는 변경의 小國에도 설치할 수 있습니다. 신은 이미 왕으로 봉해져 한 지역의 藩屛이 되었는데 도리어 다루가치를 설치하여 감독케 하니 어찌 제후국들에게 웃음거리가 되지 않겠습니까?"라는 내용도 다루가치가 안남국왕의 상위에서 그의 통치를 감시·감독했음을 증언한다.[27]

동시기 고려 주재 다루가치의 인식, 태도 역시 안남의 다루가치와 크게 다르지 않았을 것이다. 그리고 이는 일부 고려신료들에게 공유되어 다음과 같이 다루가치 앞에서 국왕에 대한 불경을 저지르기도 했다.

[元宗14년(1273) 8월] 왕이 일찍이 聖節을 하례하는 자리에서 다루가치가

"至元5년(1268) 忽隆海牙를 安南에 사신으로 보냈다"라는 기사가 있다. 이에 대해 山本達郎은 본래 至元5년(1268) 부다루가치에 임명된 장정진이 다음해(1269) 홀롱해아를 대신하여 다루가치로 승진했다고 추정했다(山本達郎 編, 『ベトナム中國關係史：曲氏の擡頭から清佛戰爭まで』, 山川出版社, 1975, 91쪽). 그러나 『大越史記全書』「本紀」卷5 陳紀 紹隆12년(1269) 12월조 "元使 籠海牙(忽籠海牙)가 와서 변경의 일을 알려주었다"라는 기사를 긍정한다면 그가 至元5년(1268) 다루가치 홀롱해아와 함께 부다루가치 신분으로 안남에 파견되어 다음해(1269) 도착했다고 이해하는 편이 적절하다.

27) 『元史』 卷209 安南, 4637~4638쪽.

그 속관을 거느리고 오른쪽에 섰는데 內豎上將軍 康允紹가 다루가치에게 아부하느라고 역시 일당을 거느리고 몽골복장을 입은 채로 곧장 들어왔다. 자신이 客使인 것처럼 왕을 보고도 절하지 않고 왕이 절하자 한꺼번에 몽골식으로 절했다. 왕이 노했으나 제어할 수 없었고 담당관청에서도 감히 힐책하지 못했는데 金坵가 그를 극력 탄핵했다. 다루가치가 노하여 "강윤소가 먼저 머리를 깎은 것은 상국의 예를 따른 것인데 오히려 탄핵하는가?"라고 하며 그를 위태롭게 했다. 어떤 사람이 이를 알리자 김구는 "내가 차라리 견책을 받을지언정 어찌 그런 놈을 탄핵하지 않겠는가?"라고 했다.[28]

이와 같이 카안의 생일을 축하하는 자리에서 고려신료 康允紹는 다루가치 李益에게 잘 보이기 위해 몽골식 복장을 갖추고 몽골사신처럼 행동하면서 원종에게 절을 올리지 않고 왕이 절을 하자 그제야 몽골식으로 절하는 무례를 범했다. 다루가치의 지위가 국왕보다 높다는 인식, 판단이 없었다면 그가 이처럼 행동하기 어려웠을 것이다. 이에 대해 국왕과 담당관청이 어떠한 제제도 가하지 못했다는 구절도 다루가치의 우월한 위상이 이미 고려지배층 사이에 널리 공인되었음을 의미한다. 오히려 강윤소에 대한 金坵의 탄핵이야말로 다루가치의 견책을 두려워하지 않는 '대담한' 행동이었을 것이다.

元宗14년(1273) 2월 이익이 左倉의 녹봉을 금지하자 원종이 극력 항의하여 무산시킨 일이 있다. 이는 고려국왕이 스스로 다루가치의 자의적 행위를 제어한 사례로 보이기도 한다. 그러나 그때 원종은 이익에게 "左倉은 신료들의 봉록을 관리하는 곳으로 [몽골의] 관원이 간섭할 수 없다. 내가 장차 [이를] 황제에게 아뢰겠다"라고 하면서 그의 행동을 저지했다.[29] 이 언사는

28) 『高麗史節要』 元宗14년 8월.
29) 『高麗史』 卷27 元宗14년 2월 辛亥.

그가 다루가치의 행동을 능동적으로 제어하지 못하고 반드시 몽골카안의 권위에 의존해야 했음을 알려준다.

이처럼 다루가치에게 고려지배층을 능가하는 높은 위상이 보장되었으므로 그들이 부임지에서 私益을 추구하는 것은 자연스러운 현상이었다. 元宗14년(1273) 3월 이익이 일본사행에서 돌아온 趙良弼에게 선물을 바치자 그가 "이것은 네가 고려를 침탈해서 얻은 것이다"라고 하면서 받지 않고 가버렸다는 기사가 그 일면을 보여준다.[30] 至元12년(1275) 정월 진광병이 몽골에 올린 표문에서 "天朝가 보낸 다루가치는 臣의 나라까지 힘들게 와서 어찌 빈손으로 돌아가겠습니까? 하물며 그 수행인들도 [다루가치를] 믿고 행동하면서 小國을 능멸하고 있습니다. 비록 천자께서 해와 달처럼 빛나지만 어찌 覆盆까지 비출 수 있겠습니까?"라는 내용도 다루가치 일행의 과도한 사익추구와 방종이 안남을 혼란케 했음을 지적하고 있다.[31]

元宗15년(1274) 5월 태자 왕심이 쿠빌라이의 딸 쿠툴룩켈미시(忽都魯揭里迷失)와 혼인하여 駙馬 지위를 획득하고 다음 달 사망한 부왕을 계승하여 즉위한 후 다루가치가 우위를 점했던 양자관계가 점차 변하기 시작했다. 8월 즉위를 명하는 조서를 갖고 온 몽골사신에게 잔치를 베푸는 자리에서 벌어진 다음 논쟁에서 양자 우열관계의 미묘한 변화가 감지된다.

> 이어 詔使에게 잔치를 베풀었는데 사신이 왕이 駙馬이므로 남쪽을 향해 앉게 하고 사신은 동쪽을 향해, 다루가치는 서쪽을 향해 앉았다. 왕이 술잔을 돌리자 사신은 절하고 받아 마신 후 다시 절했으나 다루가치는 서서 마시고 절하지 않았다. 사신은 "왕은 천자의 부마다. 늙은이가 어찌 감히 이렇게 [무례]한가? 우리들이 돌아가 아뢰면 그대가 무사하겠는가?" 라고 했다. [다루가치는] "[이 자리에] 공주가 없고 또한 이는 선왕 때

30) 『高麗史』 卷27 元宗14년 3월 乙亥.
31) 『元史』 卷209 安南, 4637쪽.

예법일 뿐이오"라고 답했다.[32)]

이와 같이 몽골사신이 부마 충렬왕에게 절하지 않고 술을 마시는 다루가치 이익의 무례함을 질책하자 그는 그 자리에 공주가 없고 원종 때부터 답습된 관례이므로 무방하다고 항변했다. 이는 그가 충렬왕의 부마 지위를 인정하지 않고 복속국 군주를 대하는 종전의 예법을 고수했음을 의미한다. 당시 충렬왕은 비록 몽골황실의 부마가 되었지만 곧바로 몽골지배층으로부터 그 지위를 온전하게 인정받지 못했다. 忠烈王원년(1275) 5월 중서성 관원이 "駙馬王이 사신을 [나가서] 맞지 않은 사례가 없지 않지만 왕은 외국의 군주이니 조서가 이르면 [나가서] 맞지 않으면 안 된다"라고 하여 그가 서문 밖으로 나가 몽골사신을 영접했다는 기사도 이를 뒷받침한다.[33)] 하지만 원종대 문제되지 않은 이익의 행동이 충렬왕 즉위 직후 논란을 일으켰다는 점에서 종래 다루가치보다 열세했던 고려국왕의 위상이 부마 지위 획득 후 다소 상승했음을 부정하기 어렵다.[34)]

충렬왕과 다루가치 黑的의 긴장관계도 같은 맥락으로 이해된다. 忠烈王즉위년(1274) 12월 이익이 본국으로 소환되자 일전에 수차례 고려에 사행왔던 흑적이 후임자로 파견되었다. 일반적으로 고려 주재 다루가치는 임기 중 사망한 톡토르, 주세창을 제외하고 모두 2~3년의 임기를 채우거나 석말천구, 장국강 같이 임기를 연장하는 경우도 있었다. 그런데 흑적은 부임 7개월 후인 다음해(1275) 7월 돌연 귀국했다. 이에 관해 『高麗史』 「世家」에 "다루가치가 되어 매우 거만했으나 왕이 누차 억제하여 감히 방자하게 마음대로 행동하지 못했다"라고 기록되어 있다.[35)] 부임 초 다루

32) 『高麗史』 卷28 忠烈王즉위년 8월 己巳.

33) 『高麗史節要』 卷19 忠烈王원년 5월.

34) 忠烈王2년(1276) 정월 신료들이 신년을 하례할 때 忻都와 石抹天衢가 국왕에게 말을 바쳤다는 기사도 고려 주둔군 총수와 다루가치가 충렬왕의 우월한 지위를 인정하고 예를 표한 것으로 이해된다(『高麗史』 卷28 忠烈王2년 정월 丁卯).

가치로서 막강한 위상, 권한을 발휘하려 했으나 충렬왕의 견제를 받아 뜻대로 되지 않자 귀국을 결심한 것으로 보인다. 과거에 원종이 다루가치를 능동적으로 제어하지 못한 모습과 매우 대조적이다. 10월 쿠빌라이도 조서를 보내 "黑的이 와서 말한 너희 나라의 일이 한두 가지가 아니었으나 모두 허락하지 않았으니 네가 그것을 알아두어라"라고 하여 고려에 대한 흑적의 비방, 참소를 물리치고 충렬왕을 지지하는 태도를 보였다.[36] 이처럼 부마 지위 획득 후 충렬왕은 스스로 다루가치를 견제할 만큼 위상, 권한이 신장되었다.

아울러 忠烈王4년(1278) 9월 석말천구가 귀국할 때 충렬왕에게 契由에 칭찬의 말을 써달라고 청했는데 그가 좋은 일은 한 바 없어 써주지 않았다는 기록도 주목할 만하다.[37] 契由는 契券과 解由의 합칭으로 전자는 일종의 신분증, 후자는 관원이 임기를 마치고 상부에 올리는 성과·실적보고서를 가리킨다. 당시 몽골에서는 상급관청이나 감찰관이 임기만료 관원을 조사하고 해유를 작성해 중서성에 올리면 중서성에서 그것을 인사고과에 반영하는 제도가 시행되었다. 석말천구가 충렬왕에게 해유 작성을 요청한 것은 충렬왕이 다루가치의 성과, 실적을 평가하여 해유를 작성하는 상급자 위치에 있었음을 의미한다. 이 사례 역시 다루가치보다 우월한 그의 위상을 입증하기에 충분하다.

2) 역할

다루가치의 기본 임무는 몽골 중앙정부의 지시를 받아 부임지에서 충실하게 이행하는 것이다. 忠烈王4년(1278) 7월 국왕을 수행하여 입조한 朴恒이

35) 『高麗史』 卷28 忠烈王원년 7월 甲午.
36) 『高麗史』 卷28 忠烈王원년 10월 庚戌.
37) 『高麗史』 卷28 忠烈王4년 9월 己丑.

平章政事 카베(哈伯)에게 "조정에서 小邦에게 내리는 명은 모두 帥府와 다루가치에게 하달됩니다"라고 한 언사를 통해 그러한 명령전달 체계의 존재를 알 수 있다.[38] 이에 따라 고려 주재 다루가치는 카안과 중서성의 명을 받아 죄를 지은 洪澤, 于琔을 처형하고, 고려가 몽골군에게 사로잡힌 백성들을 돌려받는 데 협조했으며, 중서성의 지시에 따라 동계와 경상도에서 鯨魚油를 구하고, 추밀원의 명을 받아 고려인의 弓矢 소지를 금지했다.[39]

고려 주재 다루가치의 임무가 오로지 본국의 지시를 받아 이행하는 수동적·소극적인 데 한정된 것은 아니다. 여러 사례에서 능동적인 모습을 발견할 수 있는데 그 중 가장 두드러진 역할이 반란사건을 철저하게 조사·심문하여 진상을 밝히고 관련자를 처벌 또는 석방하는 것이다. 전술했듯이 다루가치는 임연사건 때 몽골이 고려의 반몽 무신세력을 타도하고 왕권회복을 지원하기 위해 파견한 관원이므로 그 주된 임무가 반몽세력의 발호를 억제하는 데 있다는 것은 짐작하기 어렵지 않다. 게다가 톡토르 부임 직후 양국정부에 대항하여 발발한 三別抄의 봉기는 이 같은 그들의 우려를 더욱 가중시켰을 것이다.

8년에 걸친 다루가치 주재 시기 고려에서 여러 차례 반란모의와 무고사건이 일어났는데 그때마다 다루가치는 사건처리 과정에 적극 개입하여 주도적으로 활약했다. 元宗11년(1270) 11월 양국군대가 삼별초를 토벌할 때 潘南人 洪贊이 몽골군 지휘관 아카이(阿海)에게 金方慶이 적군과 내통한다고 참소하자 아카이가 김방경을 체포·수감하는 사건이 발생했다. 그가 톡토르에게 사건을 보고하자 그는 김방경을 조사하여 무혐의를 밝히고 즉시 석방했다. 또한 다음해(1271) 1월 관노 崇謙, 功德이 다루가치와 고관들을 살해하고 삼별초에게 투항하려는 모의가 발각되자 톡토르가 그 관련자를

38) 『高麗史節要』 卷20 忠烈王4년 7월.

39) 『高麗史』 卷27 元宗12년 4월 乙卯 ; 9월 庚午 ; 元宗14년 11월 乙卯朔 ; 元宗14년 12월 癸酉 ; 卷28 忠烈王3년 정월 甲寅.

모두 체포해 처형했다. 아울러 忠烈王2년(1276) 12월 어떤 이가 석말천구에게 齊安公 王淑과 김방경 등이 반란을 일으켜 강화도로 들어간다고 참소하자 그가 연루자 43명을 체포·심문하고, 다음해(1277) 12월 韋得儒, 盧進義가 다시 김방경이 반역을 꾀한다고 무고하자 그를 조사하여 거짓임을 확인하고 석방했다.

반면 "다루가치가 왕에게 '홍찬 등이 한 말은 거짓이니 마땅히 옥에 가둬야 합니다'라고 하고 김방경을 석방했다. 왕은 즉시 다루가치에게 요청하여 다시 김방경으로 하여금 적을 토벌케 하고 上將軍에 임명해 잘 위로하여 보냈다." "왕이 知樞密院事 李玄原과 上將軍 鄭子璵를 보내 톡토르에게 구원을 청하니 톡토르가 洪茶丘 등과 함께 재추를 소집하여 숭겸 등 10여 명을 체포해 조사하자 모두 자복했다"라는 기록과 같이 고려국왕은 반란사건을 스스로 처리하지 못하고 다루가치에게 요청하는 모습을 보였다.[40] 이를 통해 반란사건을 조사·심문·처결하는 우선적 권한이 다루가치에게 부여되었음을 알 수 있다.[41]

다루가치는 치안과 무기관리를 주관하는 임무도 수행했다. 그들은 개경에 巡馬所를 설치하여 매일 밤 순찰을 돌면서 사람들의 야간통행을 금지하고[42] 수차례 일반인의 궁시 소지 금지령을 반포하여 군사를 제외한 고려인의 무장을 불허했다.[43] 톡토르와 이익이 부임 직후 강화도에 가서 내부를 정탐한 사실도 그곳이 대몽항쟁의 거점으로 재차 활용될 여지를 불식하려

---

40) 『高麗史』 卷104 金方慶 ; 卷27 元宗12년 1월 癸巳.

41) 이명미는 다루가치와 몽골군이 함께 고려에 체재한 시기 軍事 관련 사건이 발생했을 경우 다루가치, 管軍官, 고려국왕 및 신료가 함께 사법문제를 처리하는 雜問이 이루어졌음을 지적했다(이명미, 「司法문제를 통해서 본 몽골 복속기 고려국왕 위상 : 다루가치·管軍官 체재기의 '雜問'을 중심으로」, 『사학연구』 121, 2016).

42) 『高麗史』 卷28 忠烈王4년 7월.

43) 『高麗史』 卷27 元宗12년 10월 甲辰 ; 卷28 忠烈王원년 5월 壬辰 ; 忠烈王2년 11월 丙辰.

는 의지의 표현으로 이해된다.44) 이 같은 조처의 궁극적인 목적은 고려를 무장해제하고 철저하게 감시하여 반몽 저항행위 발생 가능성을 사전에 차단하는 데 있다고 판단된다.

이처럼 다루가치가 반란사건 처결, 반항행위 방지 역할을 제대로 수행하기 위해서는 반드시 무력지원이 뒷받침되어야 한다. 마침 고려에는 임연사건 직후 다루가치와 함께 수천의 몽골군이 파견되어 개경과 지방 각지에 주둔해 있었다. 비록 다루가치에게 실제적인 지휘권이 부여되지 않았지만 그들은 忻都, 洪茶丘를 위시한 군 수뇌부와 긴밀하게 공조하여 군사지원을 얻을 수 있었다. 그런 점에서 그들은 제국 초창기 몽골이 점령지를 진무하고 반란행위를 방지·진압하기 위해 군대와 함께 파견한 管軍 다루가치 성격이 농후하다고 볼 수 있다. 元宗11년(1270) 2월 쿠빌라이가 고려에 보낸 조서의 다음 내용도 그가 다루가치에게 임연사건으로 인해 혼란해진 고려를 진무하고 안정시키는 사명을 부과했음을 나타낸다.

> 짐이 생각건대 신하가 군주를 섬기는 데 죽어도 두 마음이 없어야 한다. 뜻밖에 너희 나라의 권신이 갑자기 함부로 나라의 군주를 폐위했다. 그들은 이미 많은 군사를 동원해 장차 너희 백성들을 위태롭고 불안하게 할 것이다. [짐이] 너희 백성을 위해 특별히 군사를 보내 국왕 植을 호송해 환국케 하여 옛 도읍에 거주하게 하고 다루가치에게 [함께] 가서 너희 나라를 진무하여 안정시키라고 명했다.45)

그렇다면 고려 주재 다루가치의 民政 역할은 어떠했을까? 동시기 몽골정부는 화북, 강남 곳곳에 管民 다루가치를 파견하여 지방관과 함께 관할구역의 실제 통치를 맡게 했다. 이에 따라 그들은 戶口, 租稅, 勸農, 水利, 司法

44) 『高麗史』 卷26 元宗11년 9월 戊午 ; 卷27 元宗13년 9월 丙寅.

45) 『元高麗紀事』 至元7년 2월.

등 여러 민정 역할을 수행했다.46) 이와 비교할 때 다루가치가 고려에서 수행한 민정 역할은 발견하기 어렵다. 다만 元宗12년(1271) 2월 톡토르가 고려조정에 남방에 주둔하는 몽골군이 州郡을 침략하여 백성들을 고통스럽게 하니 사신을 보내 그들을 다독여야 한다고 건의하고, 忠烈王4년(1278) 4월 嘉林縣 사람이 석말천구에게 국왕측근이 촌락을 모두 침탈한다고 호소하자 그가 고려조정에 이를 해결하기 위해 각지를 순시할 사람을 보내달라고 요청한 사례가 확인될 뿐이다.47) 이는 그들이 민정 사무를 직접 처결하지 못하고 고려조정에 건의·요청하는 데 머물러야 했음을 나타낸다.

한편 그들이 특별하게 고려내정에 간섭한 사례로서 本俗法 개정 시도를 들 수 있다. 忠烈王26년(1300) 征東行省 平章政事 고르기스(闊里吉思)가 고려의 노비법 혁파를 시도하기 전에 이미 톡토르가 임기 중 그것을 시도한 바 있고, 흑적도 본국 소환 후 쿠빌라이에게 고려왕실의 족내혼, 관직명, 재상의 수의 부조리를 고발했으며, 석말천구 역시 충렬왕에게 국왕이 사용하는 각종 용어의 참월함을 지적했다. 이에 고려는 오직 노비법 혁파만을 저지했을 뿐 省, 院, 臺, 部와 같은 관직명과 宣旨, 朕, 赦, 奏와 같은 용어를 제후국 격식에 맞게 개정할 수밖에 없었다. 다루가치의 주된 임무가 고려를 감시하고 반란행위를 방지하여 궁극적으로 양국의 종속관계를 공고히 하는 데 있으므로 이에 걸맞지 않는 불경·부당한 제도의 존재를 좌시할 수 없었을 것이다. 하지만 그때에도 그들은 그것을 스스로 개정하지 못하고 몽골정부에 고발하거나 고려국왕에게 건의하는 소극적 태도를 취했다. 이처럼 그들의 민정 역할이 제한되었으므로 고려는 몽골정부와 직접 교섭하여 노비법 혁파를 무산시키는 외교적 성과를 거둘 수 있었다.

이상 논의를 통해 몽골이 고려 주재 다루가치에게 실제적인 민정 권한을

---

46) 元代 다루가치의 민정 역할에 관해 趙阮, 앞의 논문, 125~137쪽 참조.

47) 『高麗史』 卷27 元宗12년 2월 辛亥 ; 『高麗史節要』 卷20 忠烈王4년 4월.

부여하지 않고 고려정부의 자치권을 인정했다는 견해를 도출할 수 있다. 元宗11년(1270) 12월 쿠빌라이가 보낸 조서에서 "경의 나라가 비록 작지만 경 역시 일국의 왕이니 黜陟, 威福, 是非를 마땅히 그대가 스스로 결정해야 한다"라는 문장도 그가 고려국왕의 독자적 통치권을 보장했음을 알려준다.[48]

몽골은 고려가 진정으로 복속하고 제후국의 책무를 충실하게 이행한다면 굳이 내정에 간섭하지 않는 유화정책을 채택했다. 그들에게 고려는 향후 단행될 남송·일본정벌에서 중요한 지정학적, 군사적 가치를 지닌 존재였으므로 신속하게 복속시켜 전쟁에 동원할 필요가 있었다. 그러나 고려에서는 무신정권이 40여 년 간 줄곧 반몽 기조를 유지하고, 심지어 카안이 책봉한 국왕을 마음대로 폐위하기도 했으며, 무신정권 붕괴 후에도 그 주요 군사기반인 삼별초가 봉기하여 남해지역에서 반몽활동을 지속했다. 비록 고려조정이 몽골의 지원을 받아 무신정권과 삼별초를 타도하고 친조, 출륙을 비롯한 여러 책무를 이행함으로써 복속 의지를 표명했으나 무신세력 발호와 반몽행위에 대한 그들의 의구심은 쉽게 해소되지 않았다. 그러므로 몽골은 자치권을 허용하는 한편으로 다루가치와 군대를 파견해 고려를 철저히 감시하고 반몽저항 가능성을 근절함으로써 양국의 종속관계를 확립할 필요가 있었다. 이에 따라 고려 주재 다루가치에게 반란사건 처결, 치안유지, 무기관리와 같은 軍政 역할만을 위임한 것이다.

4. 쿠빌라이의 다루가치 폐지와 그 요인

忠烈王4년(1278) 9월 副達魯花赤 石抹天衢와 達魯花赤經歷 張國綱이 전격

48) 『高麗史』 卷26 元宗11년 12월 乙卯.

소환됨으로써 약 8년 간 고려에 주재했던 몽골의 다루가치가 최종 폐지되었다. 일반적으로 이 조처는 2개월 전 김방경 무고사건을 해명하기 위해 입조한 충렬왕이 고려에 침투한 몽골관원과 附蒙세력을 축출하기 위해 몽골지배층과 적극 교섭하여 이루어낸 외교적 성과로 이해된다.[49] 귀국하던 장국강이 그에게 "이제 達魯花赤, 元帥 및 군대가 모두 철수하니 한 나라의 복입니다"라고 한 발언과 "이번 행차를 통해 무릇 나라의 걱정거리를 모두 [황제에게] 아뢰어 없애니 나라사람들이 [왕의] 덕을 칭송하고 감격의 눈물을 흘렸다"라는 기사에도 그것이 충렬왕이 친조외교를 통해 이룬 빛나는 업적으로 기술되어 있다.[50]

그러나 과연 다루가치 폐지가 그의 헌신적인 노력의 결과였는지 재고할 여지가 있다. 『高麗史』「世家」에 기재된 양자의 교섭 과정을 면밀하게 검토하면 충렬왕이 몽골지배층에게 다루가치 폐지를 요청한 흔적을 찾을 수 없다. 오히려 그는 카베(哈伯)에게 "王京 다루가치의 임기가 만료되었는데 낭가타이(郎哥歹)가 일찍이 小邦을 왕래했으니 그를 임명한다면 耳目으로 쓸 수 있을 것입니다." 며칠 후 쿠빌라이에게 "황제께서 신임하는 몽골인(韃靼) 한 명을 다루가치로 임명해 주십시오"라고 하여 두 차례에 걸쳐 흑적 귀국 후 3년 간 공석이었던 正達魯花赤 파견을 요청했다.[51] 이는 至元12년(1275) 정월 안남에서 몽골에 표문을 올려 다루가치의 폐해를 호소하고 그 소환을 강하게 주청한 모습과 매우 대조적이다.

이와 관련하여 다루가치 폐지가 충렬왕이 아닌 호종신료의 공적으로 서술된 기록이 있어 주목된다. 「金周鼎墓誌銘」의 "戊寅(1278), 임금을 호종하여 北國에 입조했는데 임금이 심복으로 여겼다. 中贊(김방경)이 무죄임을

49) 이익주, 「高麗·元關係의 構造와 高麗後期 政治體制」, 서울대학교 박사논문, 1996, 59~65쪽.

50) 『高麗史』 卷28 忠烈王4년 9월 丙戌 ; 乙巳.

51) 『高麗史』 卷28 忠烈王4년 7월 甲申 ; 戊戌.

밝히고, 다루가치 衙門을 파하여 돌려보내고, 種□(種田軍)도 돌려보냈다", 「趙仁規墓誌銘」의 "公은 홀로 말을 달려 황제를 뵙고 직접 사정을 아뢰어 윤허 받지 않은 것이 없었다. 다루가치와 種田軍을 일거에 모두 파하여 돌려보냈으니 이야말로 萬世의 공적이다"라는 문장이 그것이다.[52] 그런데 두 기록 모두 다루가치 폐지가 오로지 자신의 공적으로 기술되어 있고 그들 스스로 혹은 충렬왕이 그 건의를 받아 몽골정부에 요청한 사실이 확인되지 않으므로 그들이 다루가치 폐지에 기여했다는 위 기록은 인정하기 어렵다. 당시 고려에서 결과적으로 그것이 큰 외교적 성과로 칭송되었으므로 묘지명 제작자가 주인공의 공적을 과시하기 위해 의도적으로 史實을 개작했을 가능성이 있다.

충렬왕과 몽골지배층의 교섭에 관한 『高麗史』 「世家」 기록은 다루가치 폐지가 오직 쿠빌라이의 명에 의한 것임을 명백하게 보여준다. 충렬왕의 두 차례 다루가치 파견 요청에 대해 그는 "도대체 낭가타이가 어떤 인물이기에 다루가치로 임명하겠는가?" "어찌 다루가치가 필요하겠는가? 그대가 스스로 잘 하면 될 것이다"라고 거절하면서 고려 주재 다루가치를 최종 폐지했다. 그러므로 이는 충렬왕이나 호종신료가 몽골지배층과 능동적으로 교섭하여 거둔 외교적 성취가 아니라 쿠빌라이가 충렬왕의 파견 요청을 물리치고 스스로 내린 결정으로 이해되어야 한다.

이 견해를 수용한다면 충렬왕이 몽골에 다루가치 존치를 요청하고 쿠빌라이가 그것을 폐지한 까닭을 궁구해볼 필요가 있다. 우선 전자의 요인으로 다음 두 가지를 들 수 있다. 첫 번째는 다루가치가 충렬왕의 왕권강화에 유용하게 작용했다는 점이다. 다루가치는 본래 임연사건 직후 원종이 몽골의 지원을 받아 무신정권을 타도하고 왕권을 회복하기 위해 쿠빌라이에게 요청하여 파견된 관원이다. 그러므로 원종에게 그들은 몽골조정과의

52) 김용선 편저, 『高麗墓誌銘集成』(제5판), 한림대학교출판부, 2012, 402쪽 ; 631쪽.

긴밀한 유대를 보증하고 무신세력 발호를 감시·제압하는 임무를 수행하는 중요한 존재였다.[53] 즉위 초반 국내에서 세력기반을 확고하게 구축하지 못한 충렬왕에게도 이 같은 그들의 존재가치는 여전히 유효했을 것이다. 또한 다루가치가 종종 원종의 권위를 침해했던 바와 달리 부마 충렬왕은 상위에서 그들을 효과적으로 통제할 수 있었다. 실제로 충렬왕대 다루가치가 별다른 문제를 일으킨 바 없고 "張國綱은 일처리가 분명하고 공평하여 우리에게 많은 도움이 되었다"와 같이 그 활동이 고려에 유익하게 작용했다는 기록도 존재한다.[54] 충렬왕이 굳이 몽골에 석말천구와 장국강의 연임을 요청한 사실도 같은 맥락으로 이해된다.[55]

두 번째는 그가 부마 지위를 활용하여 다루가치의 고유 권한을 회수할 수 있었다는 점이다. 입조 당시 충렬왕은 중서성에 글을 올려 "小邦의 어떤 간사한 자가 품고 있던 감정을 풀고자 거짓으로 무고하거나 익명으로 투서했는데 심지어 모반까지 언급하자 管軍官과 다루가치가 [주모자를] 고문하여 온 나라를 소란스럽게 했습니다. 금후에 만약 이전과 같은 고소자가 있다면 제가 스스로 사건을 조사하여 상부에 보고하게 해 주시기를 청합니다"라고 하여 반란사건을 자신이 직접 조사·심문할 수 있도록 허가해달라고 요청했다.[56] 귀국 직후 올린 표문에서 "앞서 입조했을 때 직접 아뢰었듯이 금후로 죄를 저지른 자가 있다면 臣이 [직접] 다스리겠다고

---

53) 『元史』「本紀」 "[至元9년(1272) 12월] 辛丑, 諸王 쿠라추(忽剌出)가 고려 경내에서 逃民들을 약탈하여, 高麗達魯花赤이 그 사안을 상주하니 [황제가] 고려의 백성이 아직 안정되지 않았으니 그것을 금지한다고 명했다"라는 기사는 원종대 다루가치가 고려의 권익보호에 기여한 사례로서 주목된다(『元史』 卷7 世祖4, 144쪽).

54) 『高麗史』 卷28 忠烈王4년 9월 丙戌.

55) 『元高麗紀事』 至元15년 2월 ; 『高麗史』 卷28 忠烈王4년 9월 丙戌. 札奇斯欽은 고려가 내란평정과 복정우왕 후 몽골의 위세에 전면 의존하게 되었으므로 조정을 대표하는 다루가치와의 마찰이 그다지 크지 않았다고 보았다(札奇斯欽, 앞의 논문, 550쪽).

56) 『高麗史』 卷28 忠烈王4년 7월 壬辰.

요청하여 폐하의 윤허를 받았습니다"라는 문장을 통해 그것이 가납되었음을 알 수 있다.[57]

또한 그는 동일한 건의문에서 "小邦은 거리가 매우 멀어 긴급한 일이 발생하면 반드시 驛馬를 달려 보고하는데 다루가치에게 箚子를 요청해 [발급받은] 후에 [사신을] 보내면 혹시라도 지체되어 일을 그르칠 수 있습니다. 駙馬의 격식에 의거하여 스스로 箚子를 발급할 수 있도록 허락해 주시기 바랍니다"라고 하여 다루가치의 역마사용 허가증 발급 권한을 부마 격식에 따라 자신에게 부여해달라고 요청했다.[58] 이 역시 귀국 직후 올린 표문 중 "또한 앞서 [제가] 올린 건의들을 편의대로 하도록 [허락해 주셨습니다]"라는 구절에 비추어 허가받았다고 볼 수 있다.[59] 이처럼 충렬왕은 다루가치가 자신의 권위확립에 여전히 유용하고 상위에서 그들을 통제하고 권한을 회수할 수 있었으므로 그 존치를 요청했던 것이다.

그럼에도 불구하고 쿠빌라이가 8년 간 고려에 주재한 다루가치를 단번에 폐지한 까닭은 무엇일까? 그 요인으로 다음 세 가지를 꼽을 수 있다. 첫 번째는 그 기간 중 비로소 고려의 복속에 대한 몽골지배층의 의심, 불신이 해소되었다는 점이다. 몽골이 다루가치를 파견한 목적은 임연사건을 계기로 고려의 이반이 가시화되자 반몽 무신세력을 제압하고 국왕을 후원하여 고려를 충직한 번국으로 만드는 데 있었다. 실제로 몽골지배층은 1260년 화친 재개 후에도 出陸과 助軍을 충실하게 이행하지 않는 고려를 끊임없이 의심·질책했고 임연사건을 겪으면서 그러한 불신감이 최고조에 이르렀다. 이는 한인관원 馬希驥가 조정에 올린 다음 진언에 잘 드러난다.

이전의 명을 내려 사신을 보내 일본에 은혜를 내리고자 했으나 [고려가]

57) 『高麗史』 卷28 忠烈王4년 윤11월 癸丑.
58) 『高麗史』 卷28 忠烈王4년 7월 壬辰.
59) 『高麗史』 卷28 忠烈王4년 윤11월 癸丑.

음모를 꾸며 방해했습니다. 백성들을 옮겨 섬에서 나와 육지로 가게 했으나 또한 따르지 않았습니다. 그때에도 지형의 험고함을 쉽게 믿고 스스로 강대하다고 여겼으니 저항의 싹이 이미 드러났습니다. [이는] 대체로 신하의 권세가 매우 강했기 때문입니다. 근자에 上國에 청하지도 않고 함부로 [왕을] 폐립했으니 법으로써 마땅히 용서할 수 없습니다.[60]

그러나 복위 직후 원종은 곧바로 무신정권을 타도하고, 출륙을 단행하며, 몽골군과 함께 삼별초를 토벌하고, 왕실 간 혼인관계를 맺고, 일본원정에 공동 출정하여 복속의지를 강하게 표명했다. 더욱이 충렬왕은 입조 즉시 쿠빌라이에게 西北諸王 토벌과 2차 일본정벌에 협조하겠다고 자청하는 적극성을 보였다. 이러한 과정을 통해 고려의 복속에 대한 몽골지배층의 의구심이 상당부분 해소되었으리라고 추측된다. 그때부터 고려를 불신하는 언사가 담긴 기록이 발견되지 않는 사실이 그것을 뒷받침한다. 또한 忠烈王2년(1276) 김방경이 입조했을 때 담당관원이 그와 亡宋 신하의 좌석 배치를 주문하자 쿠빌라이가 "고려는 義를 흠모하여 스스로 귀부했고 송은 힘에 굴복해 투항했으니 어찌 같을 수 있겠는가?"라고 한 발언도 그러한 인식변화의 일면을 보여준다.[61] 이 같은 현실에서 다루가치 설치의 필요성은 자연스럽게 감소되었을 것이다.

두 번째는 상술했듯이 부마 충렬왕의 지위가 다루가치보다 상승했다는 점이다. 본래 다루가치는 부임지역 행정관보다 우월한 위상이 보장되어야 감시, 감독 임무를 제대로 수행할 수 있다. 원종대까지 그것이 비교적 순탄하게 이루어졌으나 충렬왕의 부마 지위 획득 후 양자의 우열관계가

---

60) 『元高麗紀事』 至元6년 11월.

61) 『高麗史』 卷104 金方慶. 원종·충렬왕대 고려의 복속에 대한 몽골의 인식변화에 관해 고명수, 「몽골의 '복속' 인식과 蒙麗관계」, 『한국사학보』 55, 2014, 58~65쪽 참조.

역전되었다. 또한 그는 원종보다 더욱 적극적으로 몽골에 복종하는 자세를 취하여 쿠빌라이의 두터운 신뢰를 얻었다. 이에 쿠빌라이가 그 스스로 반몽행위를 감시·제압할 수 있다고 판단하여 다루가치의 고유 임무인 반란사건 조사, 심문 권한을 그에게 위임했다고 이해된다. 이처럼 충렬왕이 다루가치의 상위에서 그들을 능동적으로 통제하고 그 역할을 대신 담당하게 되자 다루가치의 존재의미가 퇴색하는 것은 당연한 결과였다.[62]

세 번째는 부마 영지에 대한 다루가치 파견이 몽골의 관습에 어긋난다는 점이다. 제국 초창기부터 몽골은 전통적 家産制 관념에 의거하여 정복지의 토지, 인민을 后妃, 諸王, 公主, 駙馬에게 분여하는 分封制를 시행하고 投下영주의 권익을 보호하는 취지에 따라 그 영지에 다루가치를 파견하지 않았다. 물론 상당수 분봉지에 投下다루가치가 설치되었지만 이는 행정체제가 온전하게 수립되지 못한 상황에서 투하영주가 영지, 영민을 효과적으로 관리하기 위해 직접 임명한 관원이다. 즉 그들은 투하영주의 권익보호, 향상을 위해 파견된 존재였으므로 중앙정부의 통치력을 지방 곳곳으로 전달하는 임무를 띤 일반적 다루가치와 명확하게 구별된다.[63]

쿠빌라이는 카안으로서 황실의 부마로 지위가 격상된 충렬왕의 권익을 그 격식에 맞게 보장해줄 책임이 있었다. 이에 따라 부마의 영지에 다루가치

---

62) 蕭啓慶은 몽골의 강한 군사적 압박 아래 놓인 고려정치는 국왕과 공주가 함께 다스리는 형태였고, 쿠빌라이가 공주를 고려로 시집보낸 지 4년 후 고려에 주재하는 다루가치를 소환한 것은 공주가 몽골조정의 이익을 대표하고 고려정치를 감독할 수 있었기 때문이라고 하였다(蕭啓慶, 「元麗關係中的王室婚姻與强權政治」, 『東方文化』 20-1, 1982 : 『內北國與外中國』(下冊), 中華書局, 2007, 781쪽). 반면 이명미는 몽골의 전통적 분봉제에서 공주가 家産으로서의 제국에 대해 함께 권리를 갖는 정치주체였고, 그의 권리, 권력이 상당부분 그 남편인 부마의 그것과 직결되었으므로 그 역할이 몽골조정을 대표해서 고려를 감시·감독하는 다루가치와 다르다고 보았다(이명미, 「고려에 下嫁해 온 몽골공주들의 정치적 위치와 고려-몽골 관계 : 齊國大長公主의 사례를 중심으로」, 『이화사학연구』 54, 2017).

63) 投下다루가치에 관해 李治安, 『元代分封制度硏究(增訂本)』, 中華書局, 2007, 65~85쪽 ; 趙阮, 앞의 논문, 88~95쪽 ; Elizabeth Endicott-West, op.cit., pp.89~103 참조.

를 설치하지 않는 관습에 의거하여 그것을 폐지했다고 볼 수 있다. 그런 점에서 이 조처는 고려에 대한 몽골지배층의 인식이 '외연적 속국'에서 '내포적 속령'으로 변모했음을 반영한다. 더욱이 고려에는 고유한 독자적 행정체제가 온존했으므로 충렬왕이 직접 투하다루가치를 임명할 필요도 없었다. 그 결과 고려는 몽골의 세력권 안에서 어떠한 다루가치도 설치되지 않은 '특별한' 지역으로 남게 되었다.

5. 맺음말

다루가치는 몽골이 건국 초기부터 점령지, 복속국을 효과적으로 관리하기 위해 각지에 파견한 감독관이다. 13세기 초 그들은 고려와 최초 화친을 맺은 후 고유한 세계관에 입각하여 고려를 완전한 '복속국'으로 규정하고 줄곧 다루가치를 설치하려 시도했다. 반면 고려는 양국의 화친을 중국적 세계질서 관념에 바탕을 둔 사대관계 정도로 인식하여 정치적 자주성을 과도하게 침해하는 다루가치 설치를 용인하지 않았다. 이러한 대외인식, 정책의 차이는 첨예한 외교갈등으로 표면화되었고 오랜 전쟁을 촉발·지속하는 기제로 작용했다. 그러나 몽골은 임연사건을 계기로 고려에 대한 영향력을 대폭 확대하여 元宗11년(1270) 비로소 고려에 다루가치를 설치했다.

원종대 다루가치에게는 고려지배층보다 높은 위상, 권한이 보장되었다. 이에 그들은 상위에서 고려의 내부를 철저히 감시하고 때로 사익을 추구하기도 했다. 그러나 충렬왕이 부마 지위를 획득한 후 양자의 우열관계가 역전되어 다루가치를 능동적으로 통제할 수 있게 되었다. 그리고 다루가치에게는 民政 임무가 부여되지 않았다. 이에 따라 그들은 고려의 내정에 간섭하지 않고 반란사건 처결, 치안유지, 무기관리와 같은 管軍 역할만 수행했다. 간혹 참월하고 부당하다는 이유로 고려의 본속법을 개정하려 시도했지만 실제로 그것을 스스로 주도하지 못하고 몽골조정에 고발하거나 고려국왕에게 건의하는 소극적 태도를 취했다. 이는 몽골이 고려의 정치적 독자성을 보전하는 방침에 따라 유화정책을 채택했음을 의미한다.

일반적으로 忠烈王4년(1278) 다루가치 폐지는 충렬왕이 몽골조정과 교섭하여 이뤄낸 빛나는 업적으로 알려져 있다. 그러나 실제로 그는 몽골에 다루가치 폐지가 아닌 파견을 요청했다. 다루가치의 존재가 그의 왕권강화에 유용하고 그가 그들의 고유 권한을 회수할 수 있었기 때문이다. 반면 쿠빌라이는 그의 파견 요청을 물리치고 스스로 다루가치 폐지를 결정했다. 이는 당시 고려의 복속에 대한 몽골지배층의 의심, 불신이 해소되었고, 충렬왕의 지위가 다루가치를 직접 통제할 만큼 신장되었으며, 부마 영지에 대한 다루가치 파견이 몽골의 관습에 부합하지 않았기 때문이다. 그러므로 다루가치 폐지는 고려가 몽골을 상대로 거둔 외교적 성취가 아니라 그 존속이 불필요하다고 판단한 몽골의 처분에 따른 것으로 이해되어야 한다.

3장 충렬왕대 怯憐口 출신 관원

1. 머리말

13세기 중엽 몽골과 고려는 30여 년에 걸친 오랜 전쟁을 끝내고 새롭게 화친을 맺었다. 그리고 元宗15년(1274) 5월 고려태자 王諶과 몽골공주 쿠틀룩켈미시(忽都魯揭里迷失, 齊國大長公主)가 혼인하여 양국 간 왕실통혼 관계가 성립되었다. 이를 계기로 양국의 통혼이 상례로 정착되어 이후 공민왕대까지 80여 년 간 모두 7명의 몽골공주가 고려에 시집왔다. 세대를 거듭한 왕실통혼은 양국의 우호관계를 돈독히 하는 기제가 되었지만 한편으로 몽골에 대한 고려의 종속을 심화시키는 굴레로 작용했다.[1] 때문에 학계 일부에서는 양국 통혼관계 아래 존재했던 고려의 국가체제를 駙馬國體制라고 부르기도 한다.

고려에 시집온 몽골공주는 몽골황족의 일원으로 황실세력을 배후에

1) 양국 왕실통혼에 관한 주요 연구성과는 다음과 같다. 김성준, 「麗代 元公主出身王妃의 政治的 位置에 대하여 : 특히 忠宣王妃를 중심으로」, 『한국여성문화논총』 1, 1958 ; 김혜원, 「麗元王室通婚의 成立과 特徵 : 元公主出身王妃의 家系를 중심으로」, 『이대사원』 24·25, 1989 ; 이명미, 「高麗·元 王室通婚의 政治的 의미」, 『한국사론』 49, 2003 ; 蕭啓慶, 「元麗關係中的王室婚姻與强權政治」, 『東方文化』 20-1, 1982 ; 森平雅彦, 「高麗王家とモンゴル皇族の通婚關係に關する覺書」, 『東洋史研究』 67-3, 2008 ; George Qingzhi Zhao, "“One-way” Marriage : Royal Marriages between the Mongol Yuan and Koryŏ," *Marriage as Political Strategy and Cultural Expression : Mongolian Royal Marriages from World Empire to Yuan Dynasty*, Peter Lang Publishing, 2008.

두었으므로 항시 드높은 지위와 권세를 보장받았다. 그 중 가장 돋보이는 인물로 단연 충렬왕비 제국대장공주를 꼽을 수 있다. 그녀는 유일한 몽골카안의 친딸로서 여타 공주들에 비할 수 없는 지고한 위상을 향유하고 종종 고려정치에 직접 개입하여 막강한 영향력을 행사했다.2) 이러한 현실에서 그녀의 사속인이자 측근인 怯憐口(怯怜口)가 고려의 새로운 지배층으로 급속하게 부상했다. 그들은 공주의 위세에 기대어 높은 지위, 권한을 부여받아 고려의 고위관원으로서 크게 활약했다. 겁련구 출신 관원의 득세와 활발한 정치활동은 양국 왕실통혼에서 비롯된 특수한 현상으로 통혼관계의 실제상과 특징을 올바르게 이해하는 데 반드시 고려되어야 할 부분이다.

그들의 공적, 사적 활동이 당대 고려 정치, 사회에 상당한 영향을 미쳤음에도 불구하고 이에 관한 연구성과는 충분치 않다. 국내에서 그들을 전면으로 고찰한 논고가 부재하고 다만 제국대장공주의 인적기반 또는 충렬왕측근집단(嬖幸)의 일부로서 간략하게 다루어졌을 뿐이다.3) 한편 근래 중국에서 그 주요 인물 張舜龍과 印侯를 각각 분석한 논문이 발표되었다. 그러나 이는 해당인물을 전면으로 다룬 선구업적이라는 의의가 있지만 그들의 관직경력, 정치활동, 인물평 등을 피상적으로 살피는 데 머물러 심도 있는 연구결과라고 평가하기 어렵다.4)

---

2) 제국대장공주의 위상, 권력, 정치활동에 관한 주요 연구성과는 다음과 같다. 권순형, 「원 공주 출신 왕비의 정치권력 연구 : 충렬왕비 제국대장공주를 중심으로」, 『사학연구』 77, 2005 ; 김현라, 「고려 충렬왕비 齊國大長公主의 위상과 역할」, 『지역과 역사』 23, 2008 ; 이정란, 「忠烈王妃 齊國大長公主의 冊封과 그 의미」, 『한국인물사연구』 18, 2012 ; 이명미, 「고려에 下嫁해 온 몽골공주들의 정치적 위치와 고려-몽골 관계 : 齊國大長公主의 사례를 중심으로」, 『이화사학연구』 54, 2017 ; 권순형, 「충렬왕비 제국대장공주의 고려 왕비로서의 삶」, 『여성과 역사』 28, 2018.

3) 정용숙, 『고려시대의 后妃』, 민음사, 1992, 271~278쪽 ; 김광철, 『高麗後期世族層研究』, 동아대학교출판부, 1991, 144~152쪽 ; 이익주, 「高麗·元關係의 構造와 高麗後期 政治體制」, 서울대학교 박사논문, 1996, 72~99쪽.

4) 喜蕾, 「高麗史中的回回人張舜龍」, 『回族研究』 2000-3 ; 舒健, 「怯憐口與高麗政局關係初探 : 以蒙古人印侯爲例」, 『元史及民族與邊疆研究集刊』 23, 2011.

이에 본 장에서는 충렬왕대 겁련구 출신 관원의 지위, 권세, 활동과 국왕과의 관계를 총체적으로 검토하여 그 양태와 성격, 고려 정치·사회에 미친 영향과 의의, 나아가 양국 통혼관계의 특징을 규명하는 데 한 걸음 다가서고자 한다. 주제범위를 제국대장공주의 겁련구로 한정한 것은 오로지 그들에게서만 고려관원으로 활동한 흔적이 발견되기 때문이다. 이는 그녀의 위세가 분명 여타 공주들과 구별될 만큼 강대했음을 반영한다. 따라서 본 장은 그녀의 특별한 위상과 권력을 파악하는 데에도 도움이 될 것이다.

2. 겁련구와 媵臣

겁련구의 의미와 성격을 명확하게 나타내는 사서의 기록은 충분치 않다. 우선 대부분의 학자들은 이를 家僮을 의미하는 몽골어 ger-ün kö'ü의 한자 음역어로 간주한다. 또한 『高麗史』에 私屬人, 元代 徐元瑞가 편찬한 『吏學指南』에 自家人, 明代 陳士元이 편찬한 『諸史夷語音義』에 捕獵이라고 간략하게 풀이되어 있다.[5] 그러므로 지금까지 겁련구의 명칭, 의미, 직능, 지위, 성격에 관해 적잖은 연구가 진행되었음에도 아직 여러 부분에서 의견이 엇갈린다. 그러나 적어도 그 의미가 몽골의 皇室, 公主, 諸王에게 종속되어 주인을 위해 狩獵, 牧畜, 廚房, 工匠, 護衛 등 여러 직종에 종사하는 사속인이라는 점에 대해서는 이견이 없는 듯하다.[6]

---

5) 『高麗史』 卷123 印侯 "怯怜口, 華言私屬人也." 『吏學指南』 戶計 "怯憐戶, 謂自家人也." 『諸史夷語音義』 卷4 元史兵志 "怯憐赤, 華言捕獵也."

6) 겁련구에 관한 주요 연구성과는 다음과 같다. 小林高四郎, 「元の怯憐口に就いての疑」, 『社會經濟史學』 7-12, 1938 ; 岡本敬二, 「元の怯怜口と勝臣」, 『東洋史學論集』(東京教育大學東洋史學研究室 編), 清水書院, 1953 ; 海老澤哲雄, 「モンゴル王朝期の怯憐口に關する覺書」, 『北海道教育大學紀要』(第一部 B. 社會科學編) 20-1, 1969 ; 大葉昇一, 「元朝怯薛管轄

몽골제국 성립 이전 겁련구는 몽골의 유력 지배층 가문에 종속된 일종의 노예(boghol)로서 주로 각 부족 사이에 벌어진 전쟁에서 사로잡힌 포로들로 구성되어 당시 유목사회에서 가장 낮은 신분에 속했다. 그러나 제국성립 후 몽골이 급속하게 팽창하여 광대한 영토를 점령하게 되면서 그들의 지위도 변하기 시작했다. 몽골은 점령지의 범위를 초원유목 지대에 국한하지 않고 많은 인구가 밀집되어 있는 농경지역으로 확대했다. 이에 따라 그들의 지배 아래 놓인 다수의 농경지역 노비들이 사회 최하층을 점하게 되면서 겁련구의 지위가 점차 상승했다. 겁련구는 몽골지배층의 사속인으로서 조세, 요역 부담에서 비교적 자유로웠기에 빈곤에 허덕이던 농민들이 본적지를 이탈하여 이에 투신하는 일이 빈번하게 발생했다. 또한 겁련구는 황실과 귀족의 사유재산으로서 그들의 권익을 보증하는 존재였으므로 여러 차례 중앙정부로부터 구제조치가 내려지기도 했다.[7]

『高麗史』에는 제국대장공주를 따라 온 겁련구 車信이 媵臣이라고 표기되어 있다.[8] 잉신은 본래 중국에서 왕족, 귀족 여인이 시집갈 때 수종하는 家臣을 의미하며 『史記』에서부터 그 용례가 등장한다. 그런데 당시 몽골인들이 이와 유사한 발음과 의미를 사용한 사례가 있어 흥미롭다. 먼저 몽골 콩기라트부 수장의 겁련구였던 張應瑞 일족의 내력이 기재된 「張氏先塋碑」의 문장이 주목된다.[9] 蒙漢合璧으로 제작된 이 비석의 한문면에 콩기라트부

下の怯憐口」, 『早稻田大學大學院文學硏究科紀要』(別冊)6, 1980 ; 劉迎勝, 「從阿合馬的身份談起」, 『元史論叢』 9, 2004.

7) 小林高四郎은 몽골시대 겁련구가 많은 특권, 우대를 받고 독립된 호적에 편성된 사실을 근거로 그 신분이 私奴가 아닌 자유민이라고 주장했다(小林高四郎, 위의 논문, 1331~1337쪽). 大葉昇一도 그들의 지위가 일반적 통념상의 노예는 아니라고 보았다(大葉昇一, 위의 논문, 192~194쪽).

8) 『高麗史』 卷123 張舜龍 "車信·盧英, 亦怯怜口也. 信初名車忽觧 [……] 及公主釐降, 遂爲媵臣."

9) 이 비석의 정식 명칭은 「皇元敕賜故贈榮祿大夫遼陽等處行中書省平章政事柱國追封薊國公張氏先塋之碑」지만 편의상 「張氏先塋碑」로 약칭하겠다. F.W. Cleaves, "The Sino-Mongolian Inscription of 1335 in Memory of Chang Ying-jui," *Harvard Journal*

출신의 여인 보타시리(卜答失里)가 훗날 카안에 즉위하는 톡테무르(文宗)에게 시집갈 때 그녀를 수종한 장응서의 아들 張住童이 媵臣이라 표기되어 있고 몽문면에는 그것이 Inǰe라고 번역되어 있다. 즉 이 비문에 따르면 [잉신=Inǰe]가 성립된다. 아마도 Inǰe는 발음 상 잉신의 동의어 媵者가 몽골에 전파되어 만들어진 용어라고 추정된다.10)

또한 테무진이 몽골통일 전쟁을 수행할 때 큰 전공을 세운 측근 주르체데이에게 자신의 빈첩 이바카베키를 하사한 일화에 관한 『元朝秘史』의 기록에 그녀가 처음 칭기스칸에게 시집올 때 수종한 노복이 媵哲思라고 표기되어 있다. 媵哲思는 몽골어 Inǰes로 음역되고 Inǰes는 Inǰe의 복수형이므로 이 기록은 [媵哲=Inǰe]임을 나타낸다. 『元史』「出赤台傳」의 동일 기사 중 칭기스칸이 그에게 "亦八哈別吉(이바카베키)과 引者思 100인을 하사했다"라는 문장의 引者思도 분명 Inǰes를 가리킨다.11) 이를 통해 媵者가 몽골에 전파되어 Inǰe로 통용되고 몽골의 중국점령 시기 그것이 다시 한어로 媵哲, 引者, 媵臣이라 표기되었음을 알 수 있다.

겁련구 차신이 한편으로 잉신(Inǰe)이라 불렸으므로 겁련구와 잉신이 무관하지 않을 것이다. 위 논의내용을 통해 Inǰe가 몽골지배층의 겁련구 중 그 가문의 여인이 시집갈 때 그녀를 수종해 가서 주인을 위해 복무하는 노복을 가리킨다고 추정해볼 수 있다. 즉 양자의 관계가 [겁련구>잉신]으로 이해된다. 그러므로 차신과 함께 공주를 수종한 印侯, 張舜龍, 盧英 등은 넓은 의미에서 겁련구에 해당되지만 엄밀하게 잉신으로 보는 편이 더욱 적절하다.12) 그들이 고려에서 공주의 위세를 배경으로 고위직을 차지하고

---

of Asiatic Studies, Vol 13, No. 1/2, 1950에 이 비석의 漢蒙 양면 비문의 탁본, 사진, 전사, 번역이 상세한 주석과 함께 수록되어 있다.

10) Ibid, pp.54~55.

11) 『元史』 卷120 朮赤台, 2962쪽.

12) 겁련구와 잉신의 관계에 처음 주목한 岡本敬二는 『高麗史』와 「張氏先塋碑」의 관련기록을 다각도로 고찰하여 [겁련구=잉신]이라는 결론을 도출했다(岡本敬

막강한 권한을 행사할 수 있었던 점도 여기에서 기인한다.

몽골지배층의 잉신 중에서 주인의 신임을 받아 높은 지위와 강한 권세를 획득하여 제국통치의 전면에 등장한 사례가 있다. 쿠빌라이 정부 안에서 20여 년 간 막강한 권세를 휘둘렀던 아흐마드가 그 장본인이다. 그의 일족은 본래 중앙아시아 출신 回回人으로 13세기 초 몽골군이 호레즘을 공략할 때 포로가 되었고 승전의 일익을 담당한 콩기라트부 수장 알치노얀에게 분배되어 그의 겁련구가 되었다. "차분 카툰이 아직 [그녀의] 아버지 집에 있을 때 아미르 아흐마드는 그들과 친근한 관계에 있었기 때문에 그녀가 카안의 카툰이 되자 그녀의 오르두 근신이 되었고"라는 기록을 통해 알치노얀의 딸 차비가 쿠빌라이에게 시집올 때 그가 잉신 자격으로 그녀를 시종해 왔다고 추정해볼 수 있다.[13] 쿠빌라이 즉위 후 그는 카안, 황후의 신임을 받아 정부 안에서 승승장구하여 최고위직인 中書省 平章政事까지 올랐다.

至元19년(1282) 그가 적대세력에 의해 피살된 후 사후처리에 관한 『元史』의 기록에서 그 첩의 이름이 引住라고 표기된 점이 눈에 띈다.[14] 『집사』에도 그녀의 명칭이 인주카툰(Înjû Khâtûn)이라고 기재되어 있다.[15] 이에 관해 인주(Inǰu)가 그녀의 이름이 아니고 신분인 Inǰe를 가리킨다는 劉迎勝의 지적은 탁견이라 할 만하다.[16] 이는 사망 후 아흐마드와 그의 첩이 몽골지배층 사이에서 여전히 황실의 잉신으로 인식되었음을 나타낸다.

앞서 언급한 톡테무르 황후 보타시리의 잉신이었던 장주동도 카안으로

二, 앞의 논문). 그러나 海老澤哲雄이 그의 주장을 설득력 있게 비판하고 劉迎勝이 더욱 진전된 논의를 이끌어내었다. 본 장에서 잉신의 의미와 겁련구와의 연관성에 관해 두 선학의 성과를 주로 참조했다(海老澤哲雄, 앞의 논문, 57~60쪽 ; 劉迎勝, 앞의 논문, 138~140쪽).

13) 라시드 앗 딘, 김호동 역주, 『칸의 후예들』, 사계절, 2005, 430쪽.

14) 『元史』 卷205 姦臣 "其妾有名引住者."

15) 『칸의 후예들』, 436쪽.

16) 劉迎勝, 앞의 논문, 143쪽.

부터 集賢侍講學士에 임명되어 일정한 지위와 권한을 보장받았다.[17] 이 두 인물은 자신들의 주인이 몽골황후가 되어 그 위세를 배경으로 고위직에 오른 경우에 속한다. 그러나 주지하듯이 몽골황실은 제국성립 직후부터 콩기라트, 이키레스, 옹구트, 위구르 등 유력부족과 혼인동맹을 맺기 위해 그 수장 가문에서 여인을 취했을 뿐 아니라 그들에게 공주를 시집보내기도 했다. 따라서 그녀들을 수종한 겁련구(잉신)가 駙馬의 속령 안에서 주인의 두터운 신임을 받아 높은 지위와 강한 권세를 획득한 사례가 적지 않았으리라고 짐작된다. 몽골공주와 함께 고려에 온 겁련구가 그 대표사례로서 주목할 만하다.

3. 지위와 권세

元宗15년(1274) 5월 몽골에서 고려태자 王諶과 쿠빌라이의 딸 쿠툴룩켈미시가 혼인을 맺었다. 다음 달 원종이 사망하자 태자는 즉시 귀국하여 8월 국왕(忠烈王)에 즉위하고, 10월 직접 서북면으로 가서 공주를 맞아 함께 도성으로 귀환했다. 쿠빌라이의 친딸인 그녀가 고려에 시집올 때 많은 겁련구를 거느리고 왔으리라고 짐작된다. 칭기스칸이 이바카베키를 주르체데이에게 시집보내면서 그녀에게 "네 아버지 자카감보가 네게 200명의 지참노비(Inǰes)와 집사장 아식 테무르, 집사장 알칙을 준 바 있다. 이제 네가 오로오드 백성들에게 갈 때 네가 가져온 지참노비(Inǰes)에서 집사장 아식 테무르와 100명을 두고 가라"라고 한 발언도 케레이트부 출신인 그녀가 칭기스칸에게 시집올 때 200명의 겁련구를 데려 왔고 다시 주르체데이에게 재가할 때 그 중 100명을 거느리고 갔음을 알려준다.[18]

---

17) 『元史』 卷33 文宗2, 728쪽 "[天曆2년 정월] 丙子, 皇后媵臣張住童等七人, 授集賢侍講學士等官."

그러므로 제국대장공주 역시 고려에 시집올 때 많은 수의 겁련구를 이끌고 왔을 것으로 여겨진다. 그러나 그 중 사서에서 존재가 확인되는 인물은 많지 않다. 오직 5명이 전해지는데 아마도 공주의 겁련구 중 가장 지위가 높고 그녀에게 누구보다 두터운 신임을 받은 인물이었을 것이다. 그들의 이름, 본명, 종족을 정리하면 <표 1>과 같다.

<표 1> 제국대장공주의 겁련구

이름	본명	종족
印侯	忽剌歹(쿠라다이)	몽골
張舜龍	三哥(셍게)	回回
車信	車忽觧(차쿠다이)	고려
盧英	式篤兒(시투르)	河西國(탕구트)
鄭公	五十八	

그들은 공주에게 사적으로 종속된 노복이었으므로 그녀를 위해 충실하게 봉사하는 것이 가장 주요한 사명이었다. 실제로 공주는 고려에 온 직후부터 그들을 수족으로 삼아 자신의 사적 활동에 적극 활용했다. 忠烈王 원년(1275) 7월 고려에서 聖節을 축하하는 사신을 몽골에 보낼 때 공주가 다루가치 黑的이 그와 갈등을 빚은 충렬왕을 참소할까 염려하여 시투르를 함께 보내 그의 소행을 감시하게 했고[19] 그에게 본래 충렬왕의 본처였던 貞和宮主와의 불화를 카안에게 보고하라고 지시하기도 했다.[20] 또한 忠烈王 2년(1276) 쿠라다이를 시켜 太府寺의 은을 거두어 내궁으로 들이게 하고[21] 어떤 이가 정화궁주가 공주를 저주했다고 무고하는 사건이 발생하자 쿠라다이, 셍게, 차쿠다이로 하여금 궁주를 螺匠의 집에 가두고 府庫를 봉쇄하라고 명했다.[22] 아울러 忠烈王7년(1281) 3월 몽골황후 차비의 부음이 전해지자

18) 유원수 역주, 『몽골비사』, 사계절, 2004, 207쪽.

19) 『高麗史』 卷28 忠烈王원년 7월.

20) 『高麗史』 卷89 后妃2.

21) 『高麗史』 卷89 后妃2.

정공을 보내 장례참석을 요청하게 했다.[23]

이처럼 공주를 위해 봉사하는 겁련구는 다음과 같이 국왕과 공주의 입장이 충돌했을 때 철저하게 공주의 편에 서는 태도를 취했다.

[忠烈王원년(1275)] 貞和宮主가 득남을 축하하는 잔치를 열었는데 궁인 小尼가 東廂에 자리를 마련했다. 왕이 "正寢이 낫다"라고 하자 소니가 공주에게 알리지 않고 정침에 가서 평상을 깔아 공주의 자리를 마련했다. 式篤兒가 "평상에 자리를 마련한 것은 궁주와 동등하게 대우하려는 것입니다"라고 하자 공주가 크게 노하여 즉시 西廂으로 자리를 옮기게 했는데 대개 서상에는 예부터 높은 의자가 있었다. 궁주가 술을 올릴 때 왕이 공주를 돌아보자 공주는 "왜 저를 흘겨보십니까? 궁주가 저에게 꿇어앉았기 때문인가요?"라고 하였다. 마침내 잔치를 파하고 전각에서 내려와 크게 울면서 "내 아기가 있는 곳으로 가겠다"라고 하였다. 가마를 재촉하자 式篤兒가 가마를 내어 왔는데 왕이 그를 매질하여 쫓아버렸다.[24]

위 기사는 정화궁주가 공주를 위해 잔치를 열었을 때 충렬왕이 공주의 자리를 정침에 마련하려 했음에도 불구하고 겁련구 시투르가 그녀로 하여금 더 높은 자리로 옮기도록 유도했음을 알려준다. 충렬왕과 다툰 공주가 돌아가겠다고 했을 때 즉시 가마를 대령하는 그의 모습은 오로지 공주에게만 봉사하는 노복의 면모를 유감없이 나타낸다. 더불어 공주의 가마를 내온 그를 매질하여 쫓아버린 충렬왕의 행동에서 자신의 뜻을 거스른 그의 행위에 대한 강한 불만을 감지할 수 있다.

---

22) 『高麗史』 卷89 后妃2.
23) 『高麗史』 卷29 忠烈王7년 3월 戊午.
24) 『高麗史』 卷89 后妃2.

공주는 16세에 불과한 약관의 나이로 고려에 시집왔을 때부터 쿠빌라이의 친딸이라는 지고한 신분을 배경으로 막강한 권력을 행사했다. 충렬왕은 그녀의 행동을 능동적으로 제어하지 못했고 그녀보다 낮은 지위에 서는 경우도 있었다. 忠烈王2년(1276) 공주가 興王寺에서 가져온 금탑을 허물어 다른 데 사용하려 하자 충렬왕이 만류했으나 듣지 않아 울기만 하는 나약함을 드러냈고, 다음해(1277) 그가 奉恩寺로 행차할 때 재추들이 뒤처지자 僉議府 서리를 잡아가두고 그들에게 "공주가 나에게 빨리 가자고 청하는데 경들이 늦게 오니 공주가 나를 탓할까 두려워 첨의부 서리를 잡아 가둔 것이다"라고 하여 그녀에 대한 두려움을 내비쳤다. 또한 그가 天孝寺로 행차할 때 공주가 시종하는 사람이 적다면서 되돌아와 뒤쫓아 온 그를 몽둥이로 때리고, 천효사에 갔을 때에도 기다리지 않고 먼저 들어갔다고 하여 다시 욕하고 때려도 그는 어떠한 대처도 하지 못했고, 다음해(1278) 다루가치가 충렬왕에게 전국을 순시하는 사람을 보내달라고 요청했을 때 재추들이 반대하여 그가 옳게 여겼으나 공주가 허락하지 않아 무산되었으며, 공주가 궁실을 지을 날짜를 정하라는 명을 거부한 日官 伍允孚를 유배 보내려 하자 충렬왕이 부득이하게 그를 면직하기도 했다.[25] 아울러 忠烈王17년(1291) 카단(哈丹)의 반란군을 평정한 몽골장군을 위로하는 연회에서 공주가 가운데 앉고 나이만다이(那蠻歹) 대왕이 오른쪽, 충렬왕이 왼쪽에 앉았다는 기록은 그녀의 드높은 위상과 냉엄한 양국 종속관계의 현실을 여실히 보여준다.[26]

25) 『高麗史』 卷89 后妃2 ; 卷122 伍允孚.

26) 『高麗史』 卷89 后妃2. 忠烈王즉위년(1274) 8월 즉위를 명하는 조서를 갖고 온 몽골사신에게 잔치를 베푼 자리에서 사신이 왕에게 절하지 않고 술을 받아 마신 다루가치에게 "왕은 천자의 부마이신데 늙은이가 어찌 감히 그렇게 행동하는가? 우리가 돌아가 아뢰면 당신이 무사하겠는가?"라고 질책하자 그는 "공주가 이 자리에 없고, 또한 이는 선왕 때의 예법이오"라고 답하여 공주가 없는 자리에서 충렬왕의 부마지위를 인정하지 않은 일화도 전해진다(『高麗史』 卷28 忠烈王즉위년 8월 己巳).

공주가 고려의 정치에 직접 개입하거나 국왕과 전면으로 충돌한 사례가 적기 때문에 국왕과 공주가 동일한 정치세력으로 간주되는 경향이 일반적이다. 그러나 위와 같이 공주가 충렬왕 개인과 고려정치에 상당한 영향력을 행사하고, 후술하겠지만 충렬왕의 측근정치와 그 인사들에 대해 비판적 태도를 취하여 항시 그들로 하여금 두려움을 갖게 하고 종종 그들을 직접 처벌한 사실에 비춰볼 때 공주를 국왕과 구별되는 독자적인 정치세력으로 이해하는 편이 적절하다고 판단된다.

이처럼 공주가 국왕 못지않은 강대한 세력으로 존재했으므로 그녀의 신임을 받는 겁련구가 자연스럽게 그 위세에 기대어 고려정부에서 높은 지위와 강한 권세를 부여받았다. 앞서 열거한 5인은 忠烈王즉위년(1274) 공주를 수종하여 고려에 온 직후 모두 中郎將에 임명되었고, 忠烈王3년(1277) 고려식으로 개명한 후에는 정공을 제외하고 모두 將軍직에 제수되었다. 그들 중 노영, 정공은 직위가 오직 군부에서 각각 중랑장과 장군에 머물렀고 역할도 사신활동에 국한되었으며 忠烈王7년(1281) 3월을 기점으로 더 이상 활동상이 보이지 않는다. 이에 노영에 관해 "일찍이 업무 때문에 元에 갔다가 돌아오지 못하고 죽었다"라는 기록이 있고[27] 정공 역시 환국, 퇴직, 사망 등의 이유로 고려관원 활동을 지속하지 못했으리라고 추정된다.

반면 인후, 장순룡, 차신은 군부에서 직위가 上將軍, 大將軍에 이르렀고, 후에 중앙정계로 진출하여 장기간 고위관직을 두루 역임했다. 그들의 관직경력을 정리하면 <표 2>와 같다.

이처럼 모두 군부와 중앙정부의 요직을 거쳐 인후는 忠烈王12년(1286), 장순룡, 차신은 忠烈王20년(1294)에 재추의 반열에 올라 상당 기간 고위직을 유지했다. 그들의 배후에 언제나 공주가 있었으므로 일반신료와 백성들이 그들을 두려워하고 그들에게 아첨하는 것은 자연스러운 현상이었다. "川州

---

27) 『高麗史』 卷123 張舜龍.

<표 2> 겁령구 3인의 관직 경력

	인후	장순룡	차신
忠烈王즉위년(1274)	中郎將(정5)	中郎將(정5)	中郎將(정5)
忠烈王3년(1277)	將軍(정4)	將軍(정4)	將軍(정4)
忠烈王6년(1280)	大將軍(종3)		
忠烈王7년(1281)	鎭邊萬戶 (몽골관직 종3)	鎭邊管軍摠管 征東行中書省都鎭撫 (몽골관직 종4)	
忠烈王8년(1282)	上將軍(정3)		
忠烈王12년(1286)	鷹揚軍上將軍(정3) 副知密直司事(종2)		
忠烈王13년(1287)	判密直司事(종2)		
忠烈王14년(1288)	知都僉議司事(종2) 僉議贊成事(정2)		上將軍(정3)
忠烈王15년(1289)		大將軍(종3)	
忠烈王17년(1291)	鎭邊萬戶府達魯花赤 (몽골관직 종3)		
忠烈王18년(1292)		副知密直司事(정3)	
忠烈王20년(1294)	僉議贊成事(정2)	同知密直司事(종2)	密直使(종2)
忠烈王21년(1295)	世子貳師(종2)		世子元賓(종2)
忠烈王23년(1297)	都僉議侍郎贊成事 判軍簿監察司事(정2)	僉議叅理(종2)	贊成事·世子貳師(정2)
忠宣王즉위년(1298)	光政使·叅知機務(종1) 僉議侍郎贊成事 判兵曹監察司事(정2)		資政院使(종1) 僉議贊成事 判儀曹事(정2)
忠烈王28년(1302)			僉議侍郎贊成事(정2)
忠烈王33년(1307)	咨議都僉議司事(종1)		
忠宣王원년(1309)	贊成事(정2)		

*괄호 안은 관품

의 다루가치가 왕에게 잔치를 베푸니 왕이 선물을 주려 했는데 인후가 '천주는 작은 고을이니 선물을 주지 않는 것이 옳습니다'라고 했다. 왕이 노하여 李之氐에게 선물을 주도록 명했으나 이지저는 인후를 두려워하여 끝내 주지 않았다." "어떤 사람이 소를 끌고 지나가는데 인후의 家奴가 빼앗아 망치로 내려쳤다. 소 주인은 그의 권세를 두려워하여 감히 고발하지 못했다." "인후는 과거급제의 영예를 부러워하여 [아들] 承光에게 과거를 보게 했다. 장순룡도 아들 瑄에게 과거를 보게 했는데 승광, 선은 학식과 재주가 없었으나 시험관이 인후 등에게 아첨하느라 그들을 급제시켰다"와 같은 기록들은 그들의 막강한 권세를 확인시켜주기에 충분하다. 심지어 인후는 몽골에 가는 충렬왕을 위해 虎平縣令이 잔치를 베풀려 했을 때 자신을 먼저 대접하지 않았다고 화를 내며 그를 꾸짖는 방자함을 드러내기도 했다.[28]

이에 몇몇 신료들은 그들의 권세에 의탁하고자 그들과 혼인관계를 맺었다. 일찍이 金方慶이 외손자 趙文簡을 자신의 딸에게 장가들여 사람들로부터 총애를 바라고 한 짓이라는 조소를 받았고[29] 元卿도 아들 元善長을 인후의 딸에게 장가보내고 그의 당여가 되어 온갖 악행을 일삼았다.[30] 李楨이 아들 李琨을 장순룡의 딸에게 장가보낸 의도 역시 그들과 다르지 않았을 것이다.[31]

더욱이 그들은 자신의 권세를 이용해 부당한 방법으로 막대한 재산을 축적하여 세간에서 많은 비난과 원망을 받았다. "인후는 처음에 매우 가난했으나 임금의 총애를 얻어 여러 번 상을 받아 많은 재산을 모았다. 또 세력에 기대어 많은 뇌물을 받았고 사람들의 토지와 노비를 한없이 빼앗아 사람들이 그를 크게 원망했으며 그가 죽자 축하하는 사람도 있었다" 라는 기록이 그러한 사정을 잘 보여준다. 또한 忠烈王3년(1277) 2월 첨의부가 "공주의 怯怜口 및 內僚가 비옥한 토지를 많이 차지해 산천으로 경계를 삼고 賜牌를 많이 받아 조세를 바치지 않으니 사패를 환수하기를 청합니다" 라고 한 건의내용이나[32] "당시 鷹坊, 怯怜口, 內竪같은 미천한 자들이 모두 賜田을 받아 많게는 수백 결에 이르렀다. 이들이 평민들을 꾀어 佃戶로 삼고 가까이에 있는 民田에서도 조세를 거두었으므로 州, 縣에 부세가

---

28) 『高麗史』 卷123 印侯.

29) 『高麗史』 卷104 金方慶.

30) 『高麗史』 卷124 元卿.

31) 『高麗史』 卷124 李楨.

32) 『高麗史』 卷28 忠烈王3년 2월 己巳.

들어오지 않았다"라는 기록도[33] 겁련구의 무분별한 축재와 토지겸병 행위가 국가재정에 큰 문제로 대두했음을 알려준다.

특히 "[인후는] 장순룡, 차신과 함께 다투어 저택을 지었는데 분수에 넘치게 지극히 사치스러웠다."[34] "장순룡은 인후, 차신과 더불어 권세를 다투고 경쟁적으로 사치를 부렸다. 집을 짓는 것이 지극히 크고 아름다웠는데 기와와 자갈로 바깥담을 쌓고 화초 무늬로 장식하니 당시 張家墻이라 불렀다"라는 기록과 같이[35] 그들은 크고 화려한 저택을 지어 부와 권력을 과시했는데 이는 국왕, 공주, 세자가 종종 그들의 집으로 거처를 옮긴 행위와 관련 있다고 생각된다. 충렬왕은 유독 장순룡의 집으로만 재위5년(1279) 6월·9월, 8년(1282) 10월, 23년(1297) 9월 도합 4회에 걸쳐 거처를 옮겼고, 23년(1297) 12월 장순룡이 사망하고 다음해(1298) 정월 스스로 퇴위한 후에는 아예 그의 집으로 퇴거하여 그곳을 德慈宮이라 명명했다. 한편 忠烈王13년(1287) 10월 제국대장공주와 세자가 차신의 집, 忠宣王즉위년(1298) 2월 충선왕과 薊國大長公主가 인후의 집으로 거처를 옮겼고 즉위 직후 충선왕이 차신의 집을 왕궁으로 삼기 위해 공사에 착수하기도 했다.[36] 국왕, 공주, 세자(충선왕)가 겁련구 출신 관원의 집으로 거처를 옮긴 연유와 충렬왕이 장순룡의 집을 고집하고 공주, 세자가 차신, 인후의 집을 선택한 까닭은 분명치 않지만 적어도 그들의 저택이 왕궁의 역할을 담당하기에 손색이 없을 만큼 크고 화려했으리라는 추정이 가능하다.

이처럼 인후, 장순룡, 차신은 공주의 두터운 신임을 배경으로 고려에서 고위관직과 강한 권세를 보장받고 많은 재산을 축적하여 최고 지배층 지위를 확립했다. 그러나 다음과 같이 고려의 사정과 무관한 몽골지배층의

---

33) 『高麗史』 卷123 廉承益.

34) 『高麗史』 卷123 印侯.

35) 『高麗史』 卷123 張舜龍.

36) 『高麗史』 卷33 忠宣王즉위년 2월 己巳.

눈에 그들은 여전히 천한 노예로 비쳤다.

> 왕이 일찍이 元에 있을 때 司徒 撒里蠻이 세자에게 "황제께서 諸王, 駙馬에게 각각 환국하라고 명했는데 이는 군대를 통솔하고 백성을 안정시킨 연후에 모임에 나오라는 뜻입니다. 지금 세자와 부왕이 곧바로 上都에 가려 하는데 부왕께서 빨리 환국하지 못해도 세자께서는 마땅히 먼저 가서 그들을 다독여야 합니다"라고 하였다. 세자가 "이미 忽剌歹 등을 보냈습니다"라고 하자 司徒가 "忽剌歹는 왕실의 한낱 늙은 종일뿐인데 어찌 백성을 안정시킬 수 있겠습니까?"라고 하니 세자가 대답하지 못했다.[37]

위 기사는『元史』「印侯傳」에 忠烈王12년(1286)에서 24년(1298) 사이에 있었던 일로 기재되어 있다. 그 기간 중 충렬왕은 재위13년, 15년, 19년, 22년 네 차례 몽골에 입조했는데 오직 19년(1293) 입조시기에 공주와 함께 上都에 가고 입조 때 인후의 호종을 받은 사실이 확인된다. 그러므로 위 인용문의 시기는 다음해(1294) 4월 국왕, 공주가 상도로 출발하기 직전으로 추정된다. 그때 인후는 이미 고려정부에서 재추의 반열에 오른 지 7년이 지나 僉議贊成事(정2품)에 재직하고 있었다. 그럼에도 살리만(撒里蠻)은 위와 같이 그에 대한 멸시의 감정을 숨기지 않았다. 이에 대해 아무런 답변도 하지 못한 세자의 모습에서 그 역시 공주의 소생이자 카안의 외손인 몽골황실의 일원으로 살리만의 견해에 암묵적으로 동의했다고 짐작해볼 수 있다.

제국대장공주에게서도 동일한 인식의 일단이 엿보인다. 고려시대 국왕 주변에서 잡무에 종사하던 內僚는 본래 낮은 신분으로 고위관직에 임명될 수 없었다. 그러나 즉위 직후 충렬왕이 측근정치를 강하게 추진하는 과정에

---

37)『高麗史』卷123 印侯.

서 몇몇 내료들에게 높은 지위와 권한을 부여했다. 그러므로 그들은 낮은 신분으로 몽골공주를 시종해 와서 그녀의 신임을 받아 고위직에 오른 겁련구 출신 관원들과 양태, 성격이 매우 유사하다. 이와 관련하여 忠烈王11년(1285) 국왕이 내료 金子廷을 東京副使로 임명하자 공주가 "家奴를 고을의 수령으로 삼는 것이 옳습니까? 언제부터 南班 사람이 중앙과 지방에서 중책을 맡았지요?"라고 하면서 반대한 일화가 주목된다.[38] 여기에서 그녀는 김자정을 家奴라 칭하고 신분이 천한 그의 요직 임명을 강하게 반대하여 내료에 대한 멸시감을 여과 없이 내비쳤다. 이는 앞서 몽골관원 살리만이 인후를 '늙은 종(老奴)'이라 부르고 그가 고려백성들을 안정시킬 수 없다고 역설한 사례와도 일치한다. 그녀는 자신의 겁련구 출신 인물들이 고려정부에서 고위직에 임명되는 점에 대해서는 침묵하는 이중적 태도를 취했지만 위 사례에 비춰볼 때 그녀가 그들을 자신에게 철저하게 종속된 노복으로 일관되게 인식했음은 자명하다. 그러므로 그들이 비록 고려에서 최고 지배층으로 성장해도 오직 공주와의 관계에 한해서는 사속인의 신분에서 벗어나지 못했을 것이다.

4. 국왕과의 관계

1) 충렬왕의 측근정치와 겁련구

겁련구 출신 관원들은 고려정부 안에서 다양한 직무를 수행했다. 그 중 가장 대표적인 역할이 使臣활동이다. 그들은 고려에 온 직후부터 빈번하게 사신으로 선발되어 몽골에 파견되었는데 몽골어 구사력, 몽골지배층과

38) 『高麗史』 卷89 后妃2.

의 친분, 외교교섭 수완 등이 발탁의 주요인으로 작용했을 것이다. 충렬왕대 그들의 對蒙使行을 정리하면 <표 3>과 같다.

<표 3> 충렬왕대 겁련구 출신 관원의 對蒙使行

	시 기	사신	임 무
1	원년(1275) 12월	式篤兒	국왕의 입조 요청
2	2년(1276) 12월	忽剌歹	김방경 무고 사건을 해명하는 표문 전달
3	3년(1277) 2월	장순룡	일본정벌 준비 부담 경감을 요청하는 문서 전달
4	3년(1277) 4월	장순룡	西北諸王 정벌에 협조하겠다는 표문 전달
5	3년(1277) 6월	차 신	虎皮를 바침
6	3년(1277) 8월	인 후	새매를 바침
7	4년(1278) 2월	인 후	王琮이 국왕을 저주한 사건을 보고하는 표문 전달
8	4년(1278) 3월	노 영	고려가 談禪法會를 열어 몽골을 저주한다는 무고 해명
9	4년(1278) 3월	장순룡	국왕의 입조 보고
10	4년(1278) 11월	노 영	국왕의 귀국 보고. 배려에 사의를 표하는 표문 전달
11	5년(1279) 4월	정 공	伊里干 설치 건의
12	5년(1279) 5월	노 영	의원 파견 요청
13	5년(1279) 7월	인 후	전함의 수리, 건조 상황 보고
14	5년(1279) 9월	장순룡	
15	6년(1280) 정월	인 후	
16	6년(1280) 5월	인 후	倭賊이 合浦를 침구해 어부 2명을 붙잡아간 사건 보고
17	6년(1280) 11월	인 후	일본정벌에 관한 여러 요구사항 전달
18	7년(1281) 3월	정 공	몽골황후 차비의 장례 참석 요청
19	8년(1282) 6월	인 후	일본에서 도망쳐 온 沈聰 등 6명을 몽골로 압송
20	8년(1282) 12월	인 후	
21	10년(1284) 2월	장순룡	황제가 국왕의 존호를 덧붙여 준 것을 하례
22	12년(1286) 정월	인 후	국왕의 입조 요청
23	12년(1286) 5월	인 후	황태자 眞金의 사망 조문
24	13년(1287) 3월	장순룡	李仁椿의 딸 바침. 공주가 입을 진주로 장식한 옷 구매
25	14년(1288) 11월	차 신	처녀를 바침
26	15년(1289) 8월	장순룡	蔡仁規의 딸 바침
27	16년(1290) 9월	차 신	처녀 17명 바침
28	17년(1291) 9월	인 후	새매를 바침
29	19년(1293) 7월	인 후	聖節을 하례. 공신 칭호 내려준 은혜에 대한 사의 전달
30	21년(1295) 5월	인 후	세자의 혼인 요청
31	23년(1297) 10월	인 후	황자 탄생 하례. 식량지원과 세자에게 傳位 요청

이와 같이 그들은 忠烈王원년(1275)부터 23년(1297)까지 23년 간 31회에

걸쳐 몽골에 사신으로 파견되었고 그 임무도 공녀, 공물의 진상부터 대외정벌에 관한 논의, 정치적 무고사건에 대한 해명까지 다양한 방면에 이르렀다. 이익주의 학위논문에 수록된 ＜附表1 : 元干涉期 對元使行 一覽＞에 따르면 34년에 걸친 충렬왕의 재위기간 중 총 227회 몽골에 사신이 파견되었는데 그 중 겁련구 출신 관원의 사행 비중이 약 13.7%(31/227)를 차지하고 2회 이상 사행한 인물 41명 안에도 인후(15회), 장순룡(7회), 차신(3회), 노영(4회), 정공(2회)이 모두 포함된다.[39] 가장 활발하게 사신역할을 수행한 인후에 관해 "[그는] 성격이 광포하고 탐욕스러웠으나 명을 전달하는 데 능했기 때문에 충렬왕이 공주와 함께 입조할 때 마다 인후가 반드시 따라 갔고 [황제에게] 아뢸 일이 있으면 반드시 인후를 보내 일을 처리하게 했다. 김방경 사건을 해명하고 平壤을 본국으로 되찾아온 일에 인후가 공이 있으므로 券 일등을 내려주었다"라는 기록은 그가 사행임무를 성공적으로 완수하여 양국 우호관계를 돈독히 하고 고려가 몽골을 상대로 외교적 성과를 거두는 데 꾸준히 기여했음을 알려준다.[40]

또한 그들은 양국정부로부터 萬戶직을 수여받아 국경방어와 대외전쟁에서 크게 활약했다. 忠烈王7년(1281) 10월 몽골은 2차 일본정벌 실패 후 그들의 반격에 대비하기 위해 金州에 鎭邊萬戶府를 설치하고 인후를 鎭邊萬戶, 장순룡을 鎭邊管軍摠管으로 임명하여 해안을 방어하게 했다. 또한 忠烈王13년(1287) 요동에서 나얀(乃顔)의 반란이 일어났을 때 인후는 충렬왕으로부터 中軍萬戶에 임명되어 국왕과 함께 출정했고, 17년(1291) 카단의 반란군이 입경했을 때에도 中翼萬戶로서 군사작전을 효과적으로 펼쳐 그들을 격퇴했다. 이 공적을 인정받아 그는 그해 9월 몽골로부터 진변만호부 다루가치에 임명되었다. 이후 그는 忠烈王25년(1299) 韓希愈를 무고한 죄목으로 충렬왕에게 일시적으로 萬戶符를 빼앗긴 경우를 제외하고 사망 때까지

39) 이익주, 앞의 논문, 255~269쪽 ＜附表1 : 元干涉期 對元使行 一覽＞.

40) 『高麗史』 卷123 印侯.

줄곧 만호직을 유지했다.

아울러 그들은 당대 물자징수의 거점이자 대몽외교의 창구로 기능한 鷹坊에도 관여했다. "[김태현이] 左倉別監이었을 때 判鷹坊事 인후 등이 응방인들에게 녹봉을 주지 않았다고 무고하여 [그를] 巡馬所에 가두었다"라는 기사를 통해 인후가 어느 시점에 응방의 수장인 판응방사에 재직했음을 알 수 있다.[41] 忠烈王8년(1282) 정월 "상장군 인후, 장순룡이 응방과 함께 왕에게 잔치를 베풀었다"라는 기사도 그들과 응방의 친연관계를 나타낸다.[42] 忠烈王3년(1277) 8월과 17년(1291) 9월 두 차례 인후가 몽골에 사행 가서 새매를 바친 행위도 그러한 친연과 무관하지 않을 것이다.

그들이 주로 담당한 직무는 소위 충렬왕의 '측근'이 맡은 역할과 대체로 유사하다. 충렬왕은 즉위 직후부터 과거 무신세력에 의해 실추되었던 왕권을 회복하기 위해 측근정치를 강하게 추진했다. 이에 따라 국왕의 신임을 얻은 內僚, 宦官, 譯官 출신 측근들이 높은 지위와 강한 권세를 부여받아 정부 안에서 급속하게 성장했다. 충렬왕은 그들을 수족으로 삼아 왕권을 강화하는 과정에서 그들에게 다양한 역할을 위임했는데 사신, 군사, 응방에 관한 직무가 그 주요한 일부를 차지했다.

그 시기 국왕측근을 단적으로 정의내리기 어렵지만 다음과 같은 성격부여 정도는 가능할 듯하다. 첫째, 일부 세족·관인가문 출신이 있었으나 대체로 한미한 신분 출신이고, 둘째, 국왕으로부터 두터운 신임, 총애를 받았으며, 셋째, 국왕에게 절대 충성·봉사하는 대가로 상당한 지위, 권세, 재산을 보장받았다는 점이다. 겁련구 출신 관원은 동종의 직무에 종사했을 뿐 아니라 공주의 사속인이라는 비천한 신분으로 높은 지위, 권력을 획득하여 최고지배층으로 성장했다는 점에서 국왕측근과 매우 유사하다. 때문에 학계에서는 그들의 정치성향을 국왕측근과 동일하게 분류하는 경향이

41) 『高麗史』 卷110 金台鉉.

42) 『高麗史』 卷27 忠烈王8년 정월 庚辰.

있다. 즉 충렬왕대 크게 부상한 국왕측근의 범주 안에 그들이 포함된다는 것이다.[43] 여기에는 전술했듯이 국왕과 공주를 동일한 정치세력으로 간주하는 일반적 인식이 다분히 반영되어 있다.

그러나 그들과 충렬왕의 사적 관계를 면밀하게 살펴보면 그들을 국왕측근으로 분류하기에는 다소 무리가 따른다. 실제로 그들이 충렬왕 개인을 위해 충성·봉사·희생하거나 충렬왕이 그들을 총애하고 왕권강화의 첨병으로 활용하려 시도한 모습은 찾아보기 어렵다. 오히려 인후는 몽골에 가는 충렬왕을 호종할 때 虎平縣令이 국왕에게 잔치를 베풀려 하자 자신을 먼저 대접하지 않았다고 화를 내며 그를 꾸짖는 행동을 주저하지 않았고, 충렬왕이 자신을 위해 잔치를 베푼 川州의 다루가치에게 상을 주려 했을 때 인후가 반대하자 국왕이 다시 李之氐에게 선물을 주도록 명했으나 그가 인후를 두려워하여 끝내 주지 않았다는 일화도 전해진다.[44] 만약 그가 국왕측근이었다면 이처럼 국왕보다 먼저 지방관에게 대접받으려 하고 다른 측근이 그를 두려워하여 국왕의 명을 거역하는 일은 발생하지 않았을 것이다.

더욱이 그들은 종종 고려정부 안에서 국왕보다 몽골카안의 입장을 대변하는 태도를 취했다. 충렬왕이 백성의 궁핍함을 이유로 응방을 철폐하려 했을 때 인후가 "응방은 황제에게 청하여 설치한 것인데 어찌 갑자기 혁파하겠습니까"라고 하여 카안의 허가 없이 불가하다는 입장을 피력했고,[45] 閔漬가 충렬왕의 뜻을 받들어 일본정벌에 필요한 전함 건조 요구의 철회를 몽골에 요청하려 했을 때에도 인후와 장순룡은 "이는 조정의 大事인데 어찌 한낱 첨원의 말을 듣고 중지하겠는가"라고 하여 당시 쿠빌라이가

43) 김광철, 「충렬왕대 측근세력의 분화와 그 정치적 귀결」, 『고고역사학지』 9, 1993 ; 이익주, 앞의 논문.

44) 『高麗史』 卷123 印侯.

45) 『高麗史』 卷123 印侯.

의욕적으로 추진하던 일본정벌에 협력할 것을 촉구했다.[46] 나얀의 반란이 일어났을 때 재추들이 파병에 앞서 카안의 명을 기다리자고 하자 인후가 "부모의 집에 변이 생겼는데 어찌 명을 기다릴 겨를이 있겠는가"라고 한 발언은 고려의 사정보다 몽골의 안위를 우선시하는 그의 성향을 여실히 보여준다.[47]

상술했듯이 그들은 공주의 사속인으로서 오로지 그녀에게만 봉사하는 존재였다. 그리고 그들이 획득한 높은 지위와 강한 권세도 국왕이 아닌 공주의 위세에 기대어 이루어낸 성과였다. 인후가 合浦에서 진수할 때 충렬왕의 측근 한희유에게 모욕을 당하고 돌아와 즉시 공주를 찾아가 하소연하며 그의 처벌을 요청한 사실과 훗날 그가 한희유를 제거하려 도모했을 때 "공주가 이미 죽고 왕이 한희유를 재상으로 삼으니 인후 등이 두려워하여 감히 행동에 옮기지 못했다"라는 기록은 그의 정치권력이 전적으로 공주의 위세에 의존했음을 시사한다.[48] 그러므로 그들은 고려관원으로서 여러 직무를 수행할 때 항시 우선적으로 공주의 의중을 살피고 국왕의 뜻이 그녀에게 반하지 않은 경우에 한해서만 그에게 순응했으리라 생각된다. 공주 사망 전까지 그들과 국왕의 관계가 대체로 원만했는데 이는 공주와 국왕이 큰 갈등을 겪지 않고 동반자 관계를 유지했기 때문이다. 그러나 만약 양자가 전면으로 대립하여 치열한 정치투쟁을 벌였다면 그들은 분명 철저하게 공주의 편에서 행동했을 것이다. 따라서 그들을 충렬왕의 '측근'으로 보는 견해는 재고의 여지가 있다.

---

46) 『高麗史』 卷107 閔漬.

47) 『高麗史』 卷123 印侯. 喜蕾와 舒健은 각각 장순룡과 인후를 가리켜 "元朝정부가 파견하여 고려국내에 주재하는 정부대표의 하나, 즉 원조 중앙정부의 장기 외국주재 통치 대리자로서 일종의 외국주재 사절의 성격을 갖는다"라고 지적했는데 다소 과장된 측면이 있지만 충분히 경청할 만하다(喜蕾, 앞의 논문, 9쪽 ; 舒健, 앞의 논문, 43쪽).

48) 『高麗史』 卷123 印侯.

2) 충선왕과 겁련구의 종속관계

忠烈王23년(1297) 5월 제국대장공주가 충렬왕과 함께 몽골에서 귀국한 직후 병환을 얻어 사망했다. 6월 몽골에 체류하던 세자가 상을 치르기 위해 급거 귀국하고, 7월 공주의 죽음이 당시 부왕이 총애하던 無比의 저주 때문이라고 하여 그의 만류에도 불구하고 무비와 그 일당 40여 명을 처형하거나 유배 보내는 옥사를 일으켰다. 희생자 중 15명의 명단이 확인되는데 대부분 환관, 내료, 궁인, 무장이고 특히 6인의 처형자에 무비와 더불어 부왕측근인 환관 崔世延과 陶成器가 포함되었다.[49] 그런 점에서 이 옥사는 통상 세자가 공주의 사망을 구실로 삼아 부왕의 측근세력을 제거한 사건으로 이해된다.

이는 당시 세자의 위세가 부왕에게 맞설 만큼 강대해졌음을 보여준다. 그는 태생적으로 공주의 소생이자 쿠빌라이의 외손이라는 지고한 신분을 보장받았고, 忠烈王21년(1295) 8월 테무르 카안으로부터 儀同三司·上柱國·高麗國王世子·領都僉議使司에 책봉되었으며, 귀국 후 判都僉議 密直 監察司事와 判中軍事를 겸직하여 都僉議使司에서 정무를 주관하고, 다음해 11월 카안의 친형인 晋王 감말라(甘麻剌)의 딸 보타시린(寶塔實憐)과 혼인하여 부마지위를 획득했다. 그가 일찍부터 충렬왕의 측근정치에 비판적이었던 사실에 비춰볼 때 이 같은 급속한 정치적 성장은 아마도 누구보다 그를 총애하는 공주와 그를 통해 충렬왕을 견제하려는 몽골조정의 지원에 힘입은 바 크다고 여겨진다.

세자의 세력신장은 곧바로 충렬왕을 퇴위시키고 자신이 국왕으로 즉위하는 데까지 나아갔다. 무비 일당이 제거된 지 2개월 후 충렬왕은 돌연 몽골에 사신을 보내 세자 전위에 대한 허가를 요청했다. 표문에는 그가

49) 『高麗史』卷122 崔世延.

노환을 이유로 세자에게 전위할 것을 청한다고 씌어 있지만 이는 그가 세자와 몽골정부의 압박에 굴복한 결과로 이해하는 편이 옳을 것이다. 鄭可臣이 작성한 그 표문에 국왕의 뜻이 아닌 내용이 있었다는 풍문의 존재도 이를 방증한다.[50] 忠烈王24년(1298) 정월 마침내 세자는 카안의 책봉조서를 받아 새 고려국왕(충선왕)으로 즉위했다.

즉위 직후 충선왕은 교서를 반포하여 전왕 측근의 정치·경제적 기득권을 제한하겠다는 의지를 천명하고, 곧바로 두 차례 대대적인 관제·인사개편을 단행하여 그들 상당수를 관직에서 배제했다. 그런데 이때 그가 전왕대 고위직에 재임했던 겁련구 출신 관원을 변함없이 중용한 사실이 주목된다. 그는 즉위년 5월 인사에서 인후를 光政使·叅知機務, 차신을 檢校司徒·資政院使로 임명하고, 7월에도 인후를 重大匡·僉議侍郎贊成事·判兵曹監察司事, 차신을 僉議贊成事·判儀曹事로 임명하여 그들에게 재추의 직위를 그대로 보장했다. 겁련구 출신 관원 5명 중 노영, 정공이 忠烈王7년(1281) 3월을 기점으로 퇴진하고 장순룡도 忠烈王23년(1297) 12월 사망한 사실을 감안한다면 그 인사는 당시 활동하던 겁련구 출신 관원 일체를 중용한 것으로 볼 수 있다.[51]

그들은 일반적으로 충렬왕의 측근으로 분류되므로 그의 측근정치를 청산하려 기도한 충선왕이 그들을 여전히 중용한 까닭에 대해 아직 명쾌한 해명이 제시되지 않은 듯하다. 또한 그들의 주인이자 보호·지원자인 공주가 이미 사망했음에도 불구하고 그들이 높은 지위와 권세를 보전할 수 있었던 연유에 대해서도 의문이 제기될 만하다. 그러나 그들이 본래 충렬왕의 측근이 아니었다는 점을 상기하고 겁련구가 지닌 고유한 속성에 비춰보면

---

50) 『高麗史』 卷105 鄭可臣.

51) 無比사건 직후인 忠烈王23년(1297) 8월 대대적인 인사개편이 이루어졌는데 여기에 충렬왕 측근세력을 제거하고 정권을 장악한 세자의 의지가 크게 반영되었다고 이해된다. 그때에도 인후가 都僉議侍郎贊成事·判軍簿監察司事, 차신이 贊成事·世子貳師로 임명되었다.

그 현상을 이해하기 어렵지 않다.

겁련구는 본래 몽골지배층 가문에 종속된 노복으로 일종의 사유재산으로 취급되어 언제라도 상속, 증여가 가능한 존재였다. 앞서 제시한 「張氏先塋碑」에서도 콩기라트부 수장 가문의 겁련구였던 장응서가 가문의 대표인 나친(納臣)－오로친(斡羅臣)－디와발라(諦瓦八剌)를 차례로 섬긴 사실이 확인된다.[52] 즉 그 일가의 사유재산으로서 가문의 대표자에게 대대로 '상속'되었다. 또한 그 아들 장주동은 디와발라의 딸 보타시리가 톡테무르에게 시집갈 때 그녀에게 '증여'되어 잉신으로서 그녀를 수종했다. 콩기라트부 수장 알치노얀에게 종속된 아흐마드가 그의 딸 차비가 쿠빌라이에게 시집갈 때 그녀와 동행한 사실도 같은 맥락으로 이해된다.

그러므로 제국대장공주 사후 그녀의 겁련구도 분명 후계자에게 상속되었을 것이다. 그녀가 생전에 자신의 유일한 소생인 세자를 매우 총애하고 그가 정치적으로 성장할 수 있도록 물심양면으로 지원한 사실에 비춰볼 때 겁련구를 포함한 그녀의 사유재산 역시 세자에게 고스란히 상속되었을 가능성이 크다. 忠宣王3년(1311) 8월 그가 공주의 湯沐邑이었던 福州와 京山府를 자신의 식읍으로 삼았다는 기사도 이를 뒷받침한다.[53]

고귀한 신분을 타고난 세자가 공주의 후계자, 상속자라는 점은 일찍부터 예정되었으리라고 추정된다. 그러므로 공주의 겁련구를 대하는 그의 인식, 태도 역시 그녀와 다르지 않았을 것이다. 다음 일화를 통해 그 일면을 엿볼 수 있다. 충렬왕의 측근 최세연이 국왕의 총애를 믿고 온갖 횡포를 자행하자 세자가 부왕에게 그의 처벌을 주청한 일이 있다. 그때 국왕은 최세연과 친밀한 인후가 변명해주는 말을 듣고 난색을 보였다. 이에 세자가

---

52) 『元史』「特薛禪傳」에 콩기라트부 수장 지위가 나친(納陳)－오로친(斡羅陳)－테무르(帖木兒)－만즈타이(蠻子台)－디와발라(琱阿不剌)에게 차례로 계승되었다고 기재되어 있다(『元史』 卷118 特薛禪, 2916~2917쪽). 비문에는 테무르와 만즈타이가 등장하지 않는다.

53) 『高麗史』 卷34 忠宣王3년 8월 庚午.

인후에게 "재상의 배는 항아리만큼 크고 최세연의 술과 고기로 가득 차 있다. 너와 최세연은 함께 악행을 저지르고도 서로 감싸주니 네놈들은 마땅히 도끼질당해야 한다"라고 독설을 내뱉었다.[54] 여기에서 국왕이 인후의 말을 듣고 난색을 보인 반면(有難色) 세자가 그에게 거리낌 없이 악담을 퍼부은 점이 흥미롭다. 즉 그를 대하는 국왕과 세자의 태도가 완연하게 달랐다.

인후는 오직 공주에게만 봉사하는 충복이었으므로 비록 국왕이라도 그를 마음대로 부리지 못했던 것 같다. 실제로 충렬왕이 그를 사적 이익을 위해 수족으로 활용하거나 직접 처벌한 사례는 찾아볼 수 없다. 그가 때때로 국왕지위를 무색케 할 만큼 방자한 행동을 내보인 경우도 맥락을 같이한다. 위에서 충렬왕이 인후의 말을 듣고 난색을 보였다는 대목은 그의 의견을 경시하지 못하는 국왕의 처지를 여실히 보여준다. 만약 세자가 그저 국왕의 차기계승자에 불과했다면 부왕이 힘겨워하는 대신을 결코 함부로 대하지 못했을 것이다. 그러나 그는 일찍이 공주의 모든 지위, 재산을 물려받을 상속자로 예정되었고 이는 국왕도 넘볼 수 없는 자격이었다. 따라서 세자의 눈에 인후가 훗날 자신에게 종속될 일개 노복으로 비쳤음이 자명하다. 때문에 그가 부왕과 달리 인후에게 자신의 불만을 여과 없이 토로할 수 있었던 것이다. 앞서 몽골관원 살리만이 인후를 '늙은 종'이라 부르면서 멸시한 언사에 세자가 암묵적으로 동의한 일화도 인후에 대한 그의 인식을 보여주기에 충분하다.

이는 다음과 같이 몽골조정에서 권신 아흐마드에 대한 황태자 친킴(眞金)의 인식, 태도와 매우 유사하다.

> 키타이 [출신의] 아미르들은 질투로 인하여 그와 관계가 나빴고, 짐김도

54) 『高麗史』 卷122 崔世延.

그를 얼마나 싫어했는지 하루는 활로 그의 머리를 향해 쏘아 그의 얼굴을 찢어 놓았을 정도였다. 그가 카안의 어전에 왔을 때 [카안이] "네 얼굴이 왜 그렇게 되었는가?"라고 묻자, 그는 "말이 찼습니다"라고 대답했다. 짐김이 거기 있다가 화가 나서 "짐김이 쳤다고 말하기가 부끄러운 거냐?"고 말했다. 또 한번은 카안의 면전에서 [짐김이] 그를 주먹으로 여러 번 때리기도 했다. 아흐마드는 항상 그를 두려워했다.55)

전술했듯이 아흐마드는 쿠빌라이 정부 안에서 20여 년 간 최고위직에 재임하며 막강한 권세를 휘둘렀던 인물이다. 그럼에도 친킴은 그에게 자신의 반감을 노골적으로 내보이며 폭력행사를 서슴지 않았다. 만약 아흐마드가 정식으로 투명·공정한 절차를 거쳐 등용된 고위대신이었다면 친킴도 쿠빌라이 앞에서 그를 함부로 대하지 못했을 것이다. 그러나 아흐마드는 황후 차비의 잉신 출신으로 비록 그녀와 카안의 신임을 받아 '벼락출세'했어도 사속인 신분이 변함없이 유지되었으므로 그들에게만큼은 일개 종복에 지나지 않았다. 친킴은 황태자로서 훗날 그들의 모든 지위, 재산을 상속받아 아흐마드의 새로운 주인으로 예정된 존재였다. 그러므로 그들과 동일한 인식 아래 아흐마드에 대한 반감을 거리낌 없이 표출할 수 있었던 것이다. "그때 阿合馬가 국가권력을 장악하고 있었는데 태자가 그의 간악함을 싫어하여 조금도 좋은 내색을 하지 않았다. 阿合馬의 친당은 그가 두려워하는 자가 오직 태자뿐이라는 것을 알았다"라는 기록처럼56) 무소불위의 권력을 가진 아흐마드가 유독 친킴 만을 두려워한 점도 여기에서 기인한다.

앞서 세자가 일찍이 부왕의 측근정치에 비판적 태도를 취했다고 지적했는데 이는 공주도 매한가지였다. 그녀는 충렬왕이 김자정을 동경부사에 임명하는 것을 극력 반대했고, 자신의 명을 거역하고 집에 누각을 신축한

55) 『칸의 후예들』, 430쪽.

56) 『元史』 卷115 裕宗, 2889쪽.

최세연과 國學書生에게 함부로 폭력을 휘두른 이지저의 아들 李實을 순마소에 가두었으며,[57] 자신의 뜻을 거스른 원경과 朴義를 각각 杖刑에 처하고 섬으로 유배보내기도 했다.[58] 廉承益이 큰집을 지었으나 공주의 견책이 두려워 大藏經을 필사하는 장소로 헌납하고,[59] 최세연이 왕에게 베푼 연회에서 공주가 음식이 너무 사치스러워 먹지 않았다는 기록도 그녀가 국왕측근의 사치, 방종을 좌시하지 않았음을 나타낸다.[60]

또한 세자와 공주는 한 목소리로 측근과 함께 사냥에 탐닉하는 충렬왕에게 종종 간언하기도 했다. 忠烈王6년(1280) 2월 공주가 그에게 “왕께서 소인들과 함께 사냥 다니면서 싫증내지 않으니 어찌된 일입니까”라고 하였고,[61] 8년(1282)에도 자신과 측근을 데리고 사냥에 나선 그에게 “오로지 사냥에만 힘쓰니 나랏일은 어떻게 되겠습니까”라고 질책했다.[62] 세자도 어린 시절 부왕이 측근과 함께 충청도로 사냥하러 떠나려 하자 유모에게 “지금 백성들이 곤궁하고 또 농사철인데 부왕께서는 어찌 멀리 사냥하러 가시는가”라고 하며 눈물을 흘렸고, 국왕측근 박의에게 “매번 부왕에게 매와 개를 놓아 사냥하도록 종용하는 놈이 바로 이 늙은 개다”라고 힐난한 바 있다.[63] 『高麗史』 편찬자가 충렬왕에 대한 논찬에서 그의 사냥몰두와 측근정치를 비판하면서 “공주와 세자가 간언해도 듣지 않았다”라고 한 구절은 그들이 충렬왕의 정치에 대해 동일하게 비판적 입장을 견지했음을 알려준다.[64] 그러므로 세자는 공주 사후 그녀의 지위, 재산뿐 아니라 정치적

---

57) 『高麗史』 卷122 崔世延 ; 李之氐.
58) 『高麗史』 卷124 元卿 ; 朴義.
59) 『高麗史』 卷123 廉承益.
60) 『高麗史』 卷30 忠烈王14년 2월 丙辰朔.
61) 『高麗史節要』 卷20 忠烈王6년 2월.
62) 『高麗史』 卷89 后妃2.
63) 『高麗史』 卷124 朴義.
64) 『高麗史』 卷32 忠烈王 史贊.

성향, 노선까지 계승했다고 볼 수 있다.[65)]

즉위 후 충선왕이 겁령구 출신 관원의 지위를 보장한 까닭은 과거에 공주가 그들을 중용한 목적과 다르지 않다. 즉 공주로부터 물려받은 그들을 그녀와 마찬가지로 자신의 정치활동을 보좌하는 충복으로 삼아 적극 활용하려 했던 것으로 판단된다. 이에 따라 그들은 공주 사후에도 실세하지 않고 국왕위에 오른 새 주인에게 여전히 중용되어 지위와 권세를 보전했다. 공주와 그들의 종속관계가 충선왕에게 그대로 계승되었다는 점에서 그들은 명실상부한 충선왕의 '측근'이라 할 만하다.

忠烈王25년(1299) 정월 발생한 한희유 무고사건은 이러한 그들의 면모가 유감없이 발휘된 사건이다. 忠烈王24년(1298) 8월 몽골정부는 참람한 국정운영과 몽골공주와의 불화를 문제 삼아 충선왕을 즉위 7개월 만에 폐위하고 전왕을 복위시켰다. 다음해 정월 인후가 金欣, 元卿 등과 함께 사사로이 군사를 동원하여 韓希愈, 李英柱 등 충렬왕의 측근 10여 명을 체포하고 그들이 반란을 도모했다고 무고하는 정변을 일으켰는데 이를 통상 '한희유 무고사건'이라 칭한다. 그때 한희유가 혐의를 끝내 인정하지 않자 그는 국왕의 만류를 물리치고 직접 몽골에 가서 카안에게 고소하는 행태를 보이기도 했다.

『高麗史』「印侯傳」에는 이 사건이 한희유에 대한 그의 개인적 원한이 발단이 되어 발생했다고 서술되어 있다. 그러나 이는 실제로 그가 충렬왕에게 타격을 가하고 나아가 충선왕을 복위시키기 위해 국왕의 최측근 한희유를 제거하려 기도한 사건이었다. 당시 行省左丞으로 충렬왕과 함께 한희유를 국문했던 카산(哈散)이 몽골로 귀환했을 때 카안이 그에게 사건에 대해

65) 정용숙은 공주와 세자가 일찍이 충렬왕의 사냥탐닉과 측근정치에 비판적인 인식, 태도를 공유했고 그 점이 공주 사후 그녀의 인적기반인 겁령구가 세자에게 계승된 요인이었고 보았다(정용숙, 「元 간섭기 高麗 政局分裂의 원인에 대한 일고찰 : 忠烈·忠宣王 父子의 갈등관계를 중심으로」, 『西巖趙恒來敎授華甲紀念韓國史學論叢』, 아세아문화사, 1992).

묻자 그가 "한희유는 본래 반역할 마음이 없었습니다. 다만 忽剌歹가 益知禮普化王을 위해 벌인 일일 뿐입니다"라고 한 답변과[66] 忠宣王복위년(1308) 11월 충선왕이 반포한 교서에서 "大德3년(1299) 본국의 무뢰배들이 반란을 일으키려 하자 萬戶 忽剌歹, 金欣 등이 먼저 그 음모를 알고 능히 반란을 저지하여 그 공이 포상 받을 만하니 마땅히 특별하게 관직에 등용할 것이다"라고 하여 한희유를 위시한 전왕측근을 '무뢰배'라 칭하고 그들을 제압한 인후의 행동을 표창한 사실이 이를 뒷받침한다.[67] 사건 이후 줄곧 몽골에 체류하던 인후가 충렬왕 사망 후 귀국했을 때 충선왕은 "僉議密直으로 하여금 國門 밖으로 나가서 그를 맞이하게 하여" 그에 대한 남다른 총애를 내보이고,[68] 복위원년(1309) 4월 그를 贊成事·平陽君에 임명하여 여전히 높은 지위, 권세를 보장했다.[69]

이처럼 충선왕 개인을 위해 반역혐의와 위험을 불사한 인후의 행동은 충렬왕 재위시절에는 찾아보기 힘든 장면이다. 이는 그가 애당초 충렬왕과 일정한 거리를 둔 반면 충선왕의 측근 역할에 매우 충실했음을 나타낸다. 그가 본래 공주에게만 봉사하는 겁련구로서 그녀 사후 세자에게 고스란히

---

66) 『高麗史』 卷123 印侯.

67) 『高麗史』 卷33 忠宣王복위년 11월 辛未. 변동명은 이 사건이 만호직 임명을 통해 몽골카안과 직접 연결된 인후, 김흔이 그 세력을 등에 업고 충렬왕에 대항하여 일으킨 사건으로 보았다(변동명, 「高麗 忠烈王代의 萬戶」, 『역사학보』 121, 1989, 130~131쪽). 그러나 사건의 배후에 몽골카안이 존재했는지 여부는 확인되지 않는다. 사건 이후 충렬왕이 몽골로 사신을 보내 사정을 해명하자 테무르 카안이 한희유를 사면·석방한 사실도 그가 사건과 무관했음을 시사한다. 따라서 이는 충렬왕에 대한 충선왕 측근의 정치적 공세로 이해하는 편이 적절하다.

68) 『高麗史』 卷123 印侯.

69) 이 사건에 차신이 연루되었는지 여부는 확인되지 않는다. 그러나 그 역시 충선왕의 측근으로서 비록 사건에 직접 가담하지 않았더라도 인후의 행동을 암묵적으로 지지했을 가능성이 크다. 사건 발생 8개월 후인 忠烈王25년(1299) 9월 충렬왕이 그를 충선왕에 의해 기용된 관원들과 함께 파직한 조처는 그러한 의혹과 관련 있다고 여겨진다. 그러나 忠烈王28년(1302) 7월 충렬왕은 돌연 차신을 僉議侍郎贊成事에 임명했다. 이 조처가 충렬왕이 그를 회유하려 시도한 것인지, 그가 자발적으로 전향한 결과인지는 분명치 않다.

상속되었다는 점을 감안한다면 그의 행동을 충분히 납득할 수 있다. 그러므로 이 사건에서 드러난 인후의 적극적인 행동은 일찍이 세자시절 충선왕이 공주의 보호, 지원 아래 부왕의 측근정치를 비판하면서 정치적 라이벌로 부상했을 때 이미 예고되었다고 볼 수 있다.

5. 맺음말

충렬왕대 제국대장공주를 수행하여 고려에 온 겁련구는 그녀의 위세에 의존하여 높은 지위와 권력을 획득했다. 그들은 고려정부에서 장기간 고위직에 재임하며 막강한 정치력을 행사하고, 많은 재산을 축적하며, 여타 고위관원 가문과 혼인관계를 맺어 최고지배층 위상을 확립했다. 그들은 비천한 신분 출신으로 벼락출세하고 주로 使行, 軍事, 鷹坊 관련 직무를 담당했다는 점에서 통상 충렬왕의 측근세력과 동일하게 분류된다. 그러나 그들이 종종 국왕의 뜻을 거스르는 행동을 서슴지 않고 국왕보다 몽골카안의 입장을 우선시하는 태도를 취한 사실에 비춰볼 때 그들을 충렬왕의 측근으로 규정하기에는 무리가 있다. 그들은 오로지 공주에게만 충성·봉사하는 노복이었으므로 그녀의 측근으로 이해하는 편이 더욱 적절하다.

공주 사후 겁련구를 포함한 그녀의 사유재산은 세자에게 고스란히 상속되었다. 세자가 공주의 유일한 소생으로 그녀의 아낌없는 총애와 정치적 후원을 받았으므로 그가 공주의 후계자로서 훗날 겁련구를 승계 받는다는 점은 일찍부터 예정되었다. 즉위 후 충선왕은 공주와 마찬가지로 그들을 자신의 정치활동을 보좌하는 충복으로 활용하기 위해 그 지위, 권세를 그대로 보장했다. 그들 역시 새 주인 충선왕과 종속관계를 맺고 명실상부한 그의 측근으로 활동했다. 그 주요인물 인후가 충선왕 퇴위 후 현왕 측근세력

제거와 전왕의 복위를 위해 일으킨 '한희유 무고사건'은 그가 충선왕의 측근 역할에 매우 충실했음을 여실히 보여준다.

충렬왕대 겁령구 출신 관원은 고려에서 자신의 지위, 권세를 활용하여 온갖 횡포와 부정부패를 자행하고 타인의 재산을 무자비하게 침탈하여 조야에서 많은 원성을 받았다. 그들에 관한 기록이 『高麗史』「嬖幸傳」에 수록된 사실도 그러한 후대인의 부정적 평가에서 기인한다. 그러나 실제로 그들이 고려에 미친 긍정적 영향도 적지 않다. 그들은 빈번하게 몽골에 사신으로 파견되어 양국 사이에 놓인 중요한 정치적 현안을 해결하고 고려가 몽골을 상대로 외교적 성과를 거두는 데 주도적으로 활약했다. 또한 양국에서 모두 만호직을 부여받아 일본의 침입으로부터 동남해안을 방어하고 카단 반란군의 침략을 격퇴하는 데 큰 공을 세웠다. 이처럼 그들이 몽골이 주도하는 국제질서 아래에서 양국의 우호관계를 유지하고 고려의 안위를 보전하는 데 기여한 점은 마땅히 인정되어야 한다.

결론

이상 13~14세기 몽골이 동아시아 세계의 국제질서를 주도하던 시기 고려와의 관계에서 보이는 다양한 양상을 주로 정치·외교사의 측면에서 살펴보았다. 필자의 전공이 몽원사인 만큼 논의를 전개하는 과정에서 최대한 '몽골적' 시각을 견지하여 종래의 견해를 비판적으로 검토하고 고려사 연구자와 다른 논지를 이끌어내고자 노력했다. 논의를 통해 얻게 된 몇 가지 결론을 제시하면 다음과 같다.

첫째, 몽골의 압제·간섭을 받는 가운데 고려의 국가적 실체와 위상이 줄곧 유지되었다는 점이다. 몽골은 전통적으로 침략과 복속요구에 저항하지 않고 스스로 귀부한 나라의 국체·토풍과 군주의 통치권을 유지시키는 대외정책을 시행했다. 따라서 13세기 초 고려가 몽골과 처음 접촉했을 때 그들의 요구에 따라 귀부했다면 국가체제의 존속을 인정받았을 것이다. 그러나 고려는 1219년 양국의 첫 화친을 몽골에 대한 '완전한 복속'이 아닌 중국적 '사대관계 수립' 정도로 이해했고 저고여 피살사건을 계기로 우호관계가 파탄난 후에는 30여 년에 걸쳐 몽골의 침입에 거세게 저항했다. 이 같은 고려의 장기적 저항은 몽골의 정복전쟁사 전체에서도 매우 드문 경우에 속한다. 따라서 몽골의 보편적 대외정책에 비춰볼 때 고려는 금·남송과 마찬가지로 왕조를 말살하고 그 영토를 완전히 내지로 편입시켜야 할 대상이었다.

그러나 고려는 30년 항쟁 후 몽골에 대한 복속을 결정했을 때 입조를 위해 떠난 태자 왕전이 뭉케가 남송정벌 도중 급사한 직후 카안위 계승분쟁을 앞두고 북상하던 쿠빌라이에게 귀부하여 국가체제를 보전할 수 있는 돌파구를 마련했다. 당시 쿠빌라이는 경쟁자 아릭부케에 비해 정통성 면에서 열세에 놓여 있었고 군사력의 우세도 장담할 수 없었으므로 고려 태자의 귀부를 정통성 확보를 위한 수단으로서 '하늘의 뜻'으로 포장하고 그를 후하게 대우하여 귀국시켰다. 이 같은 유화책의 기저에는 30년 항쟁으로 입증된 고려의 막강한 군사력에 대한 높은 평가도 자리하고 있었다. 이처럼 일촉즉발의 시기에 성사된 양자의 절묘한 만남과 쿠빌라이의 열악한 처지, 고려의 항쟁에 대한 몽골 지배층의 높은 평가로 말미암아 고려는 장기간 몽골의 침입과 복속요구에 저항했음에도 불구하고 솔선귀부한 나라와 마찬가지로 국체·토풍과 국왕의 통치권을 보장받을 수 있었다.

물론 고려가 몽골에 복속한 후 국가의 위상이 훼손될 만한 상황이 전혀 없었던 것은 아니다. 임연의 원종폐위 사건을 계기로 다루가치가 파견되어 국왕의 통치권이 심각하게 침해당할 위기에 놓였다. 그러나 몽골은 고유한 본속주의 정책에 의거하여 그들에게 민정 권한을 부여하지 않고 반란사건 처결, 치안유지, 무기관리와 같은 군정 역할만을 담당케 했다. 그리고 충렬왕이 즉위한 후 부마 지위를 활용하여 그들의 활동을 능동적으로 통제했다. 이에 따라 다루가치는 설치 8년 만에 폐지·소환되었다.

또한 몽골은 고려에 정동행성을 설치하여 그 영토를 자국의 지방행정 체제에 편입시켰으나 그것은 몽골의 내지행성과 달리 몽골정부의 영향력이 거의 미치지 못하고 고려국왕이 행성승상을 겸직하면서 스스로 속관을 선발하고 능동적으로 행성을 운영하는 특수성이 보장되었다. 비록 쿠빌라이 사후 행성증치, 입성책동과 같은 외부의 '도전'이 수차례 발생했으나 고려는 이를 성공적으로 격퇴하고 행성의 고유한 특수성을 보전했다. 이에 따라 정동행성은 고려국왕의 통제 아래 국체를 훼손하거나 내정에 간여하지 못하고 군사협력, 대몽외교, 일본방어와 같은 제한적 역할만 수행했다.

이에 따라 고려는 몽골의 압제·간섭 아래에서도 국체·토풍과 국왕의 통치권을 유지했다. 그리고 이 같은 고려의 국가적 실체·위상은 1292년 충렬왕이 일본에 보낸 국서에서 "우리나라가 國號, 君臣, 社稷을 잃지 않고 禮樂, 文物, 衣冠, 名分을 모두 예전처럼 유지하면서 백성들이 안심하고 생업에 안착해 삶을 누릴 수 있게 된 것은 실로 정성을 다해 큰 나라를 섬겼기 때문이다"라는 부분과[1] 1310년 카이샨이 내린 고려 선대왕 추증 조서에서 "지금 천하에서 백성과 사직을 보유하고 왕위를 누리는 것은 오직 三韓뿐이다"라는 언급,[2] 1306년 경 페르시아에서 편찬된 『집사』에서 고려를 가리켜 "독자적인 지방(mulkî 'aliḥada)"이라고 호칭한 구절을 통해 입증된다.[3]

둘째, 몽골의 전통적 세계관과 대외정책 방식에 근거하여 양국관계가 형성되었다는 점이다. 건국 초부터 몽골 지배층은 온 세상을 복속과 불복지역으로 양분하고 초유와 정벌을 통해 불복지역을 반드시 복속시킨다는 세계관과 대외정책 방침을 갖고 있었다. 그리고 그것은 장기간에 걸쳐 일관되게 유지되었고 후계정권에 충실하게 계승되었다. 고려도 그 적용대상에서 예외가 되지 못했음은 물론이다.

오늘날 양국관계에 관해 세 가지 보편적 견해가 존재한다. 첫 번째는 1219년 양국이 처음 접촉하여 수립한 우호관계가 형제관계(형제맹약)라는 것이고, 두 번째는 1260년 양국이 화친을 재개하면서 수립한 외교관계가 중국적 세계질서에 바탕을 둔 책봉·조공 관계라는 것, 세 번째는 1278년 쿠빌라이-충렬왕 만남에서 고려가 거둔 외교적 성과가 당시 충렬왕이 탁월한 외교력을 발휘하여 성취한 업적이라는 것이다.

---

1) 『高麗史』 卷30 忠烈王18년 10월 庚寅.

2) 『高麗史』 卷33 忠宣王2년 7월 乙未.

3) 라시드 앗 딘, 김호동 역주, 『칸의 후예들』, 사계절, 2005, 421쪽.

그러나 강동성전투 시기 양국 사이에 체결된 형제맹약은 국가(군주) 간 외교관계로 보기 어렵다. 맹약 후 두 나라 군주가 서로를 형·동생이라 지칭하거나 형제라고 인식했음을 입증하는 기록이 전혀 없고, 오히려 고려 고종이 칭기스칸을 '황제', 자신을 '신하'라고 부르면서 군신관계를 스스로 인정한 기록만 남아있다. 전통시대 동아시아 국제관계에서 형제·군신관계는 양립할 수 없으므로 그때 성립된 양국관계는 군신관계가 분명하다. 몽골이 동등한 외교관계를 용납하지 않는 전통적 세계관에 입각하여 줄곧 고압적이고 오만한 자세로 고려에 국왕친조와 과중한 공물을 요구한 사실도 이를 뒷받침한다.

1260년 이후 형성된 양국의 외교관계를 책봉·조공관계로 보는 견해 역시 인정하기 어렵다. 쿠빌라이 즉위 직후 양국은 책봉·조공 형식을 채용하여 새롭게 외교관계를 수립했다. 그러나 역대 한중관계에서 내정 불간섭이 중대한 원칙으로 준수되었던 바와 달리 고려는 국왕이 몽골 카안에게 철저하게 종속됨으로써 정치적 자주성이 크게 훼손되었다. 이처럼 한중 책봉·조공관계의 일반적 특징에 부합하지 않는다는 점에서 양국관계는 그 범주에 포함될 수 없다. 책봉·조공 형식은 양국관계의 총체상을 구성하는 하나의 요소일 뿐 그 본질적 형태·성격을 유효하게 드러내는 용어로서 사용될 만한 대표성을 갖지 못한다.

1278년 쿠빌라이-충렬왕 만남에서 고려가 거둔 성과가 충렬왕의 탁월한 외교적 업적이라는 견해도 수긍할 수 없다. 그때 충렬왕은 쿠빌라이와 직접 교섭하여 고려에서 몽골군·다루가치를 철수시키고 호적제출을 면제받는 성과를 거두었다. 그러나 이는 그의 능동적 외교활동의 결과가 아니라 쿠빌라이가 스스로 그의 요청을 물리치고 내린 결정이다. 그것은 당시 그에 대한 몽골지배층의 인식이 복속국 군주에서 황실의 부마로 전환된 점과 관련이 있다. 이에 따라 1278년 만남 때 쿠빌라이가 그의 부마 지위를 공식 인정하고 영지·영민에 대한 소유권을 보장하기 위해 군대·다루가치

소환, 호적제출 면제를 결정한 것이다.

양자의 만남 후 고려는 육사의 두 조항인 置達魯花赤과 供戶數籍이 면제되고 設驛의 완료를 인정받았으나 君主親朝, 助軍, 納質, 輸糧(納貢) 책무는 여전히 이행했다. 이는 몽골의 분봉제에서 封君의 의무인 朝覲, 征戍, 侍從, 進貢과 정확하게 일치한다. 그 만남에서 고려국왕의 책무가 복속국 군주에서 황실 부마의 그것으로 전환되었다고 볼 수 있다. 그러므로 이는 쿠빌라이가 스스로 복속국 군주의 책무를 일체 면제하고 몽골의 전통에 의거하여 부마의 책무를 새롭게 부과한 것으로 이해되어야 한다.

이처럼 두 세기 가까이 양국관계는 시종일관 몽골의 고유한 대외관계 수립 방식에 근거하여 형성·유지되었다. 물론 고려의 능동적 대응이라든가 한법적 요소의 영향이 전혀 없었던 것은 아니다. 그러나 관계수립의 주도권이 철저하게 몽골에게 있었던 만큼 그러한 영향은 극히 제한적일 수밖에 없었다.

셋째, 양국의 교섭 과정에서 고려의 탁월한 외교력이 돋보인다는 점이다. 13세기 고려는 역사상 미증유의 초강대국인 몽골과 마주하게 되었다. 이에 그들의 영향력이 강하게 미쳐오는 가운데 정치·문화적 독자성을 보전하기 위해서는 대몽교섭을 유리하게 이끌 수 있는 뛰어난 외교역량이 요구되었다. 양국 접촉 초기에 고려는 몽골의 세계관이나 대외정책 방식을 제대로 파악하지 못했다. 따라서 화친 기간 내내 갈등이 증폭되었고 결국 서로에 대한 불신·의심이 30여 년에 걸친 치열한 전쟁으로 귀결되었다. 그러나 고려는 전쟁 중 지속적으로 교섭을 진행하는 과정에서 차츰 그들의 세계관과 대외정책 방식을 이해하고, 1260년 화친 재개 후 이를 바탕으로 현명하게 외교정책을 구사했다.

원종대 대몽외교를 주도했던 이장용은 네 차례 몽골에 입조하여 탁월한 교섭활동을 통해 전란을 방지하고, 병력동원 부담을 최소화하며, 양국간 화친을 돈독히 하고, 몽골의 지원을 받아 왕권을 회복하는 데 크게 공헌했다. 그는 13세기 중엽 몽골이 동아시아 세계를 제패한 현실을 인정하고 그들의 외교방식을 간파하여 고려가 이를 수용해야만 안보와 자주성을 보전할 수 있다고 판단했다. 이에 따라 대다수 신료들의 반대 속에서 홀로 국왕친조를 주장하여 관철하고 무신집권자에게 출륙의 필요성을 역설했다. 또한 만호제에 관한 지식을 적극 활용하여 몽골의 병력동원 요구를 완화하고 출륙에 반대하는 무신집권자에게 그들의 양도순행 습속을 환기시켜 일정한 양보를 이끌어냈다. 아울러 몽골과 교섭할 때 항시 정연하고 빈틈없는 논리를 앞세워 큰 성과를 거두었다.

그의 사후 장기간 대몽외교를 주도했던 충렬왕의 외교역량도 주목할 만하다. 그는 태자 시절 임연의 원종폐위 사건을 기회로 쿠빌라이에게 몽골공주와의 혼인을 허가받아 부마 지위를 획득했다. 그리고 몽골 지배층 안에서 한층 격상된 자신의 위상에 기대어 고려가 부담해야 할 6사 조항의 일부를 면제받는 성과를 거두었다. 또한 그는 2차 일본정벌에 앞서 쿠빌라이에게 정동행성 승상 지위를 요청·획득하여 정벌 전후 시기 몽골군 지휘관의 우위에서 그들의 전횡을 방지하고, 향후 그 지위를 배경으로 몽골의 직할 아래 있던 탐라와 동녕부의 소유권을 회수했다.

고려의 뛰어난 외교역량은 무엇보다 몽골의 세계관과 대외정책을 정확하게 파악하고 이에 근거하여 대몽정책을 펼쳤을 때 가장 두드러진다. 쿠빌라이 사후 고려는 칭기스칸 시기 가장 먼저 복속했다는 '솔선귀부' 기억을 생산하여 몽골과 교섭할 때 적극 활용했다. 몽골 역시 카안과 황실의 위상을 높이기 위해 고려와 우호관계를 유지할 필요가 있었으므로 그것을 쉽게 수용할 수 있었다. 이러한 고려의 외교활동은 몽골 지배층의 인식을 변화시켜 외교분쟁 시기 그들이 고려의 입장을 지지하도록 유도하기도 했다.

또한 고려는 일찍부터 몽골과 일본초유·정벌에 관한 사안을 논의하는 과정에서 자연스럽게 그들의 고유한 세계관과 일본인식을 수용했다. 그리고 몽골과 교섭할 때 '유일한 적국' 일본의 존재와 그로 인해 자신에게 부여된 특유의 존재성을 외교적 수단으로써 유효하게 활용했다. 이에 그것이 몽골 지배층의 공감을 얻는 데 성공하여 고려는 소기의 외교적 목적을 달성할 수 있었다.

이처럼 고려는 몽골이 주도하는 국제질서 안에서 대내외적 위기에 직면할 때마다 뛰어난 외교력을 발휘하여 그것을 슬기롭게 극복하고 정치·문화적 자주성을 수호했다. 그리고 보전한 국체·토풍을 바탕으로 14세기 중엽 공민왕의 반원개혁이 성공할 수 있는 기반을 마련했다. 고려가 몽골의 압제·간섭 아래 정치·문화적 독자성을 지킬 수 있었던 것은 이 같은 탁월한 외교역량에 힘입은 바 크다.

13~14세기 몽골-고려 관계의 제양상을 정치·외교사적 측면에서 검토하여 이 같은 결론을 도출했다. 양국관계의 실상과 성격을 해명하기 위해 나름대로 애썼으나 지식과 능력의 한계로 인해 기획 당시 세운 목표를 충분하게 달성하지 못한 것 같다. 특히 오늘날까지 여러 학설이 상충하는 양국관계의 구조에 관해 필자의 독창적 의견을 제시하지 못한 점은 끝내 아쉬움으로 남는다. 동아시아 전체를 포괄하는 거시적 시야에서 몽원사와 고려사 연구의 유기적 결합을 통한 심도 있는 양국관계사 연구는 이제 시작단계에 들어섰다고 해도 과언이 아니다. 향후 다양한 사료가 발굴되고 새로운 연구관점과 방법이 개발되어 양국관계사 연구의 지평이 더욱 확대될 것이다. 본서가 그러한 후속연구에 작은 밑거름이라도 될 수 있기를 기원한다.

참고문헌

1. 사료

『稼亭集』(韓國文集叢刊3, 민족문화추진회, 1988)
『高麗史』(亞細亞文化社, 1975)
『高麗史節要』(亞細亞文化社, 1981)
『金史』(中華書局, 1966)
『金華黃先生文集』(北京圖書館出版社, 2005)
『南村輟耕錄』(中華書局, 2004)
『大越史記全書』(西南師範大學出版社, 2017)
『東國李相國集』(韓國文集叢刊1·2, 민족문화추진회, 1988)
『東國通鑑』(京仁文化社, 1989)
『東文選』(민족문화추진회, 1999)
『動安居士行錄』(亞細亞文化社, 1973)
『牧庵集』(四庫全書本)
『牧隱文藁』(민족문화추진회, 2000)
『秘書監志』(王士點 等編, 浙江古籍出版社, 1992)
『新元史』(上海古籍出版社, 2018)
『安南志略』(中華書局, 2000)
『淵穎集』(四庫全書本)
『元高麗紀事』(史料四編, 廣文書局, 1972)
『元文類』(四庫全書本)
『元史』(中華書局, 1976)
『元典章』(陳高華 等 點校, 中華書局·天津古籍出版社, 2011)
『益齋亂藁』(韓國文集叢刊2, 민족문화추진회, 1988)
『仁祖實錄』(민족문화추진회, 1989)
『滋溪文稿』(中華書局, 1997)
『長春眞人西遊記』(尙衍斌·黃太勇 校注, 中央民族大學出版社, 2016)

『拙藁千百』(韓國文集叢刊3, 민족문화추진회, 1988)
『中庵集』(四庫全書本)
『淸容居士集』(四庫全書本)
『秋澗集』(四庫全書本)

김기섭 외, 『일본 고중세 문헌 속의 한일관계사료집성』, 혜안, 2005.
김용선 편저, 『高麗墓誌銘集成』(제5판), 한림대학교출판부, 2012.
김호동 역주, 『마르코 폴로의 동방견문록』, 사계절, 2000.
라시드 앗 딘, 김호동 역주, 『부족지』, 사계절, 2002.
라시드 앗 딘, 김호동 역주, 『칭기스칸기』, 사계절, 2003.
라시드 앗 딘, 김호동 역주, 『칸의 후예들』, 사계절, 2005.
유원수 역주, 『몽골비사』, 사계절, 2004.
Dawson, Christopher, *Mission to Asia*, University of Toronto Press, 1980.
Jackson, Peter, *The Mission of Friar William of Rubruck : His Journey to the court of the Great Khan Möngke 1253~1255,* The Hakluyt Society, 1990.
Thackston W.M. tr. *Jami'u't-tawarikh : Compendium of Chronicles*, vol.1, Harvard University, 1998.

2. 저서

강재광, 『蒙古侵入에 대한 崔氏政權의 外交的 對應』, 경인문화사, 2011.
김광철, 『高麗後期世族層硏究』, 동아대학교출판부, 1991.
김호동, 『몽골제국과 고려』, 서울대학교출판부, 2007.
동북아역사재단 외, 『몽골의 고려·일본 침공과 한일관계』, 경인문화사, 2009.
동북아역사재단·경북대학교 한중교류연구원 엮음, 『13~14세기 고려-몽골관계 탐구』, 동북아역사재단, 2011.
박용운, 『高麗時代史』, 일지사, 1987.
윤용혁, 『高麗對蒙抗爭史硏究』, 일지사, 1991.
이개석, 『고려-대원 관계 연구』, 지식산업사, 2013.
이명미, 『13~14세기 고려·몽골 관계 연구』, 혜안, 2016.
장동익, 『高麗後期外交史硏究』, 일조각, 1994.
장동익, 『日本 古中世 高麗資料 硏究』, 서울대학교출판부, 2004.
정용숙, 『고려시대의 后妃』, 민음사, 1992.
주채혁, 『몽·려전쟁기의 살리타이와 홍복원』, 혜안, 2009.
村井章介, 손승철·김강일 편역, 『동아시아속의 중세 한국과 일본』, 경인문화사, 2008.

劉浦江 編,『二十世紀遼金史論著目錄』上海古籍出版社, 2003.
朴眞奭,『東夏史研究』, 延邊大學出版社, 1995.
方慧,『大理總管段氏世次年歷及其與蒙元政權關係研究』, 雲南教育出版社, 2001.
付百臣 主編,『中朝歷代朝貢制度研究』, 吉林人民出版社, 2009.
尙衍斌,『元代畏兀兒研究』, 民族出版社, 1999.
薛磊,『元代東北統治研究』, 社會科學文獻出版社, 2012.
孫玉良·趙鳴岐,『中國東北史(第二卷)』(佟冬 主編), 吉林文史出版社, 1998.
葉新民,『元上都研究』, 內蒙古大學出版社, 1998.
王愼榮·趙鳴岐,『東夏史』, 天津古籍出版社, 1990.
李雲泉,『朝貢制度史論：中國古代對外關係體制研究』, 新華出版社, 2004.
李治安,『元代分封制度研究(增訂本)』, 中華書局, 2007.
李治安,『元代行省制度(上)』, 中華書局, 2011.
李治安·薛磊,『中國行政區劃通史：元代卷』, 復旦大學出版社, 2009.
李治亭 主編,『東北通史』, 中州古籍出版社, 2003.
周芳,『元代雲南政區設置及相關行政管理研究』, 中國社會科學出版社, 2009.
陳慶英·丁守璞 主編,『蒙藏關係史大系(政治卷)』, 外語教學與研究出版社, 2002.
陳世松·匡裕徹·朱淸澤·李鵬貴,『宋元戰爭史』, 內蒙古人民出版社, 2010.
馮承鈞 譯,『多桑蒙古史(上)』, 上海書店出版社, 2001.
胡昭曦·鄒重華 主編,『宋蒙(元)關係史』, 四川大學出版社, 1992.

榎本涉,『東アジア海域と日中交流』, 吉川弘文館, 2007.
山本達郎 編,『ベトナム中國關係史：曲氏の擡頭から淸戰佛爭まで』, 山川出版社, 1975.
森平雅彥,『モンゴル覇權下の高麗：帝國秩序と王國の對應』, 名古屋大學出版會, 2013.
岩村忍,『モンゴル社會經濟史の硏究』, 京都大學人文科學硏究所, 1968.
魏榮吉,『元·日關係史の硏究』, 敎育出版センター, 1985.
池內宏,『元寇の新硏究』, 東洋文庫, 1931.

Endicott-West, Elizabeth, *Mongolian Rule in China : Local Administration in the Yuan Dynasty*, Harvard University Press, 1989.
Rachewiltz, Igor de. *Papal Envoys to the Great Khans*, Stanford University Press, 1971.
Zhao, George Qingzhi, *Marriage as Political Strategy and Cultural Expression : Mongolian Royal Marriages from World Empire to Yuan Dynasty*, Peter Lang Publishing, 2008.

3. 논문

강성원, 「원종대의 권력구조와 정국의 변화」, 『역사와 현실』 17, 1995.

강재광, 「김준정권의 몽고육사 이행 추이와 정권의 향배 : 고려무인집권기 김준정권 연구(2)」, 『한국중세사연구』 39, 2014.

고명수, 「쿠빌라이 정부의 南海정책과 해외무역의 번영 : 몽골의 전통적 세계관과 관련하여」, 『사총』 72, 2011.

고명수, 「쿠빌라이 집권 초기 관리등용의 성격 : 漢人儒士 중용 문제에 대한 비판적 검토」, 『동국사학』 55, 2013.

고병익, 「麗代 征東行省의 硏究」(上)·(下), 『역사학보』 14·19, 1961·1962.

고병익, 「蒙古·高麗 兄弟盟約의 性格」, 『백산학보』 6, 1969.

권순형, 「원 공주 출신 왕비의 정치권력 연구 : 충렬왕비 제국대장공주를 중심으로」, 『사학연구』 77, 2005.

권순형, 「충렬왕비 제국대장공주의 고려 왕비로서의 삶」, 『여성과 역사』 28, 2018.

권영국, 「高麗後期 軍事制度 硏究」, 서울대학교 박사논문, 1995.

권용철, 「大元帝國 末期 政局과 고려 충혜왕의 즉위, 복위, 폐위」, 『한국사학보』 56, 2014.

김광철, 「충렬왕대 측근세력의 분화와 그 정치적 귀결」, 『고고역사학지』 9, 1993.

김난옥, 「여원관계의 전개와 征東行省理問所의 위상」, 『한국사연구』 174, 2016.

김보광, 「고려-몽골 관계의 전개와 다루가치의 置廢過程」, 『역사와 담론』 76, 2015.

김보광, 「고려 내 다루가치의 존재 양상과 영향 : 다루가치를 통한 몽골 지배방식의 경험」, 『역사와 현실』 99, 2016.

김성준, 「麗代 元公主出身王妃의 政治的 位置에 대하여 : 특히 忠宣王妃를 중심으로」, 『한국여성문화논총』 1, 1958.

김현라, 「고려 충렬왕비 齊國大長公主의 위상과 역할」, 『지역과 역사』 23, 2008.

김혜원, 「忠烈王 入元行績의 性格」, 『高麗史의 諸問題』, 삼영사, 1986.

김혜원, 「麗元王室通婚의 成立과 特徵 : 元公主出身王妃의 家系를 중심으로」, 『이대사원』 24·25, 1989.

김혜원, 「원 간섭기 立省論과 그 성격」, 『14세기 고려의 정치와 사회』(14세기 고려사회 성격 연구반 편), 민음사, 1994.

김혜원, 「高麗後期 瀋王 硏究」, 이화여대 박사논문, 1999.

김호동, 「蒙古帝國의 形成과 展開」, 『講座中國史Ⅲ』(서울대학교동양사학연구실 편), 지식산업사, 1989.

김호동, 「몽골제국과 '大元'」, 『역사학보』 192, 2006.

남기학, 「몽고침입과 중세 일본의 대외관계」, 『아시아문화』 12, 1996.

남기학, 「고려와 일본의 상호인식」, 『일본역사연구』 11, 2000.

남기학, 「몽골의 일본 침략 : 연구사적 고찰과 교과서 비판」, 『한림일본학』 19, 2011.

민현구, 「李藏用 小考」, 『한국학논총』 3, 1980.

박영록, 「『高麗史』 蒙古 直譯體白話 牒文 二篇的 解釋的 硏究」, 『중국언어연구』 44, 2013.

박원길, 「대몽골제국과 南宋의 외교관계분석」, 『몽골학』 8, 1999.

박윤미, 「金에 파견된 高麗使臣의 사행로와 사행여정」, 『한국중세사연구』 33, 2012.

박종기, 「원 간섭기 역사학의 새경향-당대사 연구」, 『한국중세사연구』 31, 2011.

박종기, 「원 간섭기 金就礪象의 형성과 當代史 연구」, 『한국사상사학』 41, 2012.

변동명, 「高麗 忠烈王代의 萬戶」, 『역사학보』 121, 1989.

송기중, 「『高麗史』에 수록된 두 편의 蒙古軍 牒文」, 『진단학보』 118, 2013.

윤용혁, 「김취려 장군에 대한 인물사적 평가」, 『13세기 고려와 김취려의 활약』(한국중세사학회 편), 혜안, 2011.

윤용혁, 「일본에 있어서 '元寇' 연구의 현황(1976~2011)」, 『도서문화』 41, 2013.

윤용혁, 「원종조의 대몽관계」, 『고려 삼별초의 대몽항쟁』, 일지사, 2000.

윤은숙, 「여·몽 관계의 성격과 동아시아의 국제관계 : 중국 학계의 '책봉과 조공' 관계 연구의 한계와 문제점을 중심으로」, 『동북아역사논총』 35, 2012.

이강한, 「征東行省官 闊里吉思의 고려제도 개변 시도」, 『한국사연구』 139, 2007.

이강한, 「整治都監 운영의 제양상에 대한 재검토」, 『역사와 현실』 67, 2008.

이강한, 「고려 원종대 대원 교섭에서의 송의 의미」, 『지방사와 지방문화』 17, 2014.

이개석, 「14世紀 初 元朝支配體制의 再編과 그 背景」, 서울대학교 박사논문, 1998.

이명미, 「高麗·元 王室通婚의 政治的 의미」, 『한국사론』 49, 2003.

이명미, 「몽골 복속기 권력구조의 성립 : 원종대 고려-몽골 관계와 권력구조의 변화」, 『한국사연구』 162, 2013.

이명미, 「고려국왕의 몽골 入朝 양상과 국왕권의 존재양태」, 『한국중세사연구』 46, 2016.

이명미, 「司法문제를 통해서 본 몽골 복속기 고려국왕 위상 : 다루가치·管軍官 체재기의 '雜問'을 중심으로」, 『사학연구』 121, 2016.

이명미, 「고려에 下嫁해 온 몽골공주들의 정치적 위치와 고려-몽골 관계 : 齊國大長公主의 사례를 중심으로」, 『이화사학연구』 54, 2017.

이익주, 「高麗·元關係의 構造와 高麗後期 政治體制」, 서울대학교 박사논문, 1996.

이익주, 「高麗·元關係의 構造에 대한 硏究 : 소위 '世祖舊制'의 분석을 중심으로」, 『한국사론』 36, 1996.

이익주, 「고려-몽골 관계사 연구 시각의 검토 : 고려-몽골 관계사에 대한 공시적, 통시적 접근」, 『한국중세사연구』 27, 2009.

이익주, 「고려-몽골관계에서 보이는 책봉-조공관계 요소의 탐색」, 『13~14세기 고려-몽골관계 탐구』(동북아역사재단·경북대학교 한중교류연구원 엮음), 동북아역사재단, 2011.

이익주, 「1219년(高宗 6) 고려-몽골 '兄弟盟約' 再論」, 『동방학지』 175, 2016.

이재선, 「高麗 高宗代 對東眞關係의 추이와 성격」, 고려대학교 석사논문, 2008.
이정란, 「忠烈王妃 齊國大長公主의 冊封과 그 의미」, 『한국인물사연구』 18, 2012.
이정란, 「여·몽전쟁기 변경민의 몽골 '체험'과 고려 조정의 대응」, 『한국사학보』 61, 2015.
이정신, 「永寧公 王綧을 통해 본 고려와 몽고관계」, 『고려시대의 정치변동과 대외정책』, 경인문화사, 2004.
이정호, 「『益齋集』의 사료적 가치와 詩文 제작시기 : 李齊賢의 정치활동과의 비교 검토」, 『한국사학보』 52, 2013.
장동익, 「14세기의 고려와 일본의 접촉과 교류」, 『대구사학』 100, 2010.
정구복, 「李齊賢의 歷史意識」, 『진단학보』 51, 1981.
정동훈, 「高麗時代 外交文書 研究」, 서울대학교 박사논문, 2016.
정용숙, 「元 간섭기 高麗 政局分裂의 원인에 대한 일고찰 : 忠烈·忠宣王 父子의 갈등관계를 중심으로」, 『西巖趙恒來教授華甲紀念韓國史學論叢』, 아세아문화사, 1992.
최윤정, 「몽골의 요동·고려경략 재검토(1211~1259)」, 『역사학보』 209, 2011.
최윤정, 「駙馬國王과 國王丞相 : 13-14세기 麗元관계와 고려왕조 國體 보존 문제 이해를 위한 새로운 모색」, 『대구사학』 111, 2013.
허인욱, 「13세기 초 몽골의 '位階' 지배 시도와 麗蒙 관계의 시작」, 『한국사학보』 61, 2015.

邱樹森·王頲, 「元代戶口問題芻議」, 『元史論叢』 2, 1983.
朴文一, 「論1231-1260年間蒙麗戰爭與外交之爭」, 『延邊大學社會科學學報』 1, 1997.
朴眞奭, 「關于東夏國首都及其位置的考證」, 『延邊大學學報』 1981-1·2.
潘修人, 「元代達魯花赤用人述論」, 『內蒙古民族師院學報』(哲社版) 1992-4.
潘修人, 「元代達魯花赤的職掌及爲政述論」, 『內蒙古社會科學』 1993-6.
舒健, 「怯憐口與高麗政局關係初探 : 以蒙古人印侯爲例」, 『元史及民族與邊疆研究集刊』 23, 2011.
薛磊, 「論忽必烈時期元日關係中高麗王朝的態度」, 『內蒙古大學學報』(人文社會科學版) 34-2, 2002.
薛磊, 「百年來元代東北史研究綜述」, 『中國史研究動態』 2010-8.
薛磊, 「征東行省與元麗政治關係」, 『元代東北統治研究』, 社會科學文獻出版社, 2012.
蕭啓慶, 「元麗關係中的王室婚姻與强權政治」, 『東方文化』 20-1, 1982.
楊清華, 「金末東北地區行省設置考」, 『東北史地』 2007-1.
亦鄰眞, 「元代硬譯公牘文體」, 『元史論叢』 1, 1982.
喻常森, 「試論朝貢制度的演變」, 『南洋問題研究』 101, 2000.
劉迎勝, 「從阿合馬的身份談起」, 『元史論叢』 9, 2004.
魏志江, 「論金末蒙古·東夏與高麗的關係」, 『韓國學論文集』 8, 2000.
丁崑健, 「元代征東行省之研究」, 『史學彙刊』 10, 1980.

趙秉崑, 「達魯花赤考述」, 『北方文物』 1995-4.
趙阮, 「蒙元時期達魯花赤制度研究」, 北京大學博士論文, 2012.
陳得芝, 「元嶺北行省建置考(下)」, 『元史及北方民族史研究集刊』 12·13, 1989.
陳得芝, 「忽必烈的高麗政策與元麗關係的轉折點」, 『蒙元史與中華多元文化論集』, 上海古籍出版社, 2013.
陳有和, 「忽必烈侵日的原因及其歷史影向」, 『元史及北方民族史研究集刊』 9, 1985.
札奇斯欽, 「說元史中的達魯花赤」, 『蒙古史論叢(上)』, 學海出版社, 1980.
郝時遠, 「金元之際的蒙古與高麗」, 『中國民族史研究』, 中國社會科學出版社, 1987.
喜蕾, 「高麗史中的回回人張舜龍」, 『回族研究』 2000-3.

岡本敬二, 「元の怯怜口と勝臣」, 『東洋史學論集』(東京教育大學東洋史學研究室 編), 淸水書院, 1953.
磯野富士子, 「アンダ考」, 『東洋學報』 67-1, 1986.
丹羽友三郎, 「達魯花赤に關する一考察：とくにその任務と設置の理由とについて」, 『三重法經』 5, 1956.
大葉昇一, 「元朝怯薛管轄下の怯憐口」, 『早稲田大學大學院文學研究科紀要』(別冊)6, 1980.
大葉昇一, 「モンゴル帝國＝元朝の軍隊組織：とくに指揮系統と編成方式について」, 『史學雜誌』 95-7, 1986.
北村秀人, 「高麗における征東行省について」, 『朝鮮學報』 32, 1964.
北村秀人, 「高麗末における立省問題」, 『北海道大學文學部紀要』 14-2, 1965.
森平雅彦, 「駙馬高麗國王の成立：元朝における高麗王の地位についての豫備的考察」, 『東洋學報』 79-4, 1998.
森平雅彦, 「高麗王位下の基礎的考察：大元ウルスの一分權勢力としての高麗王家」, 『朝鮮史研究會論文集』 36, 1998.
森平雅彦, 「高麗王家とモンゴル皇族の通婚關係に關する覺書」, 『東洋史研究』 67-3, 2008.
森平雅彦, 「事元期高麗における在來王朝體制の保全問題」, 『北東アジア研究』 別冊1, 2008.
森平雅彦, 「元における高麗の機能的位置：“帝國東方邊境の守り手”として」, 『モンゴル覇權下の高麗：帝國秩序と王國の對應』, 名古屋大學出版會, 2013.
石原道博, 「元代日本觀の一側面」, 『和田博士還曆記念東洋史論叢』, 講談社, 1951.
石原道博, 「中國における畏惡的日本觀の形成-元代の日本觀」, 『茨城大學文理學部紀要(人文科學)』 3, 1953.
小林高四郎, 「元の怯憐口に就いての疑」, 『社會經濟史學』 7-12, 1938.
松田孝一, 「元朝期の分封制：安西王の事例を中心として」, 『史學雜誌』 88-8, 1979.
松田孝一, 「フラグ家の東方領」, 『東洋史研究』 39-1, 1980.
松田孝一, 「モンゴル帝國東部國境の探馬赤軍團」, 『內陸アジア史研究』 7·8, 1992.
原山仁子, 「元朝の達魯花赤について」, 『史窗』 29, 1971.
乙坂智子, 「元朝チベット政策の始動の變遷：關係樹立に至る背景を中心として」, 『史境』 20,

1990.
乙坂智子,「元代「內附」序論：元朝の對外政策をめぐる課題と方法」,『史境』 34, 1997.
乙坂智子,「元朝の對外政策：高麗·チベット君長への處遇に見る「內附」體制」,『史境』 38·39, 1999.
箭內亘,「蒙古の高麗經略」,『蒙古史硏究』, 刀江書院, 1930.
箭內亘,「元代社會の三階級」,『蒙古史硏究』, 刀江書院, 1930.
中村榮孝,「文永·弘安兩役間に於ける日·麗·元の關係」,『史學雜誌』 37-6·7·8, 1926.
池內宏,「高麗に駐在した元の達魯花赤について」,『東洋學報』 18-2, 1929.
池內宏,「高麗に於ける元の行省」,『東洋學報』 20-3, 1933.
池內宏,「金末の滿洲」,『滿鮮史硏究(中世 第1冊)』, 吉川弘文館, 1943.
川添昭二,「中世における日本と東アジア(上)」,『福岡大學總合硏究小報』 147, 1992.
青山公亮,「弘安の役と高麗」,『史學雜誌』 36-10, 1925.
村上正二,「元朝における投下の意義」,『蒙古學報』 1, 1940.
村上正二,「元朝の行中書省と都鎭撫司について」,『加藤博士還曆記念東洋史集說』(加藤博士還曆記念論文集刊行會 編), 富山房, 1941.
村上正二,「モンゴル朝治下の封邑制の起源：とくにSoyurghalとQubiとEmcuとの關連について」,『東洋學報』 44-3, 1962.
海老澤哲雄,「元朝の封邑制度に關する一考察」,『史潮』 95, 1966.
海老澤哲雄,「モンゴル王朝期の怯憐口に關する覺書」,『北海道教育大學紀要(第一部 B. 社會科學編)』 20-1, 1969.

Cleaves, F.W. "The Sino-Mongolian Inscription of 1335 in Memory of Chang Ying-jui," *Harvard Journal of Asiatic Studies*, Vol 13, No. 1/2, 1950.
Allsen, Thomas T. "The Yuan Dynasty and the Uighurs of Turfan," *China among Equals : The Middle Kingdom and It's Neighbors, 10th-14th Centuries* (Morris Rossabi ed.), University of California Press, 1983.

찾아보기

ㄱ

ㄴ

ㄷ

_ㅅ

_ㅇ

_ㅈ

_ㅊ

_ㅋ

_ㅌ

_ㅍ

_ㅎ

논문출처

1부 1장 「몽골-고려 형제맹약 재검토」, 『역사학보』 225, 2015.

1부 2장 「13세기 초 遼東의 정세변동과 高麗-東眞 관계」, 『한국중세사연구』 50, 2017.

2부 1장 「즉위 초 쿠빌라이의 고려정책 : 그의 漢法 수용 문제와 관련하여」, 『동양사학연구』 141, 2017.

2부 2장 「1278년 쿠빌라이-충렬왕 만남의 의미」, 『역사학보』 237, 2018.

3부 1장 「몽골의 '복속' 인식과 蒙麗관계」, 『한국사학보』 55, 2014.

3부 2장 「몽골의 일본인식과 蒙麗관계」, 『사총』 83, 2014.

4부 1장 「征東行省의 置廢경위와 성격변화 再考」, 『한국중세사연구』 43, 2015.

4부 2장 「征東行省 기능의 변천 : 시기구분을 겸하여」, 『한국사학보』 66, 2017.

5부 1장 「고려 원종대 이장용의 대몽 외교활동」, 『한국인물사연구』 25, 2016.

5부 2장 「고려 주재 다루가치의 置廢경위와 존재양태 : 몽골의 고려정책 일측면」, 『지역과 역사』 39, 2016.

5부 3장 「충렬왕대 怯憐口(怯怜口) 출신 관원 : 몽골-고려 통혼관계의 한 단면」, 『사학연구』 118, 2015.

고명수

1976년 서울 출생. 고려대학교 동양사학과 졸업. 동 대학원 석사·박사 졸업. 중국 사회과학원 역사연구소 방문학자. 고려대, 덕성여대, 성신여대, 한국외대 강사.
현재 충남대학교 사학과 교수

주요논저 | 「쿠빌라이 정부의 南海정책과 해외무역의 번영 : 몽골의 전통적 세계관과 관련하여」(『사총』 72, 2011), 「쿠빌라이 집권 초기 관리등용의 성격 : 漢人儒士 중용 문제에 대한 비판적 검토」(『동국사학』 55, 2013), 「쿠빌라이 즉위 초 王文統의 개혁정치」(『역사학보』 240, 2018) 등.

몽골-고려 관계 연구

고 명 수 지음

초판 1쇄 발행 2019년 7월 30일

펴낸이 오일주
펴낸곳 도서출판 혜안

등록번호 제22-471호
등록일자 1993년 7월 30일

주소 (우) 04052 서울시 마포구 와우산로 35길 3(서교동) 102호
전화 3141-3711~2 / **팩스** 3141-3710
E-Mail hyeanpub@hanmail.net

ISBN 978-89-8494-634-7 93910

값 32,000 원